Documents manquants (pages, cahiers...)

NF Z 43-120-13

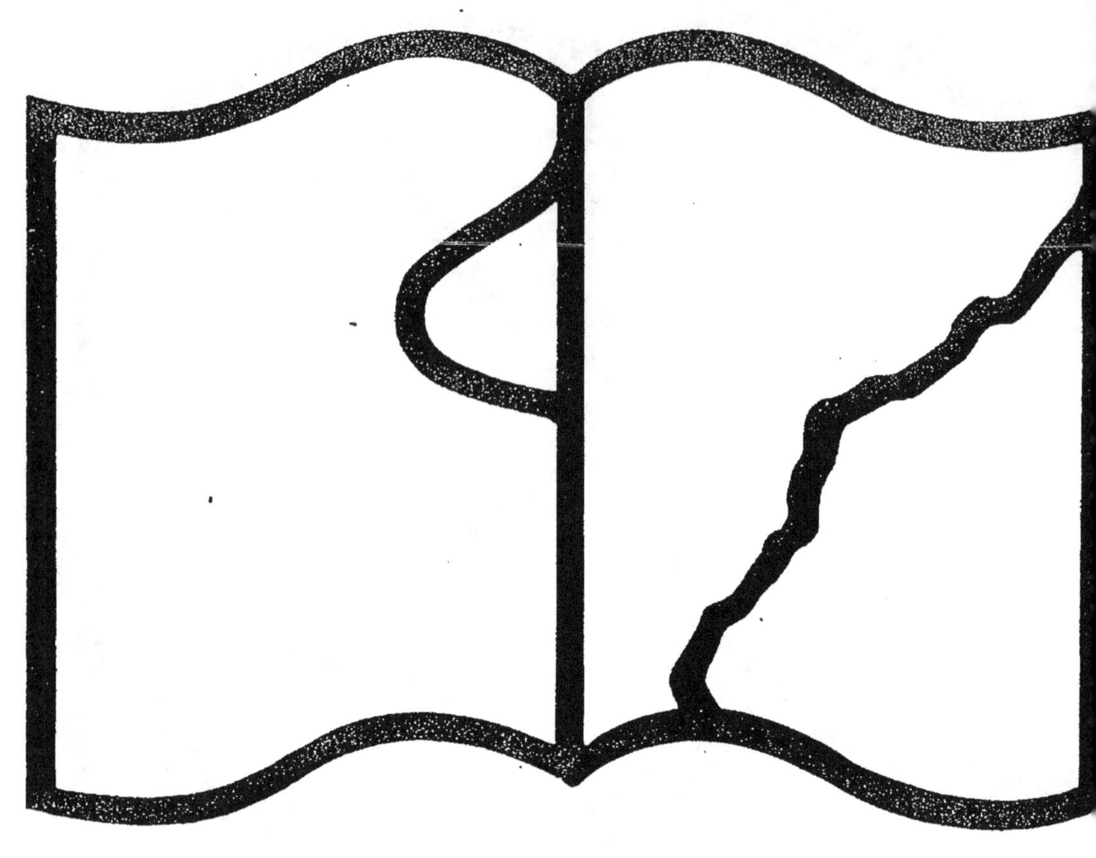

Texte détérioré — reliure défectueuse

NF Z 43-120-11

FENIMORE COOPER

ILLUSTRÉ.

LES PIONNIERS.

TRADUCTION DE M. P. LOUISY.

DESSINS DE M. ANDRIOLLI. — GRAVURE DE M. J. HUYOT.

PARIS,

LIBRAIRIE DE FIRMIN-DIDOT ET CIE,

IMPRIMEURS DE L'INSTITUT, RUE JACOB, 56.

1885.

FENIMORE COOPER

ILLUSTRÉ.

TYPOGRAPHIE FIRMIN-DIDOT. — MESNIL (EURE).

LE JUGE TEMPLE ET SA FILLE ELISABETH EN TRAINEAU.

FENIMORE COOPER

ILLUSTRÉ.

LES PIONNIERS.

TRADUCTION DE M. P. LOUISY.

DESSINS DE M. ANDRIOLLI. — GRAVURE DE M. J. HUYOT.

PARIS,
LIBRAIRIE DE FIRMIN-DIDOT ET CIE,
IMPRIMEURS DE L'INSTITUT, RUE JACOB, 56.

1885.

CHAPITRE PREMIER.

Voici l'hiver qui vient renouveler l'année, l'hiver sombre et triste, avec son cortège de brouillards, de glaçons et de tempêtes.

J. Thomson, *les Saisons.*

A peu près au centre de l'État de New-York, s'étend un vaste territoire, dont la surface se compose d'une suite de montagnes et de plaines.

C'est parmi ces hauteurs que la Delaware prend sa source; les lacs limpides et les innombrables cours d'eau de cette région alimentent les sources nombreuses de la Susquehanna, qui, après avoir serpenté dans les vallées, se réunissent pour former l'un des fleuves les plus majestueux des anciens États-Unis. Les montagnes sont, en général, cultivables jusqu'au sommet; néanmoins, en beaucoup d'endroits, leurs flancs sont hérissés de rochers, qui contribuent beaucoup à donner au pays le caractère romantique et pittoresque qui le distingue à un degré si éminent. Les vallées sont étroites, riches, bien cultivées, et presque toujours traversées par une rivière; de beaux et florissants villages sont dispersés le long des petits lacs, ou occupent au bord des cours d'eau les emplacements favorables à l'industrie manufacturière; et de jolies fermes, ayant les dehors de la prospérité, sont réparties en profusion dans les bas-fonds et même sur les hauts plateaux. Des routes sillonnent le pays dans tous les sens, depuis le fond doux et uni des vallées jusqu'aux gorges inégales et tortueuses des montagnes. Des écoles et des maisons d'éducation s'offrent de distance en distance aux yeux de l'étranger, à mesure qu'il parcourt ce district accidenté. De nombreux édifices consacrés au culte attestent les principes de morale et de religion des habitants, ainsi qu'une liberté illimitée de conscience.

En un mot, toute la contrée prouve à chaque pas, et de jour en jour, le parti qu'on peut tirer d'un sol tourmenté, et sous un âpre climat, quand on est régi par des lois humaines et que chacun prend un intérêt direct au bonheur de la communauté dont il forme une partie intégrante. Les expédients des émigrants (*pioneers*), qui, les premiers, mirent la bêche en terre et fondèrent des établissements, sont remplacés par les améliorations permanentes des propriétaires cultivateurs. Il y a juste un siècle ce territoire n'était qu'un désert.

Presque aussitôt après la paix de 1783, qui assura l'indépendance des États-Unis, les citoyens appliquèrent leur esprit d'entreprise à développer les avantages naturels qu'offraient leurs immenses domaines. Avant la guerre de la révolution, les parties habitées de la colonie de New-York comprenaient moins d'un dixième de son étendue. Une étroite lisière, qui bordait à une courte distance chaque rive de l'Hudson, l'occupation du cours du Mohawk sur quinze à vingt lieues de long, les îles de Nassau et de Staten, ainsi qu'un petit nombre d'établissements isolés au bord des rivières, c'était là tout ce qui composait le pays, qui comptait alors moins de 200,000 âmes (A*).

Notre histoire commence en 1793, environ sept ans après la formation de l'un des premiers postes avancés, qui ont contribué à effectuer dans la puissance et la condition de cet État une transformation si rapide.

(*) Voyez les notes A, B, C, et suivantes à la fin du volume.

Le soleil était près de se coucher, à la fin d'une journée claire et froide de décembre.

Un traîneau ferré (*sleigh*) gravissait lentement une des montagnes du pays que nous avons décrit (B). Le jour avait été beau pour la saison; seulement deux ou trois grands nuages, dont la couleur semblait rendue plus brillante par l'éclatant reflet de la neige qui couvrait la terre, flottaient dans un ciel du bleu le plus pur. La route serpentait le long d'un précipice; d'un côté, elle était soutenue par une fondation de troncs d'arbres empilés à une profondeur de plusieurs pieds; de l'autre, un passage avait été pratiqué dans le roc, d'une largeur suffisante pour les rares voyageurs qui s'y aventuraient. Mais alors tout était enseveli sous la neige, et l'on ne distinguait le chemin qu'à une sorte d'ornière qui s'était formée au-dessous de la surface environnante. Dans la vallée située à plusieurs centaines de pieds plus bas, on avait défriché le sol sur une grande étendue et procédé aux améliorations qui annoncent un nouvel établissement; les travaux préparatoires avaient été poussés, sur les versants de la montagne, jusqu'à un endroit où la route, par un brusque détour, donnait accès à un plateau élevé; mais la cime elle-même restait couverte de forêts.

L'atmosphère étincelait comme si elle eût été semée d'une poussière de diamants, et les beaux chevaux bais attelés au traîneau étaient à moitié couverts d'un vêtement de gelée blanche. La vapeur sortait de leurs naseaux comme un torrent de fumée; et tout ce qu'on découvrait alentour, de même que les précautions prises par les voyageurs, indiquaient la rigueur d'un hiver des montagnes. Les harnais, peints d'un noir mat, bien différent du brillant vernis de nos jours, étaient ornés de boucles et de larges plaques de cuivre, qui reluisaient comme de l'or aux rayons fugitifs que le soleil dardait obliquement à travers le sommet des arbres. D'énormes colliers, garnis de clous de même métal et rembourrés de manière à protéger les épaules, supportaient quatre bouclons élevés et carrés au bout, à travers lesquels les fortes rênes passaient de la bouche des chevaux dans les mains du conducteur. Ce dernier était un nègre d'une vingtaine d'années. Sa figure, que la nature avait colorée d'un noir éblouissant, était alors bigarrée par le froid qui piquait ses grands yeux de larmes. Néanmoins il y avait dans sa physionomie un air de bonne humeur, que faisait naître la pensée du retour au logis, du coin du feu et des amusements de Noël.

Le traîneau était un de ces véhicules à l'ancienne mode, larges et confortables, qui peuvent recevoir dans leurs vastes flancs une famille entière ; pour l'instant, il ne contenait que deux personnes. En dehors, il était peint d'un vert modeste, et en dedans d'un rouge vif, teinte destinée sans doute à donner une idée de chaleur dans ce climat glacé. De grandes peaux de bison, bordées d'un drap rouge festonné, couvraient la capote du traîneau, et il y en avait de semblables à l'intérieur en guise de couvertures.

Nos voyageurs étaient un homme dans la maturité de l'âge et une jeune fille.

Sauf sa haute taille et sa corpulence, le premier des deux échappait à l'examen par suite des précautions qu'il avait prises contre le froid. Une grosse redingote entièrement fourrée l'enveloppait de la tête aux pieds. Il avait pour coiffure un bonnet de peau de marte, doublé en maroquin, dont les côtés, rabattus sur les oreilles, s'attachaient sous le menton par un ruban noir ; la calotte du bonnet était surmontée de la queue de l'animal, qui retombait de quelques pouces derrière la tête. Sous ce masque on apercevait en partie une belle figure énergique, et surtout deux grands yeux bleus, pleins d'expression, et qui annonçaient beaucoup d'intelligence, de la bonne humeur et une extrême bienveillance. Quant à sa compagne, elle disparaissait littéralement sous le monceau de vêtements qui la couvraient. D'un vaste manteau de camelot, doublé de flanelle épaisse et qui, par la coupe et la taille, était destiné à un individu de l'autre sexe, on voyait par moments sortir un fouillis de soie et de fourrures. Une grande capote de soie noire, piquée en édredon, était rabattue sur son visage, de façon à ne laisser que la place nécessaire à une petite bouche pour respirer, et à des yeux noirs pour lancer des regards pleins de feu.

Le père et la fille — tels étaient les rapports qui unissaient les deux voyageurs, — semblaient trop absorbés dans leurs réflexions pour troubler par le son de leur voix un silence auquel le glissement du traîneau n'apportait que peu ou point d'interruption. Le père songeait à l'épouse qui, quatre ans auparavant, s'était avec peine résignée à se séparer de son unique enfant, afin de lui procurer les avantages d'une éducation que la ville de New-York pouvait seule offrir à cette époque. Quelques mois plus tard, la mort l'avait privé de la compagne de sa solitude ; néanmoins il avait eu assez à cœur l'intérêt véritable de sa fille pour ne point la faire venir dans l'espèce de désert qu'il habitait avant l'expiration du temps assigné aux travaux de son instruction. Les pensées de la fille étaient moins mélancoliques, et il s'y mêlait un agréable étonnement, au spectacle de la nouveauté des sites qui s'offraient à chaque pas sur leur route.

La montagne dont ils gravissaient les pentes était hérissée de pins, hauts de soixante-dix à quatre-vingts pieds pour le tronc seulement, et souvent en ayant le double par l'addition du feuillage. L'œil pénétrait à travers les innombrables points de vue qui s'ouvraient au-dessous des arbres gigantesques, jusqu'à ce qu'il rencontrât à l'horizon une inégalité du sol, ou fût arrêté par la cime d'une colline située de l'autre côté de la vallée vers laquelle on se dirigeait. Les troncs noirâtres des pins, s'enlevant sur la blancheur éblouissante de la neige, montaient droits comme des flèches, et projetaient en lignes horizontales leurs bras, couverts d'un feuillage maigre et toujours vert. Il semblait aux voyageurs qu'il ne faisait pas de vent ; et pourtant les arbres balançaient majestueusement leurs branches supérieures, exhalant des sons plaintifs et lugubres, en harmonie avec l'ensemble de cette scène.

Tout à coup des hurlements bruyants et prolongés résonnèrent sous les longues voûtes de la forêt, semblables aux aboiements d'une meute nombreuse. Dès que ce bruit parvint aux oreilles du voyageur, il cria au nègre :

« Arrête, Agamemnon ! Voilà le vieil Hector ; je reconnaîtrais sa voix entre mille ! Bas de Cuir a lâché ses chiens sur les collines, par cette belle journée, et ils auront fait lever du gibier. Un daim a passé à quelques pas d'ici. Allons, Élisabeth, si le bruit du fusil ne te fait pas peur, tu auras un bon filet de venaison pour ton dîner de Noël. »

Le nègre arrêta l'attelage, d'un air tout joyeux, et il se mit à battre des bras, afin de rétablir dans ses doigts la circulation du sang.

Le juge Marmaduke Temple — c'étaient les noms et qualité de celui qui venait de parler, — se leva, et, se dégageant de sa houppelande, il sauta à bas du traîneau sur un tas de neige, durcie par une couche épaisse de grésil, et qui céda d'un pouce à peine sous le poids de son corps.

Quelques moments lui suffirent à retirer, du milieu d'une foule de malles et de cartons, un fusil de chasse à deux coups. Après avoir ôté les grosses mitaines où étaient emprisonnées ses mains, qui parurent

alors couvertes d'une paire de gants de cuir bordés de fourrure, il examina la batterie de son arme, et il allait se mettre en marche lorsqu'il entendit sous bois bondir un daim, qui presque aussitôt traversa le sentier, à quelque distance de lui. L'apparition de l'animal était subite, et sa course d'une rapidité inconcevable ; mais le voyageur paraissait trop bon tireur pour être mis en défaut par l'une de ces circonstances. Dès qu'il l'aperçut, il le mit en joue d'une main sûre, et lâcha la détente. Voyant la bête continuer de fuir, il fit feu de son second coup. Ni l'une ni l'autre décharge ne parut avoir produit le moindre effet.

Tout cela s'était passé avec une promptitude qui avait un peu troublé la jeune fille, et déjà elle se réjouissait intérieurement que l'animal n'eût point été frappé ; mais une détonation sèche et courte se fit entendre, bien différente du bruit plein et sonore qu'avait rendu le fusil de son père. Le daim bondit à une grande hauteur, et sur-le-champ une seconde décharge, toute semblable, l'étendit à terre.

Le chasseur invisible poussa un grand cri, et deux hommes, qui faisaient le guet derrière les pins, se montrèrent à l'instant. M. Temple s'avança au-devant d'eux.

« Ah! Nathaniel, si j'avais su, » dit-il, « que vous fussiez à l'affût, je n'aurais pas tiré; mais la voix du vieil Hector a quelque chose de si enivrant qu'on ne saurait y résister. Ah ! çà, est-ce moi qui ai tué la bête ?

— Non, non, mon juge, » répondit le chasseur de l'air d'un homme qui a conscience de sa supériorité ; « vous avez brûlé votre poudre pour vous réchauffer le nez par ce temps de glace. Pensez-vous abattre, avec un joujou à descendre des moineaux, un daim en pleine croissance, ayant à ses talons l'aboi d'Hector et de sa camarade? Il ne manque pas de faisans dans les marais, et les bruants de neige voltigent l'hiver à votre porte ; de là, vous pouvez les nourrir de miettes de pain et en tirer de quoi faire chaque jour un pâté de ménage. Mais si vous voulez du chevreuil ou un jambon d'ours, mon juge, il faudra prendre la longue carabine et une bourre bien graissée ; autrement, vous userez plus de poudre que vous n'emplirez d'estomacs. »

L'orateur, en terminant son discours, passa sa main nue sur le bout de son nez, et ouvrit une énorme bouche en riant d'une sorte de rire silencieux.

« Le fusil écarte bien, Natty, et ce n'est pas la première fois qu'il aura tué un daim, » repartit M. Temple en souriant de bonne grâce. « L'un des deux canons était chargé de chevrotines, l'autre de petit plomb. Or, la bête a reçu deux blessures, dans le cou et droit au cœur. Je n'en ai pas la certitude, Natty, mais je crois que l'une des deux est de mon fait.

— Peu importe qui l'a tuée, » dit le chasseur d'un ton assez bourru; « elle doit être mangée, n'est-ce pas? »

Ce disant, il tira un large couteau d'une gaîne de cuir attachée à sa ceinture, et entailla la gorge de l'animal.

« Si le daim a reçu deux balles, » poursuivit-il, « n'est-il pas vrai aussi qu'il y a deux fusils qui ont fait feu? D'ailleurs un fusil de chasse a-t-il jamais troué la peau comme ce que vous voyez dans le cou? Et vous avouerez, mon juge, que l'animal est tombé après le dernier coup, qui a été tiré par une main plus sûre et plus jeune que la vôtre ou la mienne. Quant à moi, pauvre homme que je suis, je peux me passer de venaison; mais, dans un pays libre, je n'aime pas à faire l'abandon de mes droits légitimes. Au fond de cela, qu'est-ce que je vois? Que la force fait le droit ici, tout comme dans l'ancien monde. »

Il débita cette réplique d'un air de sombre mécontentement, bien qu'il crût prudent de marmotter entre ses dents la dernière phrase.

« Allons, Natty, » reprit le juge avec une douceur imperturbable, « je ne dispute que pour l'honneur. Quelques dollars paieront le gibier; mais la gloire d'ajouter une nouvelle queue de daim à mon bonnet, qui m'indemnisera de cette perte? Songez au plaisir d'étaler mon triomphe devant ce farceur de Richard Jones, qui s'est mis déjà sept fois en chasse dans la saison, et n'a encore rapporté qu'une poule des bois et quelques écureuils gris.

— Ah! le gibier devient rare, mon juge, grâce à vos abattis et à vos améliorations, » dit le vieux chasseur avec une sorte de résignation forcée. « Il fut un temps où, de la porte de ma hutte, j'ai tué treize daims, sans compter les faons! Quant à de la viande d'ours, celui qui voulait un jambon ou deux n'avait qu'à veiller la nuit sans mettre le nez dehors, et il tirait un ours au clair de la lune, en passant son fusil à travers les fentes des solives; et pas de crainte de se laisser gagner au sommeil, car le hurlement des loups suffisait à vous tenir les yeux ouverts... Voici le vieil Hector, » ajouta-t-il en caressant un grand limier taché de noir et de jaune, les jambes et le ventre blancs, et qui était accouru sur la piste en compagnie d'une chienne. « Voyez où les loups l'ont mordu au cou, la nuit où ils avaient envie de la venaison que j'avais mise fumer au haut de la cheminée. C'est un chien qui mérite plus de confiance que beaucoup de chrétiens, car il n'oublie jamais un ami, et il aime la main qui le nourrit. »

Il y avait dans les manières du chasseur quelque chose de particulier, qui attira tout d'abord sur lui l'attention de la jeune fille.

C'était un homme très grand, et dont la maigreur excessive semblait encore ajouter à sa haute stature. Il avait la tête coiffée d'un bonnet de peau de renard, sans ornements, d'où s'échappaient quelques rares mèches de cheveux plats et grisonnants. Sa figure, quoique sèche et presque décharnée, annonçait une santé vigoureuse et résistante; le froid et le grand air l'avaient colorée d'une teinte uniforme. Ses yeux gris pétillaient de vivacité sous ses sourcils embroussaillés; son cou maigre était nu et brûlé comme sa figure, et l'on voyait à un bout de collet qu'il portait une chemise en toile à carreaux du pays. Une sorte d'habit, fait de peau de daim à laquelle on avait laissé le poil, était serré autour de son corps par une ceinture de laine de couleur. Il avait les pieds chaussés de mocassins, ornés, à la mode indienne, de pointes de porc-épic, et les jambes emprisonnées dans de longues guêtres, aussi de peau de daim, qui, jarretées au-dessus du genou, par-dessus ses culottes usées, lui avaient valu de la part des colons le sobriquet de *Bas de Cuir*. Son épaule gauche soutenait un baudrier auquel était suspendue une énorme corne de bœuf, râclée si mince, qu'on voyait la poudre au travers, et fermée à ses deux bouts par un tampon de bois à demeure et par une cheville (C).

En terminant ce qu'il venait de dire, le vieux chasseur prit dans une poche de cuir attachée par devant une petite tasse en fer, la remplit de poudre et se mit à recharger sa carabine, dont la crosse était appuyée sur la neige, et le canon s'élevait presque à la hauteur de son bonnet.

Sur ces entrefaites, le voyageur avait examiné de près les blessures de la bête, et, sans faire attention à la mauvaise humeur de Bas de Cuir, il s'écria :

« Je ne serais pas fâché, Nathaniel, d'établir mes droits à l'honneur de cet exploit; et certes si la balle dans le cou est de moi, cela suffit; celle qui a atteint le cœur était inutile; c'est ce que nous appelons un acte de surérogation.

— Baptisez-la comme il vous plaira, mon juge, » répondit l'autre en remettant sa carabine sous son bras gauche, et en même temps il atteignit dans la poche de sa culotte un morceau de cuir graissé, en enveloppa une balle, la fit entrer dans le canon, et continua à bourrer tout en parlant. « Il est beaucoup plus facile d'inventer des mots que de tuer un daim au bond. Du reste, je vous le répète, la mort de la créature est due à une main plus jeune que la vôtre ou la mienne.

— Qu'en dites-vous, mon ami? » dit M. Temple, en se tournant d'un air aimable vers un jeune homme qui accompagnait Nathaniel. « Le jouerons-nous à pile ou face? Si vous perdez, vous garderez l'argent. Quel est votre avis?

— Mon avis? » dit avec un peu de hauteur celui-ci, qui s'appuyait sur une arme semblable à celle de Nathaniel. « Que j'ai tué le daim.

— Vous êtes deux contre un, » répondit le juge en souriant; « la majorité est contre moi : je suis débouté, comme nous disons au tribunal. Agamemnon ne peut voter puisqu'il est esclave; quant à Élisabeth, elle est mineure. Il faut donc que je m'en tire comme je pourrai. Mais vous allez me vendre la bête, n'est-ce pas? et du diable si je n'invente pas sur sa mort quelque bonne histoire!

— Le gibier n'est pas à moi, et je n'ai pas à le vendre, » dit Bas de Cuir en prenant un peu de la hauteur de son compagnon. « Pour moi, j'ai vu des animaux courir des journées entières avec une balle dans le cou, et je ne suis pas de ces gens qui privent un homme de ses droits légitimes.

— Vous êtes tenace sur vos droits, par le froid qu'il fait, Natty, » reprit le juge, sans démentir un instant l'aisance de son humeur. « Mais vous, jeune homme, qu'en pensez-vous? Trois dollars vous iraient-ils en échange de la bête?

— Commençons d'abord par décider la question de droit à notre satisfaction mutuelle, » dit le jeune chasseur avec une fermeté respectueuse, et dont le langage paraissait bien supérieur à ses dehors. « Combien aviez-vous mis de chevrotines dans votre fusil?

— Cinq, Monsieur, » dit le juge, un peu surpris de ses manières. « N'est-ce pas assez pour tuer un daim comme celui-ci?

— Une seule suffirait. Vous savez, Monsieur, que vous avez tiré dans la direction du bois; eh bien, regardez cet arbre : quatre de vos balles y sont. »

M. Temple examina les marques encore fraîches dans l'écorce du pin, et secoua la tête.

« Vous prouvez contre vous-même, mon jeune avocat, » dit-il en riant. « Où est la cinquième?

— La cinquième balle? » répéta le jeune homme. « Ici. »

Il entr'ouvrit la grossière casaque qu'il portait et montra à son habit une déchirure, d'où sortaient de grosses gouttes de sang.

« Grand Dieu! » s'écria le juge terrifié. « J'étais là à ergoter sur une bagatelle, tandis qu'un de mes semblables, blessé par moi, souffrait sans murmure! Allons, vite... dépêchez-vous! Montez dans mon traîneau.

Nous ne sommes qu'à un quart de lieue du village, où il y a un chirurgien. Je me charge de tout ; et vous habiterez chez moi jusqu'à ce que votre blessure soit guérie, et aussi longtemps qu'il vous plaira ensuite.

— Je vous remercie de vos bonnes intentions, Monsieur, mais je dois refuser vos offres. J'ai un ami qui serait inquiet, s'il apprenait que je suis blessé et loin de lui. Le mal n'est pas grand, et la balle n'a point atteint l'os. Maintenant, je présume que vous reconnaissez mes droits sur l'animal.

— Si je les reconnais ! » dit le juge plein d'émotion. « Je vous donne ici le droit à perpétuité de chasser dans mes bois le daim, l'ours et tout ce que vous voudrez. Bas de Cuir est le seul à qui j'aie accordé le même privilège, et le temps approche où il ne sera point à mépriser. Mais j'achète votre daim ; et voici un billet de banque pour payer votre coup de fusil et le mien. »

Pendant ce dialogue, le vieux chasseur s'était redressé d'un air d'importance, et quand le juge eut fini de parler :

« Il y a encore assez de témoins, » protesta-t-il entre haut et bas, « pour dire que Nathaniel Bumppo avait le droit de chasse sur ces montagnes, bien avant que Marmaduke Temple eût le droit de propriété. S'il existe une loi sur la matière, — et qui jamais a ouï parler d'une loi qui défende à un homme de tuer un daim partout où il lui plaît ? — mais s'il en faut une absolument, ce doit être pour défendre l'usage des fusils de chasse. Quand on lâche la détente de ces joujoux de fantaisie, on ne sait pas où le plomb ira s'éparpiller. »

Sans faire attention au soliloque de Nathaniel, le blessé répondit à l'offre du billet de banque par un signe de tête négatif, et ajouta :

« Veuillez m'excuser, Monsieur ; cette venaison m'est nécessaire.

— Voilà de quoi en acheter bien d'autres, » repartit le juge. « Acceptez, je vous en prie. » Et il ajouta à voix basse : « C'est un billet de cent dollars. »

Le jeune homme parut hésiter un instant, mais, malgré les vives couleurs que le froid avait répandues sur ses joues, on le vit rougir comme s'il se fut intérieurement reproché sa faiblesse, et il articula un nouveau refus.

Élisabeth jugea opportun d'intervenir. Elle rejeta son capuchon en arrière, sans s'inquiéter de la rigueur du froid, se leva, et s'écria avec beaucoup de vivacité :

« Oh! jeune homme... Monsieur... bien sûr, vous ne voudriez pas affliger mon père au point de le réduire à laisser un de ses semblables dans ce désert, après l'avoir blessé de sa main. Venez avec nous, de grâce, afin de recevoir les secours dont vous avez besoin. »

Que sa blessure devînt plus cuisante, ou qu'il y eût quelque chose d'irrésistible dans la voix et les manières de la jeune fille qui plaidait au nom de la sensibilité de son père, cet appel sembla beaucoup adoucir la froideur de notre chasseur, et il retomba dans l'indécision, comme s'il lui en coûtait d'accepter son offre, et que néanmoins il ne pût se résoudre à la repousser. M. Temple alors lui prit la main, et, le poussant doucement vers le traîneau, le pressa d'y prendre place.

« Vous ne trouverez pas de secours plus près qu'à Templeton, » dit-il, « et la cabane de Natty est au moins à une lieue d'ici... Venez, venez, mon jeune ami; le docteur examinera votre épaule. Natty donnera de vos nouvelles à votre ami, et si vous le désirez, vous retournerez chez vous demain matin. »

Le jeune homme réussit à dégager sa main de l'étreinte chaleureuse du juge, sans pourtant quitter des yeux sa fille, dont la généreuse sympathie était pleine d'encouragement.

Bas de Cuir, appuyé sur sa longue carabine, la tête tournée un peu de côté, semblait réfléchir profondément; après avoir éclairci ses doutes, il rompit le silence.

« Le mieux serait peut-être d'aller avec eux, mon garçon, » dit-il; « car si le plomb a glissé sous la peau, j'ai la main trop vieille pour tailler dans la chair humaine, comme il m'est arrivé autrefois. Il y a de cela une trentaine d'années, lors de l'ancienne guerre, quand j'étais aux ordres de sir William, je me rappelle avoir fait une traite de vingt-cinq lieues, tout seul et en plein désert, ayant une balle dans la cuisse, et je l'en retirai moi-même avec la pointe d'un couteau. Le vieil Indien John doit s'en souvenir. Je le rencontrai avec un parti de Delawares à la piste des Iroquois, qui venaient de leur enlever cinq chevelures. Mais je fis au diable rouge qui m'avait blessé une marque qu'il portera toute sa vie. Figurez-vous qu'au moment où il sortait de sa cachette, je l'ajustai au derrière, sauf le respect que je dois à la présence de cette belle dame, et lui plantai dans le gras des chairs trois chevrotines, si près les unes des autres, qu'on aurait pu les recouvrir toutes avec une pièce d'un dollar... »

Ici Nathaniel tendit son long cou, dressa sa maigre échine, et ouvrit la bouche, laissant apercevoir son unique dent jaune, pendant que ses yeux, sa figure et sa personne entière semblaient pouffer de rire ; et pourtant on n'entendait d'autres sons qu'un sifflement pénible, comme s'il eût aspiré son haleine par saccades.

« J'avais perdu mon moule à balles en traversant l'Oneida, » ajouta-t-il, « et il fallut bien me servir de chevrotines ; mais le fusil était bon ; il ne crachait pas comme votre machine à deux coups, mon juge, laquelle ne vaut rien pour chasser en compagnie. »

Incapable de résister plus longtemps aux instances bienveillantes des voyageurs, le jeune homme, quoique avec une inexplicable répugnance, consentit enfin à monter dans le traîneau. Le nègre, aidé de son maître, jeta le daim en travers des bagages, et après qu'ils se furent placés, M. Temple invita le chasseur à en faire autant.

« Non, non, » dit le vieillard en secouant la tête ; « c'est la veille de Noël, et j'ai affaire au logis. Emmenez le garçon, et que votre docteur examine son épaule ; il lui suffira d'ôter la balle, car j'ai des herbes qui guériront la blessure plus vite que tous ses onguents étrangers... Si, par hasard, vous rencontrez l'Indien John aux environs du lac, vous ne ferez pas mal de le prendre avec vous pour donner un coup de main au médecin ; tout vieux qu'il est, il sait comment traiter les contusions et les blessures.

— Un instant ! » s'écria son compagnon en retenant le bras du nègre qui allait fouetter les chevaux. « Inutile de parler du coup de fusil, ni de dire où je vais, Natty ! Ne l'oubliez pas, vous m'obligerez.

— Fiez-vous au vieux Bas de Cuir, » répondit le chasseur avec un coup d'œil expressif ; « il n'a pas vécu quarante années au désert sans avoir appris des sauvages à retenir sa langue... Fiez-vous à moi, mon garçon, et rappelez-vous l'Indien John.

— Et Nathaniel aussi, » reprit vivement le jeune homme, qui tenait toujours le bras du nègre. « Sitôt la balle extraite, je vous apporterai, ce soir même, un cuissot de daim pour le souper de Noël. »

A ces mots, le chasseur, levant un doigt en l'air, lui fit signe de garder le silence. Il s'avança ensuite avec précaution le long de la route, les yeux fixés sur la haute cime d'un pin, où était perché un oiseau nommé faisan dans le pays, et de la grosseur d'une volaille ordinaire. Les aboiements des chiens, et la conversation qui avait eu lieu près de l'arbre, avaient alarmé l'oiseau qui s'était réfugié à l'endroit qu'il

occupait, la tête et le cou dressés et sur la même ligne que ses pattes. Aussitôt que la carabine fut ajustée, Nathaniel tira, et le faisan tomba de cette hauteur avec tant de force qu'il s'enfouit dans la neige.

« Tout beau, Hector! » cria Bas de Cuir à son chien, qui s'élançait déjà au pied de l'arbre. « Allez coucher, vilain drôle ! »

Le chien obéit, et Nathaniel rechargea promptement son arme, bien qu'avec un soin minutieux. Cela fait, il ramassa son gibier et montra l'oiseau sans tête aux voyageurs.

« Voilà un friand morceau pour la Noël d'un vieux bonhomme! »

dit-il. « Que la venaison ne vous inquiète pas, mon garçon! Rappelez-vous seulement l'Indien John; ses herbes valent mieux que tous les onguents étrangers... Eh bien, mon juge, pensez-vous qu'un fusil de chasse tuerait ainsi un oiseau sur la branche sans lui déranger une plume? »

Le vieillard accompagna ces paroles d'un autre de ces rires remarquables qui offraient un mélange si singulier d'orgueil, de joie et d'ironie; puis, branlant la tête, il tourna le dos, mit son fusil sous son bras gauche, et se dirigea d'un pas allongé qui tenait le milieu entre la marche et le trot, le corps en avant et pliant les genoux. Le jeune homme le suivit des yeux; mais un coup de fouet fut donné aux chevaux, et Bas de Cuir disparut entièrement à leur vue.

CHAPITRE II.

Tous les lieux que l'œil du ciel visite offrent au sage des ports et des baies tranquilles. Pourquoi dire que le roi t'a banni ? C'est plutôt toi qui as banni le roi.

SHAKESPEARE, *Richard II.*

Environ cent vingt ans avant l'époque où commence cette histoire, un des ancêtres de Marmaduke Temple était venu s'établir dans la colonie de Pensylvanie, à la suite de son fondateur William Penn, dont il était l'ami et le coreligionnaire.

Marmaduke l'ancien, — car ce prénom formidable semble avoir été adopté par toute sa race, — avait apporté avec lui, dans cet asile de proscrits, une grande abondance des biens de ce monde. Il devint possesseur de plusieurs milliers d'acres de territoire inhabité, en même temps que le patron de centaines d'émigrants, qui ne vivaient que par lui. Après avoir longtemps joui du respect et de l'estime de ses concitoyens, qui lui conférèrent les premières charges de la colonie, il mourut assez à temps pour ne pas s'apercevoir qu'il était pauvre, partageant ainsi le sort de la plupart de ceux qui transportèrent leur fortune dans les établissements nouveaux.

Il est curieux de voir, lorsqu'on parcourt les brèves annales de cette première époque, que tous les maîtres, à peu d'exceptions près, tombaient peu à peu dans la pauvreté, tandis que les gens à leur service s'élevaient jusqu'à l'opulence. Accoutumé à l'aisance, et incapable de lutter contre les embarras inhérents à toute société naissante, le riche émigré était à peine en état de soutenir son rang par sa supériorité et sa capacité personnelle ; mais dès qu'on l'avait descendu dans la tombe, son fils, indolent et presque sans aucune éducation, était obligé de céder le pas à l'énergie plus active d'une classe d'hommes dont la nécessité avait stimulé les efforts. C'est le cours ordinaire des choses, même dans l'état actuel de l'Union américaine ; mais c'est ce qui arrivait surtout dans les colonies paisibles et peu entreprenantes de la Pensylvanie et de New-Jersey.

Les descendants de Marmaduke n'échappèrent point au sort commun de tous ceux qui comptent sur leurs possessions héréditaires plutôt que sur leur industrie ; et à la troisième génération, ils en étaient venus à un point au-dessous duquel, dans cet heureux pays, il est presque impossible que la probité, l'intelligence et l'économie puissent choir. Le même orgueil de famille qui, nourri par l'indolence, avait amené leur déclin fut l'aiguillon qui les excita à se relever et à reconquérir la réputation, le rang et peut-être aussi la fortune de leurs ancêtres. Ce fut le père du juge, notre nouvelle connaissance, qui commença, le premier, à remonter l'échelle sociale, et il y fut matériellement aidé par un mariage, qui le mit à même de donner à son fils une éducation supérieure à celle que pouvait fournir l'état peu avancé des écoles ordinaires de la Pensylvanie.

Dans la pension où la prospérité renaissante de son père lui avait permis de le placer, Marmaduke se lia d'amitié avec un jeune homme à peu près de son âge ; cette liaison fut utile à notre juge, et devint par la suite la source de son élévation.

Les parents d'Édouard Effingham étaient non seulement très riches, mais puissants à la cour. Ils appartenaient à l'une de ces familles, peu nombreuses du reste, qui regardaient les occupations commerciales comme au-dessous d'elles, et qui ne sortaient de la vie privée que pour présider les conseils de la colonie ou prendre les armes pour sa défense.

Cette dernière carrière était celle que le père d'Édouard avait embrassée dès sa jeunesse. L'avancement, au service de la Grande-Bretagne, était alors moins rapide qu'à présent, et un militaire qui avait obtenu une compagnie se croyait en droit d'exiger la plus grande déférence des paisibles occupants du sol. Lors donc que le père de l'ami de Marmaduke, après quarante ans, se retira avec le grade de major, et qu'on le vit maintenir chez lui un établissement splendide, il devint l'un des personnages considérables de New-York, où il était né. Sa retraite fut pleine de dignité ; il refusa non seulement sa demi-solde et toute autre indemnité, mais aussi divers emplois civils à la fois honorables et lucratifs, avec cette indépendance naturelle et cette loyauté chevaleresque qui avaient marqué toute sa carrière. A cet acte de désintéressement patriotique le vieux guerrier joignit un trait de munificence privée, qui, bien que peu d'accord avec la prudence, n'en était pas moins conforme à la simplicité intègre de ses idées.

Il n'avait d'enfants que l'ami de Marmaduke. Lors du mariage de ce fils unique avec une dame pour qui le père avait une considération particulière, il lui fit un abandon complet de tous ses biens, consistant en placement de fonds, maisons de ville et de campagne, en plusieurs fermes considérables dans la partie ancienne de la colonie, et en une grande étendue de territoire en friche dans la nouvelle.

Le major Effingham, en rejetant les offres libérales du ministère britannique, avait encouru le reproche de sottise de la part de tous ceux qui encombrent les avenues du pouvoir. Mais lorsqu'on le vit ainsi se dépouiller lui-même de son immense fortune, il n'y eut plus qu'une voix pour convenir qu'il était réellement tombé en enfance. Ce fait peut servir à expliquer la rapidité avec laquelle son importance déclina ; et si la solitude était l'objet de ses vœux, le vétéran dut être au comble de ses désirs. Quel que fût le jugement du monde sur la conduite du major, lui-même et son fils n'y trouvèrent rien que de naturel : il existait entre eux une confiance si intime, qu'ils ne virent dans cet acte que de l'argent qui passait d'une poche dans une autre.

Une des premières choses que fit Édouard en entrant en possession de sa fortune, fut de penser à son ami d'étude, et de lui offrir toute l'assistance qu'il était maintenant en son pouvoir de lui donner.

La mort du père de Marmaduke et le partage de ses modiques biens rendirent cette offre on ne peut plus opportune au jeune Pensylvanien ; il en sentait tout le prix, et connaissait les faiblesses aussi bien que les qualités du caractère de son ami. Effingham était de nature insouciant et plein d'abandon, parfois imprudent et emporté; Marmaduke, au contraire, avait l'esprit sagace, l'humeur égale, de l'imagination et beaucoup d'activité. Les offres furent acceptées, les arrangements pris et les conditions réglées. Une maison de commerce fut établie dans la capitale de la Pensylvanie avec l'aide de la fortune personnelle de M. Effingham. Tout ou presque tout l'établissement fut mis en la possession de Temple, qui en devint le seul propriétaire ostensible; mais, par une clause particulière et qui resta secrète, son ami devait entrer pour moitié dans les bénéfices.

Le colonel Effingham.

Nous avons dit que le major Effingham avait servi avec distinction. Pendant qu'il commandait sur la frontière occidentale de la Pensylvanie, ayant à tenir tête aux Français et aux Indiens alliés, il vit non seulement sa gloire, mais son salut et celui de ses troupes gravement compromis par la politique pacifique de cette colonie. Aux yeux d'un militaire, c'était un tort impardonnable. Il réussit pourtant, après des efforts désespérés, à se soustraire avec une poignée d'hommes à la fureur de l'ennemi, mais il ne pardonna jamais à ceux qui l'avaient exposé à un danger dont ils l'avaient laissé se retirer tout seul. On avait beau répondre que sa position sur leurs frontières n'était pas de leur fait ; sans nul doute, il y avait été placé dans leur intérêt, et selon lui c'était pour eux un devoir absolu de le soutenir.

A aucune époque, le vieux guerrier n'avait été l'admirateur des pacifiques disciples de Fox. Il ne pouvait contempler les belles formes et la vigueur que leur avaient données une vie réglée et la discipline, sans témoigner par ses regards le mépris qu'il avait pour leur faiblesse morale. Il n'était pas loin de croire non plus que tout cet extérieur de religion était pris aux dépens de la substance. Connaissant les sentiments de son père à l'égard de cette secte, il n'est pas étonnant que le fils hésitât à lui avouer ses rapports avec un quaker, et la confiance qu'il avait mise en son intégrité.

Marmaduke, on l'a vu, descendait de parents amis et coreligionnaires de Penn. Bien que sa mère n'appartînt pas à leur communion, il y avait été élevé. Le mariage qu'il contracta avec une dame non seulement étrangère à cette secte, mais placée hors de son influence, contribua, il est vrai, à affaiblir ses premières impressions ; néanmoins, il en conserva une portion jusqu'à l'heure de sa mort, et toutes les fois qu'il était vivement ému ou qu'un grand intérêt le préoccupait, son langage se ressentait de celui qu'il avait parlé dans sa jeunesse.

A l'époque où Marmaduke devint l'associé du jeune Effingham, il avait tout l'extérieur d'un quaker, et c'eût été une épreuve trop dangereuse pour le fils que d'essayer de braver sur cette matière les préjugés de son père. L'association resta donc un profond secret entre les deux associés.

Pendant quelques années, Marmaduke dirigea les opérations commerciales de sa maison avec une prudence et une sagacité qui les firent prospérer. Il épousa la dame dont nous avons parlé, qui fut mère d'Élisabeth, et les visites de son ami devinrent de plus en plus fréquentes. On se flattait de pouvoir bientôt lever le voile qui couvrait des relations dont chaque jour démontrait l'avantage, quand les troubles précurseurs de la révolution prirent une extension alarmante.

Élevé dans le royalisme le plus soumis, Édouard Effingham avait, dès l'origine de la querelle entre les colonies et la couronne d'Angleterre, soutenu chaudement ce qu'il croyait être les justes prérogatives de son prince, tandis que la tête logique et l'esprit indépendant de Temple lui avaient fait embrasser la cause du peuple. Cette différence d'opinions avait longtemps été entre eux un sujet de discussions amicales. Les étincelles de discorde firent bientôt place à un vaste embrasement, et durant plusieurs années, les colonies, ou plutôt les *États,* comme elles ne tardèrent pas à s'appeler, devinrent un théâtre de guerre et de carnage.

Quelque temps avant la bataille de Lexington, Édouard, devenu veuf, confia à Marmaduke la garde de ses papiers et de ses effets les plus précieux, et quitta la colonie en y laissant son père. Mais sitôt que la guerre fut sérieusement commencée, il reparut dans la province de New-York, portant les couleurs de son roi, et se mit en campagne à la tête d'un corps de milice. De son côté, Marmaduke avait épousé complètement ce qu'on appelait la cause de la rébellion. Par conséquent, toutes relations cessèrent entre les deux amis : le colonel Effingham ne les rechercha plus, et Marmaduke observa une prudente réserve. Bientôt ce dernier fut obligé de quitter Philadelphie, en ayant soin toutefois de mettre hors de l'atteinte des troupes royales tous ses effets ainsi que les papiers de son ami. Il continua, pendant la lutte, à servir son pays dans divers emplois civils, et toujours avec dignité. Tout en se rendant utile à son pays, il ne négligea point ses intérêts privés : ainsi, lors de la vente des biens confisqués sur les partisans de la couronne, il devint l'acquéreur de propriétés étendues, à un prix bien au-dessous de leur valeur réelle. Ce fut sur sa réputation une légère tache, qui donna lieu à plus d'un malin propos.

Quand l'indépendance des États eut été reconnue, M. Temple quitta le commerce, devenu alors plein de fluctuations et d'incertitude, pour s'adonner à la culture des terres qu'il avait achetées près des sources de la Susquehanna. A force d'argent, de calculs et de persévérance, cette entreprise réussit au delà de ce que le climat et la stérilité du pays semblaient promettre. C'est ainsi qu'il décupla sa fortune, et prit rang parmi les plus opulents et les plus considérables de ses concitoyens.

Il n'avait pour hériter de ses richesses qu'une fille, et il la ramenait alors de sa pension, pour la mettre à la tête d'une maison qui était depuis longtemps privée de maîtresse.

Le district dans lequel ses biens étaient situés étant assez peuplé pour être érigé en comté, M. Temple, selon la coutume des colonies nouvelles, en fut nommé le principal juge, et loin d'occuper un rang inférieur parmi ses confrères, il y tenait, de l'aveu de tous, l'une des premières places.

CHAPITRE III.

> Tout ce que tu vois ici est l'œuvre de la nature : ces rocs qui dressent vers le ciel leurs crêtes mousses comme les créneaux des antiques manoirs ; ces arbres vénérables qui balancent au souffle des autans leurs cimes orgueilleuses ; ces plaines de glace qui reflètent les feux du soleil ! Et cependant l'homme aux instincts grossiers ne craint pas de profaner ces merveilles, comme un lâche qui insulterait à la pureté d'une vierge.
>
> *Duo.*

QUELQUE temps s'écoula avant que Marmaduke Temple fût assez remis de son émotion pour examiner la personne de son nouveau compagnon de voyage.

C'était un jeune homme de vingt-deux à vingt-trois ans, d'une taille un peu au-dessus de la moyenne, et qui portait une redingote de gros drap, serrée étroitement par une ceinture de tricot. En montant dans le traîneau, il avait un air soucieux qu'Élisabeth avait remarqué, sans savoir trop comment l'interpréter. Il avait trahi ses inquiétudes en recommandant au vieux chasseur d'être discret, et lorsque ensuite il avait passivement consenti à se laisser transporter au village, l'expression de ses yeux n'annonçait pas qu'il fût enchanté de cette démarche. Peu à peu ses traits s'adoucirent ; on put rendre justice à sa physionomie intéressante, et il ne garda plus que l'air d'un homme plongé dans ses réflexions.

Après l'avoir considéré avec attention, le juge lui dit en souriant :

« Je crois, mon jeune ami, que l'émotion m'a fait perdre la mémoire; votre figure ne m'est pas inconnue, et pourtant l'honneur d'attacher vingt queues de daim à mon bonnet de chasse ne me ferait pas dire votre nom.

— Je ne suis dans ce pays que depuis trois semaines, Monsieur, » répondit froidement le jeune homme, « et il y en a six, je crois, que vous êtes absent.

— Il y en aura cinq demain. Cependant il me semble vous avoir vu quelque part. Ah! j'ai eu une fameuse peur, et si cette nuit vous m'apparaissiez couvert d'un suaire, il n'y aurait là rien d'étonnant. Qu'en dis-tu, Betzy? Suis-je dans mon bon sens, oui ou non? Suis-je en état de résumer un débat criminel, ou, ce qui est certes d'une nécessité plus pressante, de faire les honneurs de notre salle à manger, la veille de Noël?

— Plus en état de faire l'un ou l'autre, mon cher père, » dit une voix enjouée qui sortit de dessous les larges plis du capuchon de soie, « que de tuer un daim avec un fusil de chasse. »

Après une courte pause, la même voix ajouta, mais avec un accent différent :

« Nous aurons, ce soir, plus d'un motif de rendre à Dieu des actions de grâces. »

La réponse d'Élisabeth amena d'abord sur les lèvres du jeune homme un léger sourire de dédain, que remplaça ensuite une expression de mélancolie. M. Temple lui-même tomba dans une préoccupation pénible, et il en résulta entre nos voyageurs un silence profond.

Les chevaux atteignirent bientôt un point où ils parurent reconnaître par instinct que le voyage approchait de son terme, et mordant le frein, secouant la tête, ils traversèrent rapidement le plateau, d'où la route descendait par de brusques détours vers la vallée.

Le juge fut tiré de ses réflexions en apercevant les quatre colonnes d'épaisse fumée qui tourbillonnaient au-dessus des cheminées de sa résidence. La maison, le village, la vallée, s'offrirent en même temps à sa vue, et il s'écria gaiement :

« Regarde, Bess! voilà notre dernier refuge!... Et ce sera aussi le tien, jeune homme, si tu veux consentir à rester avec nous (D). »

Les yeux de ses auditeurs se rencontrèrent par hasard ; et si l'incarnat qui monta aux joues d'Élisabeth fut démenti par la froide expression de son regard, le sourire équivoque qui erra sur les lèvres de l'étranger sembla protester également contre l'intention de faire partie du cercle de famille.

Le versant de la montagne que dominaient encore nos voyageurs, sans être complètement escarpé, était si rapide que les plus grandes précautions étaient nécessaires en descendant le rude et étroit sentier qui serpentait le long des précipices. Le nègre retint les chevaux impatients, et Élisabeth eut le temps de contempler une scène que la main de l'homme avait métamorphosée au point de n'être plus que l'esquisse du tableau qui avait charmé son enfance.

A leur droite s'étendait une plaine brillante, unie et enclavée entre des montagnes couvertes de forêts, et dont le tapis de neige était sillonné par un certain nombre de points noirs et mouvants, autant de traîneaux qui allaient au village ou en revenaient. A l'occident, les montagnes, tout aussi hautes, étaient moins abruptes, et dans le lointain elles s'ouvraient en vallons irréguliers, ou offraient des terrasses et des intervalles susceptibles de culture. Quoique les pins maintinssent leur suprématie de ce côté, les crêtes onduleuses qui fermaient l'extrême horizon étaient couronnées de bouleaux et d'érables, qui reposaient la vue et promettaient un sol plus favorable.

De temps à autre, des taches blanches se détachaient sur les forêts des collines opposées, et la fumée qui montait au-dessus de la cime des arbres annonçait les habitations de l'homme et un commencement de culture. Multipliées par l'association des travaux, ces humbles demeures finissaient par former quelquefois ce qu'on appelait des établissements (*settlements*) ; d'ordinaire, elles étaient isolées et sans importance.

Les hauteurs qui bornaient à l'ouest cette plaine remarquable étaient plus considérables et plus nombreuses que celles de l'est, et il y en avait une en particulier qui s'avançait comme un promontoire, à droite et à gauche duquel la neige formait comme une baie élégante. A son sommet s'élançait un chêne, qui étendait autour de lui ses bras noueux avec un désordre fantastique. Au sud, et presque sous les pieds des voyageurs, une superficie de quelques acres montrait, à sa surface accidentée et aux vapeurs qui s'en exhalaient, que ce qu'on aurait pu prendre pour une plaine était un des lacs de la montagne, enchaîné par les glaces de l'hiver. Un cours d'eau raviné s'en échappait vivement, et ses méandres étaient faciles à distinguer aux pins qui bordaient ses rives et à la trace des brouillards dont sa surface remplissait l'atmosphère plus froide des collines.

Les rives de ce bassin, à son extrémité méridionale, étaient raides sans être hautes; et de ce côté le sol formait à perte de vue un étroit mais gracieux vallon, le long duquel les colons avaient semé leurs chaumières avec un empressement qui attestait la qualité du sol et la facilité relative des communications.

Sur les bords même du lac, on voyait le village de Templeton (E).

Il se composait d'une cinquantaine de bâtiments de tous genres, la plupart en bois; leur architecture manquait de goût, à peine quelques-uns étaient-ils terminés, et tout indiquait la hâte qu'on avait mise à les construire. Certaines maisons étaient entièrement peintes en blanc, mais la plupart n'avaient reçu cette couleur coûteuse que par devant, et l'on avait, par économie, badigeonné le reste de la bâtisse d'un rouge sombre qui commençait à s'écailler. Il en était qui laissaient apercevoir les poutres nues à travers les fenêtres brisées de leur second étage. Elles étaient groupées de manière à imiter les rues d'une ville, arrangement plus fait en vue des besoins de l'avenir que des commodités de la génération présente.

Trois ou quatre des meilleures maisons, étaient munies de persiennes vertes qui, dans cette saison du moins, formaient un étrange contraste avec l'aspect glacé du lac, des montagnes, des forêts, et avec les vastes plaines de neige. Devant ces édifices prétentieux, on avait planté des arbres totalement dénués de branches ou n'ayant encore que les faibles rejetons d'une pousse de deux étés ; ils ne ressemblaient pas mal à de grands grenadiers en sentinelle devant le palais des princes. Et, dans le fait, les occupants de ces demeures privilégiées composaient la noblesse de Templeton, comme Marmaduke en était le roi. Là résidaient deux jeunes gens rompus aux finesses de la loi ; puis deux marchands, qui fournissaient aux besoins de la communauté, dont ils étaient en quelque sorte les garde-magasins ; et un disciple d'Esculape qui, chose assez rare, donnait accès dans le monde à plus d'individus qu'il n'en faisait sortir.

Au milieu de ce groupe bizarre d'habitations, s'élevait la maison du juge, qui planait comme une tour au-dessus de toutes les autres. Elle était située au centre d'un enclos, d'une contenance de plusieurs acres, et très riche en arbres fruitiers, dont un petit nombre, déjà anciens, étaient revêtus d'une mousse vénérable. Un double rang de jeunes peupliers, essence d'une introduction récente en Amérique, formait l'avenue, qui conduisait de la façade de l'édifice à la grand'rue du village.

La maison avait été construite sous la direction d'un M. Richard Jones, dont nous avons mentionné le nom. Grâce à un certain savoir-faire dans les petites choses, à la manie de vouloir se mêler de tout et à son titre de cousin germain, il était devenu en quelque sorte le factotum habituel du juge. Richard avait coutume de dire, en parlant de l'édifice, que cette production de son génie inventif se divisait, comme tout bon sermon, en deux parties. La première était en bois, une espèce de hangar sur la route, et pendant les trois années qu'elle avait servi d'abri provisoire à la famille, il avait parachevé la seconde.

Il s'était grandement aidé, pour amener à fin cette vaste entreprise, de l'expérience d'un charpentier ambulant qui, en étalant quelques méchantes gravures anglaises, et en dissertant d'un air capable de frises, d'entablements, et en particulier de l'ordre composite, — ordre admirable à son sens, qui, en résumant les autres, admettait toutes sortes de changements, — avait obtenu sur lui une influence fort illégitime, en ce qui se rapportait à cette branche des beaux-arts. Ce n'était pas que M. Jones n'affectât de considérer Hiram Fait-Peu comme un parfait empirique dans son métier; mais soit admiration secrète, soit impuissance de le réduire au silence, il se rendait presque toujours aux arguments de son coadjuteur. Ensemble, ils avaient construit la demeure de Marmaduke, et le château — c'était le nom qu'on lui donnait habituellement, — devint, dans l'une ou l'autre de ses nombreuses perfections, le modèle adopté pour les édifices un peu étranges construits à la ronde.

La maison elle-même, ou le dernier-né du génie de Richard, était en pierre, d'un carré parfait, vaste, et même confortable. C'étaient là quatre conditions que le propriétaire avait exigées avec une opiniâtreté plus qu'ordinaire. Quant au reste, tout avait été abandonné à la discrétion de Richard et de son associé. Nos gens trouvèrent les matériaux un peu trop solides pour les outils de leurs ouvriers, accoutumés à travailler le pin des montagnes, dont la substance est si molle que les chasseurs s'en servent comme d'oreillers. Sans cette petite difficulté, il est probable que le goût ambitieux de nos architectes nous aurait laissé bien plus à décrire.

Obligés de renoncer à embellir cette façade récalcitrante, ils se rejetèrent sur le portique et la toiture. Il fut décidé que le toit serait plat et à quatre faces. A cet arrangement Marmaduke objecta les neiges qui durent quatre mois, et qui couvrent fréquemment la terre à une hauteur de trois ou quatre pieds. Par bonheur, les accommodements de l'ordre composite vinrent effectuer un compromis : les bords du toit furent allongés de manière à rejeter les neiges et à leur faciliter une descente. Mais une erreur fut commise dans le mesurage de cette partie des matériaux, et comme un des plus grands mérites d'Hiram consistait dans son habileté à manier l'équerre, elle ne fut découverte qu'après avoir posé la massive charpente. Au mépris de toutes les règles, le toit fut donc la partie la plus apparente de l'édifice. Richard se flatta que la couverture aiderait à dissimuler cette élévation défectueuse ; mais chaque latte ne fit que la rendre plus sensible. Il essaya de remédier au mal au moyen de la peinture, et employa successivement, et de ses propres mains, jusqu'à quatre couleurs différentes. Il y mit d'abord du bleu de ciel, dans l'espoir qu'on pourrait le confondre avec le bleu du firmament ; puis ce qu'il appelait un gris de nuage, grossière imitation de la fumée ; ensuite, un vert dit *invisible*, parce qu'il devait se perdre dans la verdure des pins de la forêt voisine. Enfin n'ayant point réussi à escamoter son œuvre difforme, il la badigeonna hardiment d'une couche qu'il baptisa *jaune soleil*, à cause de sa ressemblance avec les rayons de l'astre et de sa vertu pour en tempérer la puissance. La plate-forme du toit fut entourée d'une balustrade, peinte des couleurs les plus éclatantes, et décorée avec profusion d'urnes et de moulures. Richard avait dans l'origine trouvé le moyen de dissimuler le quatuor des cheminées sous la forme de simples ornements ; mais la commodité exigea qu'on les exhaussât pour en dégager la fumée, en sorte qu'on les apercevait à une grande distance.

Comme cette toiture était l'entreprise architecturale la plus importante de M. Jones, cet échec le mortifia sensiblement. D'abord il dit tout bas à ses connaissances que la faute provenait d'Hiram, qui ne savait pas manier l'équerre ; puis, à force d'avoir son œuvre sous les yeux, il en devint plus satisfait, et au lieu de songer à en justifier les défauts, il se mit à en louer les beautés. Il trouva des auditeurs ; et la maison après tout étant commode, ce motif, joint à celui de l'influence de son riche propriétaire, fit du *château* un modèle, et deux ans ne s'étaient pas écoulés, que M. Jones, perché sur le haut de la plate-forme, eut le plaisir de contempler trois modestes imitations de son chef-d'œuvre. C'est ce qui arrive dans le monde, où la mode fait admirer les grands jusque dans leurs verrues.

Marmaduke prit bravement son parti sur la difformité de sa demeure, et les améliorations qu'il y apporta parvinrent à la rendre confortable et

à lui donner un air de dignité. Il avait fait venir d'Europe des peupliers pour embellir le terrain, où croissaient déjà des saules et d'autres arbres. Cependant, çà et là, un monticule annonçait la présence d'une souche qu'avaient épargnée les flammes lors du défrichement; et un tronc de vieux pin montait, comme un fût d'ébène, à vingt ou trente pieds au-dessus de la neige.

Ces détails et beaucoup d'autres objets désagréables n'attirèrent pas l'attention d'Élisabeth, pendant que le traîneau contournait le flanc de la montagne. Elle ne voyait qu'en masse le groupe de maisons étendu à ses pieds; les cinquante colonnes de fumée qui allaient se perdre dans les nuages; le lac glacé dans son encadrement de hauteurs, et sur la blanche surface duquel les pins projetaient leurs longues ombres aux derniers rayons du soleil couchant; le ruisseau jaillissant qui se déroulait comme un ruban dans la vallée, en se dirigeant vers le lointain Chesapeake; spectacle un peu nouveau sans doute, mais qui lui rappelait encore le souvenir de son enfance.

Cinq années avaient produit plus de changements qu'un siècle n'en effectuerait dans des pays où le temps et le travail ont donné de la durée aux ouvrages de l'homme. Ce tableau n'offrait pas le même attrait de nouveauté au jeune chasseur et au juge. Le premier jeta un coup d'œil d'admiration du nord au midi, puis s'enfonça derechef dans ses réflexions. Pour le dernier, il contempla, avec une philanthropique joie, le spectacle d'aisance et de bien-être qui se déroulait devant lui, et il se disait intérieurement que tout cela, c'était lui, c'était sa laborieuse persévérance qui l'avait créé.

Soudain un carillon de clochettes attira l'attention des voyageurs : c'était un traîneau qui s'approchait grand train, sous la conduite d'un cocher résolu. Les broussailles qui bordaient le chemin empêchèrent de voir ceux qui arrivaient ainsi jusqu'au moment où les deux véhicules se rencontrèrent.

CHAPITRE IV.

Eh bien, qu'y a-t-il? qui de vous a perdu sa jument?
De quoi est-il question?

SHAKESPEARE, *les Joyeuses Commères de Windsor.*

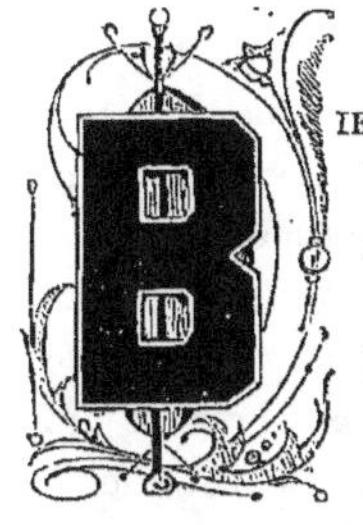

IENTÔT on vit arriver au galop un grand traîneau à bois, attelé de quatre chevaux, dont les deux premiers étaient gris et les deux autres d'un noir d'ébène. De nombreuses clochettes étaient suspendues à toutes les parties du harnais ; et le mouvement rapide de l'équipage, en dépit d'une montée assez rude, indiquait chez le conducteur l'ambition de mener le plus grand tapage possible.

Un coup d'œil suffit pour faire connaître au juge les nouveaux venus, qui étaient au nombre de quatre. Sur un tabouret de bureau solidement attaché aux flancs du véhicule, était assis un petit homme, emmitouflé dans une vaste houppelande fourrée, de manière à ne laisser voir qu'un visage d'un rouge uniforme. Il portait habituellement la tête haute, comme si sa trop grande proximité de la terre lui eût déplu, et l'expression de ses traits indiquait un homme affairé au possible. C'était lui qui conduisait, d'un œil sûr et d'une main ferme, les coursiers vigoureux le long du précipice.

Derrière lui, et faisant face aux deux autres, se tenait un long et maigre personnage à qui son double vêtement, renforcé d'une housse de cheval, ne parvenait pas à donner un air robuste. Sa figure blême, aux gros yeux saillants, ressortait en lame de couteau sous un bonnet de nuit, et semblait avoir été formée par la nature exprès pour fendre l'air avec le moins de résistance possible. Il avait pour vis-à-vis un homme de petite taille, qui paraissait carrément bâti. Ses yeux noirs pétillaient de vivacité, et il portait un bonnet de marte par-dessus une fort belle perruque. Le quatrième avait la mine humble, le visage long et pâle ; une redingote noire assez élégante, mais râpée, le défendait tout juste des morsures du froid. Son chapeau eût été fort convenable, si le fréquent usage de la brosse n'en avait usé le poil. Il portait en lui un air de mélancolie, qui pouvait être attribué à son état de santé ou à quelque affection morale ; sa physionomie soucieuse formait un contraste frappant avec la mine réjouie de ses compagnons.

Dès qu'on fut à la portée de la voix, le conducteur de ce singulier équipage s'écria :

« Appuie à droite, Agamemnon ! Range-toi, roi des Grecs ; tire sur le côté, ou je ne pourrai jamais passer... Sois le bienvenu, cousin Duke ! et vous aussi, petite Bess aux yeux noirs ! Tu vois, Marmaduke, que je me suis mis en campagne avec une pacotille assortie pour te faire les honneurs. M. Le Quoi n'a mis que son chapeau ; le vieux Fritz ne s'est pas donné le temps de vider sa bouteille, et M. Grant n'a pas fini d'écrire le « dernier point » de son sermon. Il n'y a pas jusqu'aux chevaux qui voulaient tous venir à ta rencontre. A propos, juge, il faudra que je vende ces deux noirs : ils sont rétifs, et celui de gauche n'est pas bon sous le harnais. Je sais où les placer...

— Vends tout ce que tu voudras, Richardet, » interrompit la voix joyeuse du juge, « pourvu que tu me laisses ma fille et mes terres... Ah ! Fritz, mon vieil ami, soixante-dix ans qui viennent au-devant de quarante-cinq, voilà une preuve d'affection... Monsieur Le Quoi, je suis votre serviteur... Monsieur Grant, » ajouta-t-il en soulevant son bonnet, « je vous suis obligé de votre politesse... Messieurs, je vous présente ma fille ; vos noms lui sont familiers.

— Bonjour, bonjour, juge, » dit le plus âgé de la troupe avec un accent tudesque des plus prononcés. « Miss Betzy me devra un baiser.

— Et je le paierai volontiers, mon cher Monsieur, » répondit Élisabeth ; « j'ai toujours un baiser en réserve pour mon vieil ami le major Hartmann. »

Pendant ce temps, l'individu à qui le juge avait adressé la parole sous le nom de M. Le Quoi s'était levé avec difficulté, à cause de la masse de vêtements dont il était couvert, et se retenant d'une main au tabouret, tandis qu'il ôtait son bonnet de l'autre, il fit un salut poli au père et une révérence à la fille.

« Enchanté de vous revoir, Monsieur Temple ! » dit-il à son tour en jargonnant l'anglais à la française (F). « Mademoiselle Lisbeth, votre très humble serviteur !

— Couvre ta nuque, Gaulois ! » cria Richard Jones. « Couvre ta nuque, ou la gelée va te griller tes quatre cheveux. Si la tignasse d'Absalon n'avait pas été mieux fournie que la tienne, il vivrait peut-être encore aujourd'hui. »

Les plaisanteries de Richard ne manquaient jamais leur effet de gaieté ; car il avait coutume de faire valoir lui-même le sel de ses bons mots. Après sa brillante apostrophe, il s'en donna à cœur joie, pendant que M. Le Quoi, riant aussi par politesse, se replaçait sur son siège. Le ministre — telle était la qualité de M. Grant, — échangea modestement des félicitations avec les voyageurs, et Richard se prépara à faire rebrousser chemin à son attelage.

A l'endroit où les deux traîneaux étaient arrêtés, on avait creusé près de la route une carrière assez profonde, pour en tirer les pierres qui avaient servi aux constructions du village. Le chemin était si étroit qu'il était difficile et souvent dangereux d'y passer ; à ce péril, déjà grand, se joignait la difficulté de détourner les quatre chevaux. Le nègre offrit de prendre ceux de devant par la bride, et le juge appuyait fortement cette proposition ; Richard la traita avec un souverain mépris.

« Et pourquoi donc, cousin Duke ? » s'écria-t-il légèrement piqué. « Les poulains sont doux comme des agneaux. Vous savez bien que c'est moi qui ai dressé ceux de devant, et les autres sont trop près de mon fouet pour s'amuser à regimber. Tenez, voilà M. Le Quoi, qui s'y connaît à conduire un attelage, puisqu'il a fait plus d'une course avec moi ; demandez-lui s'il y a le moindre danger. »

La politesse du Français ne lui permettait pas de contredire une assertion si formelle. Pendant que Richard faisait tourner ses chevaux de devant sur les bords de la carrière, M. Le Quoi regardait le précipice avec des yeux qui sortaient de leur orbite comme ceux d'un crabe. L'Allemand, imperturbable, n'en suivait pas moins d'un œil inquiet le périlleux déplacement. M. Grant appuya ses mains sur le bord du traîneau, tout disposé à sauter à terre, si la timidité ne l'eût emporté sur sa frayeur.

Richard, par un coup de fouet bien appliqué, réussit à faire avancer les chevaux de devant sur le tas de neige amoncelé à l'entrée de la carrière ; mais chaque pas qu'ils faisaient les enfonçant dans la neige, dont la croûte leur blessait les jambes, ils refusèrent obstinément d'aller plus loin, et se rejetèrent sur ceux de derrière, qui reculèrent à leur tour sur le lourd véhicule. Un tronc d'arbre était le seul garde-fou placé du côté de la carrière. Cet obstacle fut bientôt franchi ; et avant que Richard eût conscience du danger, l'arrière du traîneau était suspendu dans le vide, à plus de cent pieds au-dessus du sol.

Le Français, qui, par sa position, pouvait mesurer d'un coup d'œil le saut qu'on allait faire, se rejeta instinctivement en avant.

« Ah ! mon cher Monsieur Dick, » cria-t-il, « ah ! mon Dieu, prenez garde !

— Mille tonnerres ! » jura le major. « Vous allez briser la carriole et tuer les chevaux.

— Mon bon Monsieur Jones, » dit l'ecclésiastique, « soyez prudent ! Faites attention, cher Monsieur !

— Hue donc, rosses du diable ! » cria Richard en redoublant les coups de fouet sur ses bêtes et les coups de pied sur son tabouret. « Cousin Duke, il faudra que je vende aussi les chevaux gris ; c'est la paire la plus mal dressée du monde... Monsieur Le Quoi, lâchez-moi donc la jambe ; vous me la serrez tellement qu'il n'est pas étonnant que les chevaux reculent.

— Bonté du ciel ! » dit le juge. « Ils vont tous périr ! »

Élisabeth poussa un cri perçant, et la peau noire d'Agamemnon pâlit jusqu'à devenir d'un blanc sale.

En ce moment critique, le jeune chasseur, qui, pendant l'échange

Le jeune chasseur imprima à l'attelage un mouvement qui fit verser le traineau.

des civilités, avait gardé un morne silence, sauta à bas du traîneau de Marmaduke, et saisit les rênes des chevaux indociles. Ces animaux, affolés par les coups de fouet que Richard distribuait au hasard et sans but, se cabraient d'une manière effrayante, continuant toujours à reculer, et la chute de l'équipage paraissait inévitable. Le jeune homme donna aux chevaux de devant une rude secousse, qui les rejeta tous les quatre, par un saut de côté, dans leur position première. Cette manœuvre, en arrachant le traîneau à un péril imminent, lui imprima un mouvement de rotation, qui le fit verser.

L'Allemand et le ministre furent jetés sur la route sans cérémonie, mais aussi sans contusions. Richard, décrivant en l'air le segment d'un cercle dont les rênes étaient le rayon, alla s'échouer, à quinze pas de là, sur le tas de neige qui avait effarouché l'attelage, et où il tomba droit sur ses pieds. Par suite du même instinct qui fait qu'un homme en train de se noyer se raccroche à un fétu de paille, il tendit fortement les rênes et servit en quelque sorte d'ancre pour retenir les chevaux. Le Français, déjà debout et prêt à s'élancer, prit aussi son vol aérien dans la posture d'un enfant qui joue à saute-mouton, et alla piquer une tête dans la neige.

Le major Hartmann, le seul qui, dans ce remue-ménage, eût conservé son sang-froid, fut aussi le premier qui recouvra l'usage de la voix et des jambes.

« Au diable, Richard, » dit-il d'un ton moitié sérieux, moitié plaisant, « vous avez une drôle de manière de décharger votre voiture. »

Nous ne saurions dire si l'attitude où resta M. Grant quelque temps était celle que la chute lui avait fait prendre, ou s'il ne s'était mis à genoux que pour remercier le ciel de sa miraculeuse délivrance.

Il y avait bien un peu de confusion dans les facultés de M. Jones, mais quand le nuage qui troublait sa vue fut dissipé, il s'aperçut que tout était sauf, et de l'air d'un homme enchanté de lui-même, il se prit à dire :

« Eh bien, voilà un sauvetage proprement réussi, après tout !... Quelle fameuse idée j'ai eue d'appuyer sur les rênes ! Sans cela, les bêtes enragées dégringolaient jusqu'au bas. Comme je m'y suis repris à temps, cousin ! une seconde de plus, et il était trop tard. Heureusement, je savais l'endroit juste où il fallait toucher le cheval de droite : le cinglon que je lui ai flanqué et une vive secousse à tirer les rênes les ont fait tourner en rond comme des bijoux, c'est une justice à me rendre.

— Ton coup de fouet! ta présence d'esprit! » riposta le juge. « Sans ce brave jeune homme, toi et tes chevaux, ou plutôt les miens, vous seriez en marmelade... Où est donc passé M. Le Quoi?

— Oh! mon cher juge! mon ami! » s'écria une voix étouffée. « Grâce à Dieu, je vis encore. Voulez-vous, maître Agamemnon, avoir la complaisance de m'aider à me remettre sur pied? »

Le ministre et le nègre saisirent par les jambes l'infortuné prisonnier, et le retirèrent d'une profondeur de six pieds de neige, d'où sa voix avait l'air de sortir de la tombe. Il regarda en l'air pour mesurer la distance qu'il avait parcourue; puis, se voyant en sûreté, sa bonne humeur lui revint, bien qu'il eût quelque peine à comprendre comment les choses s'étaient passées.

« Hé quoi, Monsieur, » dit Richard occupé avec le nègre à dételer les chevaux gris, « vous voilà? J'aurais juré vous avoir vu tout à l'heure prendre votre vol vers le sommet de la montagne.

— Dieu soit loué que je n'aie pas été lancé dans le lac! » répondit le Français, partagé entre la douleur que lui causaient quelques écorchures qu'il s'était faites en passant à travers la croûte de neige, et l'air de complaisance qui semblait naturel à sa physionomie mobile. « Ah! mon cher Monsieur Richard, qu'allez-vous faire après cela? Il n'y a rien que vous ne tentiez.

— La première chose qu'il fera, j'espère, ce sera d'apprendre à conduire, » dit le juge en débarrassant son traîneau du daim et d'une partie des bagages. « Voilà de la place pour vous, Messieurs. Le froid devient terriblement piquant, et l'heure du service de M. Grant approche. Nous laisserons ici l'ami Jones réparer le dommage avec Agamemnon, et nous irons nous réchauffer chez moi. Dick, quand votre traîneau sera prêt, vous y chargerez la défroque de Betzy; il y a aussi un daim de ma chasse que je vous serai obligé d'apporter. Aga, rappelle-toi que tu auras ce soir la visite de saint Nicolas (G). »

Le nègre sourit, et comprit que son maître lui offrait une récompense pour prix de sa discrétion au sujet de la bête. Malgré le départ de

M. Temple, Richard entama sa propre justification comme s'il eût pu l'entendre.

« Que j'apprenne à conduire, cousin Duke ? » dit-il. « Et qui dans le pays se connaît mieux en chevaux que moi ? Qui a dressé la pouliche que personne n'osait monter ? Votre cocher prétendait l'avoir domptée avant que je l'eusse entreprise, oui, je le sais, mais tout le monde sait aussi que c'était là une menterie... Et quel menteur fieffé que ce drôle ! » Qu'est-ce que je vois là-bas ? un daim ? »

Ce disant, Richard quitta les chevaux et courut à l'endroit où Marmaduke avait jeté l'animal :

« C'est un daim, ma foi ! Je n'en reviens pas... Oui, voilà les deux trous de balle ; il a fait feu des deux canons et l'a frappé à chaque fois. Oh ! oh ! comme Marmaduke va faire le crâne ! Dans les broutilles de ce genre, il devient d'une vantardise insupportable. A-t-on jamais vu ? Duke tuer un daim avant Noël !... Il n'y aura plus moyen de vivre avec lui... Bah ! deux coups de mazette au fond... Hasard ! pur hasard !... De ma vie je n'ai tiré deux fois sur un pied fourchu... Abattu ou raté, c'est mon habitude ; il tombe ou se sauve... Pour un ours ou une panthère, deux coups se comprennent à la rigueur... Eh! Aga, à quelle distance était le juge en tirant ce daim ?

— Mais, massa Richard, » répondit le nègre en feignant de serrer une boucle pour dissimuler le rire qui lui fendait la bouche de l'une à l'autre oreille, « peut-être à cinquante pas.

— Cinquante pas ! » répéta l'autre. « Eh bien, Aga, le daim que j'ai tué l'hiver dernier était à cent pas... et encore il était plus près de cent cinquante. Un seul coup m'a suffi. Tu t'en souviens, Aga?

— Oui, massa Richard, je m'en souviens... Même que Natty Bumppo a tiré de son côté, et les gens ont prétendu que c'était lui qui avait tué la bête.

— Ils en ont menti, mauricaud du diable! Voilà quatre ans que je n'ai pas tué un écureuil sur lequel ce vieux coquin n'ait prétendu élever des droits, ou d'autres pour lui! Nous vivons dans un monde de jaloux ; chacun se plaît à rabaisser le mérite pour le mettre à son niveau. Ne font-ils pas courir le bruit dans tout le comté que c'est Hiram qui a fait le plan du clocher de Saint-Paul, notre église, tandis qu'Hiram sait fort bien que c'est moi qui en suis l'auteur? Celle de Londres m'a un peu servi, j'en conviens, mais tout le reste est de moi.

— Je ne sais pas de qui ça vient, » dit le nègre, dont la gaieté fit place à l'admiration ; « tout le monde la trouve joliment belle !

— Et l'on a bien raison, Aga, s'écria Richard, qui laissa un moment le daim pour se rapprocher du nègre. Je crois pouvoir dire, sans gasconnade, que c'est la plus charmante et la plus scientifique église de campagne de toute l'Amérique. Les colons du Connecticut vantent beaucoup leur chapelle de Weathersfield; la belle affaire! Peut-on croire la moitié de ce qu'ils disent, ces hâbleurs impitoyables? A peine avez-vous fait une chose, s'ils voient qu'elle va réussir, tout de suite ils s'en mêlent, et il y a dix à parier contre un qu'ils réclameront pour eux la bonne part, sinon la totalité du mérite. Tu t'en souviens, Aga, lorsque je peignis pour le capitaine Hollister l'enseigne du *Dragon hardi*, un certain drôle, dont le métier consistait à badigeonner les maisons, vint un jour m'offrir de me broyer ce que j'appelle du noir panaché pour faire la queue et la crinière du cheval ; et maintenant, parce qu'elles sont peintes au naturel, ne va-t-il pas soutenir à qui veut l'entendre que l'enseigne est de lui et de M. Jones ? Si Marmaduke ne renvoie pas ce coquin-là, qu'il décore son village lui-même. »

Richard fit une pause et toussa d'un air d'importance, tandis que le nègre qui n'avait cessé de travailler activement à réparer le traîneau, continuait sa besogne dans un respectueux silence. Grâce aux scrupules religieux du juge, Agamemnon était l'esclave de Richard, à qui ses services avaient été transférés pour un certain temps, et qui par conséquent avait un droit légal à l'obéissance du jeune noir. S'il y avait désaccord entre son maître légitime et son maître réel, la déférence de celui-ci pour tous deux l'empêchait de se prononcer (H).

« A propos, le blanc-bec qui était dans votre traîneau, » reprit Richard, « est-il un habitant du Connecticut? Alors il ira conter partout que c'est lui qui a sauvé mes chevaux. S'il ne s'en était pas mêlé, au contraire, j'aurais ramené le traîneau bien plus adroitement, et sans verser, avec le seul secours du fouet et des rênes, cela n'est pas douteux. Rien ne gâte un cheval comme de le tirer en avant. Je ne m'étonnerais pas, après la secousse qu'il leur a donnée, d'être obligé de vendre tout l'attelage. »

Il s'arrêta de nouveau et toussa, car sa conscience lui reprochait tout bas de censurer ainsi un homme qui venait de lui sauver la vie.

« Qui est ce garçon, Aga? » demanda-t-il. « Je ne me rappelle pas l'avoir déjà vu. »

Le noir, qui songeait à la visite de saint Nicolas, se contenta de dire qu'on l'avait rencontré au sommet de la montagne et qu'il le croyait étranger; de l'accident, il ne souffla mot. Comme il arrivait fort souvent aux gens qui voyageaient en voiture d'offrir une place aux piétons qu'ils rencontraient dans la neige, Richard trouva l'explication satisfaisante.

« Au surplus, » ajouta-t-il, « il a l'air d'un garçon honnête, et si on ne le gâte pas à Templeton, comme il me paraît bien intentionné, je m'occuperai de lui. C'est peut-être un arpenteur, hein? ou un émigrant?

— Oui, massa Richard, » répondit le nègre fort embarrassé; car, le fouet étant dans les attributions exclusives de Richard, son maître lui inspirait une frayeur salutaire. « Oui, Monsieur, ça se pourrait bien.

— Portait-il un paquet et une hache ?

— Non, Monsieur, rien qu'un fusil.

— Un fusil ! » s'écria Richard en remarquant la confusion du nègre. « Par Jupiter, c'est lui qui a tué ce daim ! Je savais bien que Marmaduke n'était pas homme à tuer un daim au bond... Comment la chose s'est-elle passée, Aga ? Conte-moi tout cela ; je vais joliment m'amuser aux dépens de Marmaduke. Voyons, parle : le petit a tué le daim et le juge l'a acheté... ah ! ah !.. et il emmène le gars avec lui pour le payer. »

La joie de cette découverte avait mis Richard en si belle humeur, que les craintes du noir se dissipèrent un peu, et que la visite de saint Nicolas lui revint en mémoire. Après avoir un peu hésité, il prit sur lui de répondre :

« Vous oubliez que le daim a reçu deux balles, Monsieur :

— Ne t'avise pas de mentir, racaille ! » s'écria Richard en s'élançant sur le tas de neige pour mesurer la distance de son fouet au dos du nègre. « La vérité, ou je t'étrille ! »

Tout en parlant, la main droite de Richard levait lentement le manche du fouet, dont la corde coulait dans sa main gauche. Agamemnon, après s'être tourné tantôt d'un côté, tantôt d'un autre, sans trouver aucune position qui le mît à l'abri, oublia le nom auguste qu'il portait et céda aux menaces. Il conta à son maître toute l'histoire en peu de mots, le suppliant de le protéger contre la colère du juge.

« Sois tranquille, mon enfant, sois tranquille, » dit Richard, en se frottant les mains de joie ; « reste coi, et laisse-moi conduire ma barque avec le cousin... J'ai une furieuse envie de planter la bête là, pour qu'il n'en trouve plus que la carcasse... Non, il vaut mieux laisser Duke débiter ses gorges chaudes avant de l'entreprendre à mon tour... Ho ! dépêchons, Aga ! Il faut que j'aide le docteur à extraire la balle ; car ce Yankee (I) n'est pas fort en chirurgie : j'ai été obligé de tenir la jambe du vieux Milligan pendant qu'il la coupait. »

Richard remonta sur son tabouret et le nègre derrière lui ; il fouetta les chevaux, qui partirent au grand trot pour Templeton. Chemin faisant, il se tournait de temps en temps vers Agamemnon et lui adressait la parole ; malgré leur brouille récente, la plus parfaite intelligence était rétablie entre eux.

« Ceci prouve que c'est bien moi qui ai détourné les chevaux en tirant sur les rênes. Est-il possible qu'un homme qui a une balle dans l'épaule droite ait la force de faire reculer ces démons incarnés ? C'était moi, je n'en ai pas douté un instant, et si j'avais voulu prolonger la discussion... Voulez-vous avancer, maudits coquins?.. Hardi, mes enfants!.. Jusqu'au vieux Nathaniel, c'est le bouquet!.. Ah ! ah ! que Duke vienne parler de sa chasse, quand il n'a fait rien de plus beau que de blesser un pauvre diable caché derrière un pin ! Il faut que j'aide le docteur à extraire la balle. »

Tout en parlant ainsi, Richard descendait rapidement la montagne, sa voix se mêlant au bruit des clochettes du traîneau, jusqu'à ce qu'on fût arrivé au village. Alors toute son attention changea d'objet : il s'occupa exclusivement à déployer son adresse dans la conduite de son équipage, et à recueillir le tribut d'admiration des femmes et des enfants qui avaient mis la tête à la fenêtre pour assister à l'arrivée de leur seigneur et de sa fille.

CHAPITRE V.

L'habit de Nathaniel, Monsieur, n'est pas achevé, et les bottes de Gabriel sont décousues au talon ; il n'y a pas de ganse pour orner le chapeau de Pierre, et le poignard de Gauthier a refusé de sortir du fourreau.

SHAKESPEARE, *la Méchante mise à la raison.*

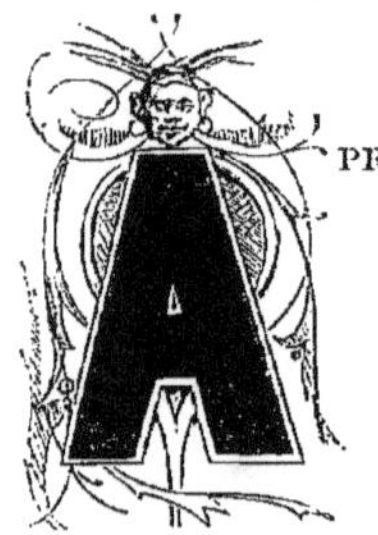

PRÈS avoir serpenté autour de la montagne, la route, arrivée au pied, suivait une pente douce ; puis, tournant à angle droit, conduisait en ligne directe, et sur un plan incliné, au village de Templeton.

On traversait le ruisseau rapide dont nous avons parlé, sur un pont de bois de charpente, qui, par sa construction grossière et la quantité des matériaux, attestait l'abondance du bois et la cherté de la main-d'œuvre : ce petit torrent, qui coulait ses eaux noires dans un lit formé de pierres calcaires, était l'une des sources nombreuses de la Susquehanna. C'est à cet endroit que les bouillants coursiers de Jones rejoignirent ceux du juge, qui marchaient à un pas plus modéré. Là, le terrain s'élevait en pente légère, et bientôt Élisabeth se trouva au milieu des bizarres habitations du village.

Au-delà, et de tous côtés, on voyait une immense étendue de terrain, peuplé seulement par les bêtes sauvages. Ainsi l'avaient voulu son père et ceux qui l'avaient suivi dans cet établissement nouveau. Pour eux, la meilleure route était celle qui approchait le plus près des routes de l'ancien monde, ou, pour employer leur expression, des pays de *là-bas;* et assurément rien ne pouvait mieux ressembler à la civilisation qu'une ville, fût-elle au fond des déserts. La grand'rue avait bien cent pieds de large, tandis que le chemin frayé pour les voitures était ordinaire. A droite et à gauche s'élevaient en piles des troncs d'arbres, dont la masse, loin de diminuer, augmentait chaque jour, malgré les feux immenses dont on apercevait la lueur à travers les fenêtres.

Le soleil, dont les rayons éclairaient encore la cime des rochers et des pins, disparaissait lentement derrière les collines de l'occident, et la nuit était fermée quand nos voyageurs entrèrent dans l'atmosphère triste et glaciale de la vallée. Les bûcherons revenaient la cognée sur l'épaule, se préparant à jouir, pendant les longs loisirs du soir, de ces feux vivifiants que leur travail venait d'alimenter. Ils s'arrêtèrent un moment pour regarder passer les traîneaux, levèrent leur bonnet en saluant M. Temple, échangèrent avec Richard un signe familier, puis chacun entra dans sa demeure, et les rideaux de papier s'abaissèrent derrière toutes les fenêtres.

On franchit la porte extérieure de la résidence du juge pour suivre une avenue de peupliers, alors dépouillés de feuillage. Marmaduke, fidèle aux habitudes de sa jeunesse, avait rejeté pour son traîneau l'usage profane des clochettes; mais l'équipage de M. Jones, arrivant au galop après le sien, fit retentir un carillon, qui mit bientôt toute la maisonnée en rumeur.

Sur une plate-forme de pierre en disproportion avec l'importance de l'édifice, Richard et Hiram avaient élevé quatre colonnettes de bois, qui à leur tour soutenaient le toit d'un portique : c'est le nom que M. Jones avait cru devoir donner à une espèce d'auvent fort simple et couvert en lattes. On arrivait à cette plate-forme par cinq ou six marches en pierres, cimentées à la hâte, et auxquelles la gelée avait déjà fait perdre un peu de leur position symétrique. Mais là ne s'étaient pas arrêtés les funestes effets d'un climat froid et d'une construction superficielle. Si le terrain avait fléchi, les marches s'étaient enfoncées en entraînant la plate-forme, de sorte que le portique semblait suspendu en l'air, laissant un pied de vide entre la base des colonnes et la pierre sur laquelle on les avait primitivement appuyées. Heureusement, le charpentier chargé de l'exécution matérielle du travail avait si fortement fixé à la maison le toit de cet élégant portique, qu'au lieu de soutenir le toit, ce fut le toit qui soutint les colonnes. Ce défaut ne servit qu'à faire éclater la fertilité du génie de l'architecte. L'ordre composite fut de nouveau mis à contribution, et, comme dirait un libraire, on donna du soubassement une seconde édition, corrigée et augmentée; il eut nécessairement un pas de plus de largeur, et on l'orna de moulures. Cependant les marches continuaient toujours à céder; et au moment où Élisabeth revint dans la demeure paternelle, on avait été obligé de caler les colonnes pour les empêcher de se détacher, par leur propre poids, du fronton qu'elles étaient appelées à soutenir.

Par la grande porte qui s'ouvrait sous ce portique débouchèrent plusieurs domestiques, dont deux ou trois femmes et un homme.

Ce dernier, qui avait la tête découverte, était mieux vêtu qu'un serviteur ordinaire, et la singularité du personnage mérite de notre part une description particulière. Haut à peine de quatre pieds et demi, mais d'une carrure athlétique, il paraissait plus petit par l'habitude qu'il avait de se pencher en avant, sans autre motif apparent que de donner plus d'aisance à ses bras dans le branle irrésistible qu'il leur imprimait en marchant. Il avait la figure longue, un teint brûlé par le soleil et d'un rouge brique, un nez épaté à la façon des singes, une bouche fendue jusqu'aux oreilles, mais bien meublée, et une paire d'yeux bleus qui jetaient sur tous les objets environnants un regard de complet mépris. Sa tête à elle seule entrait pour un quart dans la longueur de son corps, et la queue qui pendait derrière en occupait un autre quart. Il portait un habit de drap léger, couleur tabac d'Espagne, dont les basques lui battaient les mollets, avec des boutons larges comme un écu, sur lesquels était gravée une ancre de miséricorde. Sa veste et ses culottes de peluche rouge étaient depuis longtemps fripées et salies. Enfin il avait de larges boucles à ses souliers, et des bas rayés bleu et blanc.

Cet original se disait natif du comté de Cornouailles, en Angleterre. Il avait passé son enfance dans le voisinage des mines d'étain, et sa prime jeunesse en qualité de mousse à bord d'un bâtiment qui faisait la contrebande entre Falmouth et Guernesey. La presse des matelots l'avait tiré de là pour l'enrôler au service du roi. Faute de mieux, il devint d'abord domestique du capitaine, puis son commis aux vivres. Il apprit à faire un peu la cuisine de mer, et, comme il se plaisait à le dire, il eut occasion de voir le monde. Dans le fait, à l'exception de Portsmouth, Plymouth et Deal, et de quelques ports de France, il ne connaissait pas plus le monde que s'il n'eut fait toute sa vie que conduire un âne dans ses mines natales. Ayant reçu son congé à la paix de 1783, il se dit qu'après avoir vu toutes les parties civilisées du globe, il ferait bien de visiter les déserts d'Amérique. Nous ne le suivrons pas dans ses caravanes sous l'influence de ce génie d'émigration qui entraîne au loin ses mobiles

compatriotes; qu'il suffise de dire que depuis longtemps, il était entré au service de Marmaduke Temple, et qu'il y remplissait, sous la direction de M. Jones, la charge de majordome.

Le nom de ce personnage était Benjamin Penguillan; mais grâce à je ne sais quelle étonnante histoire des fatigues qu'il avait essuyées en travaillant aux pompes, pour empêcher son vaisseau de couler à fond après la victoire de Rodney, on lui avait donné le surnom de *Ben la Pompe*.

A côté de Benjamin, et cherchant à se mettre en évidence, se tenait une femme d'âge mûr, en déshabillé de calicot, de couleurs criardes, grande, maigre, mal taillée, sans dents ou à peu près, l'air pointu et quelque chose de rèche dans toute sa personne. La peau de son nez, fortement tendue s'allongeait en larges plis sur ses joues et des deux côtés de la bouche. Elle prisait avec une telle passion qu'on eût pu attribuer au tabac la teinte safranée de sa lèvre supérieure, mais c'était celle du reste de sa figure. Elle était encore fille, et avait nom Remarquable Petits-Os. Elle ne connaissait pas Élisabeth, n'étant entrée que depuis la mort de sa mère au service de la famille, où elle remplissait les fonctions de femme de charge.

Lors de l'arrivée, il y eut une révolution générale dans le chenil, d'où s'éleva un concert étourdissant. Richard reçut la bruyante salutation de son peuple en imitant lui-même ses aboiements, jusqu'à ce qu'enfin les chiens, probablement tout honteux de se voir surpassés, cessèrent leur tintamarre. Un solide mâtin, portant au cou un collier de cuivre sur lequel on avait gravé un M et un T en gros caractères, garda seul le silence. Au milieu du tumulte, il s'approcha gravement du juge, et après en avoir reçu quelques caresses, il se dirigea vers Élisabeth, qui se baissa pour lui donner un baiser, en l'appelant affectueusement « son vieux Brave ». Au moment où elle monta les degrés, appuyée sur M. Le Quoi et sur son père, de crainte que le verglas ne lui fît faire un faux pas, l'animal la regarda d'un air d'intelligence, et alla s'étendre dans une niche placée près de la porte, comme s'il se fût dit que la maison contenait un nouveau trésor, dont la garde exigeait de lui un redoublement de surveillance.

Marmaduke, après avoir donné des ordres à un domestique, entra, suivi de sa fille et du reste de la compagnie, dans une vaste salle, qu'éclairaient faiblement deux chandelles, fichées dans de grands et antiques chandeliers de cuivre. La porte fut fermée, et les voyageurs passèrent tout à coup d'un froid de glace à une chaleur de trente degrés. Au centre de la salle était un énorme poêle de fonte qu'avait rougi un feu ardent, et d'où un gros tuyau emportait droit la fumée à travers le plafond. Un grand vase en fer, rempli d'eau, était placé sur cette fournaise, afin de conserver un peu d'humidité.

La pièce était couverte de tapis. Le mobilier, convenable et substantiel, provenait en partie de la ville, le reste avait été fabriqué à Templeton. Entre deux massives tables en bois de merisier, on voyait un buffet d'acajou, incrusté d'ivoire, avec des garnitures de cuivre et chargé d'énormes piles de vaisselle d'argent. En face était une table plus petite, faite d'un bois plus clair, dont le grain présentait les ondulations de l'érable moiré des montagnes. Tout près, on apercevait, dans un coin, une antique horloge à cadran de cuivre dans sa gaîne massive de noyer noir. D'un côté, s'étendait, le long du mur, un canapé, d'une vingtaine de pieds de dimension, drapé d'indienne; de l'autre, et dans les intervalles des meubles, il y avait des chaises de bois blanc, peint en jaune pâle, et sillonné de lignes noires qu'avait tracées une main peu habile. Contre le mur, et non loin du poêle, était suspendu un thermomètre de Fahrenheit, dans son cadre d'acajou, où l'on avait mis également un baromètre, oracle que Benjamin passait rarement une demi-heure sans venir consulter. Deux petits lustres étaient suspendus à égale distance entre le poêle et les portes situées à chaque bout de la salle, et des girandoles dorées attachées à la boiserie.

La décoration artistique n'avait pas été négligée. Au-dessous des girandoles, on avait ménagé des piédestaux, qui soutenaient de petits bustes en plâtre noirci. L'un figurait Homère, d'une ressemblance frappante, disait Richard, car il était aveugle ; à la barbe du second, coupée en pointe, on ne pouvait méconnaître Shakespeare. Le troisième était Didon, c'est-à-dire une urne, qui avait dû, d'après sa forme, renfermer les cendres de Didon; les deux suivants représentaient Franklin et Washington, ce qu'il était facile de contrôler aux lunettes de l'un et à l'air digne de l'autre. Quant au dernier, un homme à col nu et couronné d'un laurier, Richard hésitait entre Jules César et le docteur Faust.

Les murs étaient tapissés d'un papier grisâtre, où l'on avait représenté l'Angleterre pleurant sur la tombe du général Wolfe. On voyait la personne du général, à l'exception d'un de ses bras, qui était dans la pièce voisine. Richard avait essayé, de ses propres mains, à harmoniser l'ensemble ; mais je ne sais quelles difficultés empêchèrent une disposition convenable de ce chef-d'œuvre ; il en résulta pour le bras droit de

Wolfe de cruelles amputations, qui durent ajouter encore à la douleur causée à l'Angleterre par la perte du héros.

L'auteur de ces déplorables mutilations annonça par un claquement de fouet sa présence dans la salle.

« Comment, Benjamin! comment, la Pompe! est-ce ainsi qu'on reçoit l'héritière présomptive? » s'écria-t-il. « Veuillez l'excuser, cousine Élisabeth; les arrangements à prendre étaient trop compliqués pour être confiés au premier venu; à présent que je suis ici, les choses vont mieux marcher. Allons, des lumières, Monsieur Penguillan; des lumières! que nous puissions nous voir les uns les autres. Eh bien, Duke, je vous ai apporté votre daim; qu'en ferons-nous, hein?

— Par le Seigneur, Monsieur, » répondit Benjamin, après s'être essuyé la bouche avec le dos de sa main droite, « si vous l'aviez commandé plus tôt, j'aurais pu, voyez-vous, arrimer le tout à votre guise. J'avais réuni tout le monde, et on allait faire l'exercice des chandelles, quand vous avez mis en panne. Au bruit de vos clochettes, les femmes ont été en l'air comme si elles avaient monté le poulain du maître d'équipage; et s'il y a ici quelqu'un qui puisse venir à bout d'une troupe de femmes qui ont le vent, avant qu'elles aient filé leur câble, ce quelqu'un-là ne s'appelle pas Benjamin. Mais, à moins que miss Betzy, depuis qu'elle a pris la tournure d'une dame, soit plus changée qu'un corsaire sous faux pavillon, elle ne se fâchera pas contre un vieux bonhomme pour l'allumage de quelques chandelles. »

Élisabeth garda le silence, tout entière à la vive émotion de ne plus revoir au logis la mère qu'elle avait perdue.

Cependant on avait allumé les lustres et les girandoles, et en une minute l'appartement fut éblouissant de lumières. Cette brillante diversion fit disparaître le sentiment de mélancolie qui s'était emparé de notre héroïne et de son père, et toute la compagnie commença à se débarrasser de l'excédant de vêtements dont chacun s'était chargé pour se garantir du froid.

Remarquable Petits-Os s'approcha alors d'Élisabeth, sous prétexte de la débarrasser, mais en réalité pour examiner, avec une curiosité mêlée d'un grain de jalousie, la tournure de la jeune personne qui venait la supplanter dans l'administration de l'économie domestique.

Après avoir ôté manteaux, châles, capuchon et souliers fourrés, Élisabeth laissa retomber en boucles sa noire chevelure, brillante comme le plumage du corbeau. Elle avait une beauté pleine d'éclat et de majesté. Rien n'était plus blanc ni plus pur que son front. On aurait proclamé son nez d'un galbe irréprochable, sans une légère courbure qui lui prêtait un nouveau charme. Sa bouche, à la première vue, semblait faite pour l'amour ; au moindre mouvement des lèvres, elle prenait une expression de dignité et de

Benjamin et Remarquable.

grâce ; elle parlait aux yeux en même temps qu'à l'oreille. Tout cela, elle le tenait de sa mère, ainsi qu'une taille un peu au-dessus de la moyenne et aux proportions exquises, quoique un peu forte pour son âge. Elle lui devait aussi la couleur de ses yeux, des sourcils arqués, et des cils longs et soyeux. Lorsqu'elle était calme et paisible, ses regards étaient doux et bienveillants ; mais il fallait peu de chose pour l'animer et lui donner un caractère sévère, sans lui rien faire perdre de sa beauté.

Au moment où elle ôta son dernier châle, elle se montra vêtue d'un magnifique habit d'amazone de drap bleu, qui dessinait admirablement sa taille ; la chaleur de l'appartement relevait l'incarnat de ses joues ; ses yeux humides jetaient des éclairs, et l'éclat des lumières entourait ses traits expressifs comme d'une auréole. Remarquable comprit que le terme de sa puissance était arrivé.

M. Temple, de son côté, parut en habit noir uni ; M. Le Quoi, en habit de couleur tabac, avec gilet brodé, culottes courtes, bas de soie et souliers à boucles en pierres fausses ; le major Hartmann, en bottes, en perruque à la catogan et en habit bleu de ciel à larges boutons de cuivre. Richard Jones avait enveloppé sa petite personne d'une redingote vert-bouteille, pincée à la ceinture, et laissant à découvert un gilet de drap rouge, avec un dessous de flanelle bordé de velours vert ; il portait des culottes de daim, des bottes à revers fort crottées, et des éperons, dont un passablement tordu.

La jeune fille eut enfin le loisir de jeter les yeux autour d'elle, et d'examiner non seulement les individus qui allaient être placés sous sa direction, mais aussi l'ordre qu'ils avaient mis à leurs arrangements domestiques. Bien qu'il y eût beaucoup de bizarrerie dans l'ameublement et l'aspect de la salle, on n'avait pas ménagé la dépense, et tout était de la plus grande propreté. Ses yeux n'avaient pas eu le temps de découvrir les petits défauts qu'elle aurait pu apercevoir, quand ils s'arrêtèrent sur un objet qui contrastait d'une manière frappante avec les visages riants et le costume soigné des personnages réunis en l'honneur de l'héritière de Templeton.

Dans un coin de la salle, près de la principale entrée, se tenait le jeune chasseur, à qui personne ne faisait attention et qui paraissait lui-même partager l'indifférence générale. En entrant, il avait machinalement ôté son bonnet et découvert une chevelure qui, pour le lustre et la couleur, rivalisait avec celle d'Élisabeth. L'enlèvement seul de ce bonnet grossier de peau de renard avait opéré en lui une transformation complète. S'il y avait quelque chose d'attrayant dans sa physionomie, on ne pouvait faillir à y remarquer un caractère de noblesse. L'air libre et

dégagé dont il portait sa tête indiquait un homme familiarisé avec une splendeur qu'on regardait alors comme sans rivale dans ces établissements nouveaux, et il se mêlait à son air d'aisance quelque chose qui ressemblait beaucoup à du dédain.

La main qui tenait le bonnet était légèrement posée sur le clavecin monté en ivoire d'Élisabeth, et ses doigts posés sur les touches semblaient habitués à les manier. De l'autre bras, étendu dans toute sa longueur, il étreignait avec une énergie convulsive le canon de sa longue carabine. Les sourcils de l'étranger se froncèrent à mesure qu'il promena lentement sa vue d'un objet à l'autre. Par moments, ses traits avaient quelque chose de farouche qui, l'instant d'après, faisait place à je ne sais quelle émotion pénible; son bras étendu se recourba, et sa main se rapprochant de sa figure, il s'y appuya.

« Mon père, » dit Élisabeth, « nous oublions l'étranger que nous avons amené pour lui donner des secours, et qui a droit à nos égards. »

Tous les yeux se tournèrent à l'instant vers le jeune chasseur, qui répondit en relevant la tête avec une sorte de fierté :

« Ma blessure est une bagatelle, et je crois que le juge Temple, aussitôt notre arrivée, a envoyé chercher un chirurgien.

— Oui, certes, » dit Marmaduke ; « je n'ai point oublié la cause de ta présence, jeune homme, ni la nature de la dette que j'ai contractée envers toi.

— Oh ! » s'écria Richard d'un ton goguenard. « Tu veux sans doute rembourser à ce garçon le prix du daim que tu as tué ? Quelle merveilleuse histoire tu allais nous faire, cousin !.. Tenez, jeune homme, voilà deux dollars pour la bête, et quant au juge, c'est bien le moins qu'il paye le docteur. Je ne vous demanderai rien pour mes services ; mais vous n'en serez pas moins bien traité. Allons, allons, Duke, n'ayez plus cela sur le cœur ; si vous avez manqué le daim, vous avez eu l'art de blesser le pauvre diable à travers un pin ; et pour cette fois vous m'avez battu, car de ma vie je n'en ai fait autant.

— Et j'espère que cela n'arrivera jamais, » répondit le juge, « si vous devez éprouver tout ce que j'ai souffert. Va, ne t'afflige pas, mon jeune ami ; la facilité avec laquelle tu remues le bras indique qu'il n'y a pas grand mal.

— Ne mettez pas les choses au pire, mon cousin, en vous mêlant de parler chirurgie, » interrompit M. Jones en faisant de la main un geste de mépris ; « c'est une science que la pratique seule peut apprendre. Mon grand-père était médecin, vous le savez, tandis qu'il ne coule pas dans vos veines une goutte de sang médical. Ce talent-là est un don de famille : toute la mienne, dans la ligne paternelle, a eu un tic pour la médecine ; témoin, mon oncle, qui fut tué à Brandywine ; sa mort a été deux fois plus douce que celle d'aucun soldat du régiment, uniquement parce qu'il savait comment on doit mener cette affaire-là.

— Je ne doute pas, Dick, » repartit le juge d'un ton badin, après avoir surpris un sourire sur les lèvres de l'étranger, « que dans ma famille on ne s'entende aussi trop aisément à mettre les gens en danger de mort. »

Richard l'écouta froidement, fourra ses mains dans les poches de sa redingote en en écartant les pans, et se mit à siffler ; mais le désir de répliquer l'emporta sur sa philosophie, et il s'écria avec beaucoup de vivacité :

« Juge Temple, riez tant qu'il vous plaira des vertus héréditaires ; mais il n'y a personne dans votre Patente qui là-dessus ne raisonne mieux que vous. Prenez ce garçon : il n'a vu de sa vie que des ours, des daims et des bécasses ; eh bien, je parierais qu'il est convaincu de ce que je dis. N'est-il pas vrai, l'ami ?

— Il se peut que le vice ne soit pas héréditaire, » dit brusquement l'étranger, en fixant tour à tour le père et la fille.

Benjamin s'avisa d'intervenir, en faisant à Richard un signe d'intelligence, qui annonçait entre eux la plus grande cordialité.

« M. Jones a raison, mon juge, » dit-il. « Là-bas, au vieux pays, le roi touche les écrouelles, et c'est une maladie qu'aucun docteur ni amiral n'est capable de guérir à bord de la flotte : il faut pour cela être roi, ou avoir été pendu (J). Oui, M. Jones a raison ; autrement comment se fait-il que le septième fils est toujours un médecin, qu'il le veuille ou non ? Lorsque nous rencontrâmes les Français sous le comte de Grasse, voyez-vous, nous avions à bord un docteur...

— C'est bien, Benjamin, » interrompit Élisabeth, reportant ses regards du chasseur à M. Le Quoi, qui écoutait poliment ce que chacun disait, « vous me raconterez cela une autre fois, avec le reste de vos aventures. A présent, faites préparer une chambre où l'on puisse panser le bras de ce monsieur.

— Je vais m'en occuper moi-même, cousine Élisabeth, » fit observer Richard avec importance. « Parce qu'il plaît au juge de s'entêter dans son opinion, il ne faut pas que le jeune homme en souffre. Suivez-moi, mon ami ; j'examinerai votre blessure.

— Nous ferions bien d'attendre le docteur, » dit froidement l'étranger. « Il ne saurait tarder, et cela vous épargnera de la peine. »

Richard s'arrêta tout court pour le considérer, assez surpris de son langage et plus encore de son refus, qu'il regarda comme un acte d'hostilité. Ayant donc remis ses mains dans ses poches, il s'avança vers M. Grant, approcha son visage de celui du ministre, et lui dit à demi-voix :

« Notez bien mes paroles : le bruit va courir dans la colonie que sans ce drôle-là nous nous serions tous cassé le cou, comme si je ne savais pas conduire ! Mais, Monsieur, rien n'était plus facile que de détourner les chevaux : vous l'auriez fait vous-même ; il ne fallait que tirer crânement la rêne gauche et toucher le flanc droit du premier cheval. J'espère, mon cher Monsieur, que vous n'avez pas trop souffert de la chute que ce gaillard nous a fait faire ? »

M. Grant allait répondre quand on vit entrer le médecin du village.

CHAPITRE VI.

Et sur ses tablettes, que voyait-on en étalage? Un misérable assortiment de boîtes vides, de poteries vertes, de vessies et de graines desséchées, pêle-mêle avec des bouts de ficelle et de vieux pains de roses.

SHAKESPEARE, *Roméo et Juliette.*

ELNATHAN Todd, tel était le nom du médecin, passait en général, parmi les colons, pour un homme doué de qualités extraordinaires; ce qu'il y a de certain, c'est qu'il avait des proportions corporelles peu communes.

Sa taille, non compris ses souliers, était d'environ six pieds; ses mains, ses pieds et ses genoux correspondaient à cette formidable stature; mais toutes les autres parties de son corps semblaient avoir été destinées à un être de dimensions plus exiguës. Il avait les épaules carrées en ce sens qu'elles formaient de l'une à l'autre une ligne droite, et si étroites pourtant que les longs bras pendants qu'elles soutenaient paraissaient lui sortir du dos. Son cou allongé était surmonté d'une petite tête ronde, montrant par derrière un buisson de cheveux bruns hérissés, et par devant une face courte et grimaçante, qui visait sans cesse à se donner un masque de gravité.

Elnathan était le fils cadet d'un fermier de l'ouest du Massachusetts, qui, ayant quelque aisance, lui avait laissé atteindre la hauteur ci-dessus mentionnée sans l'occuper, comme ses frères, à travailler aux champs et à fendre du bois. Cette croissance extraordinaire l'ayant rendu sans couleurs et sans énergie, sa tendre mère déclara que c'était « un enfant maladif, incapable de travail, mais qui pourrait gagner sa vie assez doucement en embrassant le métier d'avocat, de ministre, de docteur, ou n'importe quoi de facile en ce genre ».

Cependant la vocation de l'adolescent ne se dessinait guère. Faute d'autre occupation, il s'en allait rôder aux environs, croquant des pommes vertes ou de l'oseille sauvage. La sagacité maternelle vit dans cette circonstance un indice de sa carrière à venir. Elnathan devait être docteur, elle en était sûre, car on le voyait sans cesse en train de cueillir des herbes et à goûter tout ce qui poussait dans les champs. Et puis comment douter de son penchant naturel pour les drogues? Un jour qu'elle avait laissé dans sa chambre des pilules anti-bilieuses bien saupoudrées de sucre, Elnathan les avait avalées comme si de rien n'était, tandis qu'Ichabod, son mari, ne pouvait en prendre sans faire des grimaces de possédé.

Cette découverte décida la question. Elnathan, alors dans sa quinzième année, fut étrillé comme un jeune poulain; on l'habilla tout flambant neuf en drap du pays fraîchement teint; on le munit d'un *Nouveau Testament* et d'un *Syllabaire* de Webster; puis on l'envoya à l'école. Comme il n'était pas une bête, et qu'il avait déjà mordu à l'arbre de science, sous les espèces de la lecture, de l'écriture et du calcul, il ne tarda pas à se faire remarquer. La mère charmée eut la satisfaction d'entendre le maître proclamer son enfant « un petit prodige ». Bien plus, il reconnut aussi sa vocation pour la médecine, attendu qu'il l'avait vu fréquemment recommander aux petits de ne pas se bourrer de nourriture, et, quand ceux-ci s'avisaient de lui rire au nez, manger lui-même une partie de leurs provisions pour prévenir les conséquences fâcheuses de leur indocilité.

Peu après cette consolante déclaration du maître d'école, le garçon fut mis en apprentissage chez le frater de l'endroit, qui était entré dans la carrière à peu près de la même façon. Là on l'occupa à médicamenter un cheval ou à composer des médecines bleues, jaunes et rouges; on le voyait aussi étendu sous un pommier, son *Rudiment* à la main, et *l'Art des accouchements* sous son bras; car le professeur jugeait absurde d'enseigner à son élève à envoyer scientifiquement les gens dans l'autre monde, avant de lui avoir appris l'art de les faire entrer dans le nôtre. Il continua ce genre de vie pendant un an, au bout duquel il parut tout à coup à l'église en lévite noire, avec de courtes bottes à revers en veau blanchâtre.

Le docteur Elnathan Todd.

Bientôt il commença à se raser avec un rasoir ébréché. Trois ou quatre mois plus tard, on vit plusieurs matrones trottiner en hâte chez une pauvre femme du village, pendant que d'autres voisinaient çà et là d'un air affairé; deux ou trois marmots, juchés à cru sur des chevaux de labour, furent dépêchés dans diverses directions. Où était passé le docteur? Enfin Elnathan sortit de chez lui, précédé d'un petit blondin hors d'haleine. Le lendemain, il se montra dans la rue, et son air grave édifia tout le voisinage. Dans la même semaine, il acheta un rasoir neuf; et le dimanche suivant, il entra dans l'église d'un pas calme, et tenant à la main un mouchoir de soie rouge. Le soir, il fit une visite à une jeune personne de son rang, — il n'y en avait pas d'autre, — et c'est là que sa prudente mère lui donna pour la première fois le nom de « docteur Todd ». La glace une fois rompue, tout le monde s'empressa de le saluer de ce titre officiel.

Il passa une année encore sous la direction du même maître. Puis ayant atteint sa majorité légale, il fit un tour à Boston, pour y acheter des médicaments suivant les uns, pour travailler dans les hôpitaux suivant les autres. Nous ne savons si cette dernière conjecture était la vraie; ce qu'il y a de certain, c'est qu'il revint au bout d'une quinzaine, rapportant seulement une grande boîte fort suspecte, qui sentait horriblement le soufre.

Le dimanche suivant, il se maria, et dès le lendemain, il monta avec l'épousée dans un traîneau attelé d'un cheval, ayant devant lui la boîte dont nous venons de parler, une autre remplie de linge de corps, une malle recouverte en papier, un parapluie rouge, deux valises toutes neuves et un carton à chapeau. La première nouvelle que ses amis en reçurent fut qu'il était établi à Templeton (État de New-York), en qualité de médecin-chirurgien-apothicaire.

Le temps et la pratique firent des merveilles pour notre docteur. Il était naturellement humain, mais il possédait une bonne dose de courage moral. En d'autres termes, il était économe de la vie de ses clients, et ne faisait jamais d'opérations expérimentales sur des membres utiles de la société; seulement, de temps à autre, si quelque infortuné vagabond lui tombait sous la main, il aimait à essayer sur lui toutes les fioles de sa pharmacie. Par bonheur, ces gens-là étaient rares et d'un patient naturel. C'est ainsi qu'Elnathan avait acquis une certaine somme de connaissances dans les fièvres, et pouvait parler d'une façon pertinente de fièvres intermittentes, rémittentes, tierces, quotidiennes, etc. On le regardait comme infaillible pour la cure des maladies de peau, très fréquentes dans les nouveaux établissements, et toutes les femmes du pays se seraient plutôt passées de leurs maris que du docteur Todd pour devenir mères.

Cependant, il renouvelait en passant sa provision d'études élémentaires, et à l'aide d'un esprit subtil et observateur, il ne mariait pas trop mal sa pratique et sa théorie.

La chirurgie étant une science qui parle directement aux sens, c'est là qu'il avait le plus de défiance de lui-même. Il avait déjà appliqué des onguents sur plusieurs brûlures, déchaussé plus d'une dent défectueuse, recousu les chairs tailladées de je ne sais combien de bûcherons maladroits, le tout avec un éclatant succès, quand un malheureux tâcheron eut la jambe cassée par la chute d'un arbre. Rude épreuve pour M. Todd qui n'avait jamais fait d'amputation! Comme on réclamait son aide, il ne la refusa point. Il se mit à l'œuvre avec une sorte d'aveugle désespoir, tout en gardant les apparences d'une gravité imposante et d'un infaillible savoir-faire. Le patient avait nom Milligan, et c'est à cet événement que Richard faisait allusion, en disant qu'il avait aidé le docteur dans une amputation; le fait est qu'il avait tenu la jambe. Quoi qu'il en soit, la jambe fut coupée, et le blessé survécut à l'opération. Néanmoins le pauvre Milligan ne cessa de se plaindre, pendant deux ans, qu'on avait enterré sa jambe dans une boîte trop étroite, où elle manquait d'espace; il prétendait sentir la douleur se communiquer de la partie enterrée à la partie vivante. Marmaduke l'attribuait aux nerfs qu'on avait tranchés; Richard, qui considérait cette opération comme un peu son ouvrage, donna raison à l'amputé. En conséquence, on finit par exhumer la jambe pour la placer dans une boîte plus large, et depuis Milligan ne geignit plus. Cela fit grand honneur au docteur, qui, heureusement pour ses malades, vit croître sa science en même temps que sa renommée.

Malgré l'expérience et le succès de cette amputation, M. Todd ne fut pas très rassuré en entrant chez le juge. A l'aspect des grandes lumières, du mobilier splendide, de gens bien vêtus, sa fermeté habituelle l'abandonna, et il se sentit tout interloqué. On lui avait dit qu'il s'agissait d'une blessure d'arme à feu; il était venu à travers la neige avec ses deux valises pleines d'instruments, et en route, il n'avait rêvé qu'artères séparées, poumons perforés, entrailles lésées, comme s'il se fût rendu sur un champ de bataille et non dans la paisible demeure du juge Temple.

Lorsqu'il entra, le premier objet qui frappa sa vue fut Élisabeth, en habit d'amazone, richement orné de ganses d'or; ses énormes rotules s'entre-choquèrent violemment, car, dans l'état de préoccupation où il était, il la prit pour un officier général qui venait réclamer les secours de son art. Cette illusion dissipée, il jeta un coup d'œil à la ronde. M. Temple s'avançait vers lui d'un air digne; Richard, tout dépité, arpentait la salle à grands pas en faisant claquer son fouet; le Français, debout et incliné, attendait qu'Élisabeth acceptât la chaise qu'il lui offrait; le major Hartmann allumait paisiblement une pipe de trois pieds de long à l'un des candélabres; M. Grant, placé sous un lustre, feuilletait attentivement un manuscrit; Remarquable, les bras croisés, promenait un regard d'admiration et d'envie sur la toilette de sa jeune maîtresse; et Benjamin, les jambes écartées et les bras ballants, se dandinait avec l'insouciance d'un brave accoutumé au carnage.

L'opérateur commençait à respirer plus à l'aise, quand le juge le prit affectueusement par la main.

« Tu es le bien venu, mon bon Monsieur, tout à fait le bien venu, » dit-il. « Voici un chasseur que j'ai eu le malheur de blesser ce soir en tirant un daim, et qui réclame ton assistance.

— En tirant un daim, Duke! » interrompit Richard. « Comment le docteur saurait-il ce qu'il a à faire si on ne lui dit toute la vérité? Cela se passe toujours ainsi avec certaines gens : ils se figurent qu'on peut tromper un docteur aussi impunément que n'importe qui.

— C'est en tirant un daim, je le répète, » reprit le juge souriant; « ce qui ne veut nullement dire que je ne suis pas pour quelque chose dans sa mort. La vérité, c'est que j'ai blessé mon semblable; ton habileté doit le guérir, et ma bourse te récompensera largement.

— Deux bonnes choses! » fit remarquer M. Le Quoi en s'inclinant profondément devant le juge et le médecin; « et qu'on est heureux d'avoir à sa disposition!

— Je vous suis obligé, Monsieur, » répondit le juge, « mais nous faisons attendre ce jeune homme qui souffre. Remarquable, va, je te prie, nous préparer de la charpie et des bandages. »

A ces mots, les compliments cessèrent, et le docteur se tourna vers l'étranger. Celui-ci venait de quitter son surtout, sous lequel il portait un habit en drap commun du pays, qui semblait encore neuf. Déjà il en saisissait les revers et se préparait à l'ôter, quand jetant les yeux sur Élisabeth, il rougit légèrement.

« Je crains que la vue du sang, » dit-il, « n'impressionne cette jeune dame; on pourrait me panser dans une autre pièce.

— Point du tout! » dit le docteur qui, n'ayant plus affaire à un personnage, se sentit disposé à opérer avec plus d'assurance. « La clarté brillante de ces lumières me sera favorable; car il est rare que les hommes d'étude aient une bonne vue. »

En parlant ainsi, Elnathan tira de sa poche de grosses besicles à monture de fer, qu'il campa sur son nez effilé, au bout duquel elles s'affaissèrent par suite d'un long usage; si elles n'aidaient en rien sa vue, elles n'y apportaient non plus aucun obstacle, car on voyait ses petits yeux gris briller par-dessus, comme deux étoiles émergeant d'un voile de nuages. Cela fut observé par Remarquable, qui dit en aparté à Benjamin :

« Il a bonne mine, M. Todd, et il y a du plaisir à l'entendre. Les lunettes lui vont fort bien. D'ailleurs elles donnent au visage une grande distinction ; j'ai grande envie d'en faire l'essai. »

La remarque de l'étranger avait tiré miss Temple de sa rêverie; elle tressaillit, rougit, fit signe à une jeune femme, qui devait lui servir de chambrière, de la suivre, et quitta l'appartement avec cet air de réserve, qui est une des grâces de son sexe.

Le champ resta libre alors au docteur et au blessé, et les différents personnages se groupèrent autour d'eux, sauf l'Allemand qui ne bougea de son siège, d'où il continua à lancer au plafond d'épais tourbillons de fumée. M. Todd, pour qui la vue d'une blessure causée par une arme à feu était chose toute nouvelle, commença ses préparatifs avec une solennité digne d'une telle occasion. Benjamin lui ayant apporté une vieille chemise, il y tailla des bandages, en choisit un soigneusement, et le présenta à M. Jones avec un sang-froid imperturbable.

« Tenez, Monsieur Jones, » lui dit-il, « vous qui êtes au courant de ces choses-là, veuillez faire de la charpie avec ce linge ; très fine et très douce, vous savez, et surtout qu'il n'y entre pas un brin de coton, ce serait un poison pour la blessure. »

Richard accepta cette tâche en faisant à son cousin un signe de tête, qui voulait dire : « Vous le voyez, il ne peut pas se passer de moi ; » et il se mit à effiler de la charpie sur ses genoux avec un sérieux magistral.

On approcha une table, qui fut bientôt couverte de fioles, d'onguents et de divers instruments de chirurgie. En tirant ces derniers un à un d'une trousse de maroquin rouge, le docteur les approchait de la lumière placée près de lui, et en passait une inspection minutieuse, les essuyant longuement avec son foulard, par crainte du moindre grain de poussière. Après avoir vidé sa trousse, assez mal garnie du reste, il recourut à ses valises, exhiba plusieurs fioles contenant des liquides aux couleurs les plus brillantes, et les arrangea par ordre, à côté du formidable appareil de scies, de lancettes, de ciseaux, etc. Puis, se dressant de toute sa hauteur, une main appuyée sur la hanche comme pour en supporter le poids, il se retourna pour voir quel effet produisait sur les spectateurs ce déploiement de l'arsenal professionnel.

« Sur ma parole, docteur, » dit le major Hartmann, en roulant d'un air de malice la prunelle de ses petits yeux noirs, pendant que le reste de sa figure conservait une immobilité parfaite, « vous avez là un joli assortiment d'outils; et vos drogues ont l'air de valoir mieux pour l'œil que pour le ventre. »

Elnathan poussa un *hum!* assez semblable au bruit que fait entendre un peureux qui veut se donner du courage.

« Vous avez raison, major, vous avez raison, » répondit-il. « Un médecin prudent fera toujours en sorte de rendre ses remèdes agréables à la vue, quoiqu'ils ne le soient pas également à l'estomac. Ce n'est pas la moindre partie de notre art, Monsieur, » ajouta-t-il avec l'assurance d'un homme qui traite de choses familières, « que de décider un malade à prendre ce qui lui doit faire du bien, malgré la répugnance de son palais.

— Pour sûr! » fit Remarquable. « Le docteur Todd a raison, et il a pour lui notre sainte Écriture : ce qui est amer à la bouche est doux au cœur.

— Sans doute, sans doute, » interrompit le juge impatienté; « mais notre jeune homme n'a pas besoin de tant de précautions, et je vois à ses yeux qu'il a hâte d'en finir. »

L'étranger, sans qu'on l'aidât, avait de lui-même mis à nu son épaule, où l'on apercevait une légère perforation produite par le passage de la balle. Le froid excessif de la soirée avait arrêté le sang, et Todd s'assura d'un regard que le cas ne serait pas aussi formidable qu'il se l'était figuré. Ainsi enhardi, il s'approcha du sujet.

Dans la suite, Remarquable eut mainte fois l'occasion de raconter les détails de cette opération célèbre; arrivée à cet endroit de son récit, elle poursuivait de la sorte :

« Pour lors, le docteur tira de son portefeuille quelque chose de long comme une aiguille à tricoter, avec un bouton au bout; il poussa la machine dans la blessure, et alors le jeune homme eut un air terrible, et moi, je crus que j'allais m'évanouir, tant j'étais mal à mon aise. Alors le docteur traversa l'épaule, et retira la balle de l'autre côté. Voilà comment le docteur Todd guérit le jeune homme, et ça aussi vite que j'ôterais une écharde de mon doigt avec une aiguille à repriser. »

Telle était l'impression que l'opération avait faite sur cette dame; mais le rapport était loin d'être conforme à la vérité.

Quand le docteur voulut introduire l'instrument décrit par la femme de charge, l'étranger le repoussa avec beaucoup de résolution et quelque peu de mépris.

« Je crois, Monsieur, » dit-il, « que la sonde n'est pas nécessaire. Le plomb n'a point attaqué l'os; il a traversé les chairs, et je le sens de l'autre côté de mon bras, précisément sous la peau, d'où il me semble qu'il n'est pas difficile de l'extraire.

— Vous en êtes le meilleur juge, » dit Todd en remettant la sonde sur la table, comme s'il ne l'avait prise que pour la forme. Se tournant alors vers Richard, il mania la charpie et l'examina de fort près; il ajouta : « Admirablement bien effilé, Monsieur Jones! Je n'ai vu de ma vie d'aussi belle charpie. Cher Monsieur, j'aurai besoin de votre aide pour tenir le bras du blessé pendant que je ferai l'incision. En vérité, je ne connais personne qui aurait préparé de la charpie comme vous.

— C'est un talent de famille, » dit Richard en se levant avec empressement pour faire ce qu'on lui demandait. « Mon père, et avant lui mon grand-père, se sont distingués tous deux par leurs connaissances en chirurgie; ils avaient suivi des études régulières, et passé la moitié de leur vie à apprendre ces choses-là jusque dans leurs moindres détails.

— Ainsi va le monde, Monsieur, » s'écria Benjamin. « Une supposition : un matelot a besoin d'aller sur le gaillard d'arrière avec sa charge de fauberts sur le dos, il ne s'avisera pas d'y entrer par les hublots de la cabine. Il n'y a que deux moyens d'y arriver, à moins de prendre par les écoutilles. Le meilleur, c'est de partir de l'avant, quand on ne devrait faire qu'humblement son chemin, comme moi par exemple qui, après avoir ferlé les voiles et grimpé au mât, ai fini par être chargé des clefs du capitaine.

— Ce que dit Benjamin est très juste, » continua Richard. « Je suis sûr qu'il a souvent vu extraire des balles à bord des vaisseaux où il a servi. Si on lui faisait tenir la cuvette? Il doit être accoutumé à la vue du sang.

— S'il l'est? Je crois bien, » répliqua le bon apôtre. « A preuve que j'étais dans la chaloupe, qui bordait le navire, pendant qu'on retirait un boulet de douze de la cuisse du capitaine du *Foudroyant,* l'un des compatriotes de M. Le Quoi, ici présent.

— Un boulet de douze! » s'écria M. Grant, en laissant tomber le sermon qu'il lisait, et en remontant ses lunettes sur son front. « Dans la cuisse d'une créature humaine?

— Oui, un boulet de douze, » répéta Benjamin en jetant autour de lui un regard d'assurance. « Il ne serait pas plus difficile d'extraire du corps d'un homme un boulet de vingt-quatre, avec un docteur qui saurait s'y prendre. Voilà M. Jones : demandez-le lui, Monsieur. Dieu sait tous les livres qu'il a lus! Demandez-lui s'il n'est jamais tombé sur la page où il en est question.

— Parbleu! » riposta Richard. « On a exécuté des opérations plus surprenantes encore. N'est-ce pas, Todd?

— Ah! certes. Pourtant je dois dire que les plus gros projectiles que j'aie vu extraire sont des balles de mousquet. »

Pendant ce dialogue, une incision avait été pratiquée dans la peau du chasseur, et la balle se montra à découvert. Elnathan prit une paire de pinces qu'il approchait de la blessure, quand un tressaillement subit du blessé fit choir le plomb de lui-même. Les longs bras de l'opérateur lui furent alors d'une singulière utilité ; car, pendant que l'une de ses mains s'étendait pour ramasser la balle, le mouvement équivoque de l'autre pouvait faire croire au spectateur qu'elle avait servi à en faire l'extraction.

Le docteur Todd procéda à l'extraction de la balle.

« Voilà qui est proprement enlevé, docteur! » s'écria Richard. « Je n'ai jamais vu extraire une balle avec plus d'adresse, et je gage que Benjamin sera de mon avis.

— Toutes réflexions faites, » répondit le compère, « la chose a été bien gréée, en vrai chirurgien de marine. Maintenant il ne reste plus au docteur qu'à enfoncer une couple de chevilles dans les trous, et le navire va flotter sans encombre au vent de nos montagnes.

— Je vous remercie, Monsieur, de ce que vous venez de faire, » dit le jeune homme avec un peu de froideur. « J'aperçois quelqu'un qui va se charger du pansement et éviter à mon hôte un surcroît d'embarras. »

Chacun tourna la tête, et l'on vit à l'une des portes du salon l'individu connu sous le nom de *John l'Indien.*

CHAPITRE VII.

Ce fut des plus lointaines sources de la Susquehanna, où chassent encore les sauvages, que descendit le berger, abrité sous sa couverture.

FRENEAU.

VANT que les Européens, où, pour nous servir d'un terme plus significatif, les chrétiens, eussent dépossédé les propriétaires primitifs du sol, toute l'étendue de pays, qui compose les États de la Nouvelle-Angleterre et ceux qui sont situés dans l'intérieur à l'est des montagnes, était occupée par deux grandes nations d'Indiens. Comme ces nations, qui donnèrent naissance à des centaines de peuplades, avaient toujours été séparées par la diversité des idiomes ainsi que par un état de guerre presque constant, elles ne se mêlèrent jamais entre elles, jusqu'à ce que les envahissements des blancs les eurent en partie réduites à l'impuissance et à une vie extrêmement précaire.

Ces deux principales divisions étaient composées, d'une part, des Cinq ou, comme on les désigna ensuite, des Six Nations et de leurs alliés ; de l'autre, des Lenni-Lénapes ou Delawares, et des tribus fortes et nombreuses qui reconnaissaient ce peuple pour leur Grand-Père. Les Anglo-Américains appelaient les premiers Iroquois et quelquefois Mingos. Ils comprenaient les tribus des Mohawks, des Onéidas, des Onondagas, des Cayugas et des Senécas. Les Tuscaroras furent admis dans cette union près d'un siècle après sa formation et complétèrent ainsi le nombre de six (K).

La nation des Lenni-Lénapes, que les blancs appelaient Delawares, parce que le feu de leur grand conseil se tenait sur les bords de la rivière de ce nom, avait pour tribus principales, outre celle qui portait ce nom générique, les Mohicans et les Nantigos. Ceux-ci occupaient le pays situé sur les bords de la Chesapeak et le long du rivage de la mer ; ceux-là, la contrée qui s'étend de l'Hudson à l'Atlantique, c'est-à-dire la plus grande partie de la Nouvelle-Angleterre. Ces deux tribus furent naturellement les premières que les Européens dépouillèrent de leurs possessions.

Les guerres qu'ils leur firent sont connues parmi nous sous le nom de *guerres du roi Philippe;* mais la politique pacifique de William Penn ou Miquon, comme le nommaient les indigènes (L), atteignit son but aussi sûrement, quoique avec moins de difficultés. A mesure que les Indiens disparaissaient peu à peu du pays des Mohicans, quelques familles éparses cherchèrent un refuge auprès de la nation-mère ou des Delawares.

Ces derniers avaient consenti à se laisser appeler *femmes* par leurs anciens ennemis les Mingos ou Iroquois qui, ne pouvant les vaincre par des actes d'hostilité ouverte, recoururent à l'artifice. En conséquence de cet arrangement, ils devaient cultiver les arts de la paix, et confier le soin de leur défense aux *hommes,* c'est-à-dire aux tribus guerrières des Six Nations.

Cet état de choses continua jusqu'à la guerre de la révolution, époque à laquelle les Lenni-Lénapes revendiquèrent leur indépendance et reprirent leur état d'hommes. Mais, dans un gouvernement aussi essentiellement républicain que celui des Indiens, il n'était pas facile de retenir les membres de la communauté sous l'empire de la loi nationale. Plusieurs guerriers vaillants et expérimentés parmi les Mohicans, voyant l'inutilité de la lutte contre les blancs, allèrent se réfugier chez les Delawares, et de temps à autre ils entreprenaient de petites expéditions contre leurs anciens ennemis ou contre ceux qui avaient encouru leur ressentiment.

Parmi ces Mohicans, il y avait une famille singulièrement renommée pour sa bravoure et pour les qualités qui établissent la célébrité d'un héros indien. Mais la guerre, le temps, les maladies et le besoin en avaient réduit le nombre, et le seul représentant de cette famille jadis illustre était l'Indien qui venait d'entrer dans le salon de Marmaduke Temple. Depuis longtemps il s'était réuni aux blancs et les avait suivis dans leurs combats. Ayant rendu d'importants services, il se vit l'objet de distinctions flatteuses, se convertit au christianisme et fut baptisé sous le nom de John. Sa famille avait cruellement souffert dans la dernière guerre ; tous ceux qui la composaient avaient péri dans une incursion de l'ennemi ; et lorsque les derniers débris de sa nation eurent éteint leurs feux sur les collines de la Delaware, lui seul était resté, résolu de laisser ses os dans le pays où ses pères avaient si longtemps été les maîtres.

Ce n'était que depuis quelques mois qu'il avait fait son apparition dans les montagnes qui entouraient Templeton. Il se rendait souvent chez le vieux chasseur, et comme les habitudes de Bas de Cuir se rapprochaient beaucoup de celles des sauvages, leur liaison n'étonnait personne. Ils finirent par habiter la même cabane, mangeant ensemble et partageant les mêmes occupations.

Nous avons dit le nom de baptême du vieux chef ; mais lorsqu'il s'entretenait en delaware avec Nathaniel, il ne s'appelait jamais que Chingachgook, ce qui signifie le Grand Serpent. Il avait acquis ce nom dans sa jeunesse par sa prudence et son courage à la guerre. Quand son front eut commencé à se rider et qu'il fut resté seul de sa famille et de sa tribu, le petit nombre des Delawares qui continuaient à habiter le long des rives du fleuve lui donnèrent le nom douloureux de *Mohican*. Peut-être y avait-il pour l'habitant de la forêt quelque chose de profondément triste et amer dans ce surnom, qui lui rappelait le souvenir d'une nation en ruine, car lui-même s'en servait rarement, si ce n'est dans les occasions les plus solennelles. Quant aux colons, suivant la coutume des chrétiens, ils avaient joint le nom de baptême au nom national, et on l'appelait en général John Mohican, ou plus familièrement encore John l'Indien.

Par suite de son long commerce avec les blancs, les habitudes du

Mohican étaient un mélange de la vie civilisée et de la vie sauvage, bien qu'il eût pour cette dernière une préférence marquée. Son costume était en partie national, en partie européen. Malgré la rigueur du froid, il avait la tête nue mais couverte d'une forêt de cheveux noirs et rudes qui lui tombaient sur les yeux et le long des joues. Son front était noble et largement coupé, son nez d'un caractère tout à fait romain, ses narines d'une mobilité extrême, malgré ses soixante-dix ans, et sa bouche grande, mais comprimée et pleine d'expression, laissait voir, quand il l'ouvrait, deux rangs de dents courtes, fortes et régulières. Il avait le menton plein sans être proéminent, et les os saillants de ses pommettes lui imprimaient le signe distinctif de sa race. Ses yeux n'étaient pas grands, et leurs noires prunelles brillaient à la lumière comme deux globes de flamme.

Dès que le Mohican s'aperçut que l'attention générale était fixée sur lui, écartant la couverture qui le drapait jusqu'aux épaules, il la laissa retomber sur la ceinture, où elle était retenue et serrée autour de sa taille par une courroie d'écorce. Puis il s'avança lentement dans la salle d'un air de résolution et de majesté.

Il avait le buste entièrement nu, à l'exception d'une médaille d'argent à l'effigie de Washington, suspendue à son cou par une lanière de cuir, et qui se balançait sur sa poitrine, au milieu de nombreuses cicatrices. Ses épaules étaient assez larges et pleines, tandis que ses bras, quoique droits et bien proportionnés, n'avaient pas ce développement des muscles que le travail seul peut donner. D'énormes fentes pratiquées à ses oreilles, dont les cartilages étaient allongés de deux pouces, annonçaient qu'elles avaient porté de riches ornements en des temps plus heureux. Il tenait à la main un petit panier tressé de languettes de frêne, dont quelques-unes étaient bizarrement peintes en rouge et en noir.

Lorsque cet enfant de la forêt s'approcha, toute la compagnie s'écarta pour lui permettre d'approcher de celui qui était évidemment l'objet de sa visite. Il fixa, sans mot dire, ses yeux étincelants sur l'épaule du jeune chasseur, puis les reporta sur le juge avec une attention marquée. M. Temple fut grandement surpris de ce jeu muet de physionomie chez un Indien calme et soumis à l'ordinaire ; toutefois il lui tendit la main en disant :

« Sois le bienvenu, John. Ce jeune homme a une haute opinion de ton habileté, à ce qu'il paraît, puisqu'il te préfère, pour panser sa blessure, à notre bon ami le docteur Todd. »

Le Mohican lui répondit dans un anglais passable, d'une voix basse, monotone et gutturale :

« Les enfants de Miquon n'aiment pas la vue du sang ; et pourtant le Jeune Aigle a été frappé par la main qui ne devrait point faire de mal !

— Mohican ! vieux John ! » s'écria le juge, frappé d'horreur, en tournant son visage franc et ouvert du côté du jeune étranger. « Me croirais-tu capable de verser sciemment le sang d'un homme ? Fi donc! fi ! la religion aurait dû t'apprendre à juger mieux de ton prochain.

— L'esprit du mal se glisse parfois dans le meilleur cœur, » répondit John, en cherchant toujours à lire dans la pensée du juge. « Mon frère dit vrai : il n'a jamais, quand il a l'œil ouvert, ôté la vie à personne, pas même alors que les fils de mon Grand-Père anglais rougissaient les eaux du sang de son peuple.

— Sans doute, John, » dit M. Grant avec beaucoup de vivacité, « vous n'avez pas oublié le divin commandement de notre Sauveur : Ne jugez pas, afin de ne pas être jugé ! Quel motif pouvait avoir le juge Temple de blesser un jeune homme qui lui est inconnu, et dont il n'a ni bien ni mal à attendre ? »

L'Indien écouta respectueusement le ministre et tendit ensuite la main au juge.

« Mon frère est innocent, » dit-il d'un ton de confiance ; « non, il n'a point agi de mauvaise intention. »

Marmaduke reçut avec un sourire de bienveillance la main qui lui était présentée, marquant par là que, s'il s'était étonné des soupçons, il n'en conservait aucun ressentiment. Pendant ce temps, le blessé promenait ses regards de son ami rouge à son hôte avec un air de pitié dédaigneuse. John s'occupa alors d'accomplir le devoir qui l'avait amené.

Todd fut loin de paraître mécontent de cet empiètement sur ses attributions ; il céda la place au nouveau docteur et se contenta d'expliquer ses raisons à M. Le Quoi.

« Il est heureux, » dit-il, « que la balle ait été extraite avant l'arrivée de l'Indien ; quant au pansement, il n'y a pas de vieille femme qui ne soit en état de le faire. Ce jeune homme, à ce qu'on raconte, habite

avec John et Nathaniel Bumppo, et il est toujours bon de complaire au désir d'un malade, sauf imprudence ; vous entendez, Monsieur, sauf imprudence.

— Certainement, » répondit le Français. « Vous me semblez un habile praticien, et j'estime, comme vous, qu'il suffit d'une vieille femme pour achever ce que vous avez si adroitement commencé. »

Richard avait au fond une grande vénération pour la science du Mohican, surtout en matière de blessures. Aussi ne laissa-t-il pas échapper cette occasion d'acquérir une nouvelle gloire.

« Salut, salut, Mohican! Salut, mon brave! » dit-il en accostant l'Indien. « Je suis bien aise que vous soyez venu. Parlez-moi d'un praticien dans les règles comme le docteur Todd pour tailler dans les chairs, et d'un Indien pour guérir la blessure. Vous rappelez-vous, John, la fois où nous avons remis ensemble l'os du petit doigt de Nathaniel Bumppo, qui se l'était démis en tombant du rocher au moment où il voulait aveindre une perdrix? Lequel de nous l'avait tuée, cela reste à savoir. Il avait tiré le premier, et l'oiseau s'était abattu, mais il reprenait son vol au moment où je pressais la détente. J'aurais dû réclamer le coup comme étant de moi, cela est sûr. A en croire Natty, la blessure était trop large pour du petit plomb, et lui n'avait fait feu que d'une seule balle. Mais mon fusil n'écarte pas, et en tirant à la cible avec du petit plomb, il m'est arrivé de ne faire qu'un trou comme si j'eusse tiré à balle... Puis-je vous aider, John? Vous savez que je m'entends à tout cela. »

Le Mohican écouta cette tirade sans un signe d'impatience, et quand Richard l'eut terminée, il lui donna à tenir le panier qui contenait ses spécifiques. Tâche modeste qui enchanta l'homme à tout faire; et depuis, toutes les fois qu'il était question de cet événement, il ne manquait pas d'affirmer qu'avec le docteur Todd il avait extrait la balle, et pansé la blessure avec l'Indien.

John n'exerça pas longtemps la patience du blessé, car il avait tout préparé d'avance. Son pansement consistait à appliquer sur la plaie de l'écorce pilée avec le suc de quelques plantes sauvages.

Parmi les tribus indigènes, il y avait toujours deux espèces de médecins. Les uns, s'autorisant d'un pouvoir surnaturel, obtenaient plus de respect que ne valaient leurs cures; les autres, possédant une habileté réelle dans le traitement des maux ordinaires, excellaient surtout à guérir les coupures et les contusions.

Pendant que John et Richard plaçaient l'appareil sur la blessure, le docteur ne se fit faute d'examiner curieusement le contenu du panier que M. Jones, dans son ardeur médicale, lui avait remis pour tenir l'un des bouts du bandage. Il y découvrit plusieurs échantillons de simples et d'écorces, dont il prit tranquillement possession, avec l'intention probable de n'en rien dire.

S'étant aperçu que les yeux clairvoyants de Marmaduke suivaient tous ses mouvements, il lui dit à voix basse :

« On ne saurait nier, juge Temple, que les sauvages n'aient des connaissances dans les parties secondaires de la médecine ; ils se les transmettent par tradition. Par exemple, ils ont d'ingénieux remèdes contre le cancer et l'hydrophobie... Voilà de l'écorce que je vais emporter chez moi et analyser ; si elle ne sert pas à grand'chose pour l'épaule du jeune homme, elle peut être excellente contre les maux de dents, le rhumatisme ou tout autre mal de ce genre. On ne doit jamais avoir honte d'apprendre, fût-ce d'un sauvage. »

Il était heureux pour Todd qu'il eût des principes si libéraux ; grâce à eux et à son expérience journalière, il acquit quelques connaissances ; et c'est par là qu'il se mit peu à peu en état de remplir les devoirs de sa profession. Néanmoins le procédé auquel il soumit le spécifique du Mohican n'avait rien de commun avec les règles ordinaires de la chimie ; car, au lieu d'en séparer les parties constitutives, il les réunit, et parvint de cette manière à découvrir l'arbre d'où l'Indien les avait tirées. Environ dix ans plus tard il y eut un duel, et Elnathan appliqua sur la blessure de l'un des combattants un onguent qui avait l'odeur de l'arbre ou de la racine en question. Dans la guerre de 1812 avec les Anglais, fort de la réputation que ces deux opérations lui avaient valu, il fut attaché à une brigade de milice en qualité de chirurgien-major.

Quand John eut appliqué l'appareil, il laissa à Richard le soin de coudre le bandage, le fil et l'aiguille étant des objets que les Indiens n'employaient guère ; et reculant de quelques pas avec une gravité décente, il attendit que l'importante besogne fût achevée.

« Atteignez-moi des ciseaux, » dit M. Jones, après avoir cousu et recousu le bandage et en avoir enveloppé dans tous les sens la partie malade. « Des ciseaux, vite ! Voilà un fil qu'il me faut couper, sans quoi il pourrait passer sous l'appareil, et enflammer la blessure. Regardez, John, j'ai mis la charpie entre deux linges. Que l'écorce soit excellente pour les chairs meurtries, je n'en doute pas ; mais la charpie les tiendra à l'abri de l'air ; et s'il y a de bonne charpie au monde, c'est celle-là ; car je l'ai effilée moi-même ; là-dessus je ne crains personne, et je m'y entends d'autant mieux que mon grand-père pratiquait la médecine et que mon père y était porté par un goût naturel.

— Monsieur, voilà des ciseaux, » dit Remarquable, qui en tira une énorme paire de dessous son jupon de laine verte. « Eh bien, sur ma parole, vous avez cousu ces chiffons aussi bien qu'une femme.

— Aussi bien qu'une femme ! » répéta Richard avec indignation. « Que connaissent les femmes à ces choses-là ? Vous en êtes bien la preuve. A-t-on jamais vu employer pareil outil pour une blessure ?.. Docteur, prêtez-moi, je vous prie, les ciseaux de votre trousse... A présent, jeune homme, vous pouvez être tranquille. La balle a été extraite fort adroitement ; comme je m'en suis mêlé, je ne devrais peut-être pas le dire ; et la blessure a été admirablement pansée. Vous serez bientôt rétabli. Il se pourrait, par suite de la secousse que vous avez donnée à mes chevaux, qu'il survienne de l'inflammation, mais tout ira bien, tout ira bien. Vous étiez un peu ahuri, n'est-ce pas ? et puis le manque d'habitude ! Allons, je vous pardonne l'accident en faveur de l'intention, et, j'en suis sûr, elle était excellente...

— Messieurs, » dit l'étranger qui avait remis ses vêtements, « je ne veux pas abuser plus longtemps de votre temps et de votre patience. Il ne reste plus qu'une chose à régler, juge Temple, c'est notre droit respectif sur le daim.

— Il est à toi, je le reconnais, » répondit Marmaduke ; « et je t'ai une bien autre obligation. Viens me voir demain matin, et nous réglerons cela en même temps que des matières plus importantes. Élisabeth, » ajouta-t-il en s'adressant à sa fille qui venait de rentrer dans le salon, « fais servir des rafraîchissements à ce jeune homme avant de nous rendre à l'église, et Aga le ramènera en traîneau chez son ami.

— Mais, Monsieur, je ne puis partir sans emporter la bête ou du moins un quartier, » reprit le jeune homme, qui paraissait faire violence à ses propres sentiments; « je vous ai déjà dit que j'avais besoin de venaison.

— Oh! qu'à cela ne tienne! » s'écria Richard. « Le juge vous paiera demain la pièce entière. Remarquable vous la donnera, excepté la selle. Tout considéré, je pense que vous devez vous estimer fort heureux : vous avez reçu un coup de feu, sans être estropié; on vous a pansé votre blessure ici, en plein bois, aussi bien et peut-être mieux qu'on aurait pu faire à l'hôpital de Philadelphie; et vous avez vendu votre daim à un bon prix, en gardant pour vous la plus grande partie de la bête, avec la peau par-dessus le marché. Remarquable, dites à Tom de lui donner aussi la peau. Apportez-la-moi demain, et je vous en donnerai un petit écu, ou pour le moins une pièce de trente sous. J'ai justement besoin d'une peau semblable pour couvrir une selle que je destine à ma cousine Betzy.

— Je vous remercie beaucoup, Monsieur, de votre libéralité, et je ne suis pas moins reconnaissant des soins que vous m'avez donnés; mais vous vous réservez la partie de l'animal que je désirais moi-même avoir; c'est justement celle-là qu'il me faut.

— Qu'il vous faut! Ce mot est plus dur à avaler que les cornes du daim.

— Oui, qu'il me faut, » répéta le jeune homme. Alors tournant fièrement la tête comme pour voir qui aurait l'audace de contester ses droits, il rencontra le regard étonné d'Élisabeth, et ajouta d'un ton plus doux : « Si toutefois un chasseur a droit au gibier qu'il a tué, et si la loi le protège dans la jouissance de sa propriété.

— La loi le protégera, » dit le juge d'un air à la fois mortifié et surpris. « Benjamin, veillez à ce qu'on place l'animal tout entier dans le traîneau. Mais, jeune homme, j'ai besoin de te revoir pour t'indemniser du mal que je t'ai fait. Comment te nommes-tu?

— Je me nomme Edwards, Monsieur, Olivier Edwards. Quant à me voir, c'est chose facile : je demeure ici près, et comme je n'ai fait de tort à personne, je ne crains pas de me montrer.

— C'est nous qui avons des torts à votre égard, Monsieur, » dit Élisabeth; « et le refus que vous faites de nos offres affligera mon père. Il sera charmé de vous revoir demain matin. »

Le jeune chasseur regarda celle qui parlait, et le feu de ce regard la fit rougir; revenu à lui, il inclina la tête, et les yeux baissés :

« Demain matin, » répondit-il, « je reviendrai pour voir le juge Temple ; en attendant, j'accepte l'offre de son traîneau comme gage de réconciliation.

— C'est sans mauvaise intention que je t'ai blessé, « dit Marmaduke ; « il n'y a donc là rien qui ait pu créer entre nous un sentiment d'hostilité.

— Pardonnez-nous nos offenses, comme nous pardonnons à ceux qui nous ont offensés, » fit observer M. Grant; « tel est le langage employé par notre divin Maître lui-même, et ce doit être la règle de ses humbles disciples. »

L'étranger resta un moment immobile, plongé dans ses réflexions ; puis, promenant dans la salle un regard qui avait quelque chose d'égaré, il salua le ministre, et sortit de l'appartement de l'air d'un homme qui ne voulait pas être retenu.

« Il est étrange qu'un cœur si jeune nourrisse une rancune si profonde, » dit Marmaduke; « mais la blessure étant toute fraîche et l'aiguillon de l'injure encore piquant, son irritation ne doit pas nous surprendre. La nuit l'apaisera, et demain nous le trouverons plus traitable. »

Élisabeth, à qui s'adressaient ces paroles, ne répondit pas, mais s'éloigna lentement, les yeux fixés sur le tapis anglais qui couvrait le parquet, pendant que Richard, faisant claquer son fouet, s'écria :

« Vous êtes le maître, cousin Duke, mais à votre place j'aurais plutôt plaidé que de céder à ce garçon-là le daim tout entier. Les montagnes ainsi que les vallées ne vous appartiennent-elles pas? les bois ne sont-ils pas à vous? De quel droit Bas de Cuir et ce jeune drôle chassent-ils sans votre permission? Eh bien, moi, j'ai vu un fermier en Pensylvanie renvoyer un chasseur de ses terres, avec aussi peu de cérémonie que j'en mettrais à ordonner à Ben de mettre une bûche dans le poêle... A propos de bûche, Ben, voyez où en est le thermomètre... Or, si un homme a le droit d'agir ainsi sur une centaine d'acres, celui qui en possède soixante mille ne doit-il pas avoir le même privilège? Et quand je dis soixante mille, c'est cent mille acres que je devrais dire, en y comprenant les dernières acquisitions... Passe pour Mohican, qui peut avoir des droits, puisqu'il est indigène; pauvre diable! son fusil ne lui sert pas à grand'chose. Comment réglez-vous cela en France, Monsieur Le Quoi? Laissez-vous battre les bois au premier venu comme par chez nous, en sorte qu'un homme comme il faut n'a plus presque rien à tirer?

— Par exemple! mais du tout, Monsieur Richard, » répondit le Français. « En France, nous n'octroyons de libertés qu'aux dames.

— Oui, oui, je sais, c'est votre loi salique. J'ai lu, Monsieur, des livres de toutes sortes, français et anglais, grecs et latins. Eh bien, si j'étais Duke, je ferais afficher dès demain défense à qui que ce soit de chasser dans mes bois ou même d'y mettre le pied. Une heure me suffira pour la rédiger, et nous en finirons une fois pour toutes.

— Richard, » dit le major Hartmann en secouant méthodiquement les cendres de sa pipe dans le crachoir, « écoutez-moi; j'ai vécu soixante-quinze ans sur les bords du Mohawk et dans les bois; eh bien, autant avoir affaire au diable qu'aux chasseurs! Ils vivent de leur fusil, et un fusil vaut encore mieux que la loi.

— Marmaduke n'est-il donc pas juge? » dit Richard avec indignation. « A quoi sert d'être juge, ou d'avoir un juge, s'il n'y a pas de loi? Au diable soit le drôle! J'ai grande envie de lui faire un bon procès pour s'être mêlé de mes chevaux. Sa carabine ne me fait pas peur; je sais me servir de la mienne. Il m'est arrivé plus d'une fois de percer un dollar à deux cent cinquante pas de distance.

— Bah! Richardet, tu as manqué plus de dollars que tu n'en as percé, » dit gaiement le juge. « Mais je devine aux mines de Remarquable que le souper est servi. Monsieur Le Quoi, miss Temple a une jolie main à votre service. Voulez-vous nous montrer le chemin, mon enfant?

— Ah! ma chère demoiselle, comme je suis enchanté! » dit le Français. « C'est la consolation d'un proscrit d'obtenir un sourire de la beauté. »

Toute la compagnie passa dans la salle à manger, à l'exception de M. Grant et du Mohican, qui restèrent un moment dans le salon, et de Benjamin, qui attendait que le pasteur fût entré pour ouvrir à l'Indien la porte de sortie.

« John, » dit M. Grant, « c'est demain la fête de la Nativité de notre bienheureux Rédempteur. L'Église, dans ce jour, appelle ses enfants à des prières et à des actions de grâces, et les invite à partager la sainte communion. Puisque vous avez pris la croix, et que vous avez fait alliance avec le bien et rompu avec le mal, j'espère vous voir approcher de l'autel avec un cœur humble et contrit.

— John viendra, » répondit l'Indien, sans témoigner de surprise, bien qu'il n'eût pas compris tous les termes dont s'était servi le ministre. « Il viendra.

M. Grant et John l'Indien.

— Oui, » continua M. Grant en posant doucement la main sur l'épaule cuivrée du vieux chef; « mais il ne suffit pas de vous y trouver de corps; il faut y venir en esprit et en vérité. Le Rédempteur est mort pour tous, pour le pauvre Indien aussi bien que pour le blanc. Il n'y a pas de distinction dans le ciel, et l'Église ne doit pas être divisée sur la terre. Il est bon et utile, John, de rafraîchir l'intelligence et de soutenir la faiblesse par l'observance de nos solennités saintes; mais les formes du culte extérieur ne peuvent être agréables à l'Être suprême qu'autant qu'elles sont accompagnées de dévotion et d'humilité. »

L'Indien fit un pas en arrière, se redressa de toute sa hauteur, et leva en l'air le bras droit; puis ayant frappé de la main gauche sa poitrine nue, il dit d'un ton énergique :

« L'œil du Grand Esprit voit à travers les nuages; le cœur du Mohican lui est ouvert.

— C'est bien, John; dans l'accomplissement de ce devoir, vous trouverez profit et consolation. Le Grand Esprit n'oublie aucun de ses enfants; et l'hôte des forêts est l'objet de sa sollicitude tout comme l'habitant d'un palais. Je vous souhaite une bonne nuit, et prie Dieu de vous bénir. »

Le Mohican s'inclina, et ils se séparèrent l'un pour regagner sa hutte, l'autre pour rejoindre à table ses amis.

« Le ministre a raison, John, » dit Benjamin en ouvrant la porte au vieux chef. « Si l'on regardait là-haut à la couleur, on pourrait rayer du rôle de l'équipage un chrétien de naissance comme moi, dont le cuir se serait un peu tanné en croisant sous des latitudes chaudes; et cependant ce maudit vent du nord-ouest suffirait à blanchir la peau d'un nègre. Déployez votre couverture, mon brave, sans quoi votre peau rouge ne doublera pas la nuit sans une morsure de la gelée. »

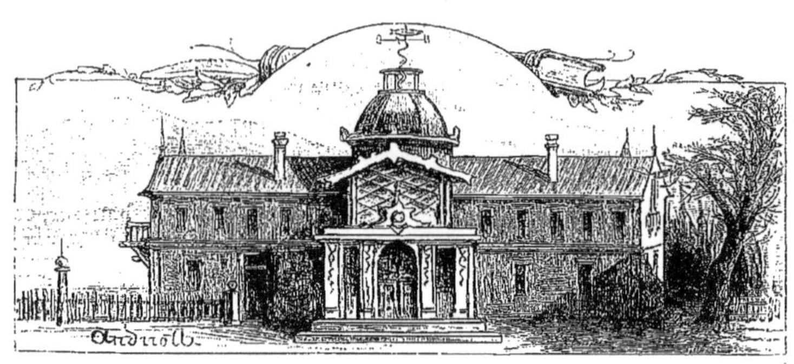

CHAPITRE VIII.

> Là se rencontraient des exilés de pays divers, et ils échangeaient des propos d'amitié, chacun dans sa langue.
>
> CAMPBELL, *Gertrude Wyoming.*

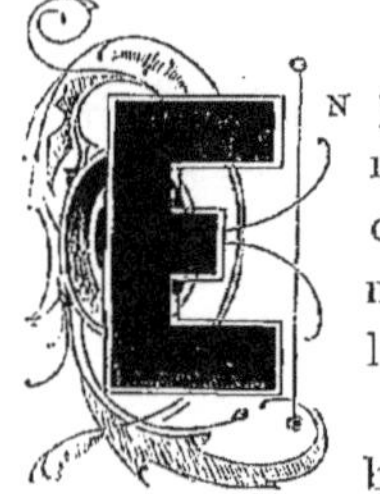

En présentant au lecteur nos principaux personnages, nous lui avons offert une assez grande diversité de caractères et de nations ; maintenant, pour preuve de notre véracité, il convient d'expliquer en peu de mots les raisons d'une si grande bigarrure.

L'Europe, à cette époque de notre histoire, était bouleversée par cette révolution qui ébranla dans leurs fondements ses institutions politiques. Des milliers de Français avaient été forcés de chercher un refuge en pays étrangers, et M. Le Quoi était du nombre de ceux qui avaient émigré aux États-Unis. Il avait été recommandé à M. Temple par le chef d'une maison de commerce de New-York. Dès sa première entrevue avec le Français, notre juge avait découvert en lui un homme bien élevé, qui avait connu dans sa patrie des jours plus prospères. D'après diverses circonstances, on le soupçonnait d'être un des planteurs de Saint-Domingue ou des autres îles françaises, dont la plupart, réfugiés en Amérique, y vivaient dans la pauvreté, et quelques-uns dans un dénuement absolu.

Toutefois telle n'était pas la position de M. Le Quoi. Ses ressources étaient modestes, il en convenait lui-même, mais suffisantes pour qu'en les ménageant avec intelligence, il pût en tirer un parti avantageux.

Les connaissances de Marmaduke étaient d'une nature éminemment pratique, et tout ce qui se rapportait à la vie d'un colon lui était familier. Sous sa direction, M. Le Quoi acheta une partie desdraps, des épices, beaucoup de thé et de tabac, un grand assortiment de coutellerie et de quincaillerie, une formidable collection de faïences, des plus communes en qualité et des plus incongrues en style ; enfin tous les articles de première nécessité, sans compter quelques articles de luxe, comme des miroirs à main et des guimbardes. Muni de cette inestimable pacotille, il s'était installé derrière un comptoir, et avait pris son nouveau rôle de si bonne grâce qu'il semblait n'avoir fait autre chose de sa vie. La politesse et la douceur de ses manières lui attirèrent la vogue, et puis les dames de Templeton ne tardèrent pas à découvrir qu'il avait du goût, que ses étoffes étaient les plus belles, ou du moins les plus flatteuses à l'œil, et qu'on ne pouvait guère marchander avec un homme « qui s'exprimait si bien ». Grâce à tous ces moyens réunis, les affaires de M. Le Quoi avaient prospéré, et on le regardait, après M. Temple, comme le premier personnage de la Patente.

Par le terme de *Patente,* on désignait l'étendue de pays originairement concédée au vieux major Effingham par « lettres-patentes du roi », et qui était devenue la propriété de M. Temple en vertu de l'acquisition qu'il en avait faite lors de la confiscation qui avait privé le major de tous ses biens. Ce terme était en usage dans les nouveaux établissements, et l'on y joignait d'habitude le nom du propriétaire, comme la patente de Temple, la patente d'Effingham.

Le major Hartmann descendait d'un de ces Allemands qui, accompagnés de leurs familles, avaient, en grand nombre, quitté les bords du Rhin pour ceux du Mohawk. Cette émigration avait eu lieu du temps de la reine Anne.

Fritz ou Frédéric Hartmann était un abrégé de tous les vices et de toutes les vertus, de tous les défauts et de toutes les qualités de sa race. Colère, silencieux, opiniâtre, il avait une grande méfiance des étrangers. Il possédait un courage inébranlable, une probité inflexible et beaucoup de persévérance dans ses amitiés. Son humeur flottait entre deux extrêmes : grave des mois durant, joviale pour des semaines. Il y avait un long temps qu'il s'était fortement attaché à M. Temple, le seul homme ne parlant pas allemand qui eût jamais obtenu sa confiance entière. Quatre fois l'an, à chaque trimestre, il quittait sa maison basse, construite en pierre sur les rives du Mohawk, et parcourait une dizaine de lieues à travers les montagnes pour faire visite au seigneur de Templeton. Il restait habituellement une semaine, et la passait à mener joyeuse vie en compagnie de Richard Jones. Tout le monde l'aimait, jusqu'à Remarquable Petits-Os, à qui il donnait quelquefois un surcroît d'embarras ; mais il avait une telle franchise, un si bon cœur, et parfois tant de gaieté, qu'on lui passait bien des choses. Il venait à peine d'arriver pour les fêtes de Noël quand Richard l'avait invité à prendre place dans le traîneau, pour aller au-devant du maître de la maison et de sa fille.

Avant d'expliquer le caractère et la situation de M. Grant, il est nécessaire de remonter à l'origine de la colonie de Templeton.

Il y a dans la nature humaine une tendance qui nous porte à pourvoir aux besoins de ce monde avant de songer aux exigences de l'autre. La religion était un article peu cultivé à Templeton au milieu des premiers défrichements ; cependant, après s'être assuré le pain quotidien, les émigrants, issus de la population morale du Connecticut et du Massachusetts, s'occupèrent sérieusement d'introduire dans la colonie les coutumes et observances qu'avaient suivies leurs pères.

Dès qu'on eut tracé le plan des rues et bâti un certain nombre de maisons, les habitants furent convoqués en assemblée publique pour prendre en considération le projet d'établir une *académie,* ou en d'autres termes une école, projet éclos dans le cerveau de Richard, qui pourtant aurait préféré le nom pompeux d'université ou, du moins, celui de collège. Chaque année on tint des réunions pour le même objet. Les résolutions qu'on y adoptait étaient reproduites le dimanche par une petite gazette, imprimée sur papier à chandelles dans un galetas du village, et qu'on affichait régulièrement sur un poteau, élevé au carrefour de la route. Comme on n'aboutissait à rien, M. Temple se décida à donner le terrain et à faire construire l'édifice à ses frais. On mit de nouveau à l'œuvre les talents du charpentier Hiram, et Richard promit de lui ouvrir les trésors de sa science universelle.

Nous ne raconterons pas tout ce qu'inventèrent nos artistes en cette occasion; cette révélation nous est interdite d'ailleurs par les convenances, attendu qu'il y eut à ce sujet une convocation de l'antique société des francs-maçons, présidée par Richard en qualité de grand maître, sans doute pour examiner les plans et adopter ceux qui sembleraient mériter la préférence. Le point principal décidé, la respectable société sortit de l'auberge du *Dragon Hardi*, dont le grenier avait été converti en loge, et s'achemina, bannières et insignes déployés, vers le lieu désigné pour l'emplacement de l'édifice. Là, Richard posa la première pierre, avec toute la gravité requise, au milieu d'une réunion nombreuse, composée de la moitié des hommes et de toutes les femmes qui demeuraient à trois lieues à la ronde.

L'ouvrage marcha rapidement et fut terminé dans le cours de la saison.

C'était une maison en bois, peinte en blanc, toute en longueur, étroite, et percée de tant de croisées, qu'en s'y plaçant à l'ouest, de grand matin, on pouvait, presque sans obstacle, assister au lever du soleil. Sa façade portait divers ornements en bois, exécutés par Hiram, d'après les dessins de Richard. La merveille de l'édifice, c'était un clocher d'une part et une large croisée de l'autre.

Pratiquée au centre du second étage, juste au-dessus de la porte d'entrée, la croisée, apparemment d'ordre composite, se divisait en trois compartiments, celui du milieu en arcade et deux plus petits en carré, le tout encaissé dans d'énormes cadres de bois de pin, surchargés de moulures, et éclairé par une multitude de vitraux à bouillons tirant sur le vert. Des volets gris mettaient cette précieuse fenêtre à l'abri des accidents.

Au centre du toit s'élevait le clocher en forme de coupole, ou de tasse renversée, que supportaient quatre hauts piliers en bois de pin, cannelés et sculptés. Du milieu de la calotte sortait une longue perche, surmontée d'une figure de poisson taillée par Richard et peinte de sa main en *couleur d'écaille;* deux tiges de fer la traversaient horizontalement, soutenant à leurs extrémités les lettres N, S, E et O, qui servaient à indiquer les quatre points cardinaux.

Quelque temps après, on fit venir de l'un des collèges de l'est un professeur gradué, qui fut chargé d'initier les jeunes gens à l'enseignement littéraire. Le premier étage ne formait qu'une vaste salle, destinée aux jours de gala et de cérémonie ; mais le rez-de-chaussée comprenait deux pièces, affectées à l'étude, l'une du latin, l'autre de l'anglais. La première eut de bien rares élèves, et un seul d'eux s'aventura jusqu'à réciter, en assemblée solennelle, la première églogue de Virgile.

Les administrateurs de l'académie s'aperçurent enfin qu'on ne devance pas impunément son siècle, et le savant gradué fit place à un simple maître d'école, dont les humbles leçons apprirent en anglais vulgaire, à la jeunesse de Templeton, les avantages qu'on recueille à se hâter lentement.

Depuis cette époque, l'académie n'avait plus été qu'une école de village. La grand'salle servait de cour de justice dans les causes extraordinaires ; de salle de conférences aux personnes religieuses qui s'y rassemblaient le soir ; parfois de salle de bal sous les auspices de Richard ; et tous les dimanches elle était consacrée à l'exercice du culte.

Lorsqu'il venait à passer dans le voisinage un missionnaire ambulant de la communion des Méthodistes, des Baptistes, des Universalistes, ou de la secte plus nombreuse des Presbytériens, on l'invitait à officier, et une collecte faite dans un chapeau devant la congrégation assemblée le récompensait de ses peines. A défaut de ministre régulier, l'un des membres les plus pieux de l'assistance faisait une prière, et M. Jones lisait un des sermons de Sterne.

Il résultait de ce sacerdoce irrégulier une grande divergence d'opinions sur les points les plus abstraits de la foi. Chaque secte avait ses adhérents, bien qu'aucune ne fût régulièrement organisée. Nous avons déjà parlé de l'éducation religieuse de Marmaduke, et son mariage n'avait point effacé complètement le caractère équivoque de sa foi. Sa mère et sa femme appartenaient à l'église épiscopale, et s'il n'en adoptait pas les dogmes, du moins il en suivait le culte sans répugnance. D'autre part, Richard en était un sectateur zélé ; il avait même tenté d'en introduire les formes sans réussir à convaincre personne, si ce n'est Ben la Pompe.

Avant la guerre de la révolution, l'Église anglicane était soutenue dans les colonies avec beaucoup de zèle par la mère patrie. Dans les premiers temps qui suivirent l'indépendance des États, cette communion de chrétiens commença à décliner, privés qu'ils étaient des hauts dignitaires de leur clergé. Enfin ils choisirent des ministres pieux et instruits et les envoyèrent en Angleterre pour recevoir l'investiture, qui ne peut être transmise que directement et par ceux qui l'ont déjà, afin de conserver à leurs églises l'unité nationale. A leur retour, ils procédèrent à des ordinations de prêtres et de diacres, et des missionnaires furent chargés d'alimenter la flamme expirante de la dévotion dans les districts nouveaux et non encore organisés privés de l'administration régulière de l'enseignement religieux.

De ce nombre était M. Grant. Envoyé dans le comté dont Templeton était le chef-lieu, il avait

été vivement pressé par le juge à y fixer sa demeure. Une maison petite et simple avait été préparée pour sa famille, et l'époque de l'installation du ministre n'avait précédé que de peu de jours celle où nous l'avons présenté au lecteur. Comme il était étranger à la plupart des habitants, Richard fut autorisé à faire savoir : « que l'office divin, d'après les rites de l'Église protestante épiscopale, serait célébré le soir de la veille de Noël, dans la grande salle de l'académie de Templeton par le révérend M. Grant. »

Cette annonce causa un grand remue-ménage parmi les différentes sectes. Les uns exprimèrent leur étonnement ; d'autres en firent des gorges chaudes ; mais le plus grand nombre, se rappelant les essais infructueux de Richard, et la libéralité ou plutôt le relâchement des principes de Marmaduke sur les controverses religieuses, jugèrent que le plus prudent serait de se taire.

Toutefois, il n'était bruit dans le village que de la soirée qui se préparait ; et la curiosité fut loin d'être diminuée, lorsqu'on vit Richard et Benjamin, dans la matinée de cette journée mémorable, sortir du bois voisin, portant chacun sur leurs épaules un gros fagot de rameaux verts. Le digne couple entra dans l'académie et en ferma soigneusement la porte, afin que ce qui allait se passer restât pour tous un mystère impénétrable. Une lettre informa Marmaduke de ces préparatifs, et il fut convenu que lui et Élisabeth arriveraient à temps pour participer aux solennités de la soirée.

Après cette digression, nous allons reprendre le fil interrompu de notre histoire.

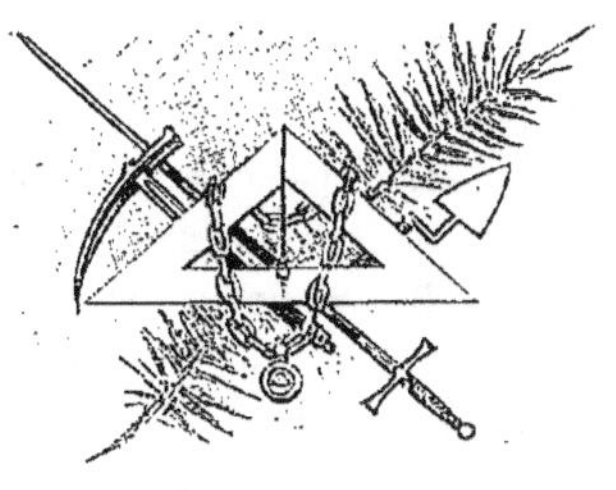

CHAPITRE IX.

Viandes, poissons, volaille, on admire leurs qualités dans chaque plat à l'odorant fumet. Puis on prend place selon son rang, et chacun, le cœur ému d'une douce attente, goûte par avance les joies de la table.

L'Héliogabaliade, poëme.

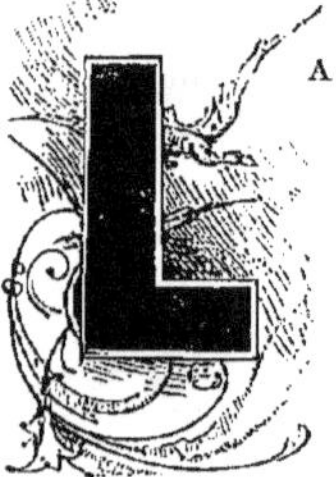

La salle à manger dans laquelle M. Le Quoi, donnant la main à Élisabeth, avait précédé le reste de la compagnie, communiquait avec le salon par une porte placée sous l'urne qui était censée contenir les cendres de Didon.

La pièce était spacieuse et de proportions convenables; mais dans les ornements et le mobilier on remarquait la même diversité de goût, la même faiblesse d'exécution que dans le salon. Il y avait une douzaine de fauteuils peints en vert et revêtus de coussins, dont le damas de laine provenait de la même pièce qui avait servi à confectionner le jupon de Remarquable. La table était massive et fort grande. Une immense glace dans un cadre de bois doré était suspendue au mur, et on avait allumé dans la cheminée un feu alimenté de grosses bûches d'érable.

C'est ce qui frappa d'abord l'attention du juge, qui dit avec un peu d'humeur à Richard :

« Combien de fois n'ai-je pas défendu qu'on brûlât chez moi de l'érable à sucre! La vue de la sève que la chaleur fait sortir de ces bûches m'est pénible, Richard. Il sied au propriétaire de bois aussi étendus que les miens de veiller à l'exemple qu'il donne; on porte la cognée dans les forêts, comme si leurs trésors étaient inépuisables et leur étendue sans limite. Si nous y allons de ce train-là, dans vingt ans nous manquerons de combustible.

— Allons donc, cousin Duke, » s'écria Richard en ricanant, « vous n'y pensez pas. Autant prédire que le poisson mourra faute d'eau dans le lac, parce que je me propose, au moment du dégel, de détourner un ou deux ruisseaux pour les amener dans le village par des conduits de bois. Vous avez, Marmaduke, des idées un peu bizarres sur ces matières.

— Qu'y a-t-il de bizarre, » riposta le juge avec vivacité, « à condamner une pratique imprudente qui dévoue au feu ces ornements de la forêt, ces dons précieux de la nature, ces mines de bien-être et de richesse? Aussitôt que la neige aura disparu, il faut absolument que j'envoie un détachement dans les montagnes pour tâcher d'y découvrir du charbon de terre.

— Du charbon à présent! Et qui diable irait s'amuser à déterrer du charbon quand, pour en avoir un boisseau, il lui faudrait arracher plus de racines et de souches qu'il n'en a besoin pour se chauffer toute l'année? Allons, allons, Marmaduke, abandonnez tout cela à ma direction; vous savez que je m'y entends naturellement. C'est moi qui ai arrangé ce feu, — un feu superbe! — pour réchauffer le sang de ma jolie cousine Bess.

— Le motif vous sert d'excuse, Dick... Mais, Messieurs, nous vous faisons attendre. Élisabeth, mon enfant, placez-vous au haut bout de la table. Richard, je le vois, ne cherche qu'à m'épargner l'ennui de découper en se dirigeant vers l'autre bout.

— Comment donc? mais certainement, » dit Richard. « Voilà un dindon qu'il faudra dépecer, et je me flatte de ne point avoir d'égal dans l'art de détailler un dindon ou même une oie... M. Grant! où est M. Grant? Voudriez-vous avoir la bonté de dire le *Benedicite?* Tout va refroidir. Par le temps qu'il fait, à peine un plat est-il retiré du feu qu'en deux minutes il est gelé... Monsieur Grant, le *Benedicite,* je vous prie. « Bénissez, Seigneur, la nourriture que nous allons prendre. » C'est suffisant. A table, Messieurs, à table! Cousine, désirez-vous l'aile ou un blanc? »

Élisabeth, encore debout, examinait d'un air surpris l'ordonnance de la table ainsi que la qualité et le choix des mets.

« Vous voyez, mon enfant, » lui dit son père en souriant, « que nous avons de grandes obligations au savoir-faire de Remarquable; elle nous a préparé un splendide repas, et bien propre à rassasier l'appétit le plus insatiable.

— Mon Dieu, » dit Remarquable, « je suis charmée que le juge soit content; mais j'ai dans l'idée que vous en aurez trop. Que voulez-vous! j'ai cru qu'il fallait aller dans le grand pour l'arrivée d'Élisabeth.

— Ma fille est une femme aujourd'hui, » dit sévèrement le juge. « A dater d'à présent elle est la maîtresse de ma maison, et ceux qui sont à mon service ne doivent pas la nommer autrement que miss Temple. »

Voyant que son maître paraissait sérieusement mécontent, la prudente femme de charge ne se permit point de réplique; et M. Grant étant entré au même moment, toute la compagnie prit place à table.

Comme les arrangements de ce repas étaient tout à fait dans le goût de l'époque et du pays, nous allons tâcher d'en donner une courte description.

La nappe était du plus beau damas de table, et la vaisselle de véritable porcelaine, luxe presque inconnu alors aux États-Unis. Les couteaux et les fourchettes étaient d'acier poli d'un travail achevé, avec des manches d'ivoire d'une éclatante blancheur. Quant au choix des mets et à leur disposition, l'honneur en revenait tout entier aux combinaisons de Remarquable.

Devant Élisabeth était placé un énorme dindon rôti, et devant Richard, il y en avait un bouilli. Au centre de la table trônaient une paire de lourds *castors* d'argent (M), flanqués de quatre entrées, dont deux de poisson, frit et bouilli, une fricassée d'écureuil gris et un filet de chevreuil. Entre ces plats et les dindons s'élevaient d'un côté une énorme échinée d'ours rôti et de l'autre un délicieux gigot de mouton bouilli. Cet amas de viandes était entremêlé de tous les légumes que la saison et le pays pouvaient fournir. Aux quatre coins on voyait des pyramides de pâtisserie : gâteaux d'amandes, gâteaux de sucre, gâteaux aux raisins, pavés de pain d'épices. Il y avait autant de saucières, remplies d'un fluide épais, de couleur et de consistance un peu équivoques, où nageaient des boulettes noires d'une substance qui ne ressemblait à rien, et que Remarquable appelait des confitures. A portée de chaque convive, dont l'assiette était renversée avec la fourchette et le couteau posés dessus en croix, il y avait encore une saucière, mais plus petite, où trempait une sorte de macédoine, composée de tranches de pommes coupées en triangle, de fruits secs hachés, de mûres et de crême. Des carafes d'eau-de-vie, de rhum, de genièvre et de vin, ainsi que des pots de cidre, de bière et de *flip* (N) fumant couvraient si bien tous les vides, qu'à peine apercevait-on un coin de la nappe.

Aucun des convives, y compris le juge, ne parut s'étonner de la singulière ordonnance de ce repas, et ils se mirent à manger avec un appétit qui promettait de faire honneur au goût et au savoir-faire de Remarquable. Cela ne laissait pas d'être étonnant chez l'Allemand et Richard, qui, tous deux, sortaient de table lorsqu'ils étaient allés à la rencontre de M. Temple ; mais le premier, une fois hors de chez lui, avait faim et soif à toute heure, et le second se serait cru déshonoré de rester jamais en arrière des autres.

Marmaduke jugea convenable de donner à ses hôtes quelques explications sur la vivacité qu'il avait témoignée au sujet des bûches du foyer. En conséquence, quand couteaux et fourchettes eurent commencé à manœuvrer, il prit la parole, et s'adressant à M. Le Quoi :

« C'est, » dit-il, « une chose véritablement pénible, comme vous avez pu vous en convaincre par vos propres yeux, que la manière dont les colons gaspillent les arbres magnifiques de ce pays. J'ai vu moi-même des gens, ayant besoin de bois pour boucher une haie, abattre un pin, en rouler le tronc, le placer dans leur haie et l'y laisser pourrir, pendant que le branchage leur aurait suffi, et que le corps de l'arbre eût été vendu vingt dollars à Philadelphie.

— Et comment diable !... Je vous demande pardon, Monsieur Grant, » interrompit Richard, « comment le pauvre homme, dites-moi, transportera-t-il ses arbres au marché de Philadelphie ? Les mettra-t-il dans

13

sa poche, hein ? comme une poignée de châtaignes ou un bouquet de cerises ? Il ferait beau vous voir marchant dans la grand'rue, avec un tronc de pin dans chacune de vos poches ! Bah ! bah ! mon cousin, il y a assez d'arbres pour tout le monde, et il en restera encore suffisamment. Ils sont si serrés et si hauts, que lorsque je vais dans les défrichements, c'est à peine si je me doute de quel côté le vent souffle ; je suis obligé de consulter les nuages, et il est fort heureux que j'aie appris à m'orienter et que je sache, en quelque sorte, par cœur tous les points de la boussole.

— Oui, oui, Monsieur, il faut regarder en l'air, » dit Benjamin, habile à saisir l'occasion de placer son mot. « Le diable lui-même, au rapport des vieux matelots, serait incapable de naviguer sans regarder en l'air. Un jour, il m'arriva...

— C'est bien, Benjamin, » interrompit Marmaduke, qui s'aperçut que la familiarité du majordome déplaisait à sa fille. « Vous oubliez qu'il y a une dame, et les dames ne détestent pas de prendre leur bonne part de la conversation.

— Le juge dit vrai, » s'écria Benjamin avec un de ses rires discordants. « Par exemple, voilà mistress Remarquable Petits-Os ; déliez-lui la langue, et ce sera bientôt un ramage pire que celui qu'on entend sous le vent d'un corsaire français, ou quelque chose d'approchant une douzaine de singes enfermés dans un sac. »

Il est impossible de dire jusqu'à quel point la langue de la femme de charge aurait justifié l'assertion de Benjamin, si elle l'eût osé, mais le juge lui jeta un coup d'œil sévère. Ne voulant pas encourir son ressentiment et hors d'état de retenir sa colère, elle sortit brusquement de la salle à manger, avec un haut-le-corps qui faillit briser par le mitan sa fragile personne.

Marmaduke s'adressant alors à Richard :

« Pourriez-vous, » lui dit-il, « me donner quelques renseignements sur l'étranger que j'ai eu le malheur de blesser ? Je l'ai rencontré sur la montagne, chassant avec Bas de Cuir, comme s'ils étaient pairs et compagnons ; mais leurs manières ne se ressemblent pas. Le jeune homme s'exprime en termes choisis, et qui jurent avec ses habits et le genre de ses occupations. Le Mohican paraît aussi le connaître. Sans doute il habite la hutte de Natty. Monsieur Le Quoi, avez-vous remarqué comme il s'exprime bien ?

— Certainement, Monsieur Temple, » répondit le Français. « Il a parlé en excellent anglais.

— Voyez donc le beau miracle, » s'écria Richard. « J'ai connu, moi, des enfants, qui avaient fréquenté l'école de bonne heure et qui, à l'âge de douze ans, parlaient bien mieux encore. Tenez le petit Zared, le fils

du vieux Néhémie, qui s'est établi le premier dans la prairie de l'écluse aux Castors ; eh bien, à quatorze ans, il écrivait presque aussi bien que moi. Il est vrai que je lui avais donné quelques leçons, le soir. Votre faraud de chasseur, il mérite d'être exposé au pilori, s'il lui arrive une autre fois de toucher aux rênes d'un cheval. A-t-on vu maladroit de son espèce ! Je gage qu'il n'a eu de sa vie affaire qu'à des bœufs.

— Là ! là ! Richard, » dit le juge, « vous ne lui rendez pas justice. On ne saurait lui refuser du sang-froid dans les moments critiques. N'es-tu pas de mon avis, Bess ? »

Il n'y avait rien d'extraordinaire dans cette question; cependant Élisabeth sortit en tressaillant de la rêverie où elle était plongée, et une vive rougeur monta jusqu'à son front pendant qu'elle répondit :

« Il m'a paru ne manquer ni de présence d'esprit ni de courage, telle est mon impression, au risque d'être taxée d'ignorance comme ce monsieur par le cousin Richard.

— Est-ce à la pension, » demanda celui-ci, « qu'on vous a appris à qualifier les vagabonds de messieurs?

— Tout homme, » répliqua la jeune fille légèrement piquée, « qui sait traiter une femme avec considération et respect est un monsieur pour moi.

— Voilà ce que c'est que d'hésiter à ôter son habit devant une héritière! A votre aise! Un monsieur! Il m'a fait, à moi, l'effet contraire. Un tireur passable, à la bonne heure; qu'il ait du coup d'œil, j'en conviens. Il s'entend à tuer un daim, n'est-ce pas, Marmaduke?

— Richard, » dit le major en se tournant vers lui avec un grand sérieux, « c'est un brave garçon. Il nous a sauvé la vie à tous, et, voyez-vous, tant que Fritz Hartmann aura un toit pour abriter sa tête, il lui en donnera la moitié.

— Bien, bien! Comme il vous plaira, mon vieil ami, » répondit Jones en affectant un air d'indifférence. « Installez-le dans votre maison de pierre, si bon vous semble. Cela le changera; car il n'a point connu, j'en suis sûr, de meilleur gîte qu'une hutte d'écorce, à moins que ce ne soit la cabane de Bas de Cuir. Je prévois que vous l'aurez bientôt gâté. N'a-t-on pas vu comme il a fait le fier pendant le peu de temps qu'il a passé ici? Et cela pour s'être jeté au-devant de mes chevaux juste au moment où je les ramenais dans le bon chemin.

— Non, non, mon vieil ami, » dit Marmaduke au major, « c'est moi qui me charge de faire un sort à ce jeune homme. Outre le service qu'il m'a rendu dans la personne de mes amis, j'ai contracté envers lui une dette qui m'est particulière. Quant à m'en acquitter, ce ne sera pas sans peine, je le crains. Il a manifesté une répugnance marquée à la proposition que je lui ai faite de venir habiter notre maison; n'est-ce pas, Bess?

— En vérité, cher père, » dit Élisabeth avec une charmante petite moue, « je n'ai pas fait de ce monsieur une étude assez attentive pour lire ses sentiments dans sa physionomie. Il devait souffrir de sa blessure, et je le plaignais. Au reste, » ajouta-t-elle en jetant sur le majordome un regard où la curiosité se révélait en dépit d'elle, « interrogez Benjamin, si voulez être renseigné. Il est impossible qu'il ait mis le pied dans le village sans que Benjamin ait eu fréquemment l'occasion de le voir.

— Sans aucun doute, je l'ai déjà vu, » répondit vivement l'ancien matelot. « Il n'a cessé de courir des bordées dans les eaux de Natty Bumppo, chassant derrière lui sur la montagne, comme une barque hollandaise à la remorque d'un sloop d'Albany. Il a une arme excellente, lui aussi, et pas plus tard que mardi soir, Bas de Cuir me disait, à l'auberge du *Dragon Hardi,* que, pour son gars, bête vue était une bête morte. S'il en est ainsi, il devrait bien tuer la panthère qui miaule toutes les nuits du côté du lac, depuis que la glace et la neige ont forcé les daims à se réunir par troupeaux. C'est un mauvais compagnon de bord, qu'on ne devrait pas laisser croiser dans nos parages.

— Demeure-t-il avec Bumppo ?

— Côte à côte. Il y aura mercredi trois semaines qu'il a été en vue pour la première fois de conserve avec Bas de Cuir. Ils avaient pris un loup ensemble, et Natty apportait la peau de la tête pour toucher l'indemnité promise. Ce M. Bumppo a la main fort habile à scalper, et il y a ici des gens qui prétendent qu'il a fait son apprentissage sur des chevelures de chrétiens. En pareil cas, si je commandais à bord à la place de Votre Honneur, je le ferais attacher au grand mât ; le chat à neuf queues serait bientôt prêt, et, s'il ne s'agissait que de l'en fouetter, faute de mieux, je m'en chargerais.

— Il ne faut pas croire à toutes les sottes histoires qu'on raconte sur le pauvre diable, » dit M. Temple. « Il a une sorte de droit naturel à gagner sa vie dans la montagne ; et si les fainéants du village s'avisent de le molester, le bras de la loi le protégera.

— Il a mieux que cela, » prononça sentencieusement le major ; « son fusil.

— La belle défense ! » s'écria Richard en faisant claquer ses doigts. « Benjamin a raison, et moi... »

Il fut interrompu par les tintements d'une cloche de navire qu'on avait placée dans le beffroi de l'académie, et qui annonçait que l'heure du service religieux était arrivée.

« Je vous demande pardon, Monsieur Grant, » ajouta-t-il, « veuillez dire le *Deo Gratias*. Il est temps de partir, vu que nous sommes les seuls épiscopaux de tout le voisinage, c'est-à-dire moi, Benjamin et la cousine. »

Le ministre se leva, dit humblement les *grâces*, et la compagnie se prépara à partir pour l'église ou plutôt pour l'académie.

CHAPITRE X.

Par ses longs tintements, la cloche appelait le pécheur à la prière.

W. Scott, trad. des *Ballades* de Bürger.

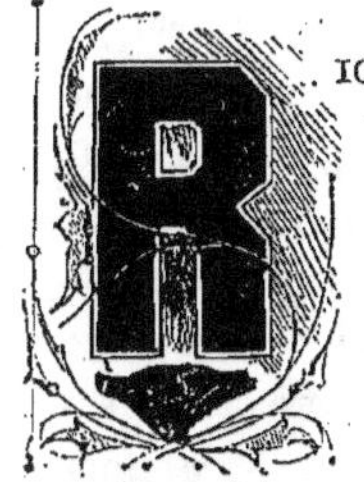

ICHARD et M. Le Quoi, suivis de Benjamin, se rendirent à l'académie par un sentier de traverse; mais le juge, sa fille, le ministre et le major prirent une route plus longue et moins encombrée de neige en passant par les rues du village.

La lune s'était levée, et son orbe répandait des torrents de lumière sur la forêt de pins qui couronnait la montagne à l'orient. Le ciel était aussi éclairé qu'il l'est en plein midi sous d'autres climats. Les étoiles scintillaient au firmament comme les dernières lueurs d'un feu lointain, tant elles pâlissaient devant la resplendissante clarté de l'atmosphère; les rayons de la lune glissaient sur la surface unie du lac et de la plaine; et l'immense nappe de neige éblouissante qui couvrait le sol relevait encore l'éclat de sa lumière.

Pendant que le traîneau avançait lentement dans la grand'rue, Élisabeth s'amusait à lire les enseignes placées au-dessus de presque toutes les portes. A chaque pas, elle remarquait des professions nouvelles ou des noms qui lui étaient étrangers. Les maisons mêmes paraissaient changées : à celle-ci on avait fait des additions; celle-là était peinte à neuf ; une autre avait été bâtie sur l'emplacement d'une vieille connaissance, qui, à peine construite, avait disparu. On en voyait sortir en foule les habitants qui se dirigeaient vers l'académie pour y jouir du spectacle annoncé.

Miss Temple cherchait aussi à reconnaître parmi les passants quelques figures qu'elle eût déjà vues ; mais toutes avaient l'air de se ressembler, ensevelies qu'elles étaient dans les manteaux, les capuchons, les redingotes, les pelisses. Chacun suivait l'étroit sentier pratiqué le long des maisons, à moitié caché par la neige qu'on avait rejetée en dehors, et qui formait comme un mur à hauteur d'appui. Une ou deux fois, elle crut reconnaître la taille ou la démarche de quelqu'un des passants, et, avant qu'elle eût pu s'assurer de son identité, il avait disparu derrière l'un de ces énormes tas de bois placés devant chaque porte. Ce fut seulement au tournant de la grand'rue qu'elle distingua une figure et une maison de sa connaissance.

Cette maison formait encoignure ; l'enseigne annonçait une auberge, et le sol bien battu devant le seuil prouvait qu'elle était une des plus fréquentées de l'endroit. Le bâtiment n'avait qu'un étage ; mais les lucarnes du toit, les murs bien peints, les contrevents et le feu brillant que la porte ouverte laissait apercevoir, lui donnaient un air confortable que n'avaient pas les habitations d'alentour. L'enseigne, balancée au souffle du vent, représentait un cavalier armé d'un sabre et de pistolets, coiffé d'un bonnet de peau d'ours, et monté sur un cheval fougueux. Au bas, on lisait ces mots, en lettres noires à demi effacées : Au Dragon Hardi.

Un homme et une femme sortaient de l'auberge au moment où le traîneau tournait la rue. L'un, quoique boiteux, marchait avec la raideur du pas militaire, et l'autre d'un air qui semblait n'avoir nul souci de ce qui lui ferait obstacle. Les rayons de la lune, tombant directement sur le visage plein, large et rougeaud de la femme, faisaient ressortir ses traits masculins sous les ruches d'un bonnet garni, surmonté, en arrière de la tête, d'un petit chapeau de soie noire, d'une coupe un peu sévère. Elle se porta, à grandes enjambées, au-devant du traîneau, et M. Temple, l'ayant aperçue, dit à Agamemnon d'arrêter un moment les chevaux.

« Bonne chance, mon juge ! » cria-t-elle avec un fort accent irlandais. « Vous êtes toujours le bienvenu pour moi. Ah ! certes. Et voilà miss Lizzy... Comme elle est grande et belle à présent ! Comme elle ferait tourner la tête à tous les jeunes gens, si nous avions un régiment en ville ! Allons, il n'est pas bien de parler de semblables vanités quand

la cloche nous appelle à l'église, tout comme nous serons un jour rappelés là-haut, subitement, et quand nous nous y attendrons le moins. Bonsoir, major. Faut-il vous préparer un bol de *gin-toddy* (O) ? Mais peut-être passerez-vous la veille de Noël à la grande maison, où vous n'êtes arrivé que d'aujourd'hui.

— Je suis bien aise de vous voir, Mistress Hollister, » répondit Élisabeth. « Chemin faisant, j'ai vainement cherché une figure de connaissance ; vous êtes la première. Votre maison est dans le même état, tandis que les autres sont tellement changées que, si ce n'était l'emplacement qu'elles occupent, il serait impossible de les reconnaître. Vous avez aussi conservé l'enseigne que j'ai vu peindre à mon cousin Richard, et même l'inscription qui est au bas, et à propos de laquelle vous avez eu ensemble du désagrément. Vous rappelez-vous?

— Quoi! *le Dragon Hardi?* Et quel autre nom aurait-on pu lui donner? Il n'a jamais eu que celui-là, comme mon mari ici présent peut l'attester. Pauvre capitaine! C'était un plaisir de le servir, et à l'heure du besoin, on le trouvait toujours. Hélas! la mort l'a emporté sans dire gare. Espérons que la cause qu'il servait lui aura fait trouver grâce, et le ministre, M. Grant, ne me contredira pas... Oui, oui, quand M. Jones a voulu nous peindre une enseigne, j'ai pensé que je pouvais bien placer là l'image de celui qui a si souvent partagé avec nous la bonne et la mauvaise fortune. Le capitaine avait les yeux plus grands et plus fiers; mais, pour les favoris et le bonnet, c'est frappant : deux haricots ne se ressemblent pas davantage... Je ne veux pas vous arrêter plus longtemps à bavarder par le froid qu'il fait; demain j'irai vous voir après le service et m'informer de vos nouvelles. Maintenant, notre devoir est de nous rendre sans retard à la maison qui s'ouvre à tout le monde. Ainsi, que Dieu vous bénisse et vous préserve de tout mal! Eh bien, major, faut-il préparer le punch ce soir? »

A cette question l'Allemand répondit gravement par l'affirmative; et, après quelques mots échangés entre le juge et le mari de la masculine hôtesse, le traîneau se remit en marche. Il arriva bientôt à l'académie, et la compagnie mit pied à terre et entra.

Cependant, M. Jones et ses deux compagnons avaient précédé de plusieurs minutes l'arrivée du traîneau. Au lieu d'entrer dans la grand'salle pour jouir de l'étonnement des habitants, Richard mit les mains dans les poches de sa redingote, et affecta de se promener de long en large devant la porte, en homme blasé sur les solennités mondaines.

Les villageois pénétraient dans l'intérieur de l'édifice avec une gravité de circonstance, mais aussi d'un pas empressé qui dénotait un fond de curiosité. Ceux qui venaient de loin ne cédèrent à leur désir qu'après avoir étendu sur leurs chevaux des couvertures blanches ou bleues. Richard aborda la plupart d'entre eux, s'informant de leur santé et de celle de leurs familles. Il retrouvait sans peine dans sa mémoire leurs noms, et même ceux de leurs enfants, tellement il était familiarisé avec ce qui les concernait ; et l'accueil qu'il en recevait était une preuve de sa popularité.

Enfin un des piétons venant du village s'arrêta à son tour, et considéra avec attention un bâtiment neuf construit en briques, dont l'ombre allongée se projetait sur la nappe de neige, et qui s'élevait dans une harmonieuse gradation de lumière sous les rayons de la pleine lune. C'était l'église nouvelle et inachevée de Saint-Paul.

Cet édifice, qui faisait face à l'académie, avait été construit, durant l'été précédent, à l'aide de ce qu'on appelait une souscription, bien que la plus grande partie de la somme fût sortie de la bourse de M. Temple. La nécessité de se réunir, pour la célébration du culte public, dans un lieu plus convenable qu'une salle d'école, avait engagé à l'entreprendre. Une fois terminé, l'on déciderait à quelle communion il serait consacré. Comme on devait s'y attendre, cette expectative ne laissait pas d'entretenir une certaine fermentation parmi les partisans des diverses croyances, quoiqu'on n'en parlât pas ouvertement. Si M. Temple avait épousé la cause d'une secte quelconque, cela seul eût résolu la question, car son influence était toute-puissante ; mais il refusa d'intervenir dans cette affaire ; il n'avait même pas voulu que Richard s'appuyât de son nom, lorsque ce dernier avait secrètement donné à son évêque diocésain l'assurance que l'édifice et la congrégation seraient placés sous la juridiction de l'église protestante épiscopale.

Quand la neutralité du juge fut avérée, M. Jones s'aperçut qu'il avait à persuader des gens têtus. Il commença par aller les voir l'un après l'autre et entamer avec eux un cours de logique, afin de les amener à sa façon de penser. Tous l'écoutèrent sans broncher, pas un ne répondit à ses arguments, et sa tournée finie, il crut avoir ville gagnée. Voulant battre le fer pendant qu'il était chaud, il convoqua par la voie du journal une réunion publique, sûr d'emporter l'affaire à la pluralité des voix. Personne ne s'y rendit, et Richard passa une soirée pénible à discuter sans fruit avec mistress Hollister, qui soutenait avec chaleur le droit de l'Église méthodiste, dont elle faisait partie, à la possession exclusive du nouveau tabernacle. Richard vit alors qu'il avait été trop prompt dans ses espérances, et qu'il était tombé dans la méprise commune à tous ceux qui traitent, sans les connaître, avec des gens matois et opiniâtres. Il dissimula lui-même, autant qu'il le put du moins, et résolut de gagner le terrain pied à pied.

La mission d'élever le monument avait été confiée, d'une voix unanime, à Richard Jones et à Hiram Fait-Peu. Ils avaient bâti ensemble la maison du juge, l'académie et la prison, et eux seuls étaient assez savants pour concevoir et exécuter les plans d'un tel ouvrage. Dès la première heure, les deux architectes s'étaient partagé équitablement le travail : au premier de préparer tous les plans, au second d'en surveiller l'exécution.

Profitant de cet avantage, Richard résolut à part lui que les croisées auraient la voussure romaine ; c'était un premier pas vers l'accomplissement de ses désirs. Comme le bâtiment était construit en briques, il put dissimuler son projet jusqu'au moment où il fallut placer les cadres : force fut alors de se décider à agir. Il communiqua ses intentions à Hiram, avec beaucoup de précaution ; et sans rien dire de la partie spirituelle de son idée, il insista sur la beauté architecturale. Hiram se tint sur la réserve, et ne fit aucune objection ; mais, quand vint l'exécution, d'innombrables difficultés surgirent, surtout à cause de l'insuffisance des matériaux et de l'excès des dépenses. Richard eut réponse à tout, et les travaux furent continués d'après le plan primitif.

Un autre embarras se présenta ensuite au sujet du clocher. Richard en avait fait le plan à l'imitation de l'une des flèches qui ornent la cathédrale de Londres. Il est vrai que l'imitation était un peu boiteuse, et les proportions tant soit peu inexactes ; enfin, après bien des obstacles, M. Jones eut la satisfaction de voir émerger quelque chose qui, du dehors, ressemblait prodigieusement à la burette d'un huilier. Il y eut à cet égard moins d'opposition que pour les fenêtres ; car les colons aimaient la nouveauté, et il est certain que leur clocher n'avait pas son pareil.

Les travaux en restèrent là, et l'on ajourna la question épineuse de la décoration intérieure. Richard savait que du moment où il proposerait un chœur et un lutrin, ses vues seraient démasquées, car on ne les admettait en Amérique que dans les églises de la communion épiscopale. Fort néanmoins des succès qu'il avait obtenus, il donna hardiment à l'édifice le nom de *Saint-Paul,* et Hiram y consentit prudemment, avec une légère addition. On l'appela donc le *Nouveau Saint-Paul,* car Hiram aimait mieux voir son église porter le nom de la cathédrale de Londres que celui d'un saint.

Le piéton qui s'était arrêté pour contempler cet édifice était M. Fait-Peu en personne. C'était un homme de haute taille, sec et maigre, dont les traits durs marquaient à la fois de la suffisance, de l'étroitesse et de l'astuce.

Richard, suivi de ses deux compagnons, s'approcha de lui, les mains dans les poches de derrière.

« Bonsoir, maître, » dit-il avec un salut familier. « Bonsoir.

— Bonsoir, maître, » répéta Hiram, en tournant la tête et le corps tout d'une pièce. « Bien le bonsoir!

— Une froide nuit, monsieur Fait-Peu, une froide nuit!

— Un peu fraîche, et fort désagréable.

— Vous regardez donc notre église, hein? Elle a bonne mine au clair de lune. Comme l'étain du dôme resplendit! Celui de l'autre Saint-Paul ne reluit pas si fort au milieu de la fumée de Londres, je vous en donne mon billet.

— C'est un joli temple, et qui fait plaisir à voir; n'est-ce pas l'avis de M. Le Quoi?

— Certainement, » dit le complaisant Français; « c'est superbe.

— Je n'attendais pas moins de Monsieur. La dernière mélasse que vous nous avez vendue était excellente. Il est probable qu'il ne vous en reste plus?

— Si fait, Monsieur, » répondit M. Le Quoi avec un léger mouvement d'épaules et une petite grimace, « il m'en reste encore. Je suis charmé que vous en ayez été content. Mme Fait-Peu est en bonne santé, j'espère?

— Assez pour aller et venir. Et M. Jones n'a pas encore fini les plans pour l'intérieur du temple?

— Non... non... non, » répondit Richard, en accompagnant chaque négation d'une pause expressive. « Cela demande réflexion. Il y a beaucoup d'espace à remplir, et je crains que nous ne sachions en tirer parti d'une manière avantageuse. Autour de la chaire, par exemple, il y aura un grand vide; car je ne veux pas l'adosser au mur, comme la guérite d'une sentinelle.

— Il est de règle de placer la stalle du diacre sous la chaire. » Puis, comme s'il se fût trop avancé, il ajouta : « Au surplus, les usages varient selon les pays.

— Cela est bien vrai, » dit Benjamin. « Ainsi en longeant les côtes d'Espagne et de Portugal, vous voyez perché sur chaque promontoire un couvent avec plus de clochers et de boute-hors qu'un trois mâts n'a d'agrès. Quand on veut bâtir une église bien arrimée, c'est, au demeurant, dans la vieille Angleterre qu'il faut aller quérir des modèles et des pièces de façon. Je n'ai pas vu Saint-Paul, vu qu'il y a un bout de chemin depuis là jusqu'à la marine, mais nul n'ignore que c'est ce qu'il y a de plus magnifique au monde. Je n'ai pas d'idée sur l'église que voilà, sinon qu'elle ressemble à l'autre comme qui dirait un cachalot à une baleine; il n'y a de différence que pour la grosseur. Demandez à M. Le Quoi : il est allé en pays étranger, et quoique ce ne soit pas la même chose que d'avoir été en Angleterre, cependant il doit avoir vu des églises en France, et il peut se faire une petite idée de ce que doit être une église ; et bien, demandez-lui si, en deux mots comme en quatre, ce n'est pas là une jolie petite machine.

— Elle est bien appropriée aux circonstances, » répondit le Français, « et avec beaucoup de jugement. Du reste, ce n'est que dans les pays catholiques qu'on sait bâtir une... comment dites-vous ?... une cathédrale. Saint-Paul de Londres est un monument très beau, très vaste, ce que vous appelez un gros morceau d'architecture ; mais, avec votre permission, Monsieur Ben, cela ne vaut pas Notre-Dame.

— Que dites-vous là, Monsieur ? Saint-Paul ne vaut pas votre dame ! Vous viendrez bientôt nous dire que *le Royal Guillaume* n'est pas un aussi bon vaisseau que *la Ville de Paris,* mais il en rossera deux pareils quand on voudra, et quelque temps qu'il fasse. »

En parlant ainsi, Benjamin, campé dans une attitude menaçante, agitait un bras emmanché d'un poignet deux fois plus gros que la tête de M. Le Quoi.

« Silence, Benjamin, silence ! » dit Richard en s'interposant. « Vous avez mal compris M. Le Quoi, et vous vous oubliez. Ah ! voici M. Grant; le service va commencer. Entrons. »

Le Français, qui avait entendu la riposte de Benjamin sans humeur, et sans éprouver autre chose qu'un sentiment de pitié pour l'ignorance du bonhomme, s'inclina en signe d'assentiment et suivit son compagnon.

Hiram et le majordome fermèrent la marche ; et le dernier, continuant à grommeler entre ses dents :

« Si le roi de France avait seulement pour se loger une maison aussi longue qu'un côté de Saint-Paul, on pourrait supporter cette effronterie. Mais voir un Français couler à fond une église anglaise, il faudrait n'avoir pas de sang dans les veines pour le souffrir. Imaginez-vous, Monsieur Fait-Peu, que j'ai assisté à la chasse de deux de leurs frégates, fort bien bâties, ma foi, bien armées, bien garnies de troupes, et ayant des canons tout neufs, telles enfin qu'avec des Anglais à bord elles auraient combattu le diable. »

C'est avec ce mot de sinistre augure à la bouche que Benjamin entra dans la salle qui tenait lieu d'église.

CHAPITRE XI.

Les étourdis, qui étaient venus pour se divertir, restèrent pour prier.

GOLDSMITH.

MALGRÉ les efforts réunis de Richard et de Benjamin, la grand'salle de l'académie formait un temple fort simple et dépourvu d'art.

Des bancs, à peine dégrossis, étaient disposés par rangées pour recevoir la congrégation. Une sorte de boîte, grossièrement faite et qui n'était pas encore peinte, était adossée au mur et tenait lieu de chaire. En face s'élevait une espèce de pupitre; et près de là, une petite table d'acajou, venue de la maison du juge et couverte d'une nappe de damas bien blanche, était placée en manière d'autel. On avait caché sous des branches de sapin les fissures que présentaient l'édifice, et les murailles brunes, couvertes de griffonnages, étaient ornées d'une grande quantité de festons et d'emblèmes. Comme la longue pièce n'était éclairée que par douze ou quinze misérables chandelles, et que les croisées n'avaient point de volets, c'eût été pour les solennités de la veille de Noël un endroit d'une tristesse lugubre, si un bon feu pétillant dans deux cheminées, situées à chaque extrémité, n'avait un peu égayé le tableau.

Un espace vide, laissé au centre de la salle, devant la chaire, séparait les deux sexes, et autour de cette enceinte étaient rangés quelques bancs, destinés aux notables du village et des environs. Un d'eux était réservé pour le juge Temple, sa fille et leur société; et, à l'exception du docteur Todd, personne ne parut disposé à encourir le reproche d'orgueil en prenant place dans ce qui était, à la lettre, « le haut lieu du tabernacle. »

Richard, assis sur une chaise devant une autre table, se prépara à remplir les fonctions de clerc du ministre; et Benjamin, après avoir alimenté les deux foyers, resta debout près de lui, attendant ses ordres, et prêt à faire tout ce qui pourrait exiger sa coopération.

Entreprendre de décrire toute l'assemblée serait une tâche qui nous entraînerait bien loin, car il y avait autant de costumes que d'individus. La toilette des femmes présentait un mélange bizarre de l'accoutrement grossier du désert avec les débris d'antiques parures; celle-ci portait, sur de gros bas de laine noire, une robe de soie fanée qui avait vu passer au moins trois générations; celle-là, un châle, dont les teintes étaient aussi nombreuses que l'arc-en-ciel, par-dessus une robe gauchement taillée et conservée à force d'industrie. Bref, chacun avait fait de son mieux pour s'endimancher; mais les vêtements d'usage avaient été confectionnés à la maison. Parmi les hommes, on en voyait un avec un vieil uniforme des volontaires de l'indépendance, — et il l'avait mis ce jour-là, n'ayant rien de plus beau, — et un autre en veste de chasse, d'une blancheur à donner le frisson à qui la regardait, et par-dessous un habit de drap commun bien épais. Plusieurs jeunes gens, pour se donner l'air d'avoir des effets neufs, portaient des pantalons bleus à bandes rouges, reste de l'équipement de l'infanterie légère de New-York.

Il y avait une grande uniformité d'expression dans la physionomie de la moitié au moins des fidèles, surtout chez ceux à qui le séjour du village n'avait pas communiqué le poli de la civilisation. Tous avaient la peau basanée, résultat du froid et de la chaleur auxquels ils étaient sans cesse exposés. On remarquait en eux beaucoup de décence et d'attention, ainsi qu'un air en général intelligent, qu'avivait, en ce moment-là, le sentiment d'une curiosité assez forte.

Çà et là on apercevait une figure et un costume qui ne rentraient point dans le cadre de cette description. Un teint fleuri, des grains de petite vérole, de longues guêtres, et un habit serrant bien la taille, indiquaient, à ne point s'y tromper, un émigré anglais. A des traits durs et sans couleur, à des pommettes saillantes, se trahissait un enfant de l'Écosse. L'homme à petite taille, aux yeux noirs, au visage basané, se levant à chaque instant pour faire place aux belles du village à mesure qu'elles entraient, était un fils d'Érin, un Irlandais qui, depuis peu, avait quitté la balle de colporteur pour ouvrir boutique à Templeton. Enfin, la moitié des nations de l'Europe septentrionale avait des représentants dans cette réunion ; mais tous, à l'exception de l'Anglais, avaient pris les habits et l'extérieur des Américains.

Élisabeth s'aperçut bientôt qu'elle partageait avec M. Grant l'attention de l'assemblée, et la timidité l'empêcha d'abord d'observer ce qui l'entourait autrement qu'à la dérobée. Peu à peu le bruit des pas diminua, on entendit tousser moins souvent ; un silence profond régna dans la salle, et tous les yeux se tournèrent vers le ministre.

En ce moment, il se fit un grand bruit de pieds dans le vestibule, comme si de nouveaux arrivants cherchaient à se débarrasser de la neige attachée à leur chaussure ; et l'on vit entrer le Mohican, Bas de Cuir et le jeune chasseur.

L'Indien traversa gravement la salle, et voyant sur le banc du juge une place vacante, il la prit sans cérémonie, en homme qui a la conscience de ce qu'il vaut. S'enveloppant dans sa couverture de manière à cacher presque entièrement ses traits, il ne quitta point cette attitude durant tout le service, immobile et attentif. Nathaniel alla s'asseoir sur un tronc d'arbre auprès d'une des cheminées, et, sa carabine entre les jambes, il demeura absorbé dans des réflexions qui ne semblaient pas couleur de rose. Le jeune homme trouva une place au milieu de la congrégation, et le silence s'établit de nouveau.

M. Grant se leva alors et commença le service par ces mots sublimes du prophète d'Israël : « Le Seigneur est dans son saint temple ; que toute la terre se taise devant lui. »

L'exemple de M. Jones ne fut pas nécessaire pour inviter l'auditoire à se lever : il suffit pour cela de l'action grave et solennelle du ministre. Après une courte pause, M. Grant commença l'exhortation touchante qui ouvre le service. On n'entendait que les accents de sa voix pleine d'onction, quand tout à coup il vint à la pensée de Richard qu'il manquait quelque chose ; il se leva donc et sortit de la salle sur la pointe du pied.

Ainsi abandonné par son clerc, le ministre continua sa lecture ; mais personne ne faisait les réponses. Les lèvres d'Élisabeth les articulaient tout bas ; accoutumée qu'elle était au service religieux d'une grande ville, elle commençait à sentir vivement tout ce que cette situation avait de pénible. Une voix de femme, pleine de douceur, se fit entendre et répéta les paroles obligées. Étonnée qu'il y eût dans ce lieu une personne de son sexe capable de s'élever au-dessus de sa réserve naturelle, miss Temple dirigea ses regards vers l'endroit d'où partait la voix. Elle aperçut, à quelques pas d'elle, une jeune étrangère à genoux, dans l'attitude d'une humble dévotion, et les yeux fixés sur son livre. C'était une personne délicate et frêle, simplement habillée, au teint pâle, à la physionomie timide et mélancolique. Elle répondit une seconde fois, mais une voix mâle et harmonieuse se joignit à la sienne, celle du jeune chasseur, et miss Temple ne craignit plus alors de les imiter.

Sur ces entrefaites, Benjamin s'évertuait à feuilleter les pages de son livre de prières, mais ne parvenait point, et pour cause, à trouver l'endroit qu'il cherchait.

La prière continuait et, avant qu'elle fût finie, Richard reparut, qui, tout en traversant légèrement la salle, fit la réponse d'un ton qui ne trahissait d'autre inquiétude que celle de ne pas être entendu de partout. Il portait à la main une petite caisse sans couvercle, sur l'un des côtés de laquelle était écrit en lettres noires : « 8 *sur* 10 », la posa devant M. Grant pour lui servir de marchepied, et reprit sa place assez à temps pour prononcer d'une voix sonore : « Amen. »

La longue expérience de M. Grant le rendait merveilleusement propre à la tâche qu'il s'était imposée. Il connaissait à fond le caractère de ses auditeurs ; il savait que leurs habitudes en faisaient un peuple neuf, mais qu'adonnés aux subtilités des disputes religieuses, ils regardaient avec une jalouse répugnance l'introduction de formes extérieures dans leur culte purement spirituel. Il avait puisé la plus grande partie de sa science dans le grand livre de la nature humaine, ouvert à tous ceux qui veulent

Le sermon.

y lire. Son orthodoxie n'était pas subordonnée à sa robe ; il pouvait, sans l'assistance de son clerc, prier avec foi et ferveur ; et on l'avait entendu prêcher des sermons fort évangéliques dans le langage persuasif de l'éloquence indienne, sans avoir pour cela besoin d'un mouchoir de batiste.

En cette occasion, il crut devoir faire plus d'une concession aux préjugés de l'assemblée ; et lorsqu'il eut terminé les prières liturgiques, il n'y eut pas un de ses nouveaux auditeurs qui ne jugeât les cérémonies moins papistes, moins blessantes, et plus conformes à ses idées de dévotion qu'il ne s'y était attendu. Richard trouva ce soir-là dans le ministre un puissant coopérateur à ses projets religieux.

Dans son sermon, M. Grant s'efforça de tenir un juste milieu entre les doctrines mystiques de ces croyances à perte de vue qui entraînent chaque jour ceux qui les professent dans les plus absurdes contradictions, et les principes relâchés de cette religion philosophique qui voudrait rabaisser le Sauveur au rôle de professeur de morale. Nous avons déjà dit que, divisés dans un nombre infini d'opinions religieuses les colons étaient accoutumés à voir chaque communion mettre en avant ses doctrines particulières, et l'indifférence du ministre sur un sujet si important lui aurait fait perdre toute considération auprès d'eux. Mais M. Grant sut fondre si adroitement les doctrines admises par tous les chrétiens avec les principes de l'Église dont il était membre, que nul ne put se soustraire entièrement à son influence, et que très peu prirent ombrage de ses innovations.

Voici quelle fut la péroraison de son sermon :

« Quand nous considérons, mes chers frères, l'immense variété qu'offre le caractère des hommes, modifié sans cesse par l'éducation, les circonstances, les conditions physiques et morales de chacun, nous ne devons pas être surpris de ce que des croyances, si diverses dans leurs tendances, soient nées d'une religion révélée, il est vrai, mais dont la révélation est obscurcie par le cours des siècles, et dont les doctrines, pour s'adapter au génie des peuples chez qui elles ont d'abord été promulguées, furent souvent conçues en paraboles, et dans une langue riche en figures et en métaphores. Il n'est pas étonnant que les ignorants ne s'accordent pas sur des points qui ont divisé de bonne foi les esprits les plus éclairés. Heureusement pour nous, mes frères, le fleuve de l'amour divin coule d'une source trop pure pour souffrir jamais d'être souillé; à ceux qui s'abreuvent à ses eaux vivifiantes, il donne la paix du juste et la vie éternelle ; sa durée est sans limite, et elle s'étend à toute la création ; s'il y a du mystère dans ses opérations, c'est le mystère d'une divinité. Une connaissance complète de la nature, de la puissance et de la majesté de Dieu, pourra apporter la conviction, mais non la foi. Si nous sommes tenus de croire à des doctrines qui ne nous semblent point conformes aux déductions de la sagesse humaine, n'oublions pas qu'ainsi l'exige la sagesse infinie. Il suffit que nous en sachions assez pour suivre la bonne voie, et pour diriger nos pas errants vers cette porte qui s'ouvrira à la clarté d'un jour éternel.

« Alors, nous pouvons humblement l'espérer, le brouillard créé par la subtilité de la logique humaine se dissipera à la lumière spirituelle du ciel ; et, sortis triomphants, par le secours de la grâce divine, de notre temps d'épreuve, nous n'aurons plus devant nous qu'une éternité de savoir et des siècles sans fin de jouissance. Tout ce qui nous semble aujourd'hui obscur sera clair à nos facultés agrandies, et tout ce qui, dans l'état actuel de nos sens, nous paraît inconciliable avec nos idées étroites de bonté, de justice et d'amour, deviendra, sous les rayons du soleil de vérité, la conséquence naturelle des suggestions de l'omniscience et des actes d'une bienveillance toute-puissante.

« Quelle leçon d'humilité, mes frères, chacun de nous peut puiser dans la mémoire des heures de son enfance et des passions de sa jeunesse ! Sous quel jour différent les mêmes actes de rigueur paternelle apparaissent aux yeux de l'enfant puni et de l'homme raisonnable ! Quand le sophiste veut remplacer par les théories insensées de sagesse mondaine les décrets positifs de l'inspiration d'en haut, qu'il s'arrête au souvenir de l'expansion graduelle de sa faible intelligence ; qu'il reconnaisse la sagesse de Dieu dans ce qu'il a caché en partie comme dans ce qu'il a révélé ; qu'il substitue l'humilité à l'orgueil de la raison ; en un mot, qu'il ait la foi, et qu'il vive !

« L'examen d'un tel sujet abonde en consolations, mes frères, et nous fournit des leçons d'humilité qui, si nous savons les mettre à profit, modéreront le cœur de l'homme et raffermiront sa faiblesse. C'est pour nous une consolation divine que de pouvoir déposer les doutes de notre présomptueuse nature au seuil du tabernacle où réside la divinité, d'où ils seront balayés à l'ouverture des portes, comme les vapeurs du matin à l'approche du soleil levant. Elle nous enseigne l'humilité, en nous faisant sentir l'imperfection des facultés humaines, et en nous avertissant des points vulnérables qui nous exposent aux attaques du grand ennemi de notre race, elle nous prouve que nous ne sommes jamais plus près d'être faibles qu'au moment où, par vanité, nous nous croyons le plus forts. Elle nous démontre invinciblement l'inanité de notre savoir et combien est énorme la différence entre une foi qui sauve et les corollaires d'une théologie philosophique. Enfin, elle nous apprend à soumettre l'examen de notre conscience à l'épreuve des bonnes œuvres. Par bonnes œuvres il faut entendre les fruits du repentir, dont le principal est la charité ; non pas seulement cette charité qui nous porte à secourir l'indigne et à consoler l'affligé, mais ce sentiment de philanthropie universelle qui, en nous faisant aimer les hommes, nous apprend à les juger avec indulgence, détruit dans sa racine la présomption orgueilleuse, et nous enseigne à ne pas trop nous hâter de condamner les autres, incertains que nous sommes de notre propre salut.

« L'humilité, mes frères, est la leçon pratique que nous devons puiser dans la considération de ce sujet. Touchant les points principaux et essentiels de notre foi, il y a peu de dissidences parmi les chrétiens qui reconnaissent les attributs du Sauveur et qui comptent sur sa médiation. Mais il n'y a pas d'Église que n'ait souillée l'hérésie, et les disputes ont engendré les schismes. Il semble que c'est pour obvier à ces dangers, et pour assurer l'union de ses disciples, que Christ a établi son Église visible et délégué le saint ministère. Des hommes pieux et sages, les pères de notre religion, ont travaillé à dégager ce qui était révélé des obscurités du langage, et les résultats de leur expérience et de leurs recherches ont été résumés en un corps de discipline évangélique. L'utilité de cette discipline est évidente, d'après le coup d'œil que nous venons de jeter sur la fragilité de la nature humaine ; faisons en sorte qu'elle nous soit profitable, comme aussi à tous ceux qui entendent ses préceptes et sa liturgie ; c'est ce que nous devons prier Dieu de nous accorder dans son infinie sagesse. »

16

Ce fut par cette allusion ingénieuse à son ministère et aux formes de son Église que M. Grant termina son sermon.

Pendant tout le temps qu'il avait parlé, l'auditoire lui avait prêté une attention respectueuse. Hiram et deux ou trois des principaux membres de la *conférence* échangèrent, il est vrai, quelques regards de mécontentement, mais ce fut tout; et la congrégation, après avoir reçu la bénédiction du ministre, se sépara en silence et dans le plus grand ordre.

CHAPITRE XII.

> Sur vos croyances et vos dogmes, une savante Église peut bâtir un édifice, admirable de grandeur morale; mais ne dirait-on pas que la main de Dieu seule a le pouvoir d'arracher le mal du fond des cœurs?
>
> *Duo.*

TANDIS que l'assemblée se retirait, M. Grant s'approcha du juge et d'Élisabeth, en conduisant la jeune personne dont nous avons parlé, et la leur présenta comme sa fille. . . . .

On lui fit un accueil franc et cordial, comme il devait l'être dans un pays où la bonne société était rare et naturellement recherchée. Les deux jeunes filles éprouvèrent sur-le-champ un penchant mutuel, et sentirent qu'elles étaient nécessaires au bonheur l'une de l'autre. Le juge, à qui la fille du ministre était également inconnue, fut ravie que la sienne rencontrât, aussitôt arrivée, une compagne de son âge qui pût lui rendre supportable le passage subit des distractions d'une grande ville à la solitude de Templeton. Élisabeth, de son côté, frappée de la candeur et de la piété de la timide étrangère, dissipa bientôt son embarras par l'aisance de ses manières. Quelques minutes leur suffirent pour faire connaissance, et pendant que la foule évacuait l'académie, elles se promirent de se revoir le lendemain, et auraient probablement compris la moitié de l'hiver dans leurs arrangements, si M. Grant ne fût intervenu.

« Doucement, doucement, ma chère miss Temple, » dit-il, « vous allez rendre Louise trop dissipée. Songez qu'elle est ma ménagère, et que, si elle acceptait la moitié des offres que vous avez la bonté de lui faire, ma maison en souffrirait forcément.

— Bah ! laissez la souffrir tout à fait, » répondit Élisabeth. « Vous n'êtes que deux ; la demeure de mon père est assez grande pour vous contenir, et ses portes s'ouvriront d'elles-mêmes pour recevoir de tels hôtes. De vaines formes de politesse ne doivent pas, dans ce désert, nous faire rejeter les avantages d'une société agréable. J'ai souvent entendu dire à mon père que, dans un pays nouveau, l'hospitalité n'est pas une vertu, et que l'obligé est celui dont on accepte les offres.

— La manière dont M. Temple la pratique corrobore votre opinion, mais nous ne devons pas abuser de sa générosité. Soyez certaine que vous nous verrez souvent, surtout ma fille, pendant les fréquentes tournées que je me propose de faire dans les parties éloignées du comté. Mais pour obtenir de l'influence sur cette population, » continua-t-il en indiquant d'un coup d'œil quelques villageois qui s'étaient arrêtés à les observer, « il n'est pas prudent qu'un pasteur éveille l'envie et la méfiance en allant loger sous un toit aussi splendide que celui du juge Temple.

— Vous êtes donc satisfait du toit, Monsieur Grant ? » s'écria Richard qui, occupé à faire éteindre les feux, s'était approché à temps pour saisir les derniers mots du ministre. « Je suis charmé de trouver enfin un homme de goût. Ce pauvre toit ! il n'est pas d'épithète malséante que le cousin Duke ne s'acharne à lui infliger. Quoiqu'il soit un juge passable, je lui donne ma parole qu'il fait un triste charpentier... Eh bien, Monsieur, nous pouvons dire, sans vantardise, que le service a été célébré le mieux du monde, sauf l'orgue toutefois. Mais le maître d'école entonne un psaume fort joliment ; j'aurais pu le faire aussi bien, si depuis quelque temps je ne chantais plus que la basse-taille. Il faut pas mal de science dans cette partie et l'on y trouve l'occasion de déployer une voix pleine et sonore. Benjamin aussi possède une assez bonne basse, mais il ne va pas toujours en mesure. L'avez-vous entendu chanter un psaume sur l'air de *la Baie de Biscaye?*

— Je crois qu'il nous en a donné un échantillon ce soir, » dit Marmaduke en riant; « car il a une telle préférence pour cet air-là qu'il ne

saurait faire autrement d'y accommoder tout ce qu'il chante... Venez, Messieurs, le chemin est libre et le traîneau nous attend. Bonsoir, Monsieur Grant; bonsoir, jeune fille. N'oubliez pas que vous dînez demain avec Élisabeth sous un toit d'ordre composite. »

Pendant la conversation précédente, le Mohican était resté assis dans la salle, enveloppé dans sa couverture. Bas de Cuir n'avait non plus bougé de sa place, la tête appuyée sur une de ses mains. Les regards inquiets qu'il avait jetés de temps en temps autour de lui pendant le service indiquaient clairement qu'il était tourmenté par quelque cause secrète de malaise. Il demeurait assis par respect pour le chef indien, auquel il témoignait en toute occasion la plus grande déférence à travers sa brusquerie accoutumée. Olivier se tenait debout devant les tisons éteints, ne voulant sans doute pas s'éloigner sans ses deux amis.

Il ne restait plus dans la salle que ces trois individus ainsi que le ministre et sa fille. Lorsque M. Temple fut parti, le vieux John se leva, et abaissant la couverture qui lui couvrait la tête, il écarta de son front l'épaisse et noire chevelure qui l'ombrageait, et s'approcha de M. Grant, la main tendue.

« Père, je vous remercie, » lui dit-il d'un ton solennel. « Les paroles que vous avez prononcées depuis que la lune est levée ont monté là-haut, et le Grand Esprit est content. Ce que vous avez dit à vos enfants, ils ne l'oublieront pas et deviendront bons. Si Chingachgook a assez de force pour rejoindre sa nation vers le soleil couchant, si le Grand Esprit le conduit à travers les lacs et les montagnes avec un souffle de vie, il rapportera à son peuple les excellentes choses qu'il a entendues, et son peuple le croira, car qui oserait dire que le Grand Serpent ait jamais menti ?

— Qu'il cherche son appui dans la bonté divine, » repartit M. Grant, à qui la fière confiance de l'Indien parut tant soit peu hétérodoxe ; « elle ne l'abandonnera jamais. Dans un cœur plein de l'amour de Dieu, il n'y a pas de place pour le péché. Quant à vous, jeune homme, je vous ai une obligation en commun avec ceux que vous avez sauvés ce soir sur la montagne, et je vous dois de plus des remerciements pour la façon pieuse dont vous êtes venu à mon aide pendant l'office dans un moment d'embarras. Je serai bien aise de vous voir quelquefois chez moi, où peut-être ma conversation vous affermira dans la voie que vous paraissez avoir choisie. Nous ne devons pas rester étrangers l'un à l'autre. Vous avez l'air d'être au courant du service, et pourtant vous n'aviez pas de livre, quoique le bon M. Jones en eût réparti plusieurs dans diverses parties de la salle.

— Il n'est pas étonnant que je connaisse le service de mon Église, Monsieur, » répondit le jeune homme. « J'ai été baptisé dans la communion épiscopale, c'est le seul culte auquel j'aie assisté.

— J'ai grand plaisir à vous entendre parler ainsi, » s'écria le ministre en lui serrant cordialement la main. « Vous allez m'accompagner chez moi, il le faut absolument; ma fille doit aussi remercier celui qui a sauvé la vie de son père. Ne cherchez pas d'excuse! Ce digne Indien, et votre ami que voilà, nous suivront.

— Non, non, » dit Bas de Cuir, « il faut que je retourne au wigwam. Quand la besogne attend, il n'y a pas de cérémonies ou de réjouissances qui tiennent! Que ce garçon aille chez vous, à la bonne heure; il est habitué à faire compagnie aux gens d'Église et en état de raisonner avec eux. Il en est de même du vieux John, qui a été baptisé par les Moraves après l'ancienne guerre. Pour moi, je suis un homme simple et sans instruction; dans le temps, j'ai servi le roi et mon pays contre les Français et les Iroquois; mais depuis que je suis né, je n'ai jamais fourré le nez dans un livre, pas même pour apprendre l'alphabet. A quoi ça sert-il? Je n'en sais rien, et pourtant je n'en ai pas moins tué dans une saison jusqu'à deux cents castors, sans compter le reste du gibier. Si vous ne voulez pas me croire, demandez plutôt à Chingachgook, car c'est au cœur du pays delaware que cela est arrivé, et le chef peut certifier la vérité de ce que j'avance!

— Je ne doute pas, mon ami, que vous n'ayez été un brave soldat et un chasseur habile en votre temps, » dit le ministre; « quelque chose de plus est nécessaire pour vous préparer à la fin qui approche. Vous connaissez le proverbe : « Jeunesse peut trouver la mort, mais vieillesse l'attend. »

— Vivre toujours! » dit Nathaniel avec un de ses rires silencieux. « Je ne suis pas assez sot pour le croire. Ce serait insensé de la part d'un homme qui, comme moi, a suivi dans les bois la piste des sauvages et passé les mois de chaleur sur le bord des lacs. J'ai une forte constitution, je puis le dire et on le voit de reste; car il m'est arrivé cent fois, en guettant les daims au passage, de boire l'eau de l'Onondaga, et les herbes de la fièvre y sont aussi abondantes que les serpents à sonnettes sur le Crumhorn. Malgré cela, il ne m'est pas entré dans la tête que je me soutiendrais jusqu'à la fin des siècles. Quoi qu'il en soit, il existe des gens qui ont vu tout le pays couvert de forêts, et des savants encore; et à présent vous chercheriez une semaine entière avant de découvrir une souche de pin, un bois résistant celui-là, puisqu'il survit en terre près de cent années à la chute de l'arbre !

— Pure question de temps, mon brave! » dit M. Grant, qui commençait à s'intéresser vivement à sa nouvelle connaissance. « C'est à l'éternité qu'il faut se préparer. Votre devoir est d'assister à la pratique du culte, et je suis heureux que vous l'ayez fait ce soir. N'y aurait-il pas de l'étourderie à partir pour une chasse pénible avec un fusil sans baguette ni pierre?

— Il serait un fameux nigaud, » dit Natty en riant à sa manière, « le blanc-bec qui ne saurait pas se tailler une baguette avec une pousse de frêne, et ramasser une pierre à fusil dans les montagnes. Non, non, je ne me suis jamais attendu à vivre éternellement. Mais toutes choses ont bien changé par ici depuis trente ans, ou même depuis dix ans. La force prime le droit, et la loi est plus forte qu'un vieillard, qu'il soit un grand savant, ou un ignare de mon acabit, qui suis maintenant plus propre à chasser à l'affût qu'à suivre les chiens comme je le faisais autrefois. Une drôle de chose! je n'ai jamais ouï prêcher dans un canton nouveau sans y voir diminuer le gibier et enchérir la poudre, et on n'en trouve pas aussi facilement qu'une baguette ou une pierre à fusil. »

Le ministre, s'apercevant que le choix malheureux de sa comparaison avait fourni un argument à son adversaire, abandonna prudemment la controverse, sauf à la reprendre en un moment plus opportun. Il renouvela donc son invitation avec beaucoup d'instance : le jeune homme et l'Indien consentirent à l'accompagner, lui et sa fille, à la résidence temporaire que les soins de M. Jones lui avaient préparée. Bas de Cuir s'entêta à retourner chez lui, et ils se séparèrent.

Après avoir suivi quelque temps une des rues du village, M. Grant, qui marchait en tête, entra, par une barrière ouverte, dans un sentier trop étroit pour qu'on pût s'y avancer deux de front. La lune était parvenue à une hauteur d'où ses rayons tombaient perpendiculairement dans la vallée, et l'ombre de chacun d'eux se projetait sur la blancheur de la neige. Le froid était rigoureux, bien qu'on ne sentît pas un souffle de vent. Le chemin était si bien battu, que la jeune fille en suivait les détours sans obstacle, et sans autre bruit qu'un faible craquement sous son pied léger.

En tête de ce singulier groupe, marchait l'ecclésiastique en habit noir à basques carrées ; de temps en temps, il tournait vers ses compagnons sa figure bienveillante, empreinte d'une expression habituelle de résignation. Après lui, venait l'Indien, tête nue et cheveux épars, le reste du corps caché sous sa couverture. Avec son maintien calme et sévère, il offrait l'image de la vieillesse passive, qu'avaient assiégée en vain les rigueurs de plus de cinquante hivers ; mais ses yeux noirs et pleins de fierté annonçaient des passions sans frein et une pensée libre comme l'air. La taille svelte de miss Grant, qui le suivait et qui était un peu court vêtue pour une nuit si froide, formait un contraste frappant avec le costume sauvage et les regards inquiets du chef delaware ; et le jeune chasseur, qui fermait la marche, était vivement frappé de ce contraste, toutes les fois que le Mohican et la jeune fille se retournaient pour jeter un coup d'œil sur le disque radieux qui les éclairait.

« En vérité, » dit le ministre à l'étranger, « c'est une chose rare de rencontrer un homme de votre âge que la curiosité n'a pas engagé à visiter une autre église que celle de sa communion. Aussi ai-je un vif désir de connaître l'histoire d'une existence si heureusement dirigée. Votre éducation doit avoir été fort bonne, comme l'annoncent vos manières et votre langage. Dans lequel de nos États êtes-vous né, Monsieur Edwards ? Car c'est là, je crois, le nom que vous vous êtes donné en présence du juge Temple.

— Dans l'État de New-York.

— Ah ! vraiment. Je ne savais trop quelle conjecture faire à cet égard, car je n'ai remarqué dans votre manière de parler l'accent ni le dialecte d'aucune des provinces que j'ai eu occasion de visiter. Il faut alors que vous ayez beaucoup vécu dans les villes ; nulle autre part, en ce pays, on n'est assez heureux pour jouir constamment de notre excellente liturgie. »

Olivier sourit ; mais il crut devoir se renfermer dans une réserve que lui dictait sans doute sa situation présente, et ne fit point de réponse.

« Vous avez vu les concessions que j'ai dû faire ce soir aux préjugés de mes auditeurs, » reprit le ministre. « Ce bon M. Jones voulait que je lusse la Communion, en un mot tout l'office du matin ; heureusement les canons ne l'exigent pas, lorsque c'est le soir. Demain, je me propose d'administrer le sacrement. Y participerez-vous, mon jeune ami ?

— Je ne le pense pas, Monsieur ; je crains de n'être point en bonnes dispositions. Mon cœur est encore trop fortement asservi aux idées mondaines.

— Chacun doit être en cela son propre juge. Et faut-il vous l'avouer? j'ai remarqué ce soir, dans votre conduite à l'égard de M. Temple, un ressentiment qui se rattache à l'une des plus funestes passions de l'humanité... Nous allons passer sur la glace de ce ruisseau : elle pourra nous porter sans doute... Prenez garde de glisser, Louise. »

En parlant ainsi, il quitta le sentier, descendit vers l'un des petits ruisseaux qui se déchargent dans le lac, et le traversa ; en se retournant pour voir passer sa fille, il vit que le jeune homme s'était approché d'elle et lui indiquait, avec une prévenance fraternelle, où elle devait poser le pied. Cela fait, et lorsqu'on eut atteint la rive opposée, le ministre reprit le fil de ses remontrances.

« Vous avez eu tort, grand tort, » lui dit-il, « de donner carrière à de tels sentiments, en quelque circonstance que ce soit, et surtout dans celle-ci où le mal n'avait pas été fait avec intention.

— Il y a du bon dans ce que dit mon père, » fit observer le Mohican en suspendant sa marche et en obligeant ceux qu'il accompagnait à s'arrêter également ; « c'est la parole de Miquon. L'homme blanc peut agir comme le lui ont prescrit ses pères ; mais le Jeune Aigle a le sang d'un chef delaware dans les veines : ce sang est rouge, et la tache qu'il fait ne peut être lavée qu'avec le sang d'un Mingo (P). »

Surpris de cette interruption, M. Grant regarda fixement le vieil Indien.

« John ! John ! » s'écria-t-il en levant les mains vers le ciel. « Est-ce là la religion que vous ont enseignée les frères Moraves ? Non, je ne serai point assez peu charitable pour le supposer. Ce sont des gens pieux, pacifiques et doux, incapables de tolérer de telles passions. Écoutez le langage du Rédempteur : « Moi, je vous dis : Aimez vos « ennemis ; bénissez ceux qui vous maudissent ; faites du bien à ceux

« qui vous veulent du mal, et priez pour ceux qui vous maltraitent et « vous persécutent. » John, tel est le commandement de Dieu, et nul ne peut espérer de voir Dieu s'il ne s'applique à lui obéir. »

L'Indien subit l'apostrophe d'un air soumis; le feu de son regard se calma peu à peu, et ses traits revinrent à leur calme habituel; puis branlant la tête, il fit signe à M. Grant de se remettre en marche. L'agitation du ministre lui fit accélérer le pas, et l'Indien l'imita sans paraître

hâter le sien; mais Olivier s'aperçut que la jeune fille avait quelque peine à les suivre, et il lui offrit poliment son aide.

« Vous êtes fatiguée, Miss Grant, » dit-il; « la neige cède sous les pieds et vous rend la marche pénible. Passez sur le bord du chemin, et veuillez accepter mon bras. Cette lumière que j'aperçois vient, je pense, de la maison de votre père; mais elle est encore loin.

— Je suis en état de marcher, » répondit-elle d'une voix faible et tremblante; « c'est l'accent de cet Indien qui m'a effrayée. Oh! quel horrible regard il a lancé vers le ciel en parlant à mon père! Mais j'oublie, Monsieur, qu'il est votre ami, et peut-être votre parent, à en juger par ce qu'il vient de dire ; et cependant vous ne m'inspirez aucune crainte, vous. »

Le jeune homme sauta sur le bord du sentier, où la neige, plus résistant, soutint, sans fléchir, le poids de son corps ; en même temps, il aida sa compagne à en faire autant, lui plaça le bras sur le sien, et ôta son bonnet, laissant flotter sur son front découvert les boucles de sa noire chevelure.

« Vous connaissez mal cette race d'hommes, miss Grant, » reprit-il, « sans quoi vous sauriez que chez les Indiens la vengeance est une vertu. Dès la plus tendre enfance, on leur enseigne, comme un devoir sacré, à ne jamais pardonner une injure ; et l'hospitalité seule peut mettre à l'abri de leur ressentiment.

— Sans doute, Monsieur, » dit Louise en dégageant involontairement son bras du sien, « vous n'avez pas été élevé dans des idées si peu chrétiennes ?

— A votre excellent père il suffirait de répondre que j'ai été élevé dans le sein de l'Église ; mais à vous je dirai que l'expérience et le malheur m'ont appris l'oubli des injures. Sur ce chapitre j'ai peu de reproches à me faire, et je tâcherai d'en avoir moins encore à l'avenir. »

En parlant ainsi il présenta de nouveau son bras à Louise, qui le reprit tranquillement, et ils se remirent en marche.

M. Grant et le Mohican s'étaient arrêtés à la porte de la maison pour les attendre. Le ministre s'efforçait de corriger par ses préceptes les inclinations répréhensibles qu'il avait découvertes chez l'Indien, qui lui prêtait une attention respectueuse.

La demeure du pasteur était située à quelque distance du village, au milieu d'un champ, tout bossué de souches de pins, qui pointaient çà et là, couronnées de deux pieds de neige. Il n'y avait à l'entour ni arbres ni arbustes ; la maison avait un aspect délabré, comme toutes les bâtisses élevées à la hâte dans une colonie nouvelle. L'intérieur rachetait ces dehors peu attrayants par une propreté exquise et une chaleur confortable.

Ils entrèrent dans une pièce qui paraissait tenir lieu de parloir, quoique une grande cheminée indiquât qu'elle servait aussi quelquefois de cuisine. Un beau feu flambait dans l'âtre, et sa clarté rendait inutile le secours de la chandelle que Louise alluma. Le milieu de la salle était couvert d'un tapis fabriqué dans le pays avec une mosaïque de chiffons ; et sauf deux tables l'une à thé, l'autre à ouvrage, et une bibliothèque de forme antique en acajou, le mobilier était ce qu'il y avait de plus simple et de plus commun. Contre les murs, on voyait suspendus quelques dessins brodés à l'aiguille avec beaucoup de délicatesse, bien que le goût n'en fût pas irréprochable.

Un de ces ouvrages représentait un tombeau sur lequel une jeune fille répandait des larmes, et dans le fond une église avec des fenêtres à ogives. Le tombeau portait les noms de plusieurs personnes, toutes de la famille Grant. Ce fut ainsi qu'Olivier apprit que le ministre était veuf, et que la jeune fille qui s'était appuyée sur son bras survivait seule aux six enfants qu'il avait eus.

On prit place autour du feu, et quand Louise, après avoir ôté son chapeau de paille et une mince pelisse de soie fanée, se fut assise près de son père, celui-ci adressa de nouveau la parole à Olivier.

« Mon jeune ami, » dit-il, « l'éducation que vous avez reçue a déraciné de votre cœur, je l'espère, ces principes de vengeance que vos ancêtres vous ont peut-être transmis ; car, d'après certaines expressions de John, je dois croire que vous descendez de la tribu des Delawares. Ne craignez pas de me l'avouer ; ce n'est ni la couleur ni la naissance qui constitue le mérite ; et je ne sais pas si celui que les liens du sang rattachent aux légitimes propriétaires de ce sol n'a pas, plus que tout autre, le droit de le parcourir avec une conscience légère. »

Le Mohican se tourna gravement vers le ministre et lui dit avec les gestes expressifs de sa race :

« Père, vous n'avez pas encore passé l'été de la vie ; vos membres sont jeunes. Allez sur la pointe du rocher le plus haut, et regardez autour de vous. Tout ce que vous verrez depuis le lever jusqu'au coucher du soleil, depuis les grandes eaux de la mer jusqu'à l'endroit où la rivière Tortueuse se cache derrière les montagnes, tout cela lui appartient. Il a du sang delaware, et son droit est fort. Mais le frère de Miquon est juste ; il coupera le pays en deux parts, comme la rivière coupe la plaine, et dira au Jeune Aigle : Enfant des Delawares, prends ceci, garde-le, et sois un chef sur le sol de tes pères.

— Jamais! » s'écria Olivier avec véhémence. « Le loup de la forêt n'est pas plus acharné sur sa proie que cet homme n'est dévoré de la soif de l'or, bien qu'il ait rampé vers son but avec toute l'astuce du serpent.

— Arrêtez, arrêtez, mon fils! » interrompit M. Grant. « Il faut dompter ces passions irascibles. Le mal que vous a fait par hasard le juge Temple a enflammé le sentiment de vos injures de famille; mais l'un était involontaire, et les autres sont l'effet d'un de ces changements politiques qui ont, dans leur cours, abaissé l'orgueil de bien des rois et balayé de la face de la terre de puissantes nations. Où sont à présent les Philistins, qui ont si souvent tenu sous le joug les enfants d'Israël? Qu'est devenue la fastueuse Babylone, qui, dans son ivresse, se qualifiait de reine du monde? Rappelez-vous cette prière, où nous demandons à la puissance divine qu'il lui plaise de pardonner à nos ennemis et de changer leurs cœurs. La responsabilité des maux infligés aux Indiens, le juge Temple la partage avec un peuple tout entier, et votre bras sera bientôt guéri.

— Croyez-vous, Monsieur, » répliqua le jeune homme en marchant à grands pas et en proie à une agitation violente, « que je pense qu'il ait voulu m'assassiner? Oh! non, il est trop rusé, trop lâche pour commettre un tel crime. Que lui et sa fille se vautrent dans leurs richesses: le jour de la justice luira enfin. Non, non, non, c'est affaire au Mohican de le soupçonner d'intention meurtrière; pour moi, c'est une bagatelle qui ne mérite pas que j'y arrête ma pensée. »

Il vint se rasseoir et cacha sa figure dans ses mains.

« Telle est la violence héréditaire d'une passion indienne, mon enfant, » dit M. Grant à sa fille effrayée. « Comme vous venez de l'entendre, il a du sang indien dans les veines, et ni l'éducation, ni les avantages de notre excellente liturgie, n'ont pu supprimer le mal. Le temps et nos soins y réussiront peut-être. »

Quoique le ministre parlât à voix basse, Olivier l'entendit, et relevant le front avec un sourire d'une expression indéfinissable :

« Ne vous alarmez pas, Miss Grant, » dit-il d'un ton plus calme, « de ce qu'il y a de sauvage dans mes manières et mon costume. Je me suis laissé emporter malgré moi. Je dois, comme votre père, l'attribuer au sang qui coule dans mes veines, sans pourtant que je rougisse de ma naissance, seule chose dont je puisse encore m'enorgueillir. Oui, je suis fier de descendre d'un chef delaware, d'un guerrier qui faisait honneur à la nature humaine. Le vieux Mohican était son ami et peut attester ses vertus. »

Alors M. Grant entama une discussion théologique dans les formes, sur le devoir du pardon des injures. La conversation dura plus d'une heure, après quoi les visiteurs se levèrent, en échangeant avec leurs hôtes des souhaits de politesse. A la porte, ils se séparèrent ; l'Indien retourna au village, et Olivier prit le chemin de la forêt.

Le ministre resta quelques instants sur le seuil de son habitation, suivant des yeux le vieux chef, qui marchait avec une agilité étonnante pour son âge ; ses cheveux noirs se détachaient sur la couverture dont la blancheur, à la clarté de la lune, se confondait avec celle de la neige. En rentrant chez lui, il trouva Louise debout derrière une croisée qui commandait la vue du lac ; il s'en approcha pour voir l'objet que suivaient ses regards, et aperçut à une centaine de pas de distance le jeune chasseur, se dirigeant vers l'endroit où était située la cabane de Bas de Cuir, au pied d'un rocher couronné de pins.

« Comme les penchants sauvages se perpétuent dans cette race singulière ! » dit le ministre. « Pourvu qu'il persévère dans ses bonnes intentions, il finira par triompher. Faites-moi souvenir, Louise, de lui prêter, lors de sa prochaine visite, mon homélie contre les périls de l'idolâtrie.

— Oh ! mon père, le croiriez-vous en danger de retomber dans le culte de ses ancêtres ?

— Non, mon enfant ; ce qu'il a de sang européen dans les veines y mettrait obstacle. L'idolâtrie que je redoute est celle des passions. »

CHAPITRE XIII.

> Et avec cette cruche de deux pintes, je bois à la meule d'orge.
>
> *Chanson à boire.*

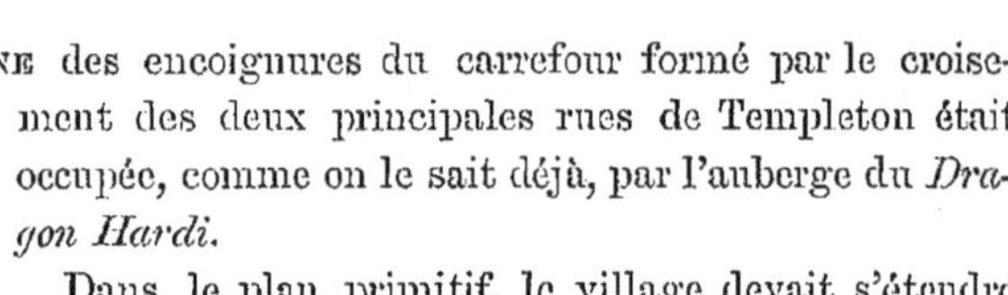

UNE des encoignures du carrefour formé par le croisement des deux principales rues de Templeton était occupée, comme on le sait déjà, par l'auberge du *Dragon Hardi.*

Dans le plan primitif, le village devait s'étendre le long du ruisseau qui coulait dans la vallée, et la rue conduisant du lac à l'académie lui servir de limite à l'occident. Mais les convenances dérangent souvent les plans les mieux combinés. La maison de l'ex-sergent, ou plutôt du capitaine Hollister, car il commandait la milice du canton, avait été bâtie droit en face de la grand'rue, et de manière à empêcher qu'elle s'étendît plus loin. Les gens à pied et à cheval trouvèrent commode de raccourcir le passage du côté de l'ouest, en longeant la maison à l'une de ses extrémités : il en résulta que, ce chemin étant le plus fréquenté, on se mit à bâtir de chaque côté de l'auberge, et le mal devint irréparable.

Deux conséquences matérielles découlèrent de ce changement dans les plans du fondateur de la colonie : l'une fut que la rue principale se trouva brusquement étranglée vers le centre ; l'autre que l'auberge en saillie devint, après la résidence du juge, l'édifice le plus apparent du village. Cette distinction, aidée du caractère des hôtes, lui donna une supériorité que les efforts d'aucun concurrent ne purent lui ravir.

C'était une maison de bois, dans le style composite à la mode, avec toit et balustrade à l'imitation de la maison Temple. Les fenêtres des étages supérieurs étaient encore bouchées par des planches brutes, car l'édifice était loin d'être terminé ; mais celles du rez-de-chaussée étaient garnies de vitres, derrière lesquelles dansait la lumière d'un bon feu. On avait crépi en blanc les deux façades qui donnaient sur le carrefour, tandis que les deux autres étaient grossièrement badigeonnées en couleur chocolat.

Devant la porte, et à l'autre coin de rue, se dressait une sorte de potence, où était suspendue une énorme enseigne en bois sculpté, couverte de chaque côté d'emblèmes de franc-maçonnerie. Au-dessus de ces signes mystérieux, on avait écrit en gros caractères : *Café de Templeton et Hôtel des Voyageurs*, et au-dessous : *tenu par Habacuc Foote et Josué Knapp*. Cette rivalité était d'autant plus dangereuse pour *le Dragon Hardi* que les mêmes noms sonores se lisaient sur la porte de deux établissements nouvellement formés, une boutique de chapelier et une tannerie. Mais, soit qu'on eût dépassé le but en voulant trop embrasser, ou que *le Dragon Hardi* se fût fait une réputation qu'il n'était pas facile d'ébranler, l'auberge du ménage Hollister conserva la pratique du juge Temple et de ses amis, ainsi que celle de tous les habitants qui ne devaient rien à la puissante maison Foote et Knapp.

Ce soir-là, le vétéran boiteux et sa moitié étaient à peine de retour de l'académie, qu'un bruit de pas à leur porte annonça l'arrivée de quelques chalands, venus sans doute pour discuter à loisir le mérite de la cérémonie religieuse à laquelle ils venaient d'assister.

La salle destinée au public dans l'auberge du *Dragon Hardi* était une pièce spacieuse, garnie de bancs de trois côtés ; deux énormes cheminées occupaient à elles seules le quatrième, à l'exception de la porte d'entrée qui les séparait, et d'une clôture basse, ouvrant sur une espèce de laboratoire, abondamment muni de bouteilles et de verres.

A l'entrée de ce sanctuaire était assise mistress Hollister dans toute la gravité de ses fonctions, tandis que son mari attisait le feu avec un grand pieu en bois, brûlé par le bout.

« Là! là! mon cher sergent, » dit l'hôtesse. « En voilà assez de fourgonner le feu; il brûle très bien... Il y a des verres sur la table, et près du feu le pot où le docteur a pris son cidre au gingembre; placez-moi tout ça sur le comptoir. Nous aurons du monde tout à l'heure, le juge, le major, M. Richard, sans compter Ben la Pompe et les hommes de loi. Rangez la salle proprement, et mettez les fers pour chauffer le *flip*... Dites donc à cette grande mollasse de Judith que, si elle ne nettoie pas sa cuisine, je la flanquerai à la porte, et elle pourra aller en face chez les messieurs du café, à qui je souhaite bien de la chance... Ah! sergent, c'est un vrai bonheur d'assister au service sans bouger de sa place, au lieu de se lever à tout bout de champ comme fait M. Grant.

— Mistress Hollister, » répondit le vétéran en exécutant les ordres de sa digne épouse, « c'est un bonheur en tous temps, qu'on soit assis ou debout, ou même, après une étape fatigante, planté sur les genoux, suivant l'habitude du bon M. Whitefield, dont deux soldats soutenaient, à l'exemple de Moïse, les bras tendus vers le ciel... A ce propos, Betty, quelle jolie bataille Israël livra ce jour-là aux Amalécites! Elle dut avoir lieu en plaine, car il est écrit que Moïse monta sur une hauteur pour en être témoin en usant des armes de la prière. Et d'après mon petit bon sens, la cavalerie décida surtout de la victoire. Que dit la Bible? que Josué extermina l'ennemi avec le *tranchant* de l'épée; d'où je conclus que non seulement c'était de la cavalerie, mais encore une troupe bien disciplinée, puisqu'elle était, ajoute le texte, composée d'hommes d'élite, comme qui dirait des volontaires; autrement les recrues ne savent pas manier le tranchant, pour peu qu'il soit recourbé.

— Bah! laissez-moi là vos textes, mon cher; la chose n'en vaut pas la peine. Le Seigneur était avec eux, voilà qui est sûr et certain, et il a été du côté des Juifs jusqu'à l'époque de leur chute. Qu'importe à quelle espèce de soldats commandait Josué, pourvu qu'il fît ce qu'on lui ordonnait? S'il avait eu les poltrons de miliciens, qui ont causé la mort du capitaine, il aurait emporté le dessus quand même.

— Eh bien, Mistress Hollister, j'ai rarement vu des conscrits mieux se battre que l'aile gauche de la milice à l'époque dont vous parlez. Ils se rallièrent en bon ordre, sans l'aide du tambour, ce qui

n'est pas facile sous le feu de l'ennemi, et tinrent ferme jusqu'au moment où tomba le capitaine. Comme il n'y a pas de mots inutiles dans l'Écriture, je soutiens qu'un cavalier qui sait frapper du tranchant de son sabre doit être exercé. On a prêché beaucoup de sermons sur des matières moins importantes que ce mot-là. Pour en revenir au capitaine, s'il avait fait avancer les dragons en même temps qu'il ralliait l'infanterie, ils auraient montré à l'ennemi ce que c'est que le tranchant du sabre ; s'ils ne comptaient pas d'officiers à brevet, j'ose dire qu'ils avaient dans leurs rangs un homme qui était parfaitement en état de les conduire. »

Sur cette assertion, l'ancien sergent instructeur se redressa d'un air d'importance.

« A quoi bon revenir là-dessus ? » dit Betty. « Voilà bien des années qu'il est mort, le cher homme! Plût à Dieu qu'il eût assez vécu pour voir la vraie lumière ! Mais il y a de l'indulgence dans le ciel pour un brave, mort sur les arçons en combattant pour la liberté. On lui a donné une pauvre sépulture. Par bonheur, notre enseigne a son portrait et je la conserverai tant que le serrurier pourra faire un crampon pour la suspendre, et cela en dépit de tous les cafés qui existent d'ici à New-York. »

Le digne couple fut interrompu par l'arrivée d'un groupe d'habitués, suivi, dans l'espace d'un quart d'heure, d'un grand nombre d'individus de toutes conditions. Sur un banc à dossier dans le coin le plus commode de la salle, s'installa le docteur Todd ; il était accompagné d'un jeune homme à l'air prétentieux, vêtu d'un habit malpropre et râpé, qui prisait outre mesure, et tirait fréquemment une grande montre française, avec une chaîne en cheveux et une clef d'argent.

Des pots de cidre ou de bière étaient placés près du feu entre de lourds chenets, et de petits groupes se formèrent pendant qu'on agitait divers sujets de conversation ou que le breuvage passait d'une main dans une autre ; personne ne buvait seul, le même pot ou le même verre circulait à la ronde jusqu'à ce qu'il revînt à celui qui en faisait les frais. Avant de boire, on portait une santé, ce qui fournissait un prétexte aux malins d'aiguiser leur esprit. Il était de règle que l'hôte, à l'exemple des échansons de cour, goûtât le premier la liqueur qu'il présentait. De son côté, l'hôtesse était activement occupée à préparer de ses propres mains les diverses boissons qu'on lui demandait.

Quand la première soif fut apaisée, la conversation prit un caractère plus général. Ceux qui prenaient plus habituellement la parole étaient le médecin et son compagnon, M. Lipet, l'un des deux hommes de loi du village, regardés comme les plus capables de discourir en public. Aussi il s'établit un grand silence lorsque M. Lipet adressa cette question à son voisin :

« Il paraît, docteur Todd, que vous avez fait ce soir une opération importante : vous avez retiré de l'épaule du fils de Bas de Cuir toute une charge de chevrotines ?

— Oui, Monsieur, » répondit l'autre en relevant sa petite tête d'un air suffisant, « j'ai fait chez le juge une petite affaire de ce genre, une bagatelle en comparaison de ce qui aurait pu arriver si le coup avait porté dans le corps. L'épaule n'est pas une partie très vitale, et je pense que le jeune homme sera bientôt rétabli. Mais j'ignorais qu'il fût fils de Bas de Cuir. Est-ce que Nathaniel a été marié ?

— Ce n'est pas une conséquence nécessaire, » riposta M. Lipet en jetant autour de lui un regard de malice. « Vous savez ce que nous entendons en style légal par *filius nullius ?*

— Parlez en bon anglais, » s'écria l'hôtesse. « Pourquoi baragouiner de l'indien dans une salle où il n'y a que des chrétiens, quoiqu'il s'agisse d'un bonhomme qui n'est guère au-dessus des sauvages ? Oh ! il faut espérer que les missionnaires s'occuperont, en temps utile, de convertir ces pauvres diables ; et alors peu importera la couleur de la peau, et qu'on ait de la laine ou des cheveux sur la tête !

— Mais c'est du latin et non de l'indien, mistress Hollister, » reprit l'homme de loi, en renouvelant son clignement d'yeux. « Le docteur entend le latin, sinon comment pourrait-il lire les étiquettes de ses fioles ? Allez, allez, ma bonne dame, le docteur me comprend ; n'est-ce pas, docteur ?

— Hum ! j'ai idée que je n'en suis pas loin, » répondit Elnathan, en s'efforçant d'imiter l'expression de son interlocuteur. « Le latin est une drôle de langue, Messieurs ; et je parie qu'à l'exception de M. Lipet, personne ici ne voudra croire que *far. av.* signifie farine d'avoine. »

L'homme de loi à son tour fut mis dans un grand embarras ; quoiqu'il eût pris son premier degré dans l'une des universités de l'Est, il avait quelque peine à comprendre les termes employés par son voisin.

Toutefois, il était dangereux d'avouer son ignorance dans une salle d'auberge, et en présence d'un si grand nombre de ses clients ; il fit donc bon visage à vilain jeu, et se mit à rire d'un air d'intelligence, comme s'il y eût eu là quelque plaisanterie cachée, connue seulement du docteur et de lui. Tout cela fut observé par les auditeurs, qui échangèrent des regards d'approbation. Ainsi encouragé, l'homme de loi quitta son siège, se plaça devant la cheminée, et faisant face à la compagnie, continua de la sorte :

« Qu'il soit fils de Nathaniel ou de personne, le jeune blessé ne souffrira pas que l'affaire en reste là. Nous sommes dans un pays soumis à la loi ; et il s'agit de savoir si un homme qui possède ou prétend posséder cent mille acres de terre a le droit, plus qu'un autre, de tirer sur qui que ce soit. Qu'en pensez-vous, docteur Todd ?

— Oh ! Monsieur, je suis d'avis, comme je l'ai déjà dit, que le jeune homme sera bientôt rétabli. La blessure n'affectant pas une partie essentielle, la balle ayant été extraite sans délai, et l'épaule convenablement pansée, le mal sera moins grand qu'il eût pu l'être.

— Voyons, Monsieur Fait-Peu, vous êtes magistrat, vous savez ce qui est la loi et ce qui ne l'est pas. Or, je vous le demande, l'action de tirer sur un homme est-elle une chose qu'on puisse arranger si aisément ? Supposons, Monsieur, que le blessé ait femme et enfants, qu'il ait un métier comme vous, et qu'il soit l'unique soutien de sa famille ; supposons que la balle, au lieu d'entamer les chairs, lui eût brisé l'omoplate, et l'eût estropié pour le reste de ses jours ; je vous le demande à tous, Messieurs, s'il en était ainsi, ne pensez-vous pas qu'un jury accorderait des dommages et intérêts considérables ? »

Comme cette supposition s'adressait à la société en général, Hiram ne se crut pas d'abord obligé de répondre ; mais, voyant tous les regards se fixer sur lui, il se rappela sa réputation de perspicacité judiciaire, et répondit avec la gravité convenable :

« Eh bien, si un homme tire sur un autre, et si, l'ayant fait à dessein, il est traduit en justice et reconnu coupable par le jury, ce sera, selon toute apparence, une affaire extrêmement grave.

— J'en suis convaincu, Monsieur, » reprit le procureur. « La loi, Messieurs, ne fait point acception de personnes dans un pays libre. Un des plus grands bienfaits que nous ont transmis nos ancêtres, c'est que tous les hommes sont égaux devant la loi comme ils le sont devant la nature. Qu'un particulier s'enrichisse, on ne sait trop comment, il n'a pas plus le droit de violer les lois que le plus pauvre citoyen de cet État. Ce sont là mes principes, Messieurs, et si quelqu'un voulait poursuivre cette affaire, on en tirerait, à mon sens, de quoi largement payer au docteur son onguent. N'est-ce pas?

— Quant à moi, Messieurs, » répondit le médecin, assez interloqué de la tournure que la conversation venait de prendre, « le juge m'a promis des honoraires, et cela en

présence de témoins; ce n'est pas que je regarde sa parole comme aussi valable que son billet; mais enfin il y avait des témoins. Voyons, que je me rappelle... Il y avait M. Le Quoi, M. Jones, le major Hartmann, mistress Petits-Os, et un ou deux nègres, lorsque le juge a dit qu'il me dédommagerait amplement de sa poche.

— Était-ce avant ou après l'opération?

— Le moment n'y fait rien; pourtant je suis sûr que le pansement n'était pas encore commencé.

— Mais, docteur, » insinua Hiram, « ne vous a-t-il pas promis, il me semble, de vous payer de sa poche ? C'est un genre de promesse que ne reconnaît pas la loi ; et rien ne l'empêche de vous donner sa poche avec une pièce de quinze sous dedans, en vous disant de vous payer là-dessus.

— Un tel payement n'est pas valable, » interrompit M. Lipet, « encore moins ce qu'on nomme un *quid pro quo.* La poche, dans le cas dont s'agit, est considérée non comme un agent, mais comme une partie de la personne humaine. Je suis d'avis qu'une poursuite peut être fondée sur cette promesse, et je me charge de l'affaire sans aucuns frais, si l'on n'obtient pas payement. »

Le médecin ne répondit pas à cette proposition, mais on le vit regarder à la ronde comme pour compter les témoins qui pourraient faire constater cette promesse à une époque ultérieure, si la chose était nécessaire. Un sujet de conversation aussi grave que celui d'un procès intenté au juge Temple n'était pas tout à fait du goût de l'auditoire, surtout dans un lieu public, et il se fit un instant de silence pendant lequel la porte s'ouvrit et donna accès à Nathaniel.

Le vieux chasseur tenait à la main son fusil, dont il ne se séparait guère ; et quoique chacun des buveurs eût la tête nue, à l'exception de l'homme de loi qui portait son chapeau sur le coin de l'oreille, d'un air crâne, Nathaniel, sans se découvrir, s'avança vers l'une des cheminées. Plusieurs questions lui furent adressées sur le gibier qu'il avait tué ; il y répondit sans façon et d'un air insouciant. L'hôte, qui avait contracté avec lui une sorte d'intimité, fondée sur ce qu'ils étaient tous deux d'anciens soldats, lui offrit un verre plein de je ne sais quel liquide. A la manière dont il l'accepta, on voyait que l'offre ne lui était pas désagréable. S'étant alors fait servir un autre breuvage, il alla s'asseoir tranquillement sur l'un des troncs d'arbre qui étaient près du feu.

« Le témoignage des nègres ne pourrait être admis, Monsieur, » continua l'homme de loi, « car ils sont la propriété de M. Jones, à qui leur temps appartient. Mais il y a moyen de faire payer cher au juge Temple, ou à tout autre, la fantaisie de tirer sur quelqu'un, et de lui faire acquitter les frais de la cure. Il y a un moyen, dis-je, et cela sans plaider devant la Cour des erreurs (tribunal d'appel).

— Ah ! bien, Monsieur Todd, » dit l'hôtesse, « c'en serait une fameuse erreur, de vous mettre sur les bras un procès avec le juge Temple, qui a une bourse aussi longue que le plus haut des pins de la montagne, et le meilleur garçon de la terre quand on sait le prendre ! Oui, c'est un cœur d'or, et juste avec ça, et vous n'en viendrez pas à bout en le menaçant. Triste moyen !... Je ne lui connais qu'un défaut, c'est d'être indifférent sur le salut de son âme. Il n'est ni méthodiste, ni papiste, ni presbytérien ; enfin, il n'est rien du tout. Et, c'est dur à penser, quiconque n'aura pas combattu en ce monde sous l'étendard d'une église régulière ne passera point dans le ciel la revue des élus, comme dit mon mari, que vous appelez le capitaine, quoique, moi, je ne connaisse qu'un capitaine qui mérite ce nom. J'espère, Bas de Cuir, que vous ne serez pas assez fou pour laisser l'enfant aller en justice pour cette affaire ; mal vous en prendrait à tous deux de faire de la peau d'un agneau un os de discorde. Dites-lui qu'il peut venir boire ici pour rien jusqu'à ce que son épaule puisse porter un fusil.

— Voilà qui est généreux ! » s'écrièrent vingt bouches à la fois, car dans cette société-là une offre libérale ne tombait pas à terre.

Pour le vieux chasseur, qu'on s'attendait à voir éclater à propos de la blessure de son compagnon, il se contenta de rire à la muette.

« Quand je vis le juge quitter son traîneau, » ajouta-t-il, « je savais d'avance qu'il ne ferait rien de bon avec son joujou de chasse. Je n'ai jamais connu qu'un seul de ces outils qui portât juste, et c'était une canardière qui appartenait à un Français du côté des grands lacs. Le canon, d'une longueur double de ma carabine, vous logeait du petit plomb dans une oie sauvage à cent pas de distance ; je lui ai vu faire un tel abatis de gibier, qu'il fallut un bateau pour l'emporter. Quand je suivis sir William contre les Français au fort Niagara, tous les éclaireurs se servaient du fusil à longue portée, une arme terrible aux mains de celui qui sait la charger et qui a du coup d'œil. Demandez plutôt au capitaine Hollister ; il doit se rappeler comme nous avons, dans cette guerre, taillé des croupières aux Français et aux Iroquois... Chingachgook, dont le nom signifie Grand Serpent, ou, si vous le préférez, le vieux John, qui demeure avec moi, était alors un grand guerrier ; il a fait la campagne avec nous, et il pourrait en conter tous les détails ; il n'avait pas son pareil pour le tomahawk, et, après deux ou trois coups de fusil, il ne songeait plus qu'aux chevelures... Ah! les temps sont rudement changés! Quand je vous dirai, docteur, que de la plaine aux forts, il n'y avait qu'un sentier sur la rive du Mohawk, et tout au plus si un cheval pouvait y passer! Aujourd'hui, il est question d'ouvrir, le long de la rivière, une large route, avec des barrières de péage. Plus moyen de chasser! Les chiens perdent la piste en arrivant sur les chemins où passent tant de voyageurs. Et pourtant mon vieil Hector a si bon nez, qu'il vous sentira un daim à travers la plus grande largeur de l'Otsego, laquelle est d'une demi-lieue, car je l'ai mesurée moi-même sur la glace.

— Il me semble, Natty, que c'est faire un triste compliment à votre camarade de lui donner le nom du diable, » dit l'hôtesse, « et d'ailleurs le vieux John ne ressemble plus guère à un serpent, gros ou petit. Il vaudrait mieux l'appeler Nemrod, un nom convenable et plus chrétien, puisqu'il se trouve dans la Bible.

— Il y a de la différence entre le vieux John et Chingachgook, » répondit Bas de Cuir, en secouant la tête à ce souvenir pénible. « Dans la guerre de 58, il était dans la maturité de l'âge, et avait deux bons pouces de plus qu'à présent. Si vous l'aviez vu comme moi dans la matinée du jour où nous battîmes les Français derrière nos retranchements de troncs d'arbres, vous auriez avoué qu'il était impossible de voir une plus belle peau rouge. Il était nu jusqu'à la ceinture, et peint! jamais créature ne l'a été si admirablement. Il avait une moitié de la figure rouge, l'autre noire, et les cheveux rasés, sauf une touffe en haut, sur laquelle il portait un panache de plumes d'aigle, qui reluisait aussi bien que la queue d'un paon. Il s'était peint la poitrine de manière à ressembler à un squelette, côtes et tout; car Chingachgook s'entendait joliment à ces choses-là. Bref, avec son air fier et hardi, son coutelas et son tomahawk, je n'ai jamais vu sur le champ de bataille un guerrier plus formidable. Il joua son rôle en brave, et le lendemain je le revis avec treize chevelures attachées à son bâton. Il faut le dire ici à la louange du Grand Serpent, qu'il a toujours été de franc jeu, et n'a jamais scalpé que les ennemis tués de sa main.

— Bah! » dit l'hôtesse. « Une bataille est une bataille, en fin de

Bas de Cuir pérorant dans l'auberge du *Dragon Hardi*.

compte, et il y a bien des façons de s'y prendre. Qu'on s'amuse à déchiqueter un corps après que le souffle en est parti, ça ne me plaît guère, et je ne crois pas qu'une bonne religion le permette. Ah ! ça, sergent, vous n'avez jamais mis la main à si laide besogne ?

— Mon devoir était de garder mon rang, et d'y attendre le plomb ou la baïonnette », répondit le vétéran. « J'étais alors dans le fort, et comme j'en sortais rarement, je n'avais pas affaire aux sauvages, qui escarmouchaient sur notre front. Pourtant, je me souviens d'avoir ouï parler du Grand Serpent, car c'était un chef de renom ; mais j'étais loin de m'attendre à le voir changé en chrétien et civilisé sous le nom du vieux John.

— Oh ! il a été converti par les frères Moraves, qui ont été de tout temps amis des Delawares », dit Bas de Cuir. « À mon avis, si on avait laissé les sauvages tranquilles, les choses iraient bien différemment dans le pays, et les montagnes auraient continué d'être de bons territoires de chasse, en la possession de leur légitime propriétaire ; il n'est pas encore trop vieux pour porter une carabine, et son coup d'œil est aussi sûr que celui... »

Il fut interrompu par un bruit de nouveaux arrivants, et au même instant on vit entrer le juge et ses amis, suivis de l'Indien lui-même.

CHAPITRE XIV.

A nous les pots, pintes, chopines, setiers et demi-setiers, et buvons, mes enfants, à la meule d'orge !

Chanson à boire.

Ce surcroît de société produisit dans l'auberge une sorte de confusion générale, dont l'homme de loi profita pour s'esquiver. La plupart des buveurs s'approchèrent de Marmaduke pour échanger avec lui des poignées de main, en lui adressant des vœux de bonne santé.

Le major Hartmann, ayant ôté son chapeau et sa perruque, leur substitua un bonnet de laine bien chaud, et s'assit tranquillement sur le banc à dossier que venaient d'abandonner ses premiers occupants. Puis il tira de sa poche une boîte à tabac, et l'hôte lui présenta une pipe neuve. Après en avoir tiré une bouffée de fumée, il se tourna du côté du comptoir.

« Betty, donnez-moi le punch, » dit-il.

Cependant le juge avait pris place à côté du major, et Richard s'était emparé du siège le plus confortable de la salle. Le dernier assis fut M. Le Quoi, qui ne se posa sur sa chaise qu'après l'avoir plusieurs fois déplacée, et s'être assuré de ne priver personne du moindre rayon de chaleur. Le Mohican alla se poster au bout d'un banc voisin du laboratoire.

Après ce remue-ménage, le juge dit à l'hôtesse d'un ton enjoué :

« Eh bien, Betty, la vogue vous reste, malgré vents et marée, en dépit des rivaux, et au milieu de toutes les religions. Comment avez-vous trouvé le sermon ?

— Le sermon ! » répéta l'hôtesse. « Je l'ai trouvé raisonnable, je ne puis dire autrement ; mais les prières, voyez-vous, rien de moins commode. Ce n'est pas une petite affaire, aux entours de la soixantaine, que d'être sans cesse occupée à se lever ou s'asseoir dans une église. Au surplus, M. Grant paraît un digne homme, et son air est humble et pieux... Tenez, John, voilà un pot de cidre au whisky. Un Indien n'a pas besoin d'avoir soif pour boire.

— Il n'y a pas à dire, » fit observer Hiram d'un ton pédant, « le sermon a été bien débité, et je présume qu'en général il a fait plaisir. Toutefois, on aurait pu en supprimer une partie ou la remplacer par autre chose ; mais, comme c'était un discours écrit, il n'était pas facile d'y faire des changements.

— Voilà le chiendent, mon juge, » dit l'hôtesse. « Comment voulez-vous qu'un homme prêche bien, quand tout ce qu'il dit est écrit d'avance, et qu'il y est aussi étroitement lié qu'un dragon maraudeur au piquet de punition ?

— Allons, allons, » dit Marmaduke en faisant un geste de la main pour imposer silence, « en voilà assez ! Comme M. Grant nous l'a dit, sur ces matières-là les sentiments diffèrent, et selon moi, il a parlé très sensément. »

Après une courte pause, Hiram hasarda une question.

« Quelles nouvelles le juge nous apporte-t-il du congrès ? » demanda-t-il. « On n'a pas l'air d'y avoir fait grand'chose cette session. Les Français ont-ils livré depuis peu quelques nouvelles batailles ?

— Depuis qu'ils ont décapité leur roi, » répondit M. Temple, « les Français n'ont fait que se battre. Le caractère de cette nation semble changé.

— Il y avait avec nous à Yorktown, » dit l'hôtesse, « un Français nommé Rochambeau : c'était un bien joli homme ; et leurs cavaliers donc, tous beaux garçons! C'est là que le sergent a attrapé un atout des batteries anglaises, que le diable emporte!

— Ah! » murmura M. Le Quoi. « Mon pauvre roi!

— La législature, » reprit Marmaduke, « a voté des lois dont le pays avait grand besoin. Entre autres, il y a une loi qui prohibe la pêche au filet, si ce n'est à époque fixe, dans un certain nombre de rivières et de petits lacs; et une autre qui interdit la chasse au daim pendant les mois de gestation. Je ne désespère pas d'en obtenir une qui défende, sous des peines sévères, d'abattre les bois de charpente sans nécessité. »

Bas de Cuir écouta ces nouvelles avec la plus vive attention, et quand le juge eut fini de parler, il se mit à rire à sa façon de ce qu'il venait de dire.

« A votre aise, juge, faites des lois, » répliqua-t-il. « Et où trouverez-vous des gens qui les appliquent? Qui montera la garde sur les montagnes pendant les longs jours d'été? qui veillera la nuit au bord des lacs? Le gibier est le gibier, et celui qui en trouve peut le tuer. Telle est la loi qui, à ma connaissance, existe depuis quarante ans dans ces montagnes; et m'est avis qu'une vieille loi en vaut deux nouvelles. Tuer une biche qui allaite! Il n'y a qu'un blanc-bec pour le faire, à moins que ses mocassins ne soient usés, et ses culottes en guenilles, car la chair en est maigre et dure. Et puis, parmi les rochers des bords du lac, un coup de fusil fait quelquefois autant de bruit que si l'on en tirait cinquante; et alors comment saura-t-on d'où est parti le coup?

— Armé de l'autorité de la loi, Monsieur Bumppo, » répondit gravement le juge, « un magistrat vigilant peut prévenir une grande partie du mal qui a eu lieu jusqu'ici, et qui contribue déjà à la rareté du gibier. Le jour n'est pas loin, je l'espère, où les droits d'un propriétaire sur son gibier seront respectés à l'égal de ceux qu'il a sur ses fermes.

— Vos droits et vos fermes se valent, » s'écria Nathaniel; « ils sont venus d'hier ensemble. Quant à la loi, qu'elle soit égale pour tous, pas plus pour l'un que pour l'autre! Il y a eu mercredi quinze jours, je tire un daim, qui continue à patauger dans la neige et franchit une haie ; je cours après, la batterie de mon fusil s'accroche dans les branches, et ma bête s'échappe. Or, je le demande, qui m'indemnisera de cette perte, un mâle superbe? S'il n'y avait pas eu de haie, j'aurais tiré mon second coup ; et à l'exception des oiseaux, je n'ai jamais, depuis que je suis né, tiré trois fois de suite sur la même pièce... Non, non, mon juge, c'est le fermier et non le chasseur qui rend le gibier rare.

— Hum! Bumppo, les daims ne sont pas aussi nombreux que du temps de l'ancienne guerre, » dit le major, au milieu d'un nuage de fumée; « mais la terre est faite pour des chrétiens, et non pour des daims.

— Major, je vous crois ami de la justice et du droit, quoique vous fréquentiez un peu trop la maison du juge. Eh bien, là, en conscience, n'est-il pas dur pour un homme de se voir enlever par la loi d'honnêtes moyens d'existence, lorsqu'en bonne justice, il devrait pouvoir chasser ou pêcher à sa fantaisie chaque jour de la semaine, et sur les meilleures terres de la Patente?

— Je vous comprends, Bas de Cuir, » repartit le major en fixant sur le chasseur ses yeux noirs empreints d'une expression particulière. « Jamais vous ne vous êtes autant inquiété de ces choses-là.

— Je n'en avais peut-être pas les mêmes raisons qu'aujourd'hui, » dit l'autre avec un peu d'humeur.

Il se renferma dans son attitude silencieuse, qu'il garda pendant quelque temps.

« Le juge, » dit Hiram pour rompre les chiens, « était en train de nous parler des Français.

— Oui, Monsieur, » répondit Marmaduke, « les jacobins de France ne sortent d'un excès que pour se jeter dans un autre. Vous savez qu'ils ont ajouté le meurtre de leur reine à la longue liste de leurs forfaits.

— Les monstres! » murmura de nouveau M. Le Quoi, en tressautant sur sa chaise.

« La Vendée, » reprit le juge, « est ravagée par les troupes de la république, et l'on fusille par centaines ceux de ses habitants qui ont des sentiments royalistes. La Vendée est une province de l'ouest de la France, qui persévère dans son attachement à la famille des Bourbons ; M. Le Quoi la connaît sans doute, et il pourrait nous donner quelques détails.

— Non, non, non, mon cher ami, » répondit le Français d'une voix étouffée, en gesticulant de la main droite, comme s'il eût demandé grâce, pendant que sa main gauche était posée sur ses yeux. « Ne m'interrogez pas!

— Les républicains ont livré plusieurs batailles, d'où ils sont sortis presque toujours victorieux. Cependant je ne suis pas fâché qu'ils aient repris Toulon aux Anglais, car cette ville leur appartient de droit.

— Ah ! ah ! » s'écria M. Le Quoi en se levant avec vivacité, et en agitant ses deux bras avec force. « Les maudits Anglais!.. Vive la France!.. On a repris Toulon... C'est Londres qu'il faudrait prendre... Pardon, Messieurs! »

Le Français continua à se promener quelques instants en proie à une vive agitation ; puis, incapable de résister plus longtemps aux émotions qui se partageaient son cœur, il s'élança vers la porte et rentra chez lui.

Son départ ne surprit personne. Les villageois étaient accoutumés à ses manières, mais le major Hartmann partit d'un éclat de rire, ce qui ne lui arrivait guère :

« Ce Français est fou, » dit-il. « Pour boire, il n'est bon à rien ; c'est la joie qui le grise.

— Les Français sont de bons soldats, ils nous ont donné un fameux coup d'épaule à Yorktown ; et, quoique je ne connaisse pas grand'chose aux manœuvres d'une armée, je crois bien que, sans leurs renforts, le général Washington n'aurait pu battre les Anglais.

— Vous parlez d'or, sergent, » s'écria sa femme, « et il serait à désirer que vous fissiez toujours de même. Oui, les Français sont de joyeux lurons. Une fois, pendant que je conduisais ma charrette de vivandière, un régiment de ces messieurs vint à passer, et je les ai bien régalés. M'ont-ils payée? direz-vous. Ah! certes, et en bons écus sonnants ; du diable s'ils avaient à eux tous un seul chiffon de papier. Que Dieu me pardonne de jurer à propos de bagatelles! Mais ils payaient en bel argent, sans compter le profit : en me rendant leur verre, ils laissaient toujours un reste au fond. Et dame! juge, le commerce va bien quand la paie est bonne et la pratique point trop regardante.

— Cela vous a profité, Mistress Hollister, » dit Marmaduke. « Où est donc passé Richard? A peine était-il assis qu'il a repris le chemin de la porte, et voilà si longtemps qu'il est absent que j'ai peur qu'il ne soit gelé.

— N'ayez pas peur, cousin Duke, » dit M. Jones, qui rentrait au même instant. « Rien ne réchauffe comme de s'occuper, fût-ce par une nuit glaciale. Betty, votre mari m'a dit en revenant de l'église que vos cochons avaient attrapé la gale. Je viens de leur faire une petite visite, et c'était, ma foi, vrai! Vite, j'ai couru chez vous, docteur, et votre apprenti m'a donné une livre de sels que j'ai mêlés dans leur lavure. A présent, je parie un daim contre un écureuil, que dans huit jours ils seront guéris. Allons, maman Hollister, servez-moi mon *flip*, bien chaud (Q).

— Je vous l'ai préparé d'avance, » dit l'hôtesse; « il est là, prêt à bouillir. Sergent de mon cœur, passez-moi le fer... Pas celui-là, qui est noir; l'autre est plus près du feu. C'est cela même; bien. Voyez, Monsieur Jones, s'il n'est pas rouge comme une cerise. »

Le breuvage était chaud, et Richard en but une large rasade en homme content d'avoir fait un tour de force, et à qui la boisson ne déplaît pas.

« Excellent! » s'écria Richard, après avoir repris haleine. « A vous le pompon pour mélanger un *flip!*... Ah! le Mohican est là? Goûtez-y, mon vieux... Moi, vous et le docteur, nous avons joliment travaillé ce soir, avec l'épaule de ce garçon... A propos, Duke, en votre absence, j'ai composé une chanson, un jour où je n'avais rien à faire. Il faut que je vous la chante sur le premier air venu. »

Et Richard entonna le couplet suivant:

Ce bas monde n'est farci
Que de peine et de souci,
Où chacun à sa manière
Cherche à sortir de l'ornière.

Nous qui sommes des lurons,
A tasse pleine buvons!
Nargue la mélancolie!
Livrons-nous à la folie.
C'est le chagrin qui fait les vieux barbons.

« Eh! eh! Duke, que dites-vous de cela? Il y a encore un couplet, mais le dernier vers me manque à cause de la rime... Eh! là-bas, vieux sauvage, comment trouvez-vous la musique? pas plus mauvaise que celle de vos chants de guerre, n'est-ce pas?

— Elle est bonne, » répondit l'Indien, qui commençait à ressentir l'influence de ses libations répétées. « Bonne...

— Bravo! bravo! Richard, » s'écria l'Allemand, dont l'œil devenait humide. « Bravissimo! Voilà une bonne chanson; mais Natty en sait une meilleure. Holà! Bas de Cuir, à ton tour : chante-nous ta ballade où l'on parle des bois.

— Non, non, major, » dit le chasseur en secouant tristement la tête; « j'ai vu ce que je croyais que mes yeux ne verraient jamais dans ces montagnes, et je n'ai pas le cœur à la joie. Pendant que celui qui devrait être le maître ici est forcé d'étancher sa soif avec de la neige fondue, il ne convient pas à ceux qui ont vécu de ses bontés de se réjouir, comme s'il n'y avait rien au monde que soleil et printemps. »

En parlant ainsi, le vieillard laissa retomber sa tête sur ses genoux, et couvrit de ses deux mains ses traits mâles et ridés.

Le passage du froid extérieur à la chaleur de la salle, ainsi que les solides et fréquentes libations de Richard, avaient complètement rétabli le niveau entre lui et le reste de la compagnie. Saisissant dans chacune de ses mains un pot écumant de sa boisson favorite, il s'avança vers Nathaniel, en criant :

« Un joyeux Noël, mon ancien! Soleil et printemps, dites-vous? Vous êtes donc aveugle, Bas de Cuir; c'est lune et hiver qu'il faut dire. Prenez-moi ces lunettes-là pour vous éclaircir la vue.

Nargue la mélancolie!
Livrons-nous à la folie.
C'est le chagrin qui fait les vieux barbons.

« Bon! le vieux John commence ses roulades. Quelle satanée musique! »

En effet, le Mohican avait entamé une sorte de mélopée lente et monotone, en marquant la mesure par un balancement de la tête et du corps; il y joignait quelques paroles dans sa langue natale. L'air montait subitement à des notes très aiguës, puis retombait dans les sons bas et chevrotants qui semblaient composer l'essence de sa musique.

L'attention de la société parut alors se partager. On forma de petits groupes, où l'on se mit à discuter diverses matières, tel que le traitement des porcs galeux et le sermon du ministre Grant, pendant que le docteur Todd s'efforçait d'expliquer scientifiquement à Marmaduke la nature de la blessure du jeune chasseur.

L'Indien n'en continuait pas moins de chanter; ses yeux commençaient à s'égarer, et sa physionomie, que son épaisse chevelure rendait encore plus étrange, peu à peu revêtait un caractère de férocité brutale. Sa voix s'élevait de plus en plus, et arriva enfin à un diapason qui mit fin à toute causerie. Bas de Cuir, relevant alors la tête, apostropha avec chaleur le vieux chef en langue delaware.

« A quoi bon, Chingachgook, chanter vos exploits et les ennemis que vous avez tués, » lui dit-il, « quand le pire de tous est près de vous et usurpe les droits du Jeune Aigle? J'ai combattu dans autant de batailles qu'aucun guerrier de votre tribu, mais je n'irais pas m'en vanter dans un moment comme celui-ci.

— Œil de Faucon, » dit le vieux chef, quittant sa place d'un pas chancelant, « je suis le Grand Serpent des Delawares; je sais suivre les Mingos à la piste, comme une couleuvre qui se glisse dans le nid de l'oiseau, et les frapper de mort comme le serpent à sonnettes. L'homme blanc se trompe : il croit le tomahawk de Chingachgook aussi brillant que les eaux de l'Otsego aux derniers rayons du soleil, mais il est rouge encore du sang des Maquas.

— Et pourquoi avez-vous tué les guerriers mingos? » reprit Bas de Cuir. « N'était-ce pas pour assurer aux enfants de vos pères la possession de ces territoires de chasse et de ces lacs, qui ont été donnés en conseil solennel au Mangeur de feu? Et pourtant n'a-t-il pas le sang d'un guerrier dans les veines, le jeune chef qui a le droit de parler haut là où sa voix n'a plus la force de se faire entendre? »

L'apostrophe du chasseur sembla rendre à l'Indien l'usage de ses fa-

cultés. Il se retourna vers la compagnie, regarda fixement le juge, et rejeta en arrière sa noire chevelure; ses yeux étincelèrent d'une haine sauvage, et il porta une main tremblante sur la hache pendue à sa ceinture. Il avait perdu l'usage de sa raison.

« Arrête ! » s'écria Natty. « Ne verse pas de sang! »

Richard, en ce moment, lui ayant présenté un pot rempli de liqueur, les traits du sauvage prirent tout à coup un air hébété ; il saisit le vase à deux mains, se renversa sur son banc, et se mit à boire jusqu'à ce que, n'en pouvant plus, il essaya d'éloigner le vase d'un geste affaibli par l'ivresse.

« C'est fini, » reprit le chasseur ; « il est saoul. Voilà bien les sauvages ; donnez-leur à boire, et ils deviennent de véritables brutes. Patience ! l'heure de la justice sonnera quelque jour. »

Nathaniel parlait en delaware, et nul par conséquent ne le comprenait autour de lui.

« Il a son compte, le vieux John. Fais-le coucher dans ta grange, Hollister; c'est moi qui paie, » dit Richard. « Je suis riche ce soir, dix fois plus riche que Marmaduke avec ses terres, ses apanages, ses rentes, ses billets et ses hypothèques.

Nargue la mélancolie !

Allons, bois, roi Hiram ; à ta santé, Monsieur Pas grand'chose ! C'est aujourd'hui la veille de Noël, et elle ne revient qu'une fois l'an.

— Hi ! hi ! hi ! ce brave Jones, il a l'humeur gaie ce soir, » dit Hiram qui commençait à être passablement dans les vignes du Seigneur. « J'ai idée qu'en définitive nous ferons de la bâtisse une église, hein ?

— Une église, Monsieur Fait-Peu ! Nous en ferons une cathédrale, et nous y mettrons évêque, prêtres, diacres, chanoines, sacristie, sans compter l'orgue, l'organiste et le souffleur. Par le diable, avec un clocher à l'autre bout du bâtiment, nous ferons deux églises au lieu d'une. Qu'en dites-vous, Duke, paierez-vous la dépense ? Oui, certes, cousin, vous la paierez.

— Tu fais un tel tapage, Richard, » dit le juge, « que je n'entends rien à ce que dit M. Todd... Alors, docteur, il est à craindre que, par ce temps froid, la blessure ne s'envenime ?

— Au contraire, Monsieur, tout au contraire, » dit Elnathan en s'efforçant d'expectorer, et n'y réussissant qu'à demi ; « une blessure si bien pansée ne s'envenime jamais, surtout lorsque la balle est dans ma poche.

Comme vous vous proposez de prendre ce jeune homme chez vous, il vaudra mieux, pour l'opération et les soins ultérieurs, ne faire qu'un seul mémoire.

— Un seul suffira, » répliqua Marmaduke, avec un de ces sourires équivoques qui lui étaient familiers, et qu'on pouvait également attribuer à la bonne humeur ou à l'ironie.

Cependant l'hôte avait fait porter l'Indien dans sa grange. Là, étendu sur la paille et enveloppé de sa couverture, John dormit jusqu'au lendemain.

A son tour, le major Hartmann entrait en gaieté et devenait bruyant; les verres et les pots se succédèrent sans interruption durant toute la nuit, et le jour allait paraître, lorsque le vétéran allemand exprima le désir de retourner à ce qu'on appelait « la grande maison ». La salle était aux trois quarts vide; mais Marmaduke connaissait trop bien les habitudes de son ami pour lui proposer de se retirer avant l'heure. Aussitôt l'intention manifestée, il y donna son assentiment, et le trio partit. Mistress Hollister accompagna ses hôtes en personne jusqu'à la porte, en leur recommandant de marcher avec précaution.

« Appuyez-vous sur M. Jones, major, » dit-elle; « il est jeune et vous soutiendra. Ma foi, c'est plaisir de vous voir réunis au *Dragon Hardi;* et, à coup sûr, il n'y a pas de mal à fêter la veille de Noël; qui sait ce qui nous attend demain? Bonne nuit, mon juge. Un joyeux Noël que je vous souhaite à tous trois! »

Ces messieurs prirent le milieu de la route, où la neige était bien battue, et se tirèrent passablement d'affaire jusqu'en face de la maison du juge. Arrivés là, ils divergèrent d'une façon sensible, et M. Temple qui leur montrait le chemin, s'étant aperçu qu'il était seul, retourna sur ses pas, et trouva ses compagnons enterrés jusqu'au cou dans la neige, où ils étaient tombés; ce qui n'empêchait pas Richard de continuer à chanter avec plus d'ardeur que jamais :

Nargue la mélancolie!
Livrons-nous à la folie.
C'est le chagrin qui fait les vieux barbons.

CHAPITRE XV.

Elle était, ce jour-là, ho ! dans la baie de Biscaye !

Ancienne ballade.

NTÉRIEUREMENT à la scène qui s'était passée au *Dragon Hardi*, M. Temple avait reconduit sa fille chez lui, et il l'avait laissée pour y passer la soirée comme bon lui semblerait. La plupart des lumières avaient été éteintes ; mais Benjamin ayant eu soin d'allumer sur le buffet quatre grosses chandelles dans des chandeliers de cuivre massif, on était mieux éclairé, et plus chaudement dans le salon que dans la salle de l'académie qu'on venait de quitter.

Remarquable avait été du nombre des auditeurs de M. Grant, et lorsqu'elle revint au logis, son ressentiment, que le langage du juge n'avait pas peu contribué à exaspérer, était un peu calmé par la réflexion. Elle songea qu'attendu la jeunesse d'Élisabeth, il ne lui serait pas difficile d'exercer d'une manière indirecte le pouvoir dont elle avait joui jusque-là sans partage. L'idée d'être commandée ou d'être réduite à un état subalterne lui était intolérable. Plusieurs fois elle avait résolu de tenter un dernier effort pour savoir, d'une manière définitive, à quoi elle devait s'en tenir ; mais dès qu'elle rencontrait le regard imposant d'Élisabeth, qui se promenait toute rêveuse dans le salon, elle se sentait saisie d'une crainte respectueuse dont elle ne se serait pas crue susceptible, et gardait le silence.

Enfin elle se décida à entamer la conversation, par un sujet propre à faire disparaître toutes les distinctions humaines, et où elle comptait déployer ses talents.

« Le curé Grant nous a donné ce soir un bien beau sermon, » dit-elle. « Les gens de son église ne sont pas d'ordinaire des prêcheurs maladroits ; mais ils couchent leurs idées par écrit, ce qui est un grand avantage. A mon avis, ils n'auraient pas la langue aussi leste que ceux du culte debout s'ils parlaient sans préparation.

— Le culte debout ? » demanda miss Temple avec quelque surprise. « Qu'entendez-vous par là ?

— J'entends les presbytériens, les congrégationnels, les baptistes, enfin tous ceux qui ne se mettent pas à genoux pour prier.

— A ce compte, vous appelleriez gens du culte assis ceux qui professent la religion de mon père.

— Pas précisément ; le seul nom que je leur ai entendu donner est celui de quakers, et à Dieu ne plaise que je les appelle autrement ! Il ne m'est jamais venu à l'esprit de rien dire d'inconvenant, soit du juge ou de sa famille. J'ai toujours fait cas des quakers, qui sont polis et obligeants ; et cela m'a bien étonnée de voir votre papa choisir une femme dans l'église épiscopale, car ce sont les deux religions les plus opposées. Dans la sienne, on ne bouge pas, et la plupart du temps on n'ouvre pas la bouche ; dans vos églises au contraire, il faut prendre toutes sortes de postures, ce qui m'a paru quelquefois un spectacle tout à fait drôle.

— Vous avez trouvé dans la liturgie de l'Église un mérite qui m'avait échappé. Allez voir, je vous prie, si l'on a allumé du feu dans ma chambre. Je me sens fatiguée, et j'ai besoin de me retirer. »

Remarquable éprouva une furieuse démangeaison de répondre à sa jeune maîtresse qu'elle n'avait qu'à monter l'escalier pour s'en assurer elle-même ; mais la prudence l'emporta sur la mauvaise humeur, et après un délai de quelques instants, employés à sauvegarder sa dignité, elle se décida à obéir. Le rapport qu'elle fit ensuite ayant été satisfaisant, Élisabeth se retira, en souhaitant le bonsoir à la femme de charge, ainsi qu'à Benjamin, qui s'occupait à remettre du bois dans le poêle.

Du moment que la porte se fut refermée sur miss Temple, Remarquable commença à tenir des propos ambigus, qui ne contenaient ni l'éloge ni la critique de sa maîtresse, mais qui, s'échauffant par degrés, finirent par s'élever au ton d'un aigre mécontentement. Le majordome,

sans rien répondre, acheva de bourrer le poêle ; après quoi, il alla consulter le thermomètre ; puis ouvrant un tiroir du buffet, il en tira une provision de stimulants, qui aurait suffi à entretenir la chaleur vitale sans l'aide du feu énorme qu'il avait allumé. Il approcha ensuite une petite table, y posa une bouteille et des verres, plaça deux chaises en cet endroit confortable ; et c'est alors seulement qu'il parut s'apercevoir de la présence de sa compagne.

« Venez, » s'écria-t-il, « venez, Mistress Remarquable, et jetez l'ancre en face de moi, sur cette chaise. Il fait un temps du diable, ma bonne dame. Bah ! vent debout ou vent arrière, voyez-vous, c'est tout un pour le vieux Ben. Les noirauds sont entassés à fond de cale autour d'un feu capable de rôtir un bœuf. Nous avons ici vingt-cinq degrés au thermomètre, et pour peu qu'il y ait de vertu dans le bois d'érable, je réponds qu'avant un tour de sablier il en marquera dix de plus, en sorte que M. Jones, en rentrant, aura aussi chaud que la main qui enduit un cordage de mauvais goudron. Venez donc, approchez cette chaise, et dites-moi comment vous trouvez notre nouvelle maîtresse.

— Autant que j'en puis juger, Monsieur Penguillan...

— La Pompe, la Pompe, » interrompit Benjamin. « C'est la veille de Noël, et, ma foi, il vaut mieux m'appeler la Pompe. D'abord c'est plus vite fait, et puis j'ai envie de pomper dans cette bouteille jusqu'à ce qu'il n'y reste rien.

— Vraiment! » s'écria Remarquable avec un rire qui faillit disloquer toutes les jointures de son corps. « Vous êtes un drôle d'homme, Benjamin, quand vous vous en mêlez. Pour revenir à nos moutons, m'est avis qu'on verra sous peu du changement dans la maison.

— Du changement ! » répéta le majordome, en regardant la bouteille qui se vidait avec une étonnante rapidité. « Ça ne me touche guère, tant que j'aurai dans ma poche les clefs de la cambuse.

— Il est certain, » continua la femme de charge, « qu'on aura toujours de quoi boire et manger à sa suffisance... Encore un peu de sucre dans le grog... car M. Jones est un excellent pourvoyeur. Mais, nouveaux maîtres, nouvelles lois, et ça m'étonnerait beaucoup si nous avions, vous et moi, à rester longtemps ici.

— La vie est aussi incertaine que le vent qui souffle, » fit observer Benjamin d'un air dogmatique. « Rien au monde de plus variable que le vent, Mistress Remarquable, à moins, voyez-vous, de tomber sur la mousson, et alors vous en avez pour un mois de suite à voguer toutes voiles dehors, en haut et en bas, avec un mousse au gouvernail.

— Oui, je le sais, il n'y a qu'incertitude dans la vie, » dit Remarquable, en composant ses traits sur ceux de son compagnon ; « aussi je m'attends à de grands changements dans la position d'un chacun. On vous mettra sur le dos une jeunesse, comme on veut faire pour moi ;

et après le temps que vous avez passé ici, Benjamin, c'est dur à avaler, il me semble.

— L'avancement doit avoir lieu selon les années de service ; mais s'il advient qu'on embarque un matelot à mon bord, ou qu'on place un nouvel intendant au gaillard d'arrière, je donnerai ma démission en moins de temps qu'il n'en faut pour amarrer une chaloupe. Maître Richard est un aimable capitaine, avec qui c'est un plaisir de naviguer ; eh bien, s'il s'avisait de me donner un conscrit pour supérieur, je lui dirais en bon anglais, voyez-vous, dans ma langue maternelle : « Voilà « ma démission. » J'ai commencé et fourni ma carrière en homme de cœur, Mistress Petits-Os ; j'ai appris à carguer une voile et à amarrer les écoutes du mât de misaine ; et puis je rendais de petits services dans la cabine, en préparant, par exemple, le grog du patron. C'est là que mon goût s'est formé, et vous devez savoir si je l'ai excellent. Sur ce, je bois à la durée de notre connaissance. »

Remarquable le remercia du compliment, et goûta au breuvage placé devant elle ; pourvu qu'il fût bien sucré, elle n'était nullement ennemie d'un verre de grog de temps à autre.

Après cet échange de politesses, l'honnête couple renoua la conversation.

« Vous devez avoir une grande expérience de la vie, Benjamin, » reprit la dame. « Comme dit l'Écriture : « Celui qui va sur mer dans un « vaisseau voit les œuvres du Seigneur. »

— Hum ! à bord d'un brick ou d'un vaisseau, il y voit aussi les œuvres du diable. La mer, Mistress Remarquable, est remplie d'avantages : elle vous offre l'occasion de voir les habitudes des nations et la tournure des pays. Tenez, moi qui ne suis qu'un ignorant à côté de ceux qui courent les hautes mers, eh bien, depuis le cap de la Hogue jusqu'au cap Finistère, il n'y a pas de pointe ou d'île dont je ne sache le nom et que je ne connaisse plus ou moins... Un peu plus de rhum pour colorer votre eau, ma chère ; voilà le sucrier... Comme je disais donc, prenez la côte entière, je la connais aussi bien que le chemin du *Dragon Hardi*, et c'est une chienne de connaissance que celle de la Biscaye ! Si vous entendiez le vent qui souffle dans ces parages ! il faut s'y prendre à deux mains pour retenir ses cheveux sur sa tête. Naviguer dans cette baie, ça ne ressemble pas mal à la façon de voyager par nos montagnes, où l'on ne fait que grimper et descendre.

— Est-il possible ! Est-ce que la mer s'élève aussi haut que des montagnes, Benjamin ?

— Je vais vous dire ça. Auparavant, goûtez-moi ce grog ; celui-là est de la bonne façon... La mer, voyez-vous, elle se trémousse assez joliment dans la baie de Biscaye, surtout par une brise du sud-ouest, et alors c'est une fameuse bousculade. Néanmoins, ce n'est pas dans les mers étroites que vous trouverez de grosses vagues. Allez à la hauteur des Açores par un bon vent d'ouest, avec la terre à bâbord et la proue du vaisseau tournée au sud ; alors mettez en panne, et cargnez-moi les huniers ; ou bien avec les petits huniers en garcette, déployez les voiles d'étai et les voiles de misaine pour soutenir le navire ; demeurez là l'espace de deux quarts seulement, et vous en verrez des montagnes d'eau. Eh bien, ma chère dame, je m'y suis trouvé à bord de *la Boadicée;* on ne voyait en haut qu'un pan de ciel de la largeur d'une voile, et en bas, il y avait un trou assez grand pour contenir toute la marine anglaise.

— Juste ciel ! vous devez avoir eu bien peur, Benjamin. Et comment vous êtes-vous tiré de là ?

— Peur ! et pourquoi diable avoir peur de quelques gouttes qui vous dégringolent sur la tête ? Quant à nous tirer de là, ce n'était pas chose facile. Nous appelâmes tout le monde à la manœuvre, parce que, voyez-vous, les hommes qui n'étaient pas de quart ronflaient dans leurs hamacs, aussi tranquilles que dans une de vos chambres à coucher ; la barre fut mise au vent, le petit hunier abattu, et l'on courut des bordées. Après ça, je vous le demande, la frégate n'aurait-elle pas marché ? Ma chère, elle marchait comme un bijou ; mais je vous réponds, et l'on peut m'en croire, qu'elle sautait d'une montagne à l'autre comme on voit un écureuil sauter d'arbre en arbre... Ah ! la jolie marcheuse que cette frégate ! Si j'étais le roi d'Angleterre, je la ferais haler en amont du pont de Londres, et je la meublerais comme un palais ; car si quelqu'un a le droit d'être bien logé, à coup sûr, c'est Sa Majesté.

— Et vous, Benjamin, que faisiez-vous ?

— Mon devoir, comme les autres. Si la frégate avait été montée par les compatriotes de M. Le Quoi, ils l'auraient fait échouer sur les côtes de quelque île voisine. Au lieu de cela, nous longeâmes la terre jusqu'à la hauteur des montagnes du Pic, et le diable m'emporte si je sais comment nous sautâmes par-dessus l'île ou si nous en fîmes le tour! Ce qu'il y a de certain, c'est que nous nous trouvâmes là sous voile, faisant courir à notre frégate des bordées tantôt de bâbord, tantôt de tribord, lui tenant de temps à autre le nez au vent, en attendant que la tempête eût vidé ses vessies.

— Voilà qui passe l'imagination! » dit Remarquable, qui ne comprenait pas un mot de ce que lui disait Benjamin, mais qui néanmoins avait l'idée confuse d'une furieuse tempête. « Quelle vie terrible d'aller sur mer! Je ne m'étonne plus de votre répugnance à quitter une maison aussi confortable que celle-ci. Ce n'est pas que je m'en soucie beaucoup; on peut en trouver d'autres. Lorsque je m'arrangeai avec le juge pour venir demeurer chez lui, je ne m'attendais pas à y rester longtemps. J'arrivai simplement pour voir le train de la famille, une semaine environ après la mort de Mistress Temple, et je me proposais de quitter le soir même; mais la famille se trouvait dans un tel embarras, que je ne pus faire autrement que de rester pour lui rendre service.

— Puisque vous n'avez pas levé l'ancre depuis ce temps-là, c'est donc que le navire marche bien?

— Je conviens que le juge et M. Jones se sont gentiment conduits jusqu'à présent; mais attendez! Nous aurons bientôt l'envers de la médaille. Quand le juge est parti pour aller chercher sa fille, je ne comptais guère trouver un despote dans cette laide mijaurée.

— Laide! » s'écria le majordome en ouvrant dans sa stupéfaction des yeux que le sommeil allait fermer. « Autant appeler *la Boadicée* une frégate mal bâtie! Et que diable vous faut-il donc, ma chère? N'a-t-elle pas des yeux brillants comme les étoiles du matin et du soir? des cheveux aussi noirs et luisants que des agrès fraîchement goudronnés? Sa démarche n'est-elle pas aussi majestueuse que celle d'un vaisseau à trois ponts dans une eau calme? Sur ma foi, la figure d'avant de *la Boadicée* n'était que ripopée auprès d'elle; pourtant, j'ai ouï dire au capitaine que c'était l'image d'une grande reine, et les reines sont toujours belles, n'est-ce pas? Car un roi ne prend pas un laideron pour camarade de lit.

— Parlez décemment, Benjamin, si vous voulez que je vous tienne compagnie. Qu'elle soit plaisante à voir, c'est possible; quant à sa façon d'agir, vous m'en direz des nouvelles. Elle a l'air de croire au-dessous d'elle de parler au pauvre monde. D'après ce que m'avait dit M. Jones, j'espérais me plaire infiniment dans sa compagnie. Louise Grant est bien mieux élevée, oh! bien mieux. Lorsque je lui ai demandé ce qu'elle avait éprouvé en revenant ici sans y trouver sa maman, elle ne m'a pas répondu un mot.

— Peut-être ne vous a-t-elle pas bien compris, car vous baragouinez tant soit peu, ma chère; vous avez oublié ce qu'on vous a appris à l'école, et notre jeune maîtresse est une savante.

— Maîtresse! Prétendez-vous faire de moi une mauricaude, Benjamin? Elle n'est pas ma maîtresse, et elle ne le sera jamais. Quant à ma façon de parler, nul ne saurait m'en remontrer là-dessus dans les colonies.

— Quoi qu'il en soit, je ne saisis pas trop ce que miss Betzy vous a fait, ma brave femme. Allons, buvez une gorgée de grog, et puis sachez pardonner et oublier, comme le doit toute bonne âme.

— Non, vraiment, je n'en ferai rien, Benjamin. Me traiter de la sorte! je ne veux pas m'y accoutumer. J'ai par devers moi cent cinquante dollars, sans compter un lit et vingt moutons, et je ne me soucie pas de vivre dans une maison où il est défendu d'appeler une jeune personne par son nom de baptême. Oui, je l'appellerai Betzy tout court, tant qu'il me fera plaisir; nous sommes dans un pays libre, et il n'y a pas de loi qui m'en empêche. Mon intention était de passer ici encore l'été prochain, mais je partirai demain même, et je parlerai tout à mon aise.

— Quant à cela, Mistress Remarquable, personne ne vous contredira; car il serait, à mon avis, aussi facile d'arrêter un ouragan avec un mouchoir de Barcelone que de retenir votre langue quand elle est une fois partie. Dites donc, ma brave dame, y a-t-il beaucoup de guenons sur les côtes de votre pays?

— Guenon vous-même! Monsieur Penguillan, » s'écria la femme

de charge furieuse. « Vous n'êtes qu'un vieux singe, ou plutôt un ours, un ours mal léché ! et vous ne méritez pas qu'une femme honnête vous fasse compagnie ; aussi est-ce pour la dernière fois, quand je devrais rester encore trente ans chez le juge ! Ce sont là des propos à tenir à une cuisinière, et non à une femme qui tient un rang dans le monde.

— Écoutez, Mistress Petits-Os : il est possible que je sois un ours,

comme pourront le savoir ceux qui me tomberont sous la patte ; mais singe, halte-là ! Me prenez-vous pour une de ces bêtes qui grimacent à tort et à travers ? pour une perruche qui parle une douzaine de langues, le grec, l'allemand, voire le jargon du comté d'Essex, sans en comprendre un seul mot, non, non, Dieu me damne ! Un aspirant de marine peut transmettre l'ordre qu'a donné le capitaine ; mais laissez-le manœuvrer le vaisseau à sa guise, et je consens à ne plus boire de grog si le dernier des novices ne lui rit pas au nez.

— Et vous ferez bien, » dit Remarquable en se levant avec indignation ; « vous n'avez déjà que trop bu, et je ne resterai pas plus longtemps ici à entendre vos propos inconvenants. »

A ces mots, la femme de charge, imitant de son mieux les grands airs de sa maîtresse, prit un chandelier, sortit de la salle et en ferma la porte sur elle avec un bruit semblable à un coup de fusil, non sans décocher à Benjamin les épithètes flatteuses d'*ivrogne*, d'*imbécile* et d'*animal*.

« Qui appelez-vous ivrogne ? » s'écria fièrement ce dernier en faisant un mouvement vers Remarquable. « Vous voulez faire la grande dame et vous n'êtes bonne qu'à contredire et à bougonner sur tout. Où diable avez-vous appris à vivre et à parler ? »

Il retomba sur sa chaise, vida son verre et ne tarda point à faire entendre des sons qui ressemblaient assez au grognement de l'ours, son animal favori, et interrompus de temps en temps par les mots expressifs de *guenon, perruche, pot à goudron*, etc.

Il dormait depuis une couple d'heures, lorsqu'il fut réveillé par l'arrivée bruyante de Richard, du major Hartmann et du maître de la maison. Il reprit assez l'usage de ses sens pour conduire les deux premiers à leurs chambres respectives, et disparut ensuite, laissant le soin de la sûreté du logis à celui qui y était le plus intéressé. Les serrures et les verrous étaient peu en usage dans l'enfance de la colonie nouvelle ; et Marmaduke, après avoir examiné si tous les feux étaient éteints, alla se coucher.

C'est par cet acte de prudence que se termine la première journée de notre histoire.

CHAPITRE XVI.

Il y a de la trahison, Messieurs ; cependant, ne bougez pas.

SHAKESPEARE, *Beaucoup de bruit pour rien.*

Heureusement pour les buveurs qui avaient quitté tard dans la soirée l'auberge du *Dragon Hardi*, le froid avait beaucoup diminué lorsqu'ils rentrèrent chez eux. De légers nuages commencèrent à l'approche du jour, à traverser l'atmosphère, et la lune disparut derrière un amas de vapeurs chassées vers le nord. Quand le soleil se leva, sa clarté fut voilée par cet épais rideau, et le vent du sud, soufflant de la vallée, apporta les symptômes infaillibles d'un dégel.

La matinée était déjà avancée, quand Élisabeth sortit de son appartement dans l'intention de satisfaire sa curiosité, en jetant un coup d'œil, à la clarté du jour, sur les dépendances de la maison, avant qu'on se réunît à la table du déjeuner. Elle s'enveloppa d'une pelisse pour se garantir du froid qui, bien que diminuant rapidement, était encore vif, et entra dans un petit enclos qui donnait sur un taillis de jeunes pins, rejetons d'arbres plus grands que la hache avait abattus. Tout à coup elle entendit la voix de M. Jones, qui lui criait :

« Un heureux Noël, cousine Bess, un heureux Noël ! Ah ! ah ! déjà levée! mais on ne me surprend pas, moi. Partout où j'ai demeuré, j'ai toujours devancé âme qui vive pour les souhaits de Noël, hommes, femmes, enfants, grands ou petits, noirs, blancs et jaunes. Attendez-moi une minute, le temps de passer mon habit. Vous voulez examiner les embellissements qui ont été faits en votre absence; bravo! Qui vous les expliquera mieux que moi qui en ai tracé tous les plans? Il s'écoulera au moins une heure avant que le juge ou le major aient cuvé les drogues maudites de mistress Hollister; ainsi rien ne m'empêche d'aller vous rejoindre. »

Richard pérorait en bonnet de nuit à la fenêtre de sa chambre à coucher, où la crainte d'être prévenu par quelqu'un de plus matinal lui avait fait passer la tête en dépit du froid. La jeune fille lui promit de l'attendre, rentra dans la maison et en ressortit bientôt, tenant à la main un paquet scellé de plusieurs grands cachets. Le pétulant cousin était descendu.

« En route, Betzy! » lui dit-il en passant un des bras de sa cousine sous le sien. « La neige commence à fondre; mais elle est encore en état de nous porter. Ne dirait-on pas qu'on respire l'air de la Pensylvanie? Le détestable climat que celui-ci, cousine! Hier soir, au coucher du soleil, il faisait assez froid pour glacer le zèle d'un homme, et pour moi, je vous le déclare, c'est comme si le thermomètre était à zéro; sur les neuf ou dix heures, le temps s'est amolli; à minuit, il était tout à fait doux, et j'ai eu si chaud toute la nuit que je n'ai pu supporter une couverture... Holà! Agamemnon, un heureux Noël! Avance donc, moricaud! Voilà un dollar pour toi, et si ces messieurs sont levés avant mon retour, tu viendras me le dire. Je ne voudrais pas, au prix de ta peau, être devancé par Duke. »

Le noir, tout en promettant de veiller au grain, ramassa le dollar dans la neige, le jeta à vingt pieds en l'air, le rattrapa au vol, et, la joie au cœur et le visage rayonnant, il courut dans la cuisine montrer le cadeau qu'il venait de recevoir.

« Oh! ne soyez pas en peine, cousin, » dit Élisabeth. « J'ai jeté un coup d'œil chez mon père; il dort à poings fermés, et avec un peu d'attention vous aurez tous les honneurs de la journée.

— Duke est votre père, mais il aime parader au premier rang jusque dans les bagatelles. Oh! bien, moi, la gloriole ne me tente pas, si ce n'est au point de vue de la rivalité; à une chose qui ne signifie rien en soi la rivalité ajoute de l'importance. Il en est ainsi de votre père; il veut être le premier, et c'est comme rival que je lutte contre lui, voilà tout.

— C'est d'une clarté limpide, en effet. L'amour des distinctions ne vous arracherait pas une obole, si vous étiez seul sur la terre; mais comme il y en a beaucoup d'autres, vous en êtes réduit à joûter contre tout le monde, au point de vue de la rivalité.

— Précisément. Vous êtes une fille d'esprit, Bess, et vous faites honneur à vos maîtres. Quelle bonne idée j'ai eue de vous placer dans cette pension! Dès les premières ouvertures de votre père, j'écrivis à un ami que j'ai à New-York, une forte tête, et j'ai agi sur ses recommandations. Duke regimba d'abord, comme d'habitude; une fois au courant, il fut obligé de se rendre.

— Trêve à vos critiques, cousin! C'est mon père, et si vous saviez ce qu'il a fait pour vous, vous le traiteriez avec plus de ménagement.

— Pour moi? » dit Richard en suspendant un peu sa marche pour réfléchir. « Peuh! il s'agit sans doute du plan de la nouvelle chapelle hollandaise, qu'il m'a procuré. Je ne m'en soucie guère. Un homme de talent a rarement besoin de secours étrangers; son cerveau est pour lui le meilleur architecte.

— Ce n'est pas cela.

— Bon! j'y suis. Il m'a fait nommer inspecteur des nouvelles routes.

— Il l'aurait pu faire; mais c'est d'une autre nomination que je veux parler.

— Une autre! » répéta M. Jones, dont la curiosité commençait à être vivement excitée. « C'est donc une nomination? Si c'est dans la milice, je n'en veux pas.

— Il n'est pas question de milice; c'est, » dit Élisabeth en montrant le paquet qu'elle tenait à la main, et le retirant ensuite avec un petit air de coquetterie, « c'est une place honorable et lucrative.

— Honorable et lucrative! Ma cousine, donnez-moi ce papier. A propos, est-ce une place où il y a quelque chose à faire?

— Vous avez mis le doigt dessus, cousin Richard; c'est le pouvoir exécutif du comté. Du moins, mon père l'a dit en me remettant ce paquet pour vous l'offrir en cadeau de Noël : « Si quelque chose doit « plaire à Richard, c'est d'occuper le fauteuil du pouvoir exécutif du « comté. »

— Le pouvoir exécutif ! Quelle absurdité ! » s'écria l'impatient Richard en prenant le paquet des mains d'Élisabeth. « Il n'y a pas d'emploi semblable dans le comté... Eh ! mais, c'est, ma foi, une commission qui nomme Richard Jones, écuyer, shérif du comté... Ah ! certes, voilà qui est aimable de la part du cousin Duke. Il a bon cœur, je l'avoue, et n'oublie pas ses amis... Shérif ! grand shérif de..! Cela sonne bien ; à l'épreuve cela fera encore mieux (R). Duke ne manque pas de sens, au fond, ni de discernement. Je lui ai beaucoup d'obligation, » ajouta-t-il en s'essuyant les yeux, sans y penser, avec les parements de son habit. « Ce n'est pas que je n'en fisse autant pour lui, comme il pourra s'en convaincre si les devoirs de ma charge m'en fournissent l'occasion. Je les remplirai, ces devoirs, Bess, je les remplirai, dis-je... Maudit vent du sud ! comme il fait venir l'eau aux yeux !

— C'est à présent, Richard, » dit Élisabeth en riant, « que vous allez avoir de l'occupation. Vous ne vous plaindrez plus comme autrefois de n'avoir rien à faire dans ce pays nouveau, où il me semble, à moi, que tout reste à faire.

— Sans doute, » dit Richard en se redressant d'un air grave, de manière à ne pas perdre un pouce de sa petite taille. « Tout dépend du plan que l'on se trace, ma chère. Dès cet après-midi, je me mets au travail, et j'agirai carrément. Il me faut des adjoints, vous comprenez. Je divise le comté en districts, et dans chacun j'installe un de mes adjoints. Le village, qui aura le sien aussi, sera mon département de l'intérieur. Voyons, qui prendre ? Oh ! Benjamin ! Oui, Benjamin fera un bon adjoint ; il a été naturalisé et conviendrait, s'il savait seulement monter à cheval.

— Parfait, seigneur shérif, et comme il s'entend à manier les cordes, ce talent pourra lui servir en cas de condamnation à mort.

— Non, non ; s'il s'agit de pendre un homme, je me flatte que nul ne saura s'en tirer mieux que... c'est-à-dire... Oui, oui, Benjamin ferait joliment l'affaire, dans cette fâcheuse extrémité. Voudrait-il y consentir? J'en doute fort. Il me serait aussi difficile à lui apprendre à jouer son rôle qu'à le déterminer à monter à cheval. Décidément, il me faut chercher ailleurs.

— Eh bien, cher cousin, comme vous avez tout le temps de vous occuper de cette importante affaire, oubliez, de grâce, que vous êtes grand shérif, et donnez quelques instants à la galanterie. Où sont les embellissements que vous deviez me faire voir?

— Où? mais partout. Tenez, ici j'ai tracé quelques rues nouvelles ; une fois ouvertes, les arbres abattus et les maisons bâties, n'aurons-nous pas une ville superbe?.. C'est égal, si Duke est têtu comme un âne, il a le cœur généreux... Oui, j'aurai besoin de quatre adjoints au bas mot, outre un geôlier.

— Je ne vois pas de rues dans la direction de notre promenade, à moins que vous n'appeliez ainsi les passages étroits pratiqués à travers ces taillis de jeunes pins. Votre intention n'est pas sûrement de bâtir de sitôt dans la forêt qui est devant nous, et dans ce marais.

— Arbres, montagnes ou marais, qu'importe! Il faut que nos rues soient tirées au cordeau ; nous n'avons en vue que la postérité. Telle est la volonté de votre père, et vous savez que votre père...

— Vous a fait shérif, Monsieur Jones.

— Je le sais, je le sais, et si cela était en mon pouvoir, je le ferais roi. Avec son cœur magnanime, il serait un excellent roi, à la condition toutefois, d'avoir un bon premier ministre. Mais qu'est-ce là? J'entends causer dans les buissons. On trame quelque noirceur, je parie... Approchons, et voyons un peu ce que c'est. »

Pendant ce dialogue, les interlocuteurs n'avaient pas cessé de marcher, et ils se trouvaient assez loin de la maison, sur un terrain découvert, où l'on avait projeté d'élever un nouveau quartier. On s'était contenté d'abattre des arbres sur la lisière de la forêt ; mais aucun défrichement n'ayant eu lieu encore, de nombreux rejetons avaient poussé autour des souches, et formaient par places un épais taillis au-dessus de la neige. Le sifflement du vent dans ces pins en miniature amortissait le bruit des pas des promeneurs, et les branches de ces arbustes toujours verts empêchaient qu'on ne les aperçût.

Favorisés par ces deux circonstances, ils s'approchèrent d'un endroit où le jeune Olivier, Bas de Cuir et le chef indien se tenaient en consultation. Le premier s'exprimait avec vivacité et semblait attacher à l'objet en délibération une haute importance; Nathaniel lui prêtait une attention plus qu'ordinaire. Un peu à l'écart, le Mohican avait la tête penchée sur sa poitrine; ses cheveux en désordre lui cachaient une partie du visage, et toute son attitude indiquait l'abattement et la honte.

« Éloignons-nous, » murmura Élisabeth. « Nous n'avons pas le droit de surprendre leurs secrets.

— Le droit! » répondit Richard sur le même ton, quoique avec un peu d'impatience et en serrant le bras d'Élisabeth contre le sien, de manière à la retenir. « Vous oubliez, ma cousine, que mon devoir est de veiller au maintien du bon ordre et à l'exécution des lois. Ces vagabonds commettent fréquemment des déprédations, quoique je ne croie pas John capable de tramer un complot. Le pauvre diable! hier soir il était ivre comme une soupe, et il ne paraît pas encore revenu à lui. Approchons-nous de plus près, et écoutons. »

Malgré la répugnance d'Élisabeth, Richard, stimulé sans doute par le sentiment de sa dignité, la fit rester; et bientôt ils furent à portée d'entendre distinctement les voix des interlocuteurs.

« Il faut avoir l'oiseau, » dit le vieux chasseur, « n'importe comment. Ah! j'ai vu un temps, mon garçon, où les dindons sauvages n'étaient pas rares dans le pays, et maintenant il faut, pour en trouver un, aller jusqu'en Virginie. Sans doute, il y a de la différence au goût entre une perdrix et un dindon bien gras, quoique, à mon avis, rien n'est au-dessus d'une queue de castor et d'un jambon d'ours. Après ça, vous me direz, chacun consulte son goût. Ce matin, en descendant au village, j'ai donné jusqu'à mon dernier liard au marchand français pour acheter de la poudre; et comme il ne vous reste qu'un schelling, nous n'avons qu'un coup à tirer entre nous trois. Je sais que Billy Kirby est sur les rangs, et qu'il a bonne envie de gagner le dindon. John a le coup d'œil sûr pour tirer une balle; et moi, si j'ai peur de manquer mon coup, ma main tremble à tel point que cela m'empêche de bien ajuster. A la dernière chute des feuilles, quand je tuai cette ourse affamée avec ses oursons, je les tirai l'un après l'autre et d'un seul coup, et je chargeai par-dessus le marché en m'avançant d'arbre en arbre ; mais ici le cas est bien différent, Monsieur Olivier. . . . . .

— Voilà tout ce que je possède, ce schelling et ma carabine, » s'écria le jeune homme, en tenant la pièce d'argent entre ses doigts et comme s'il trouvait dans sa misère un plaisir mêlé d'amertume. « C'est d'aujourd'hui que je suis un franc coureur des bois, et la chasse doit me faire vivre. Allons, Natty, mettons sur l'oiseau notre dernière ressource ; si c'est vous qui tirez, le succès est certain.

Richard Jones et Élisabeth Marmaduke.

— J'aurais préféré que ce fût John, mon enfant. Le cœur et la main me tremblent en voyant l'envie extrême que vous avez de cet oiseau ; et je suis sûr de le manquer. Ces Indiens tirent aussi juste dans une occasion que dans une autre ; rien ne les trouble. Tenez, John, voilà le schelling ; prenez mon fusil, et tirez sur le dindon. »

L'Indien tourna la tête d'un air sombre, et regarda fixement ses compagnons pendant quelques minutes.

« Quand John était jeune, » dit-il, « sa vue ne portait pas plus juste que sa balle. Les femmes des Mingos criaient d'effroi au son de sa carabine, et les guerriers mingos devenaient des femmes. Quand eut-il besoin de tirer deux fois ? L'aigle planait au delà des nuages en passant au-dessus du wigwam de Chingachgook, et pourtant ses plumes ne manquaient pas à nos femmes. Mais, » ajouta-t-il en s'élevant des tons bas et étouffés de la douleur à l'accent d'une vive exaltation, « voyez mes mains : elles frémissent comme un daim aux hurlements d'un loup. John est-il donc vieux? un Mohican devient-il femme au bout de soixante-dix hivers? Non! c'est le Visage Pâle qui lui apporte la vieillesse; le rhum lui sert de tomahawk.

— Pourquoi en boire alors? » dit Olivier. « Pourquoi exposer une si noble nature aux pièges du diable en se ravalant à la condition de la brute?

— De la brute! John est-il donc une brute? » répliqua l'Indien d'une voix lente. « Oui, tu dis vrai, fils du Mangeur de Feu, John est une brute... Il fut un temps où la fumée était rare sur ces montagnes : le daim venait lécher la main de l'homme blanc et l'oiseau se poser sur sa tête; il leur était étranger. Mes pères vinrent des rivages du lac salé; ils s'enfuirent devant le rhum. Ils allèrent trouver leur Grand Père; là ils vivaient en paix, ou, s'ils déterraient la hache, c'était pour en frapper la tête d'un Mingo. Ils s'assemblaient autour du feu du conseil, et ce qu'ils disaient s'exécutait. En ce temps-là, John était un homme... les soldats et les marchands aux yeux clairs les suivirent, apportant des coutelas et du rhum. Ils étaient plus nombreux que les pins des montagnes; ils dispersèrent le conseil et prirent possession des terres. Le mauvais esprit était dans les barils, et ils le faisaient couler... Oui, oui, tu dis vrai, Jeune Aigle, John est une brute.

— Pardon, vieux guerrier, » dit le jeune homme en lui prenant la main. « A Dieu ne plaise que je vous fasse des reproches! Maudite soit la cupidité qui a détruit une telle race! Rappelez-vous, John, que je suis de votre famille, et c'est aujourd'hui mon plus grand sujet d'orgueil. »

Les traits du Mohican s'adoucirent, et il répondit d'un ton plus tranquille :

« Tu es un Delaware, mon fils; je n'ai rien entendu... John ne tirera pas, cela ne lui est pas possible.

— Ah! le gars a du sang indien dans les veines, » dit Richard à voix basse; « je m'en doutais à la façon maladroite dont il a fait reculer mes chevaux hier au soir; les gens de sa race ne connaissent pas les harnais...

N'importe, le pauvre diable aura deux coups à tirer sur le dindon, s'il en a tant envie, car je vais lui donner moi-même un autre schelling, bien qu'il vaudrait mieux que je tirasse à sa place... Ils ont déjà commencé leurs réjouissances de Noël là-bas, sous ces taillis où vous entendez rire... Il paraît que le drôle a un goût particulier pour le dindon ; à tout prendre, c'est un très bon manger.

— Arrêtez, cousin ! » dit Élisabeth en le retenant par le bras. « Il serait peu délicat d'offrir de l'argent à ce monsieur.

— Encore *ce monsieur!* Pensez-vous qu'un sang-mêlé comme lui refuse de l'argent? Non, non, fillette ; il l'acceptera très bien, et même du rhum si on lui en donne, malgré le sermon qu'il vient de faire. Oui, je veux qu'il ait une chance de plus pour son dindon, car ce Billy Kirby est un des meilleurs tireurs de la contrée. ..

— Eh bien, » dit Élisabeth, le voyant entêté de sa belle résolution, « ce sera moi qui parlerai. »

Elle s'avança la première d'un pas déterminé, et entra dans la petite clairière où se trouvaient les trois amis. A sa vue le plus jeune tressaillit, fit mine de se retirer ; puis, se remettant aussitôt, il la salua, resta tête nue, et s'appuya sur sa carabine. Les deux autres ne manifestèrent aucune émotion à cette apparition inattendue.

« A ce que je vois, » dit-elle, « l'ancien amusement de Noël, le tir au dindon, est encore en usage parmi vous. Je voudrais aussi tenter la chance. Qui de vous, en payant ma quote-part que voici, se charge d'être mon champion?

— Vous ! » s'écria Olivier, cédant à un mouvement irréfléchi. « Est-ce là le passe-temps d'une dame?

— Pourquoi pas, Monsieur? S'il est cruel, la faute en est-elle à mon sexe? Et pourquoi n'aurais-je pas de fantaisie comme d'autres? Je ne réclame pas vos services ; mais, » ajouta-t-elle en se tournant vers Nathaniel, et lui glissant un dollar dans la main, « un vétéran de la forêt sera assez galant pour ne pas refuser à une dame de tirer pour elle. »

Bas de Cuir mit l'argent dans sa poche et visita l'amorce de son fusil, et, riant à sa manière accoutumée, il jeta l'arme sur son épaule.

« Si Billy Kirby ne gagne pas l'oiseau avant moi, » répondit-il, « et si la poudre du marchand français n'est pas humide, vous aurez dans quelques minutes un aussi bon dindon qu'on en a jamais mangé à la cantine du juge. J'ai vu, sur les bords du Mohawk et de la Scoharie, bien des Hollandaises assister au tir de Noël ; ainsi, mon garçon, vous avez tort de parler ainsi à cette dame. Allons, en route ! Si nous tardons davantage, le plus bel oiseau sera enlevé.

— J'ai droit de tirer avant vous, Natty, » reprit Olivier ; « il faut que j'essaie le premier si j'ai la main heureuse. Vous m'excuserez, Miss Temple, de manquer de galanterie ; des raisons particulières m'obligent à maintenir mon droit.

— Gardez la préséance, Monsieur, puisqu'elle est légitime, » répondit Élisabeth ; « nous tentons tous deux la fortune, et voici mon chevalier ; je me fie à sa main et à son coup d'œil. Ouvrez la marche, sire Bas de Cuir ; nous vous suivons. »

Nathaniel parut charmé des paroles pleines de franchise de la jeune et jolie fille, qui venait de lui confier cette commission singulière ; il répondit à son brillant sourire par l'expression de joie qui lui était particulière, et se mit à arpenter la neige d'un vrai pas de chasseur, en se dirigeant vers l'endroit d'où partaient les éclats d'une gaieté bruyante. Ses compagnons le suivirent en silence, le jeune homme jetant fréquemment des regards inquiets sur Élisabeth.

Richard retint sa cousine à quelque distance.

« Il me semble, Miss Temple, » dit-il, « que si vous souhaitiez réellement de gagner un dindon, il n'était pas besoin de s'adresser à un étranger et surtout à un Bas de Cuir. Tout cela est-il bien sérieux ? Des dindons ! Justement j'en ai une cinquantaine à l'engrais, tous à des degrés différents, et six entre autres sur lesquels je tente une expérience en leur donnant de la poussière de brique mêlée avec...

— Assez, cousin Richard, » interrompit-elle. « L'oiseau me fait envie ; tel est le motif qui m'a fait recourir à M. Bas de Cuir.

— N'avez-vous pas ouï parler du fameux coup de fusil que j'ai tiré sur le loup qui emportait un des moutons de votre père ? Il l'avait rejeté sur son dos, et s'il avait eu la tête tournée à gauche et non à droite, je l'étendais raide mort. Par suite de cette fausse position...

— C'est le mouton que vous avez tué... Je connais cette histoire-là, mon cher cousin. Et les convenances? Un grand shérif s'abaisser à de semblables divertissements!

— Sans doute; je n'aurais pas tiré de mes propres mains. Enfin, allons voir. Une femme n'a rien à craindre dans ce pays nouveau, surtout la fille de votre père, et en ma présence encore.

— La fille de mon père ne craint rien, surtout en compagnie du pouvoir exécutif. »

Elle prit son bras, et tous deux, suivant le sentier tortueux tracé dans le taillis, arrivèrent à l'endroit où la jeunesse du village s'était rassemblée pour le tir, et où Nathaniel et ses amis les avaient précédés.

CHAPITRE XVII.

Je vois, à ces apprêts singuliers, que les bourgeois vont se divertir aujourd'hui.

W. Scott, *la Dame du lac.*

Le tir au dindon est un ancien divertissement auquel les habitants d'une colonie nouvelle manquent rarement de se livrer. Il est conforme aux habitudes de gens qui déposent souvent la cognée ou la faux pour prendre le fusil, lorsque le daim traverse les forêts qu'ils sont en train d'abattre.

En cette occasion, l'heure ordinaire de cet amusement avait été un peu avancée à cause du service religieux. Le propriétaire des dindons était un nègre libre, qui en avait préparé pour ce jour-là une provision admirablement propre à exciter la convoitise. Déjà quelques coups avaient été tirés au grand bénéfice de l'Africain. Les règles du jeu étaient fort simples. L'oiseau était attaché par un lien d'étoupes au bas de la souche d'un gros pin, dont la hache avait équarri la face de devant, afin de servir de cible propre à faire apprécier l'adresse de chaque individu. La distance entre cette souche et l'endroit où devait se placer le tireur était exactement de deux cent cinquante pas ; un pied de plus ou de moins aurait été regardé par l'une des parties comme un empiètement sur ses droits. Le nègre fixait pour chaque bête le prix du coup à tirer, et réglait les conditions ; cela fait, il était tenu, conformément au principe d'étroite justice établi dans le pays, d'admettre quiconque se présentait.

La réunion se composait de vingt à trente jeunes gens, armés la plupart, et de tous les enfants du village. Ceux-ci, couverts de vêtements grossiers mais chauds, faisaient cercle autour des tireurs les plus en renom, les mains dans leurs ceintures, prêtant une oreille avide au récit des prouesses passées.

Le principal orateur de la troupe était l'individu que Nathaniel avait désigné sous le nom de Billy Kirby.

Cet homme, bûcheron de son métier lorsqu'il lui plaisait de travailler, était d'une haute stature, et portait dans ses traits le cachet de son caractère. C'était un garçon sans souci, bruyant, pétulant, et dont le regard bienveillant contrastait avec ses façons brusques et tapageuses. On le voyait des semaines entières flâner dans le voisinage des tavernes du comté, dans un état d'oisiveté complète ; à peine daignait-il s'occuper à quelque menue besogne pour défrayer sa nourriture et son grog. Il perdait son temps à débattre le prix de son travail, plutôt que de rabattre un centime. Le marché une fois conclu, il mettait sa hache sur une épaule, son fusil sur l'autre, passait ses bras dans les sangles de son havresac, et d'un pas d'Hercule entrait dans la forêt.

Son premier soin était de vérifier le canton qu'on lui avait assigné : il en faisait le tour, rafraîchissant d'un coup de hache les marques déjà faites sur les arbres. Puis, d'un air décidé, il allait se placer droit au centre, et se débarrassant des vêtements superflus, il mesurait, d'un œil sûr, un ou deux des arbres les plus rapprochés de lui, et dont la tête allait se perdre dans les nues. Choisissant d'ordinaire le plus majestueux pour faire sur lui le premier essai de sa vigueur, il s'en approchait d'un air d'indifférence en sifflant une chanson ; puis brandissant sa cognée avec une certaine élégance, et comme un maître d'escrime qui salue en se mettant en garde, il frappait un léger coup sur l'écorce pour apprécier la distance. Après une pause de quelques minutes, il se mettait à l'œuvre, et bientôt, sous les coups terribles et répétés de l'outil, l'arbre, se séparant avec des craquements effroyables de ses derniers ligaments, arrachait sur son passage les branches des arbres voisins, et, tombant avec un fracas semblable à celui du tonnerre, allait mesurer le sol, ébranlé par sa chute. Dès lors, le bruit de la hache ne cessait plus de se faire entendre : c'était comme une canonnade lointaine, et le lendemain, la lumière du jour éclairait les profondeurs de la forêt avec la soudaineté d'une matinée d'hiver.

Durant des jours, des semaines, des mois entiers, le bûcheron déployait une ardeur incroyable et une rapidité qui tenait de la magie, jusqu'à ce que, la tâche finie, sa

Billy Kirby.

voix de stentor, qui appelait ses bœufs, retentissait de colline en colline, comme le cri d'alarme des guerriers. Après avoir terminé son abatis avec une promptitude qui ne pouvait se comparer qu'à son adresse et à sa vigueur herculéenne, il ramassait ses outils, mettait le feu aux arbres empilés, et s'éloignait, en traversant l'incendie de la forêt abattue. A dater de ce moment, il devenait pour longtemps l'habitué assidu des tavernes et des courses de chevaux, le héros des combats de coqs, ou des joûtes semblables à celle qui allait avoir lieu.

Il était habile tireur, et malgré l'expérience de Bas de Cuir, le coup d'œil sûr de Billy Kirby et la fermeté de ses nerfs le faisaient regarder comme son égal. Il en était résulté entre eux une sorte de rivalité ; mais elle s'était jusque-là bornée à des fanfaronnades et à des comparaisons tirées du plus ou du moins de succès de leurs chasses, et c'était la première fois qu'ils allaient se trouver en lutte ouverte.

Avant l'arrivée de Nathaniel et de ses compagnons, Billy Kirby et le nègre avaient déjà débattu assez vivement le prix de chaque coup à tirer sur l'oiseau, qui était une pièce de choix. Enfin, on était convenu d'un schelling (S), le taux le plus élevé qu'on eût encore demandé. Le dindon, attaché au poteau, disparaissait presque entièrement sous la neige, à l'exception de sa crête rouge et de son long cou. S'il recevait une balle dans la partie cachée de son corps, il devait continuer d'appartenir à son maître ; mais n'eût-il perdu qu'une plume de la tête ou du cou, il devenait la propriété du tireur.

Ces conditions furent proclamées à haute voix par le nègre, qui était assis dans la neige, à une dangereuse proximité de son oiseau favori, lorsque Élisabeth et son cousin arrivèrent. A cette visite inattendue, le bruit de la gaieté et des discussions diminua sensiblement ; l'air souriant de miss Temple, la curiosité et l'intérêt peints sur ses traits, eurent bientôt rétabli la joie, tempérée seulement dans son langage et ses manifestations par le respect qu'inspirait sa présence.

« Rangez-vous, enfants ! » cria le bûcheron, qui s'était déjà placé à l'endroit d'où l'on devait tirer. « Rangez-vous, petits coquins, ou je tire dans le tas. Maintenant, Abraham, tu peux dire adieu à ton dindon.

— Un instant ! » dit Olivier. « Je me réserve la chance de tirer après vous. Voici mon schelling, Abraham.

— Réservez ce que vous voudrez, » dit Kirby ; « mais si j'ébouriffe les plumes du dindon, que deviendra votre coup ? Avez-vous donc les poches si pleines de monnaie que vous achetiez une chance qui vous fera faux bond ?

— Que vous importe ce que j'ai dans ma poche ? » riposta fièrement le jeune homme. « Prends toujours, Abraham. Je réclame le droit de tirer.

— Ne vous rebiffez pas, mon garçon, » dit l'autre, en examinant sa pierre à fusil. « Vous avez, à ce qu'on dit, un trou dans l'épaule gauche, de sorte qu'Abraham devrait vous laisser concourir à moitié prix. Il vous faudra, sur ma parole, bien ajuster pour toucher l'oiseau, lors même que je vous en laisserais la chance, ce dont je n'ai nulle envie.

— Point de bravades, Billy Kirby, » dit Nathaniel en posant la crosse de sa carabine sur la neige. « Vous n'avez qu'un coup à tirer sur l'oiseau ; car, si ce garçon le manque, ce qui ne serait pas merveille avec son bras raide et endolori, vous verrez venir après lui quelqu'un qui n'est pas à dédaigner. Il se peut que je n'aie plus le coup d'œil si sûr, mais deux cent cinquante pas sont une distance bien courte pour une longue carabine.

— Quoi ! vieux Bas de Cuir, vous ici ce matin ? » s'écria son antagoniste. « A la bonne heure, nous irons de franc jeu. Je passe avant vous, mon vieux ; le gosier sec ou un bon dîner, voilà ce qui va se décider. »

Les traits du nègre peignaient toute son anxiété pécuniaire, et il ne prenait pas au résultat un intérêt moins grand que les assistants, quoique ses vœux fussent en sens inverse des leurs. Pendant que le bûcheron levait son fusil pour ajuster l'oiseau, le nègre criait à tue-tête :

« Franc jeu, Billy Kirby... Reculez un peu ! Faites-le reculer, enfants... Franc jeu au pauvre nègre ! Remue donc, dindon ; secoue la tête ; ne vois-tu pas qu'on va tirer sur toi ? »

Ces cris avaient pour but de distraire l'attention du tireur. Les nerfs du bûcheron n'étaient pas très faciles à ébranler, et il mit en joue avec le plus grand calme. Le coup partit. On vit l'oiseau remuer la tête et étendre les ailes au moment de l'explosion, puis se blottir de nouveau sans être atteint. Ce fut le nègre qui rompit le silence : il se mit à rire aux éclats, à faire toutes sortes de contorsions, et à se rouler sur la neige dans l'excès de sa joie.

« Tu es une brave bête, » s'écria-t-il en embrassant son oiseau. « Je lui ai dit de remuer, et il m'a obéi. Encore un schelling, Billy, et recommencez.

— Non pas, c'est à mon tour, » dit Olivier. « Je t'ai payé d'avance. Ote-toi de là, que j'essaye si je serai plus heureux.

— C'est de l'argent jeté à l'eau, mon enfant, » dit Bas de Cuir. « La tête et le cou d'un dindon sont difficiles à toucher quand on a la main novice et l'épaule malade. Laissez-moi prendre votre tour, et quant à l'oiseau, nous nous arrangerons avec cette dame.

— Je veux tirer moi-même. Place ! »

La discussion relative au coup que venait de tirer Billy Kirby commençait à se calmer, et l'on en était venu à cette conclusion, que si le dindon n'avait pas remué la tête, il eût été tué infailliblement. On fit peu d'attention au jeune chasseur, qui se préparait à tirer. Il mit rapidement en joue et allait lâcher la détente, quand Nathaniel l'arrêta.

« Votre main tremble, mon garçon », lui dit-il, « vous y mettez trop d'ardeur. Les blessures d'armes à feu relâchent les chairs, et je suis persuadé que vous ne tirerez pas aussi bien qu'à l'ordinaire. Si vous tenez absolument à votre coup, tirez vite ; votre main n'aura pas le temps de bouger.

— Franc jeu ! » s'écria de nouveau le nègre. « Franc jeu au pauvre nègre ! Nat Bumppo n'a pas le droit de conseiller le jeune homme. Chacun tire à sa volonté, écartez-vous. »

Olivier fit feu le plus vite possible ; mais le dindon ne remua pas, et il fut reconnu que la balle n'avait pas même touché la souche où l'oiseau était fixé.

Élisabeth le vit changer de visage, et s'étonna de ce qu'une perte frivole affectât si sensiblement un jeune homme qui avait sur ses compagnons une supériorité évidente. Le champion qu'elle s'était choisi se préparait à entrer en lice.

La joie d'Abraham, qu'avait excitée, quoique à un degré moindre, l'échec du second tireur, s'évanouit du moment où il vit Nathaniel s'avancer à son tour. Sa peau se parsema de larges taches brunes qui ternirent le lustre de son teint d'ébène ; ses grosses lèvres se comprimèrent autour d'un double rang de dents d'ivoire, qui brillaient comme des perles enchâssées dans du jais ; ses narines épatées se dilatèrent affreusement, et ses mains, oubliant l'horreur naturelle qu'elles avaient du froid, serrèrent convulsivement la neige qui était autour de lui.

Pendant que le noir propriétaire du dindon manifestait ces signes de crainte, celui qui y donnait lieu procédait à ses préparatifs avec le même sang-froid que s'il eût été seul.

« Avant la dernière guerre, » dit Natty, « je me trouvais dans les établissements hollandais, sur les bords de la Scoharie. Il y avait un tir parmi les jeunes gens ; j'y pris part. Les Hollandais ouvrirent de grands yeux ce jour-là ; car je gagnai une poire à poudre, trois lingots de plomb et une livre de poudre, la meilleure qui ait jamais flambé dans un bassinet. Seigneur Dieu ! comme ils sacrèrent en allemand ! Il y eut même un ivrogne qui jura d'avoir ma peau avant qu'on me laissât partir. Mais, s'il avait seulement fait mine de mettre en joue, Dieu l'en aurait puni, et si Dieu ne l'avait pas puni, je connais quelqu'un qui ne l'aurait pas manqué. »

Le vieux chasseur, tout en bavardant, avait mis son arme en état : alors, la jambe droite rejetée en arrière, le bras gauche étendu le long de sa carabine, il en dirigea le canon vers l'oiseau. Tous les regards prirent la même direction ; mais, au lieu de la détonation, on entendit seulement le bruit sec que fit la pierre en frappant contre la platine du bassinet.

« Raté, raté ! » s'écria le nègre en s'élançant comme un fou au-devant de la bête. « Le coup compte tout de même... Le fusil a raté... Bumppo a perdu le dindon !

— Bumppo ne ratera pas le nègre, coquin, » dit le vieux chasseur indigné, « si tu ne déguerpis au plus vite. Y a-t-il du bon sens à soutenir qu'un coup raté compte pour un coup de feu ? L'un ne frappe que la pierre à fusil, l'autre donne la mort. Ainsi ôte ta carcasse de là, Abraham, et laisse-moi montrer à Billy Kirby comment on tire un dindon de Noël.

— Franc jeu au nègre ! » répéta le noir. « Tout le monde sait qu'un coup raté compte pour bon. Demandez à massa Jones, demandez à la dame.

— Pour sûr, » dit le bûcheron, « c'est la règle du pays, Bas de Cuir. Si vous voulez redoubler, il faut remettre au jeu. L'envie me prend aussi de recommencer. Tiens, Abraham, voilà mon argent. Le coup suivant m'appartient.

— Ah ! ça, Billy Kirby, prétendez-vous connaître mieux que moi les lois de la forêt ? » répliqua Nathaniel. « Vous êtes arrivé ici avec les colons, un aiguillon de bouvier à la main ; moi, je suis venu avec des mocassins aux pieds et une bonne carabine sur l'épaule, et cela, avant la vieille guerre. Qui de nous deux s'entend le mieux à ces choses-là ? Tant que je saurai lâcher une détente, on ne me persuadera pas que rater c'est tirer.

— Que massa Jones en décide, » dit le nègre tout alarmé ; « il sait tout, lui ! »

Cet appel aux lumières de Richard était trop flatteur pour qu'il ne s'y rendît pas. Il s'avança du lieu où Élisabeth s'était mise un peu à l'écart par un sentiment de modestie ; et prenant toute la gravité qu'exigeaient la matière en litige et son rang élevé :

« La question, » dit-il, « est de savoir si Nathaniel Bumppo a droit de tirer sur les dindons d'Abraham, noir libre de naissance, sans que le susdit Nathaniel paie au susdit Abraham la somme d'un schelling. »

Cette proposition était trop évidente pour être contestée. Après une légère pause pour donner à son auditoire le temps de digérer son exorde, Richard continua :

« C'est à moi qu'il appartient de résoudre cette question, en ma qualité de shérif du comté, et de ne point l'abandonner aux mauvaises passions de gens en querelle et ayant entre leurs mains des armes meurtrières. Comme il n'existe pas sur le point contesté de convention écrite ou verbale, nous devons donc raisonner par analogie, c'est-à-dire en comparant une chose avec une autre. Or, dans un duel où les deux parties font feu, il est d'usage qu'un coup raté compte. Partant de là, il me paraît déraisonnable qu'on s'arroge le droit de rater, toute une journée, un dindon sans défense. En conséquence, mon opinion est que Nathaniel Bumppo a perdu son coup, et qu'il doit payer un autre schelling avant d'en tirer un second. »

Cette décision partie de si haut, et prononcée avec emphase, fit taire tous les murmures ; car les spectateurs avaient commencé à prendre parti pour ou contre. Bas de Cuir fut le seul qui se permit une observation.

« A mon avis, miss Élisabeth doit être consultée », dit-il. « J'ai vu chez les Indiens les femmes donner de fort bons conseils, quand les hommes étaient eux-mêmes embarrassés. Si elle dit que j'ai perdu, je renonce à la partie.

— Eh bien, je décide, pour cette fois, contre vous, » répondit miss Temple. « Payez et recommencez, à moins qu'Abraham ne me vende pour un dollar cette pauvre victime. »

L'alternative ne parut convenir à aucune des parties, et le nègre lui-même préféra courir la chance. Pendant que Billy Kirby rechargeait son fusil, Nathaniel s'éloigna d'un air mécontent.

« Depuis que les marchands ont inondé le pays, » grommela-t-il,

« on ne peut trouver à acheter une bonne pierre à fusil dans les environs du lac ; et si l'on en cherche au pied des montagnes, il y a dix à parier contre un que la charrue les a couvertes de terre. Misère ! Il semble que plus le gibier devient rare, plus il est difficile de se procurer de bonnes munitions ; on dirait qu'une malédiction a passé par là. Au fait, je vais changer ma pierre, car Billy Kirby n'a pas l'œil qu'il faut pour toucher un pareil but. »

Le bûcheron parut alors sentir que sa réputation dépendait en grande partie du coup qu'il allait tirer ; et il ne négligea aucun des moyens qui pouvaient en assurer le succès. Il mit en joue plusieurs fois, paraissant hésiter à faire feu, et quand il s'y décida, ce fut avec autant de malechance que la première fois. C'est alors que le nègre fit retentir l'air de joyeuses clameurs, qui résonnèrent parmi les arbres de la forêt voisine, comme s'ils eussent été poussés par toute une tribu d'Indiens. Dépité d'avoir encore échoué, Billy alla examiner l'oiseau avec la plus grande attention, et prétendit même avoir touché son plumage ; mais voyant que l'opinion unanime des spectateurs lui était contraire, il se tourna avec humeur vers le noir.

« Clos ton bec, corbeau ! » s'écria-t-il. « Qui diable toucherait la tête d'un dindon à deux cent cinquante pas ? J'étais bien fou de l'essayer. Tu n'as pas besoin de faire autant de tapage qu'un pin qui tombe sous la cognée. Qu'on fasse donc mieux !

— Regardez par ici, mon garçon, » dit Bas de Cuir, « et je vais vous montrer un homme qui a fait mieux, et cela lorsqu'il était serré de près par les sauvages ou les bêtes féroces.

— Il y a peut-être quelqu'un dont le tour vient avant le nôtre, Bas de Cuir, » dit miss Temple ; « dans ce cas, nous consentons à ce qu'il passe avant nous.

— Si c'est de moi que vous voulez parler, » dit Olivier, « je renonce à me représenter ; mon épaule est encore trop faible. »

Élisabeth leva les yeux sur lui, et crut voir, dans la légère rougeur qui monta à ses joues, la pénible humiliation de sa pauvreté. Elle ne répondit rien, et laissa son champion faire à son tour l'épreuve.

Quoique Nathaniel Bumppo eût cent fois tiré en des occasions plus importantes contre ses ennemis ou le gibier, jamais néanmoins il ne s'était appliqué davantage à se signaler. Trois fois, il mit en joue : la première pour prendre position, la seconde pour calculer la distance, la troisième parce que l'oiseau, alarmé du silence de mort qui régnait, remua la tête. A la quatrième, il fit feu. La fumée, la détonation, la commotion immédiate, empêchèrent la plupart des assistants de s'assurer sur-le-champ du résultat ; mais Élisabeth, en voyant son champion laisser retomber dans la neige la crosse de sa carabine et rire à sa manière silencieuse, ne douta point qu'il n'eût réussi.

Les enfants se précipitèrent vers le but, et soulevèrent le dindon qui était sans vie et auquel il ne restait qu'une portion de la tête.

« Apportez la créature, » dit Bas de Cuir, « et déposez-la aux pieds de cette dame. C'est pour elle que j'ai tiré ; l'oiseau lui appartient.

— Vous m'avez représentée à merveille, » dit Élisabeth, « et sous ce rapport, j'appelle sur vous l'attention de mon cousin Richard. »

Puis, se tournant vers le jeune chasseur, elle ajouta avec un charme irrésistible :

« En tentant la fortune, je n'ai eu d'autre désir que d'avoir une preuve des talents si vantés de Bas de Cuir. Voulez-vous, Monsieur, accepter l'oiseau comme un faible dédommagement de la blessure qui vous a empêché de remporter vous-même la victoire ? »

L'expression avec laquelle Olivier reçut ce présent avait quelque chose d'indéfinissable : on eût dit qu'il cédait au charme dont cette offre était accompagnée, en dépit d'un sentiment énergique de répulsion intérieure. Il s'inclina, ramassa l'oiseau, et garda le silence.

Élisabeth donna au nègre, à titre d'indemnité, une pièce d'argent qui rendit à ses traits leur expression joyeuse, puis se déclara prête à retourner au logis.

« Une minute encore, cousine Bess, » repartit Richard. « Il y a dans les règles de ce divertissement une incertitude qu'il est à propos de faire disparaître. Si vous voulez, Messieurs, élire un comité pour venir me trouver ce matin, je rédigerai un règlement... »

Il s'arrêta tout à coup avec une sorte d'indignation, car une main venait de frapper familièrement l'épaule du grand shérif.

« Je te souhaite un joyeux Noël, Richardet ! » s'écria M. Temple,

Le tir aux dindons.

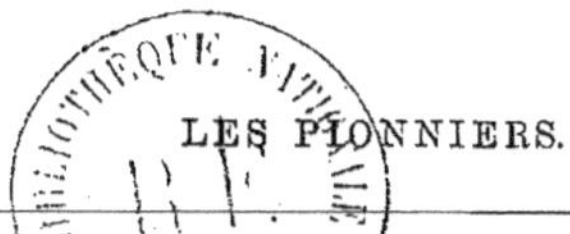

qui arrivait à l'improviste, et il ajouta d'un air demi-sérieux : « En vérité, Monsieur, il faudra que j'aie l'œil sur ma fille si vous devez avoir chaque jour des boutades de galanterie. J'admire le goût que vous avez montré en amenant une dame à un pareil spectacle.

— Prenez-vous-en à sa perversité, Duke, » répondit le shérif, désappointé d'avoir été prévenu dans les compliments du jour. « Elle est venue ici en tout honneur, je le confesse. Je la menais voir les embellissements ; mais, au premier bruit des armes à feu, elle s'est mise à courir à travers la neige, comme si elle avait été élevée dans un camp et non dans une pension du premier ordre... A mon avis, juge Temple, ces amusements dangereux devraient être interdits par la loi ; je ne sais pas même si, légalement, ils ne constituent pas un délit.

— Comme vous êtes shérif du comté, c'est une matière qu'il est de votre devoir d'examiner, » dit Marmaduke en souriant. « Betzy a exécuté sa commission, à ce que je vois, et je présume qu'elle a été favorablement accueillie. »

Richard jeta un coup d'œil sur le paquet qu'il tenait encore à la main, et son dépit s'évanouit sur-le-champ.

« Ah ! Duke, mon cher cousin, » dit-il, « éloignons-nous un peu ; j'ai quelque chose à vous dire en particulier... D'abord, permettez-moi de vous remercier de votre intervention amicale auprès du conseil et du gouverneur ; car je sais que, sans protection, il ne sert de rien d'avoir du mérite. Nous sommes les enfants des deux sœurs, oui, des deux sœurs... Usez de moi comme de l'un de vos chevaux : vous pouvez me seller ou m'atteler, comme il vous plaira, je suis tout à vous. Mais, dans mon humble opinion, nous devons avoir l'œil sur le jeune compagnon de Bas de Cuir : il a pour les dindons un goût dangereux.

— Je m'en charge, Richard, » dit le juge. « C'est un goût qui se passera en le satisfaisant. D'ailleurs, il faut que je lui parle. Allons rejoindre les tireurs. »

CHAPITRE XVIII.

Pauvre infortuné ! La mère qui lui donna le jour, si elle avait été là, n'aurait pas reconnu son enfant, à la vue de ce visage blêmi et brûlé du soleil.

W. SCOTT, *Marmion.*

M. Temple, passant le bras de sa fille sous le sien, s'avança à l'encontre du jeune Edwards, qui, debout, appuyé sur son fusil, contemplait l'oiseau étendu mort à ses pieds.

L'arrivée du juge n'interrompit pas les amusements des villageois, qui s'occupaient en ce moment à discuter, avec de bruyantes clameurs, les conditions d'un nouveau tir, où était intéressée la vie d'un dindon de qualité bien inférieure au précédent. Bas de Cuir et le Mohican s'étaient retirés à quelques pas ; et quoique la conversation suivante eût lieu dans le voisinage immédiat de la foule, elle ne fut entendue que de ceux qu'elle concernait.

« Je n'ai point oublié le malheur que j'ai eu de vous blesser, Monsieur Edwards, » dit le juge.

Le tressaillement subit du jeune homme et la façon inexplicable dont il le regarda lui causèrent assez de surprise pour lui couper la parole.

« Heureusement, » poursuivit-il au bout d'un moment, « j'ai en mon pouvoir les moyens de vous indemniser, en partie du moins. Mon parent, Richard Jones, vient d'être nommé à un emploi qui me privera désormais de ses services, et j'ai besoin de quelqu'un qui puisse me prêter le secours de sa plume. Malgré les apparences, vos manières indiquent suffisamment une bonne éducation. D'ailleurs, » ici Marmaduke reprit insensiblement, et dans la chaleur du discours, le langage de la secte des quakers à laquelle il avait appartenu, « ton épaule, mon jeune ami, ne te permettra pas de quelque temps de reprendre tes exercices ordinaires. Je t'ouvre ma porte avec confiance, car, dans cette société nouvelle, nous ne nous livrons guère aux soupçons, parce que nous n'avons presque rien qui puisse tenter la cupidité. Prête-moi ton aide, ne fût-ce qu'une semaine, et accepte l'indemnité que mériteront tes services. »

Il n'y avait, dans cette proposition ou dans la manière dont elle était faite, rien qui justifiât la répugnance extrême qu'elle produisit sur le jeune homme.

« Je ne demanderais pas mieux, Monsieur, » répondit-il en faisant effort sur lui-même, « que de vous servir, vous ou tout autre, pour un honnête salaire ; car je ne vous cacherai pas que ma gêne est grande, plus même que les apparences ne l'annoncent ; mais je craindrais que ces nouvelles fonctions ne m'obligeassent à négliger des devoirs plus importants. Je suis donc dans la nécessité de décliner vos offres, et de demander, comme par le passé, mes moyens de subsistance à ma carabine. »

Ici Richard prit occasion de dire à l'oreille d'Élisabeth, qui s'était un peu éloignée :

« Vous l'entendez, cousine ; telle est la répugnance naturelle qu'éprouvent tous les sang-mêlés à quitter l'état sauvage. Leur attachement à une vie errante est, sur ma foi, insurmontable.

— C'est une existence bien précaire que la vôtre, » avait repris M. Temple ; « elle entraîne dans l'avenir plus de maux encore que dans le présent. Crois-moi, mon jeune ami, crois-en ma vieille expérience, la vie vagabonde d'un chasseur a beaucoup d'inconvénients au point de vue des intérêts de ce monde, sans compter qu'elle le dérobe entièrement à l'influence des choses religieuses.

— Ce n'est pas exact, juge, » interrompit Bas de Cuir, qui était resté jusque-là étranger à la conversation. « Emmenez-le chez vous, si vous voulez, mais dites-lui la vérité. J'ai vécu quarante ans au milieu des bois ; j'ai passé jusqu'à cinq années de suite sans voir le jour autrement qu'à travers les arbres ; et je voudrais bien savoir où vous trouverez un homme qui, à l'âge de soixante-huit ans, se procure une subsistance plus facile, en dépit de vos défrichements et de vos lois forestières. Cependant, en fait de probité ou de justice d'homme à homme, je ne le céderais pas au diacre le mieux embouché de votre patente.

— Tu fais exception à la règle, Bas de Cuir, » répondit le juge, en adressant au chasseur un signe de tête amical ; « car tu as une tempérance peu ordinaire aux gens de ta sorte et une vigueur bien supérieure à ton âge. Ton compagnon est fait de matériaux trop précieux pour qu'il passe sa vie dans les bois... Jeune homme, encore une fois, consens à faire partie de ma famille, ne fût-ce que jusqu'à ce que ton bras soit guéri. Ma fille que voici, et qui est la maîtresse au logis, te dira que tu y seras le bien venu.

— Certainement, » dit Élisabeth avec une vivacité empreinte de réserve ; « il est ouvert à tous les infortunés, mais surtout à ceux qui le sont par notre faute.

— Oui, » ajouta Richard, « et si vous aimez le dindon, jeune homme, nous en avons en quantité dans le poulailler, et de la meilleure espèce, je vous assure. »

Se voyant aussi habilement secondé, Marmaduke poursuivit ses avantages ; il expliqua tout au long les devoirs de la place en question, parla du salaire qui y était attaché, et entra dans tous les détails qui, en pareil cas, ont de l'importance pour les gens d'affaires. Olivier l'écoutait en proie à une agitation extrême ; partagé entre des sentiments contradictoires, tantôt il paraissait désirer ardemment le changement qui lui était proposé, tantôt une expression incompréhensible de répugnance venait obscurcir sa physionomie.

Le Mohican, de son côté, avait prêté aux paroles de M. Temple une attention de plus en plus sérieuse. Peu à peu il se rapprocha du groupe ; et son regard pénétrant ayant surpris chez son jeune compagnon une disposition non équivoque à céder aux instances qui lui étaient faites, il changea tout à coup d'attitude ; l'abattement et la honte firent place à la fierté d'un guerrier indien, et se présentant avec beaucoup de dignité :

« Écoutez votre père, » dit-il ; « son langage est celui d'un vieillard. Que le Jeune Aigle et le Grand Chef du pays mangent ensemble et dorment sans crainte l'un auprès de l'autre. Les enfants de Miquon n'aiment pas le sang ; ils sont justes, et ils feront justice. Le soleil se lèvera et se couchera bien des fois avant que les hommes forment une seule famille ; ce sera l'œuvre non d'un jour, mais d'un grand nombre d'hivers. Les Mingos et les Delawares sont ennemis de naissance ; leur sang ne peut jamais se mêler dans le wigwam : il ne coulera jamais dans le même ruisseau un jour de bataille. Pourquoi le frère de Miquon et le Jeune Aigle seraient-ils ennemis ? Ils sont de la même tribu, leurs pères et leurs mères ne font qu'un. Sachez attendre, mon fils ; vous êtes un Delaware, et un guerrier indien doit connaître la patience. »

Ce discours métaphorique sembla faire une forte impression sur Olivier, qui, cédant peu à peu aux instances de Marmaduke, consentit enfin à accepter sa proposition. Toutefois ce ne devait être de part et d'autre qu'un essai, et chacune des deux parties restait libre de faire cesser, quand il lui plairait, cet arrangement. La résistance singulière et mal dissimulée du jeune homme à accepter une offre que beaucoup de gens à sa place auraient regardée comme une bonne fortune inespérée, excita vivement la surprise de ceux qui ne le connaissaient pas, et leur laissa sur son compte une impression quelque peu défavorable.

Quand on se fut séparé, l'entretien roula naturellement, des deux parts, sur ce qui venait de se passer ; nous rapporterons d'abord celui qui eut lieu entre M. Temple, sa fille et son cousin.

« Quel garçon indéchiffrable ! » dit le premier. « Que peut-il y avoir dans ma maison de si désagréable à rencontrer ? Serait-ce toi, fillette ?

— Non, non, » dit Richard naïvement, « ce n'est pas Bess qui lui fait peur. Avez-vous jamais vu un métis s'habituer aux mœurs civilisées ? Sous ce rapport, ils sont pires que les sauvages mêmes. L'idée seule lui en faisait trembler les genoux et étinceler les yeux. N'est-ce pas, cousine ?

— Je n'ai fait attention ni à ses genoux, ni à ses yeux, qui n'en seraient pas plus mal pour être un peu plus humbles. En vérité, père, vous avez poussé jusqu'à ses dernières limites la patience chrétienne, et nous n'avons plus qu'à nous estimer fort honorés de sa société. Quel appartement faut-il lui réserver? et à quelle table lui servira-t-on le nectar et l'ambroisie?

— Il mangera avec Benjamin et Remarquable, » dit M. Jones. « Vous n'avez probablement pas l'idée de le reléguer avec les noirs? C'est une moitié d'Indien, je le sais, mais les Indiens tiennent les nègres en souverain mépris, et, voyez-vous, il mourrait de faim avant de casser une croûte avec les moricauds.

— Loin de lui faire un tel affront », dit Marmaduke, « je serai trop heureux qu'il veuille bien s'asseoir à notre table.

— Ainsi, père, » dit Élisabeth avec un peu d'affectation, et comme si elle eût fait céder sa volonté aux ordres paternels, « vous voulez donc le traiter en homme comme il faut?

— Sans doute, conformément au rang qu'il va occuper, jusqu'à ce qu'il s'en montre indigne.

— Eh bien, » s'écria le shérif, « vous aurez de la peine à en faire un homme bien élevé. Il y faut, suivant un vieux proverbe, trois générations. Tenez, il y avait mon père... celui-là, tout le monde l'a connu; mon grand-père était docteur en médecine; mon bisaïeul, docteur en théologie. Quant à mon trisaïeul, qui venait d'Angleterre, je n'ai jamais bien su ce qu'il faisait; mais ce devait être un gros négociant de Londres, ou un grand avocat de province.

— Voilà une véritable généalogie américaine, » dit Marmaduke en riant. « Il n'y a rien à redire tant qu'elle s'arrête de ce côté-ci de la mer; au-delà, les choses s'obscurcissent, et tout est au superlatif. Êtes-vous bien sûr, Dick, que votre trisaïeul anglais était distingué dans sa profession, quelle qu'elle fût?

— Certes, j'en suis sûr; ma vieille tante m'a souvent parlé de lui. Nous sommes d'une bonne famille, juge Temple, et nous avons toujours, de père en fils, occupé un rang honorable.

— Je m'étonne, Richard, de ce que vous vous contentiez d'une si mince noblesse. La plupart des généalogistes américains commencent leurs tableaux, à l'instar des contes d'enfants, par l'histoire de trois frères, en choisissant pour l'un des trois l'ancêtre de quelque famille

abondamment pourvue des biens de ce monde. Mais ici tous les hommes sont égaux, lorsqu'ils se conduisent honnêtement, et Olivier Edwards entre dans ma famille sur un pied d'égalité avec le shérif et le juge.

— Fort bien, Duke, j'appelle cela de la démagogie, et non du républicanisme; je n'ai rien à dire. Seulement, qu'il reste dans les limites de la loi, sans quoi je lui ferai voir que la liberté, même en ce pays, est assujettie à une salutaire contrainte.

— Vous ne procéderez pas à l'exécution, je suppose, avant que j'aie condamné? Et que dit Betzy de notre nouveau commensal? Nous devons après tout, dans ces choses-là, déférer à l'avis des dames.

— Oh! moi, père », répondit Élisabeth, « je ressemble fort à cet égard à certain juge de ma connaissance; j'ai mon opinion, et il n'est pas facile de m'en faire changer. Pour parler sérieusement, bien que l'introduction d'un demi-sauvage dans la famille me semble un événement assez étourdissant, soyez assuré que tout ce que vous aurez jugé convenable obtiendra mon respect et mon approbation. »

Le juge rapprocha de son bras celui de sa fille et sourit. En ce moment, ils arrivèrent à la porte de l'enclos situé sur le derrière de la maison, précédés de Richard, qui continuait à débiter ses conseils ambigus avec sa loquacité accoutumée.

Retournons à nos coureurs des bois, dénomination qui peut s'appliquer à chacun d'eux, malgré la différence de leurs caractères. Ils poursuivaient leur marche en silence et longeaient le village. Lorsqu'ils eurent gagné le lac et de là le pied de la montagne, où leur cabane était située, le jeune homme s'écria :

« Qui aurait pu le prévoir il y a un mois! J'ai consenti, moi, à servir Marmaduke Temple, à habiter la maison du plus grand ennemi de ma race. Comment aurais-je pu faire autrement? Ma servitude ne saurait être longue, et, dès que le motif qui me l'impose aura cessé, je la secouerai comme la poussière de mes pieds.

— Est-ce un Mingo pour le traiter d'ennemi? » dit le Mohican. « Le guerrier delaware reste en repos et attend l'heure du Grand Esprit; il n'est point une femme et ne crie pas comme un enfant.

— Eh bien, John, j'ai de la méfiance, » dit Bas de Cuir, dont les traits, pendant l'entretien précédent, avaient conservé une forte expression de doute et d'incertitude. « Ils disent qu'il y a dans le pays de nouvelles lois; ce qu'il y a de certain, c'est que tout a changé d'aspect dans nos montagnes. La terre a pris une autre face, et à peine reconnaît-on les lacs et les rivières. Oui, j'ai de la méfiance contre les langues dorées ; car j'ai vu les blancs avoir à la bouche les plus belles paroles, au moment où ils se préparaient à dépouiller les Indiens ; et je le dis en franchise, quoique blanc moi-même, et né près de New-York, et de parents honnêtes.

— Soit, je me soumettrai, » reprit Olivier ; « j'oublierai qui je suis. Et vous, vieux Mohican, ne vous souvenez plus que je descends d'un chef delaware, à qui appartenaient jadis ces nobles collines, ces belles vallées, et ce lac sur la surface duquel nous marchons. Oui, oui, je le servirai... je serai son esclave ! N'est-ce pas une servitude honorable, vieillard ?

— Vieillard, dis-tu ? » répéta l'Indien d'un ton solennel en suspendant sa marche comme il en avait l'habitude lorsqu'il était fortement ému. « Oui, John est vieux. Fils de mon frère, si le Mohican était jeune, sa carabine serait-elle jamais silencieuse ? Où devrait se cacher le daim pour qu'il ne le trouvât pas ? Mais John est vieux ; sa main est celle d'une femme ; son tomahawk est une hachette ; il a pour ennemis les joncs et l'osier que son bras moissonne. La faim et la vieillesse viennent de compagnie. Vois Œil de Faucon ! Jeune, il pouvait passer des jours sans manger ; aujourd'hui, s'il ne mettait des broussailles au feu, la flamme s'éteindrait. Prends la main que t'offre le fils de Miquon, et il t'aidera.

— C'est bien vrai, Chingachgook, je ne suis plus ce que j'étais », répondit Bas de Cuir ; « mais je puis encore, au besoin, me passer de manger. Du temps que nous traquions ensemble les Iroquois dans le bois de bouleaux, tout le gibier se sauvait devant eux ; du lundi matin jusqu'au mercredi soir, j'étais resté sans rien prendre, et je tuai alors sur la frontière de Pensylvanie un daim mâle aussi gros que des yeux mortels en aient jamais vu. Il y avait plaisir à voir manger les Delawares, car j'étais en éclaireur avec leur tribu à cette époque. Seigneur Dieu ! mon garçon, ils s'étaient couchés par terre en silence, attendant que la Providence leur envoyât du gibier ; moi, j'allai fourrager dans les environs, et, comme je viens de vous le dire, je fis lever un daim ; mais il n'avait pas eu le temps de faire une douzaine de bonds, que je le descendis. J'étais trop faible et affamé pour attendre la cuisson ;

je bus une bonne gorgée de son sang, et les Indiens le dévorèrent tout cru. John, qui était là, en sait quelque chose. A présent, je ne pourrais pas, je l'avoue, supporter la faim si longtemps, quoique je n'aie jamais été grand mangeur de ma nature.

— En voilà assez, mes amis, » s'écria le jeune homme. « Je sens que le sacrifice est nécessaire, et je le ferai; mais ne m'en parlez plus, de grâce; ce sujet m'est insupportable en ce moment. »

Ses compagnons gardèrent le silence. Bientôt ils arrivèrent à la cabane, où ils entrèrent après avoir ou-

vert une fermeture assez ingénieusement compliquée, qui servait à garder quelques effets de bien peu de valeur. D'énormes tas de neige masquaient d'un côté les murs de cette habitation solitaire, tandis que de l'autre étaient amoncelés des fragments de petits arbres, des branches de chênes et de châtaigniers arrachées par le vent. Une petite colonne de fumée sortait d'une cheminée adossée au rocher, et formée de morceaux de bois cimentés d'argile. Cette vapeur marquait son passage en donnant une teinte noirâtre à la neige entassée sur les flancs du rocher, dont la cime formait un plateau fertile, où croissaient des arbres d'une hauteur gigantesque, qui étendaient leurs branches bien au-dessus de la cabane.

Le reste de cette journée s'écoula comme se passent ordinairement ces sortes de jours dans un pays nouveau. Les colons se rendirent en foule à l'académie pour entendre le second sermon de M. Grant, et le Mohican fut un de ses auditeurs. Mais, quand le ministre invita les fidèles à s'approcher de la sainte table, John, encore accablé sous la honte que lui avait laissée son ivresse de la veille, resta immobile.

Dès que la congrégation se dispersa, les nuages qui s'étaient accumulés toute la matinée s'épaissirent davantage, et la pluie tomba par torrents. La neige commençant à se dissoudre, les souches montrèrent peu à peu leurs têtes noirâtres; les haies de troncs d'arbres et de broussailles, dont on n'apercevait auparavant que le voile blanc qui les couvrait, reparurent aux regards.

A l'abri dans le salon bien chauffé de la confortable demeure de son père, Élisabeth, en compagnie de Louise Grant, jetait un regard d'admiration sur le dehors, où s'opérait, pour ainsi dire, un changement à vue. Le village même, au lieu de la blancheur brillante qui l'ornait la veille, se dépouillait lentement de son masque de frimas, et les toits noirs et les cheminées enfumées commençaient à se montrer; les pins secouaient leurs robes de neige, et toute chose reprenait sa couleur naturelle par une transition véritablement magique.

CHAPITRE XIX.

Et pourtant le pauvre Edwin n'était pas un jeune homme vulgaire.

J. BEATTIE, *le Ménestrel.*

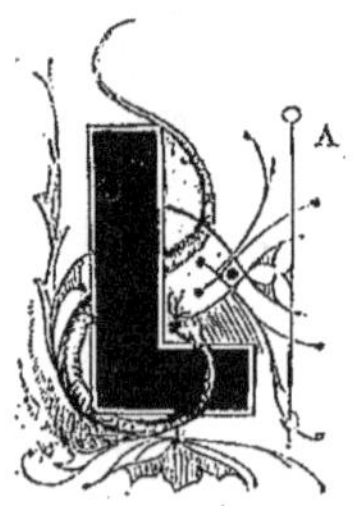

A fin du jour de Noël, en 1793, fut marquée par un temps orageux, accompagné d'un adoucissement dans la température. Quand les ténèbres vinrent dérober aux regards d'Élisabeth la vue du village, elle quitta la fenêtre où elle était restée tant que les derniers rayons du jour avaient éclairé les noirs sommets des pins, avec un sentiment de curiosité, excité encore par le coup d'œil rapide qu'elle avait jeté pendant la journée sur le spectacle des forêts et des montagnes.

Passant son bras sous celui de miss Grant, la jeune maîtresse de la maison se promenait lentement dans la grand'salle ; elle méditait sur un passé qui se retraçait rapidement à sa mémoire, et songeait peut-être aussi, dans le sanctuaire de ses pensées, aux étranges événements qui allaient introduire dans la famille de son père un jeune homme dont les manières faisaient un contraste si frappant avec sa situation. La chaleur de l'appartement avait teinté ses joues d'un incarnat plus vif, et les traits de Louise s'étaient aussi revêtus d'une nuance rose, qui, lui donnant l'animation passagère d'une malade, prêtait à sa beauté un charme touchant et mélancolique.

Les hommes, assis à une table dans un coin de la salle, faisaient honneur aux vins exquis du juge Temple. Une joie bruyante s'échappait des lèvres de Richard; le major n'avait point encore atteint le comble de sa bonne humeur; Marmaduke respectait trop la présence de l'ecclésiastique, son convive, pour se livrer même à l'innocente gaieté de son caractère.

Ainsi s'écoula une demi-heure après que les volets eurent été fermés, et que des lumières, distribuées de tous côtés, eurent remplacé la clarté du jour. Cette scène ne fut interrompue que par la présence de Benjamin, qui entra courbé sous une charge de bois.

« Holà! maître la Pompe, » s'écria d'une voix retentissante le nouveau shérif, « n'y a-t-il pas assez de calorique dans l'excellent madère de Duke pour entretenir la chaleur animale par cette débâcle? Rappelez-vous, mon vieux, que le juge tient à son bouleau et à son bois d'érable, dans la crainte d'une disette de ces articles précieux. Ah! ah! ah! cousin, vous êtes un excellent parent, la perle des bons cœurs, je n'en disconviens pas; mais, au fond, là, vous avez de drôles d'idées. C'est égal,

Nargue la mélancolie!
Livrons-nous à la folie... »

Il achevait de fredonner ces paroles quand le majordome, jetant son fardeau à terre, se tourna vers celui qui l'interrogeait.

« Il est possible, Monsieur Jones, qu'il y ait une latitude chaude à la table où vous êtes, » dit-il avec un grand sérieux, « quoique je n'y voie rien qui puisse élever ma chaleur naturelle; pour cela, parlez-moi du vrai rhum de la Jamaïque, avec de bon bois ou du charbon de Newcastle. Attention! si je me connais au temps, il faut parer à se tenir clos, à fermer les écoutilles et à ranimer un brin le feu. Ce n'est pas pour des prunes que j'ai couru les mers pendant vingt-sept ans, et passé sept autres années dans ces déserts.

— A quoi, Benjamin, » demanda le maître de céans, « voyez-vous que le temps va changer?

— Il y a eu saute de vent, Votre Honneur, et une saute de vent, c'est signe de changement de temps par ici. Il faut vous dire que j'étais à bord de la flotte de Rodney, à l'époque où nous brossâmes le comte de Grasse, le compatriote de M. Le Quoi, que voilà, et il ventait du sud-est. J'étais en bas à préparer un verre de grog chaud pour le capitaine des soldats de marine, qui dînait ce jour-là dans la cabine, et je l'avais réussi à ma satisfaction après l'avoir goûté plus d'une fois, car le brave homme était difficile. Tout à coup le vent tourne, et patatras! la voile de misaine s'abat contre le grand mât, et le vaisseau pirouette sur sa quille comme une toupie. Par bonheur, le gouvernail était à bas. Le navire se tira de là mieux qu'aucun autre ; mais il coula dans un entre-deux et embarqua trois ou quatre grosses lames. Jamais de la vie je n'ai tant avalé d'eau, car au moment même je regardais par les écoutilles.

— Pauvre Ben ! il y avait de quoi mourir d'hydropisie.

— Pouah ! » fit le vieux marin avec une large grimace. « Je ne dis pas non ; mais je n'ai pas eu besoin, pour me guérir, de la boîte à médecines. Il me vint une idée : comme le grog n'était plus au goût du capitaine, et qu'à la suite d'un autre coup de mer, il pourrait bien n'être plus du mien, je le bus aussitôt. Alors on appela tout l'équipage aux pompes, et pendant que nous étions occupés à pomper...

— Fort bien, » interrompit le juge. « Revenons au temps.

— Le vent a été au sud toute la journée ; maintenant le voilà tombé, comme s'il ne restait plus d'air dans le soufflet. Et puis il s'est formé au-dessus de la montagne, vers le nord, une raie rouge, pas plus large que votre main tout à l'heure, et puis les nuages chassent devant comme pour hisser la grand' voile, et les étoiles s'allument comme des phares, pour nous avertir de faire nos provisions de bois. Autant donc que je puis juger du temps, il faut se dépêcher de bâtir le feu, ou bien gare aux cruchons de porter et aux bouteilles de vin qui sont rangés dans le buffet ! D'ici à demain, la gelée les fera éclater.

— Tu es une sentinelle prudente, » dit le juge. « Agis-en avec la forêt comme il te plaira, pour cette fois du moins. »

Benjamin fit grand feu partout, et deux heures ne s'étaient pas écoulées que la sagesse de ses précautions devint manifeste. Au vent du sud qui était en effet tombé avait succédé une accalmie, avant-coureur habituel d'un changement sérieux dans la température de cette région. Longtemps avant que la famille se fût séparée, le froid était devenu extrêmement piquant, et M. Le Quoi fut obligé, pour rentrer chez lui, de s'envelopper d'une couverture par-dessus les chauds vêtements dont il était porteur. Le ministre et sa fille passèrent la nuit chez M. Temple, et les excès de la veille obligèrent les autres convives à se retirer de bonne heure dans leurs chambres.

Le sommeil n'avait pas encore visité les paupières d'Élisabeth et de son amie, quand le vent du nord-est fit entendre ses mugissements, et leur communiqua le sentiment exquis de bien-être qu'on éprouve à se trouver, en de telles circonstances, dans un appartement dont le foyer brille encore, et où les volets, les rideaux et le duvet d'un bon lit maintiennent le corps dans la température désirable. Au bruit du vent se mêlèrent des hurlements longs et plaintifs semblables à ceux que pousse un chien, quand, la nuit, son inquiète vigilance donne à sa voix je ne sais quoi de doux et de solennel.

Louise, par un mouvement instinctif, se rapprocha d'Élisabeth, et celle-ci, la voyant encore éveillée, lui dit tout bas :

« Ne serait-ce pas les chiens de Bas de Cuir que nous entendons?

— Oh! non, » répondit Louise; « ce sont des loups qui sont venus de la montagne aux bords du lac; ils entreraient même dans le village s'ils n'avaient peur des lumières. Depuis que nous sommes ici, la faim les amena une fois jusqu'à notre porte. Quelle nuit terrible j'ai passée! Mais la fortune du juge Temple lui a fourni trop de moyens de sécurité pour qu'on ait quelque chose à craindre chez lui.

— Le génie entreprenant du juge Temple apprivoise jusqu'aux forêts elles-mêmes! » dit Élisabeth. « Comme vous le dites, il n'y a rien à craindre. »

Les deux amies ne s'éveillèrent le lendemain qu'au moment où une servante entra dans leur chambre pour rallumer le feu. Elles se levèrent et firent leur toilette du matin. L'atmosphère était claire et le froid si rigoureux, qu'il pénétrait jusque dans l'appartement. Lorsque Élisabeth fut habillée, elle s'approcha d'une fenêtre, tira le rideau, ouvrit les volets et voulut jeter un coup d'œil sur les environs; comme une couche épaisse de grésil couvrait les vitres, elle leva le châssis, et alors un spectacle magnifique s'offrit à ses regards.

Le lac avait changé son lit de neige pour une glace brillante, qui réfléchissait, comme un miroir, les rayons du soleil levant. Les maisons du village offraient le même décor : on les voyait de loin étinceler à l'égal d'un acier poli ; d'énormes glaçons suspendus à tous les toits recevaient en partie et se renvoyaient l'un à l'autre la lumière étincelante du soleil. Mais ce qui excita surtout l'admiration de miss Temple, ce fut l'aspect des forêts s'étageant à perte de vue sur un vaste amphithéâtre de montagnes. Les énormes branches des pins pliaient sous le poids de la glace qui les couvrait, tandis que leurs cimes s'élançaient au-dessus des chênes, des bouleaux et des érables comme des aiguilles d'argent fin surmontant des dômes du même métal. A l'ouest, la vue était bornée par une ligne onduleuse et brillante, qui semblait annoncer que, renversant l'ordre de la nature, d'innombrables soleils allaient apparaître sur l'horizon. Sur le premier plan, le long des rives du lac, et à proximité du village, on eût dit tous les arbres chargés de diamants.

« Louise ! » s'écria Élisabeth. « Venez voir ! Approchez-vous de la fenêtre. Quel changement miraculeux ! »

Miss Grant s'avança, allongea timidement la tête, regarda en bas, et dit à demi-voix, comme si elle eût craint d'être entendue :

« C'est surprenant en effet ! Comment a-t-il pu se transformer si vite ? »

Élisabeth se retourna brusquement, et s'aperçut qu'au lieu de regarder dans la campagne, les yeux bleus et pleins de douceur de Louise étaient arrêtés sur un jeune homme bien mis, qui causait avec son père à la porte de la maison. Ce ne fut qu'au bout d'un instant qu'elle reconnut en lui le jeune chasseur, revêtu d'un costume simple, mais tout à fait convenable.

« Tout, en ce pays de féerie, semble tenir du merveilleux, » dit-elle, « et de toutes les métamorphoses, celle-ci n'est pas la moins singulière. Je ne m'étonne plus si vos yeux ont pris le change. L'acteur est unique comme le décor. »

Miss Grant rougit beaucoup et se retira de la fenêtre.

« C'est la faute de ma naïveté, » répondit-elle, « et vraiment je... je ne sais si je vous comprends toujours. Triste compagne, allez ! J'ai cru que vous me parliez du changement qui s'est opéré chez M. Edwards. Cela n'a-t-il pas lieu d'étonner, surtout quand on songe à son origine ? On le dit à moitié Indien.

— C'est vrai, » dit Betzy en souriant ; « il a l'air d'un sauvage comme il faut. Allons préparer le thé pour ce grand chef, car il doit descendre du roi Philippe, ou tout au moins de la belle Pocahonta (T). »

Les dames furent rejointes dans la salle par le juge Temple, qui tira sa fille à part, pour lui apprendre ce qu'elle connaissait déjà, c'est-à-dire le changement opéré dans l'extérieur de leur nouveau commensal.

« Il paraît avoir de la répugnance à parler de son premier état, » ajouta-t-il, « mais je juge à ses discours aussi bien qu'à ses manières qu'il a vu des temps plus heureux, et je suis assez porté à partager l'opinion de Richard sur son origine ; car il n'était pas rare de voir les agents britanniques accrédités auprès des Indiens donner une bonne éducation à leurs enfants et...

— Je n'en doute pas, mon père, » interrompit Élisabeth en riant et en détournant les yeux. « Tout cela est du dernier bien, sans contredit. Comme je n'entends pas un mot de la langue des Mohawks, il devra se contenter de parler anglais. Quant à sa conduite, je m'en rapporte à vous pour y veiller.

— D'accord. Cependant, Betzy, » dit le juge en la retenant doucement par la main, « il ne faut pas lui dire un mot du passé ; il me l'a demandé instamment et comme une faveur. Peut-être a-t-il encore un peu de rancune à cause de sa blessure ; mais ce n'est pas grand'chose, et bientôt il deviendra plus communicatif.

— Rassurez-vous : cette louable soif de s'instruire qu'on nomme curiosité ne me tourmente guère. Admettons qu'il est le fils de quelque grand chef indien, peut-être du Grand Serpent lui-même, et traitons-le comme tel, jusqu'à ce qu'il lui prenne fantaisie de raser ses beaux cheveux, de m'emprunter une demi-douzaine de boucles d'oreilles, et, sa carabine sur l'épaule, de disparaître aussi subitement qu'il est venu. Venez donc, mon père, et pendant le peu de temps qu'il doit passer avec nous, remplissons envers lui les devoirs de l'hospitalité. »

Marmaduke sourit de l'enjouement de sa fille, et lui donnant le bras, ils entrèrent dans la salle à manger, où déjà le jeune chasseur s'était assis d'un air qui marquait le désir de s'établir dans la maison avec le moins de cérémonie possible. Maintenant qu'il est installé, nous allons le laisser quelque temps remplir avec zèle et intelligence les fonctions que lui avait assignées M. Temple.

Le major Hartmann, après avoir prolongé sa visite l'espace de temps accoutumé, prit congé et partit pour revenir trois mois plus tard. M. Grant fut obligé de faire de fréquentes excursions dans les parties éloignées du comté, en sorte que sa fille résidait presque constamment à la maison du juge. Richard était entré, avec l'ardeur qui lui était naturelle, dans l'exercice des devoirs de sa nouvelle charge; Marmaduke, de son côté, ne manqua pas d'occupation, grâce à la multiplicité des demandes qui lui étaient adressées pour opérer de nouveaux défrichements.

Pendant le reste de l'hiver, le lac devint le théâtre principal des amusements des jeunes gens. Nos deux amies s'y rendaient dans un traîneau à un cheval, ayant Richard pour conducteur, et accompagnées d'Olivier, chaussé de patins, quand la neige le permettait; de là, en se promenant à pied, on allait respirer l'air pur des collines. La réserve du jeune homme cédait par degrés au temps et à sa position nouvelle; toutefois, il y avait des moments où un observateur attentif eût pu surprendre en lui un vif sentiment d'amertume.

On pratiqua de larges percées sur les flancs des montagnes, où de nouveaux colons entreprenaient des défrichements; et le nombre des traîneaux qui traversaient le village chargés de sacs de blé et de barils de potasse indiquait clairement que tous ces travaux n'étaient pas infructueux. Tout annonçait une colonie en voie de prospérité. Les chemins étaient incessamment sillonnés par des chariots, chargés tantôt de meubles grossiers, tantôt des produits du pays qu'on envoyait au marché d'Albany, où ils servaient d'appât pour exciter d'autres aventuriers à venir tenter la fortune.

Il régnait dans le village une grande activité; l'aisance des artisans croissait avec la prospérité du pays, et chaque jour on se rapprochait davantage des mœurs et des usages d'une ville ancienne. Le facteur chargé du service de la poste aux lettres parlait déjà d'établir une voiture publique; une ou deux fois pendant l'hiver, on le vit avec un voyageur se rendre à travers la neige jusqu'aux bords du Mohawk, dont les rives étaient parcourues, deux fois par semaine, par un traîneau que dirigeait un conducteur renommé dans les États de l'Est. Plusieurs familles qui, à l'approche du printemps, s'étaient rendues dans les anciennes provinces, en revinrent avant la chute des neiges, accompagnées de parents et d'amis qui, d'après leurs conseils, avaient abandonné leurs fermes de Connecticut et de Massachusetts pour s'établir à demeure dans les bois.

Olivier, dont l'élévation subite n'avait étonné personne dans un pays où tout se transformait à vue d'œil, consacrait ses journées au service de M. Temple; mais il passait la plupart de ses soirées dans la cabane de Bas de Cuir. Les trois chasseurs avaient conservé leurs anciennes relations, et leur liaison, que couvrait un certain mystère, continuait à subsister dans toute sa force. Le Mohican venait rarement à la maison du juge, et Nathaniel n'y paraissait jamais. Dès qu'Olivier pouvait disposer d'un instant de loisir, il courait à son logis d'autrefois ; il n'en revenait souvent qu'à la nuit, et quelquefois même il ne rentrait que le lendemain matin. Ces visites donnaient lieu à beaucoup de conjectures et fortifiaient Richard dans son opinion.

« Quoi d'étonnant? » disait-il. « Si l'on veut sevrer un sang-mêlé des habitudes sauvages, on y réussit à peine plus qu'avec un Indien pur sang. »

CHAPITRE XX.

Marchons! ne laissons pas s'attarder ma muse, car nous avons plus d'un obstacle à franchir.

BYRON.

Vers l'approche du printemps, les énormes piles de neige qui, à la suite des orages fréquents et des alternatives de dégel et de gelée, avaient acquis une consistance qui menaçait d'en perpétuer la durée, commencèrent à céder à l'influence d'un vent plus doux et d'un soleil plus chaud.

Il y avait des instants où les portes du ciel semblaient s'ouvrir; un air caressant se répandait sur la terre, la nature animée et inanimée s'éveillait, et, quelques heures durant, la joie du renouveau éclatait au dehors et sur tous les visages. Bientôt la bise du nord soufflait son haleine glacée sur ces promesses printanières, et de lugubres nuages interceptaient les rayons du soleil. La lutte entre deux saisons rivales s'accentuait de plus en plus, et la terre, victime de cette discorde, perdait peu à peu l'aspect brillant de l'hiver, sans se parer des séduisantes couleurs du printemps.

Plusieurs semaines se passèrent ainsi tristement; les habitants changèrent peu à peu de façon de vivre, substituant aux habitudes sociales et casanières de la saison des neiges les travaux et les arrangementsdomestiques qu'exigeait celle qui s'approchait. Le village ne fut plus encombré d'étrangers ; le commerce, qui anime les boutiques, se ralentit ; les routes, naguère nivelées par la gelée, se remplirent de bourbiers et d'ornières impraticables. En un mot, tout annonçait une complète métamorphose, non seulement à la surface de la terre, mais chez ceux qui tiraient de son sein leurs moyens de bien-être et de prospérité.

Ce fut par un beau jour de la fin de mars que le shérif Jones réussit à persuader aux deux jeunes filles de l'accompagner dans une promenade à cheval, sur une montagne qui dominait le lac, et d'où l'on jouissait d'une vue splendide.

« Et puis, cousine, » ajouta l'infatigable Richard, « nous verrons en passant l'espèce de sucrerie de Billy Kirby ; il travaille de ce côté pour Jared Ransom. Personne dans le comté n'est aussi habile que ce gaillard-là à manœuvrer une chaudière. Vous vous rappelez, Duke, qu'à son arrivée ici, je l'ai employé à cette fabrication ; il n'est pas étonnant qu'il s'y connaisse un peu.

— Un fameux bûcheron, ce Billy ! » fit remarquer Benjamin, qui tenait la bride du cheval pendant que le shérif montait en selle. « Il vous manie une hache comme un matelot du gaillard d'avant son épissoir, ou un tailleur son aiguille. On dit qu'à la force des poignets il ôte du feu une chaudière de potasse ; ça, je ne l'ai pas vu de mes yeux, mais on le dit. Ce que j'ai vu, par exemple, c'est du sucre de sa façon. Ah ! il n'était pas aussi blanc qu'une vieille voile de perroquet ; mais mon amie, mistress Jolis-Os, assure qu'au fond il a un goût de pure mélasse ; et, Monsieur Jones n'est pas sans le savoir, il reste dans le casse-noisette de mistress Remarquable une remarquable dent pour goûter les douceurs. »

Richard accueillit d'un gros rire le bon mot de son favori, nouvelle preuve de l'analogie qui existait dans le caractère de ce digne couple. Néanmoins tout le sel en fut perdu pour le reste de la compagnie. La cavalcade traversa le village dans le plus grand ordre, s'arrêta un moment devant la porte de M. Le Quoi pour lui donner le temps de monter à cheval, puis se dirigea vers la campagne.

Comme chaque gelée nocturne se fondait à la chaleur du jour suivant, ils furent obligés de s'avancer à la suite l'un de l'autre sur le bord de la route, où le gazon et la solidité du terrain donnaient aux pieds des chevaux un appui plus sûr. On voyait peu de traces de végétation ; la surface de la terre offrait un aspect froid, humide et triste, qui glaçait le sang dans les veines. Une partie des terres défrichées restaient encore ensevelies sous la neige ; seulement elle s'était dissoute par places, et le blé poussait déjà des épis verdoyants. Quel frappant contraste ! Tandis que la terre ne présentait presque partout que deuil et monotonie, un soleil chaud et vivifiant dardait ses rayons du haut d'un ciel qui ne contenait qu'un nuage

solitaire, et à travers une atmosphère qui adoucissait les couleurs tranchées de l'horizon jusqu'à lui donner l'apparence d'une mer d'azur.

Richard marchait en tête de la caravane, et ne laissait pas chômer la conversation.

« Voilà un vrai temps à sucre ! » s'écria-t-il, « une nuit de gelée et du soleil le jour ! Par cette chaude matinée, la sève coule dans les érables comme l'eau sur la roue d'un moulin. Quel dommage, cousin, que vous n'introduisiez pas un peu plus de science dans la fabrication de votre sucre! Cela se peut faire, sans être aussi savant que le docteur Franklin; oui, cela se peut.

— Le premier objet de ma sollicitude, ami Jones, » répondit Marmaduke, « est de protéger les sources de cette mine féconde de bien-être et de richesse contre le gaspillage des colons eux-mêmes. Quand ce point important aura été obtenu, il sera temps alors de songer aux perfectionnements. Du reste, j'ai déjà employé le raffinage, et j'en ai obtenu des pains de sucre blancs comme neige.

— Joli résultat, ma foi! Des pains de la grosseur d'une praline. A quoi sert une expérience qui n'est pas utile en pratique? Moi, cousin, si j'avais l'honneur de posséder comme vous cent ou deux cent mille acres de terre, je bâtirais une raffinerie en plein village; j'inviterais les gens instruits à étudier la matière... Ces gens-là, on les trouve facilement, oui, mon cher, et ce ne serait pas long; des gens qui savent allier la théorie à la pratique. Ensuite je mettrais à leur disposition une coupe d'érables jeunes et sains, et au lieu de vos avortons, je ferais des pains de sucre, morbleu! aussi gros que des meules de foin.

— Après quoi, » dit Élisabeth, « vous achèteriez la cargaison de thé d'un bâtiment de la Chine; vos chaudières vous serviraient de tasses, les bateaux du lac de soucoupes; vous feriez cuire les petits gâteaux dans ce four à chaux que j'aperçois, et vous inviteriez tout le pays à prendre le thé avec vous. Vive le génie pour enfanter des merveilles!

— Riez, cousine; riez à votre aise, » répondit Richard en se retournant sur sa selle de manière à faire face à toute la compagnie, et en esquissant avec sa cravache des gestes pleins de dignité. « Moi, j'en appelle au sens commun, au bon sens, ou, ce qui importe davantage, au sens du goût, qui est l'un des cinq sens de nature, et, je le demande, un bloc de sucre n'est-il pas plus concluant qu'une boulette comme le morceau que les Hollandaises mettent sous leur langue en buvant leur thé? En toute chose, voyez-vous, il y a deux manières, la bonne et la mauvaise. Vous faites du sucre, soit! des pains même, je l'accorde. S'ensuit-il que votre sucre soit le meilleur et dans la meilleure forme? La question est là.

— Tu as tout à fait raison, Richard, » dit Marmaduke d'un air qui prouvait l'intérêt qu'il prenait au sujet en discussion. « Il est évident que nous fabriquons du sucre ; comment et en quelle quantité, il est utile de le rechercher. J'espère voir une époque où des fermes et des plantations entières seront consacrées à cette branche d'industrie. On ne connaît qu'imparfaitement les propriétés de l'arbre qui produit ce trésor, et les moyens d'en doubler le rendement, à l'aide de la bêche et de la charrue.

— Bêcher des arbres! Êtes-vous fou, Duke? Cela va de pair avec votre chasse au charbon de terre. Allons, veuillez entendre raison et me laisser le soin de diriger votre sucrerie. Voilà M. Le Quoi, qui a été aux Indes occidentales, et qui a vu faire du sucre : qu'il nous dise la façon dont on s'y prend là-bas, et vous aurez la philosophie de la chose. Eh bien! cher Monsieur, comment faites-vous le sucre aux Antilles? procédez-vous à l'instar du juge Temple? »

Celui à qui cette question s'adressait était monté sur un bidet d'un naturel assez docile. Comme on gravissait en ce moment une côte par un sentier rapide et glissant, il avait fort à faire de se maintenir en équilibre, en serrant fortement les rênes d'une main et en se garantissant de l'autre contre les broussailles, les branches et les troncs d'arbres qui encombraient le passage.

« Du sucre? » répondit-il. « Oui, l'on en fait à la Martinique ; mais... mais ce n'est pas d'un arbre qu'on le tire ;... c'est de... ah! ah! comment l'appelez-vous donc? Je voudrais que ces chemins fussent au diable!... Vous savez bien... un bâton pour la promenade...

— Une canne, » suggéra Élisabeth; « n'est-ce pas?

— Oui, Mademoiselle, une canne.

— Canne est le nom vulgaire, » cria Richard ; « le terme scientifique est *saccharum officinarum*, et l'érable à sucre se nomme *acer saccharinum*.

— Est-ce du grec ou du latin, Monsieur Edwards? » dit tout bas Élisabeth au jeune homme qui s'occupait à écarter les broussailles et à lui frayer un passage ainsi qu'à sa compagne. « Peut-être même est-ce une langue encore plus savante que vous seul pouvez nous expliquer. »

Les yeux noirs d'Olivier lancèrent à la belle curieuse un regard enflammé de colère, qui s'adoucit à l'instant sous l'influence d'un aimable sourire.

« Je me souviendrai de cette question, Miss Temple, » dit-il en souriant à son tour, « la première fois que j'irai voir le vieux Mohican, et sa science ou celle de Bas de Cuir pourra sans doute y répondre.

— Quoi donc! » repartit-elle avec une vivacité singulière. « Ignorez-vous leur langue ?

— Pas tout à fait; cependant je connais mieux celle dont M. Jones a fait étalage et même le jargon poli de M. Le Quoi.

— Vous parlez français?

— C'est la langue courante chez les Iroquois et dans tout le Canada.

— Les Iroquois! mais ce sont des Mingos, et vos ennemis.

— Puissé-je n'en pas avoir de plus dangereux! » dit le jeune homme en poussant son cheval en avant.

La conversation ne tomba point, grâce à Richard, qui, presque à lui seul, en fit tous les frais jusqu'à ce qu'enfin on arriva dans une clairière au sommet de la montagne.

Là, pins et sapins avaient totalement disparu; mais on avait conservé un petit bois d'érables à sucre, aux troncs grands et droits et au majestueux branchage. Toutes les broussailles d'alentour avaient été coupées jusqu'à une certaine distance pour alimenter le feu des chaudières, en sorte qu'il y avait un espace de plusieurs acres, qu'on aurait pu comparer au dôme d'un temple auguste, dont les troncs des érables formaient les colonnes, leurs cimes les chapiteaux et le firmament la voûte. Une incision profonde avait été pratiquée à chaque arbre auprès de la racine : de petites gouttières d'écorce d'aulne ou de sumac y étaient attachées pour recevoir la sève, qui coulait ensuite dans des auges de tilleul grossièrement façonnées (U).

En arrivant sur le plateau, la compagnie s'arrêta un moment pour laisser souffler les chevaux, et pour examiner la manière dont on recueillait le fluide. Alors une voix forte fit entendre sous les arbres, à quelque distance, cette inimitable chanson dont les couplets, placés l'un au bout de l'autre, s'étendraient depuis les eaux du Connecticut jusqu'aux rives de l'Ontario :

Les États de l'Est sont pleins d'hommes,
Et ceux de l'Ouest pleins de forêts, Monsieur;
Avec des monts qui ressemblent à un parc à bestiaux
Et des chemins couverts de marchandises, Monsieur.
Allons, coule, ma bonne sève,
Et je te ferai bouillir,
Sans goûter le court somme du bûcheron,
De peur que tu deviennes trouble.

L'érable est un arbre précieux
Qui donne feu, nourriture et couvert,
Et après le rude labeur de la journée,
Sa liqueur vous ragaillardit.
Allons, coule, ma bonne sève, etc.

Qu'est-ce qu'un homme sans grog,
Une femme sans thé, Monsieur?
Mais ni verre ni tasse ne vaudrait
Sans le miel de cette abeille, Monsieur.
Allons, coule, ma bonne sève, etc.

Pendant l'exécution de ce chant sonore, Richard battait la mesure avec sa cravache sur la crinière de son cheval, en balançant à la fois la tête et le corps. A la fin du premier couplet, il accompagna le refrain à demi-voix, mais à la fin du dernier, il le chanta à pleine gorge, ajoutant beaucoup au bruit sinon à l'harmonie de l'air (V).

« Bravo! » s'écria-t-il en finissant. « C'est une chanson admirable et parfaitement chantée. Où avez-vous eu les paroles, Billy? Il doit y avoir d'autres couplets. Pouvez-vous m'en donner copie? »

Le fabricant de sucre, Billy Kirby, tout occupé de sa besogne, tourna la tête et vit s'approcher la compagnie, d'un air indifférent. A mesure que chacun ou chacune passait près de lui, il faisait un petit signe de tête plein de bienveillance, mais qui sentait grandement l'égalité, car il n'apporta pour personne, pas même pour les dames, le moindre changement à son mode familier de salutation.

« Comment ça va-t-il, shérif? » demanda-t-il. « Quoi de neuf?

— Comme d'habitude, » répondit Richard. « Mais que veut dire ceci?

Où sont vos quatre chaudières, et vos auges, et vos réfrigérants en fer? Est-ce avec cette négligence que vous faites votre sucre? moi qui vous regardais comme un des meilleurs raffineurs du comté!

— Vous ne vous trompiez pas, Monsieur Jones, » dit Kirby, tout en continuant à travailler. « Je ne le cède à personne dans les montagnes d'Otsego pour abattre et fendre du bois, faire bouillir le sucre de l'érable, surveiller un four à chaux, façonner des pieux, faire de la potasse et ensemencer le blé; quoique je m'en tienne, et de beaucoup, à la première besogne, attendu que la hache est l'outil que je manie le plus naturellement.

— Alors, » dit M. Le Quoi, « vous êtes un homme à tout faire.

— Si vous êtes amateur, Monsieur, voici d'aussi bon sucre qu'on en peut trouver en cette saison. Il n'y a pas la moindre ordure et il a le véritable goût d'érable. On le vendrait à New-York pour du sucre candi. »

Le Français s'approcha d'un petit hangar couvert d'écorce où Kirby avait déposé son sucre confectionné, et commença à l'examiner de l'air d'un connaisseur. Cependant Marmaduke avait aussi mis pied à terre pour voir de plus près les travaux et les arbres, et plus d'une fois il témoigna son mécontentement de la manière négligente dont la fabrication était conduite.

« Vous avez beaucoup d'expérience à ce métier-là, Kirby, » dit-il. « Quel est votre procédé pour faire le sucre? Je vois que vous n'avez que deux chaudières.

— Deux valent autant que mille, mon juge. Je ne suis pas de vos faiseurs élégants qui fabriquent pour des gens de la haute volée; mais, s'il vous faut du vrai sucre d'érable, adressez-vous à moi. D'abord je choisis mes arbres, puis je les perce à peu près à la fin de février, ou même, dans ces montagnes, vers la mi-mars; en un mot, à l'époque où la sève commence à monter...

— Ya-t-il, » interrompit Marmaduke, « un signe extérieur qui vous guide dans ce choix et vous fasse reconnaître la qualité des arbres?

— En toute chose il faut du jugement, » dit Kirby en remuant avec force la substance contenue dans ses chaudières. « On doit savoir quand et comment la liqueur qui bout à besoin d'être remuée : c'est une chose à apprendre. Rome n'a pas été bâtie en un jour, et Templeton non plus, bien que tout y pousse à vue d'œil. Je ne mets jamais la cognée à un arbre rabougri ou dont l'écorce n'a pas un air de fraîcheur et de santé ; car les arbres ont leurs maladies comme les humains ; et il n'y a pas plus de sagesse à prendre un arbre malade qu'à se servir d'un cheval fourbu pour courir la poste.

— Tout cela est vrai. Mais à quoi distinguer un arbre bien portant d'un arbre malade ?

— Comment un médecin reconnaît-il qu'on a la fièvre ? » interrompit Richard. « En examinant la peau et en tâtant le pouls.

— Pour sûr, » repartit Billy ; « M. Jones n'est pas loin de la vérité. C'est en voyant l'objet qu'on en juge... Eh bien donc, quand la sève a son libre cours, j'accroche mes chaudières et je dresse mon feu. Je pousse assez rapidement mon premier bouillon, pour que l'eau se dégage plus vite de la sève. Puis quand il commence à tourner à la mélasse, comme ce que vous voyez là, il ne faut pas faire trop de feu, sans quoi l'on brûlerait le sucre, et du sucre brûlé, pour si doux qu'il soit, a toujours mauvais goût. Alors vous versez le liquide à la cuiller d'une chaudière dans l'autre, et vous l'y laissez jusqu'à ce qu'il s'effile en retirant le bâton, ce qui exige une main habile. Quand le sucre s'est formé en grain, il y a des gens qui mettent de l'argile au fond des chaudières ; mais cet usage n'est pas général ; les uns le font, les autres ne le font pas. Eh bien, Monsieur Le Quoi, prenez-vous de mon sucre ?

— Monsieur Billy, je vous en donne dix sous la livre. »

Ces mots *dix sous* avaient été prononcés en français, et Billy ne les comprit pas.

« Non, c'est de l'argent que je veux, » répondit-il. « Je ne détaille jamais mon sucre. Cependant pour vous, Monsieur, » ajouta-t-il avec un sourire de cajolerie, « en retour de la mélasse que vous voyez, j'accepterai un gallon de rhum et de la toile pour deux chemises. Je ne voudrais tromper ni vous ni personne ; c'est la meilleure mélasse qui soit sortie du tronc d'un érable.

— M. Le Quoi, » dit Olivier, « vous a offert *dix pence*.

— Oui, » dit le Français, « dix *pence,* vingt sous. Je vous remercie, Monsieur. Ah ! mon anglais ! je l'oublie toujours. »

Kirby les regarda l'un après l'autre d'un air assez mécontent, et convaincu à part lui qu'ils voulaient s'amuser à ses dépens. Il saisit l'énorme cuiller qui trempait dans l'un des chaudrons et se mit à remuer avec force le liquide bouillant. La retirant ensuite toute pleine, il en vida la moitié, l'agita en l'air comme pour refroidir le liquide, et la présenta à M. Le Quoi.

« Goûtez cela, » fit-il, « et vous m'en direz des nouvelles. La mélasse à elle seule vaut l'argent. »

Le complaisant Français, après avoir quelque temps hésité à mettre ses lèvres en contact avec la cuiller, avala une gorgée du liquide brûlant. « Ses jambes, » disait Billy en racontant cette histoire, « s'agitaient plus vite que les baguettes d'un tambour ; il appuyait les mains contre son estomac et regardait les dames en faisant une piteuse grimace ; il crachait et jurait en français ; c'était risible à voir. Ça lui apprendra qu'un nouveau débarqué d'Europe ne se moque pas impunément d'un bûcheron d'Amérique. »

L'air de bonhomie dont Kirby reprit sa besogne aurait pu faire croire aux spectateurs de cette scène que c'était sans malice qu'il avait agi, s'il n'eût été trop bien joué pour être naturel. M. Le Quoi eut bientôt recouvré sa présence d'esprit et son décorum ordinaire ; il s'excusa en peu de mots, auprès des dames, d'une ou deux expressions inconvenantes que lui avait arrachées la douleur, remonta à cheval, et se tint à l'écart pendant le reste de la promenade.

Sur ces entrefaites, M. Temple avait parcouru le petit bois, examinant ses arbres favoris, et désapprouvant la négligence avec laquelle procédait le bûcheron.

« Il m'est pénible de voir l'esprit de gaspillage qui règne en ce pays, » dit-il. « Les colons y abusent, avec la prodigalité d'aventuriers heureux, des avantages dont ils pourraient jouir. Vous n'êtes pas vous-même à l'abri du reproche, Kirby, en faisant des blessures mortelles à ces arbres où il suffirait d'une légère incision. Il a fallu des siècles pour les produire, et lorsqu'ils auront disparu, c'est une perte que nul de nous ne verra réparer.

— Pour ça, juge, ce n'est pas mon affaire. Il me semble pourtant que les arbres sont loin de manquer dans le pays : on en voit partout. Si c'est un péché de les abattre, j'aurai un fameux compte à rendre ; car

sur mille acres, j'en ai bien abattu de mes propres mains une bonne moitié, en y comprenant les États de Vermont et de New-York ; et j'es-

père vivre assez pour compléter le mille avant de déposer ma hache. A mon sens, un pays bien boisé n'est pas un pays prospère. Quant aux souches, c'est autre chose : elles ne donnent pas d'ombre ; et, en les arrachant, vous en faites des clôtures solides.

— Les opinions varient à cet égard selon les pays, » dit Marmaduke. « Si j'apprécie les beaux arbres, c'est pour leur utilité. Nous dépouillons les forêts, comme s'il suffisait d'une seule année pour remplacer ce que nous détruisons. Du reste, le moment approche où les lois veilleront à les conserver ainsi que le gibier qu'elles contiennent. »

Après cette réflexion consolante, M. Temple remonta à cheval, et la petite troupe se remit en marche, pour se rendre au but de la promenade proposée par Richard. Le bûcheron resta seul au milieu de la forêt, occupé à poursuivre ses travaux. Le feu lent qui brûlait sous ses énormes chaudières, l'appentis couvert d'écorces, sa taille gigantesque, l'air grave avec lequel il maniait sa cuiller, et, sur le dernier plan, ces arbres majestueux dont s'échappait la sève, tout cela formait un tableau assez fidèle de la vie humaine dans sa première période de civilisation.

Le caractère pittoresque de ce spectacle était encore accentué par la forte voix de Kirby, qui se mit à entonner un nouveau chant sur un autre air aussi peu scientifique que le premier.

CHAPITRE XXI.

> Allons ! mon bon cheval, galope ! Jamais pareille cause n'exigea de tes membres nerveux plus de vitesse.
>
> W. SCOTT, *la Dame du Lac.*

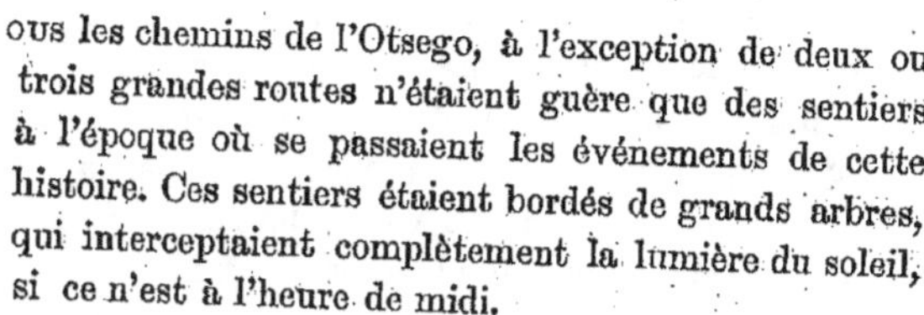

Tous les chemins de l'Otsego, à l'exception de deux ou trois grandes routes n'étaient guère que des sentiers, à l'époque où se passaient les événements de cette histoire. Ces sentiers étaient bordés de grands arbres, qui interceptaient complètement la lumière du soleil, si ce n'est à l'heure de midi.

La lenteur de l'évaporation, et la couche humide formée à une hauteur de plusieurs pouces sur toute la surface du sol par la décomposition végétale, rendaient la marche des voyageurs difficile et peu sûre. Joignez à cela que le terrain était naturellement inégal ; à chaque pas, on rencontrait des souches d'arbres ou des racines énormes et glissantes mises à nu par l'effritement du sol. Ces obstacles, qui auraient effrayé des yeux moins exercés, n'inspiraient à nos promeneurs aucune inquiétude, pendant que leurs chevaux s'enfonçaient dans les bourbiers, ou trottaient d'un pas incertain. En beaucoup d'endroits, des marques faites aux arbres indiquaient seules la route, dont çà et là on reconnaissait le milieu à une souche de pin coupé jusqu'à ses racines, qui rayonnaient à une vingtaine de pieds alentour.

Bientôt on eut à franchir une passerelle, faite d'un assemblage informe de troncs de sapin, posés avec tant de négligence que çà et là on apercevait l'eau du torrent à travers. Le bidet de Richard baissa le cou, flaira le danger et opéra le passage avec l'intelligence d'un homme. La fougueuse jument de miss Temple, excitée par la voix et la cravache, le sauta d'un seul bond.

« Doucement, ma fille, doucement, » dit Marmaduke, dont la monture imitait la sagacité de celle de Richard ; « les prouesses d'équitation ne sont pas de mise en ce pays. Il faut beaucoup de prudence pour voyager en sûreté sur nos durs chemins. Réserve tes tours d'adresse pour les plaines de New-Jersey ; il faut y renoncer jusqu'à nouvel ordre dans les montagnes de l'Otsego.

— Autant vaut, cher père, quitter tout à fait l'exercice du cheval ; car si je dois attendre jusqu'à ce qu'on civilise cette contrée sauvage, la vieillesse viendra mettre un terme à ce que vous appelez mes prouesses d'équitation.

— Ne parle pas ainsi, Betzy. En risquant souvent ta vie comme tout à l'heure, il est douteux que tu arrives à la vieillesse, et moi, j'aurai la douleur de te pleurer à la fleur de ton âge. Si tu avais vu ce pays lorsqu'il était encore plongé dans le sommeil de la nature, si tu l'avais vu changer à vue d'œil, lorsqu'à son réveil il a commencé à pourvoir aux besoins de l'homme, tu n'hésiterais pas à mettre un frein à ton impatience.

— Je me souviens de vous avoir entendu parler de votre première visite dans ces forêts ; mais c'est un souvenir qui se mêle aux images confuses de mon enfance. Voudriez-vous en rafraîchir ma mémoire ?

— Tu étais bien jeune, mon enfant, quand, te laissant avec ta mère, je partis pour explorer ces montagnes inhabitées ; mais tu ne saurais comprendre les motifs secrets qui peuvent pousser un homme à endurer des privations afin d'acquérir la fortune. Celles que j'ai supportées n'ont pas été légères, et Dieu a daigné sourire à mes efforts. Oui, j'ai eu à lutter contre la fatigue, la famine et les maladies ; du moins, je n'ai point à ajouter à tous ces maux le malheur d'avoir échoué.

— La famine ! » répéta Élisabeth. « Et moi qui me croyais dans une terre d'abondance !

— Ceux qui voient maintenant l'énorme quantité de produits qui débouchent par toutes les issues de la colonie, auront peine à croire qu'il y a cinq ans les premiers venus ont été obligés de se nourrir de fruits sauvages, et de chercher dans les ressources de la chasse de quoi soutenir l'existence de leurs familles affamées.

— Très exact ! » s'écria Richard, auquel ces derniers mots parvinrent au milieu de la chanson du bûcheron, qu'il cherchait à répéter tout haut. « C'était un vrai temps de famine. Je m'efflanquais comme une belette, et j'avais le teint d'un fiévreux. M. Le Quoi était devenu plus sec qu'un hareng, et il ne s'est guère bien remis depuis. Quant à Ben, il fut celui de nous qui résista de plus mauvaise grâce ; et il jura cent fois que la demi-ration à bord d'un navire était préférable. J'eus même l'envie de vous quitter, Duke, et d'aller me refaire en Pensylvanie ; mais, que diable ! me dis-je, nous sommes enfants des deux sœurs, et nous vivrons et mourrons ensemble.

— Qu'étaient donc devenues les belles et fertiles vallées du Mohawk? » demanda Élisabeth. « Ne pouvaient-elles subvenir à vos besoins?

— Par malheur, » reprit le juge, « c'était une année de disette ; les grains se vendaient à très haut prix en Europe, où on les recherchait avidement. Les émigrants de l'est passaient invariablement par la vallée du Mohawk et y dévoraient les objets de consommation comme une nuée de sauterelles. Quant aux habitants de la plaine, ils n'étaient pas dans une condition meilleure ; ils souffraient eux-mêmes du besoin, et pourtant tout ce que la nature n'exigeait pas impérieusement, ils le réservaient pour nous. Le mot de spéculation leur était inconnu. J'ai vu alors plus d'un colon rapporter sur son dos un sac de farine qu'il avait été chercher aux moulins du Mohawk pour nourrir ses enfants affamés, et qui, en approchant de sa cabane, ne songeait plus aux dix ou douze lieues qu'il avait faites sous ce fardeau. Rappelle-toi, ma fille, que nous étions dans l'enfance de notre colonie ; nous n'avions ni moulins, ni grains, ni routes ; nos défrichements commençaient à peine ; nous n'avions encore fait de progrès que dans le nombre des bouches à nourrir ; car, même à cette époque peu propice, l'esprit d'émigration ne se ralentissait pas ; et la disette qui régnait dans l'est continuait à accroître la masse des émigrants.

— Et comment avez-vous combattu ce redoutable fléau? C'est sur vous que devait peser la responsabilité, sinon la peine.

— En effet, il y avait dans ces jours de calamité des centaines d'individus qui tournaient les yeux vers moi comme vers une providence. Les souffrances de leurs familles, la sombre perspective ouverte devant eux, avaient paralysé leur courage. Le jour, la faim les poussait dans les bois ; la nuit, le désespoir les ramenait, faibles et décharnés, sur une couche sans sommeil. Ce n'était pas le moment de rester dans l'inaction. Je fis venir des greniers de la Pensylvanie des cargaisons de blé ; on les débarqua à Albany ; des bateaux les amenèrent en amont du Mohawk ; de là on les transporta ici, à dos de cheval, et je les distribuai à mes colons. A l'aide de filets, les lacs et les rivières nous fournirent du poisson ; et, faveur inespérée ! une troupe immense de harengs, s'écartant à plus de cent lieues de leurs parages ordinaires, remontèrent la Susquehanna, et le lac en regorgea ; nous les prîmes, et on les distribua aux colons avec une certaine quantité de sel. A dater de ce moment commença notre prospérité.

— C'est moi-même, » dit Richard, « qui ai fait la distribution du poisson et du sel. Quand ces pauvres diables vinrent chercher leur ration, Benjamin, qui était mon lieutenant, fut forcé, pour les tenir à distance, de tendre des cordes autour de moi ; car ils ne mangeaient plus que des oignons sauvages et sentaient l'ail à m'empester. Vous étiez alors toute petite, cousine, et vous n'avez rien su de nos misères, qu'on avait grand soin de vous épargner, à vous et à votre mère. Cette année-là m'a terriblement arriéré dans l'élève de mes porcs et de mes dindons.

— Non, Betzy, » s'écria le juge en donnant à sa voix un ton plus animé, « celui qui ne connaît que par ouï-dire la colonisation d'un pays ne se doute pas au prix de combien de fatigues et de souffrances elle est achetée. Le pays te semble bien inculte, n'est-ce pas? Quelle différence pourtant avec ce qu'il était la première fois que j'y suis venu ! Le matin de notre arrivée, je laissai mon monde près de la vallée aux

Cerises, et suivant à cheval une sente à peine foulée, j'arrivai au sommet d'une hauteur que j'ai depuis appelée le mont Vision, parce que le tableau qui s'offrit à ma vue me sembla tenir des illusions d'un rêve. On était alors à la chute des feuilles. Je montai sur un arbre, et restai une heure entière à contempler cette solitude silencieuse. Partout où se portaient mes regards, ils n'apercevaient que d'immenses forêts, à l'exception du lac dont la surface était couverte d'une quantité d'oiseaux sauvages. Une ourse, accompagnée de ses petits, s'approcha du lac pour y boire ; des daims traversaient le bois ; mais aucune trace de la présence de l'homme, ni hutte, ni chemin, ni un pouce de terrain cultivé.

— Et quand vint la nuit, fallut-il la passer dans cet état d'isolement?

— Non, mon enfant. Après avoir médité sur ce spectacle avec un sentiment mêlé de plaisir et d'amertume, je quittai mon arbre et descendis la montagne. Je laissai mon cheval brouter les branches qui étaient à sa portée pendant que j'explorais les rives du lac, et l'emplacement qu'occupe aujourd'hui Templeton. Un pin majestueux s'élevait à l'endroit où est ma maison ; c'est sous son ombrage que je fis mon dîner solitaire ; il était à peine terminé que j'aperçus une légère fumée qui s'élevait sur la rive orientale du lac, seul indice du voisinage de l'homme que j'eusse encore vu. Je parvins, non sans peine, à me diriger de ce côté, et j'aperçus une cabane, grossièrement construite de troncs d'arbres et appuyée à la base d'un rocher; elle paraissait habitée, bien qu'il ne s'y trouvât personne.

— C'était la hutte de Bas de Cuir, » dit vivement Olivier; « n'est-il pas vrai?

— En effet, Nathaniel parut bientôt, courbé sous le poids d'un daim qu'il avait tué. Notre connaissance date de ce moment; j'ignorais auparavant l'existence de cet homme singulier au milieu des forêts. »

Miss Temple était si frappée de l'attention profonde qu'Olivier prêtait à ce récit, qu'elle oublia de reprendre la suite de ses questions; mais ce fut le jeune homme qui les adressa.

« Comment Bas de Cuir, » demanda-t-il, « s'acquitta-t-il des devoirs de l'hospitalité, Monsieur?

— Avec simplicité et bienveillance, jusqu'à ce qu'ayant découvert, assez tard dans la soirée, mon nom et l'objet que j'avais en vue, la cordialité de ses manières diminua sensiblement, ou plutôt disparut. Je crois qu'il considérait l'introduction des colons comme un empiètement sur ses droits; car il en exprima son mécontentement à diverses reprises, sans doute à cause de la gêne qu'il craignait d'éprouver dans sa chasse.

— Aviez-vous alors acheté ces domaines, ou veniez-vous les examiner dans l'intention de les acheter?

— Ils m'appartenaient depuis plusieurs années, et j'y venais former un établissement. Natty me traita avec hospitalité, mais froidement. Toutefois, je passai la nuit sur sa peau d'ours, et le lendemain matin je rejoignis mes ingénieurs.

— Ne vous parla-t-il pas, Monsieur, du droit des Indiens? Bas de Cuir ne se fait pas faute de contester aux blancs leurs titres à la propriété de ce pays.

— Je me souviens qu'il m'en parla, et d'une façon assez confuse. D'ailleurs les droits des Indiens étaient périmés depuis la fin de la dernière guerre; et, ne l'eussent-ils pas été, je suis propriétaire en vertu de lettres-patentes des gouverneurs royaux, confirmées par une loi de la législature de notre État.

— Assurément, Monsieur, votre titre est tout à la fois juste et légal. »

Là-dessus, Olivier ralentit le pas de son cheval et ne dit plus rien tant que la conversation roula sur ce sujet.

Ils arrivèrent enfin au point de vue que Richard avait promis de leur faire voir. C'était l'un de ces sites pittoresques particuliers à l'Otsego, qui, pour être vus dans toute leur beauté, exigent l'atmosphère tiède et vivifiante d'un jour d'été. M. Temple avait prévenu sa fille à cet égard ; c'est pourquoi, après avoir jeté sur le paysage un coup d'œil rapide, la petite troupe reprit le chemin du logis se promettant de revenir à une époque plus propice (X).

L'état de l'atmosphère semblait annoncer un de ces brusques changements de temps si fréquents sous cette latitude. Les nuages commençaient à s'épaissir, accourant avec rapidité de tous les points de l'horizon, sans qu'un souffle d'air les mît en mouvement. A la sensation douce et bienfaisante qui tout à l'heure fouettait le sang dans les veines avait succédé une pesanteur et un malaise, symptômes certains de l'approche d'un ouragan du nord-ouest. On fit doubler le pas aux chevaux pour atteindre plus promptement le village ; mais le mauvais état de la route obligeait fréquemment de réprimer leur impatience. Richard était en tête, suivi de M. Le Quoi, venaient ensuite Élisabeth et son père. Quant à Olivier, il chevauchait à côté de Louise Grant, qui semblait compter sur sa protection dans cette marche à travers une forêt noire et lugubre, où les rayons du soleil ne pouvaient que rarement pénétrer. Aucun souffle de vent n'arrivait encore à l'endroit où ils étaient ; mais ce silence redoutable, fréquent précurseur d'un orage, rendait leur situation plus pénible. Tout à coup la voix d'Olivier se fit entendre avec cet accent effrayant qui porte l'alarme au fond du cœur, et fige le sang dans les veines de ceux qui l'entendent.

« Un arbre! un arbre! » cria-t-il. « Vite en avant! Un arbre!

— Un arbre! » répéta Richard.

En même temps, il donna un grand coup d'éperon à son cheval, qui le porta d'un saut à une douzaine de pieds de là au milieu d'un déluge d'eau et de boue. M. Le Quoi en fit autant et eut le même bonheur.

Élisabeth arrêta sa jument, leva les yeux en l'air, et, avec un étonnement mêlé d'effroi, reconnut la cause du danger, tandis qu'un sinistre craquement venait épouvanter son oreille. L'instant d'après, le juge saisit la bride de sa monture en s'écriant :

« Dieu protège mon enfant ! »

Et elle se sentit entraînée en avant par son bras vigoureux.

Presque aussitôt, le froissement des branches, suivi d'un bruit semblable au mugissement d'un vent furieux, puis une effroyable détonation, annoncèrent la chute, à quelques pas de distance, de l'un des géants de la forêt (Y).

Un coup d'œil suffit au juge Temple pour s'assurer que ceux qui marchaient devant lui étaient sains et saufs, et il se retourna avec l'inquiétude la plus vive pour connaître le destin des autres. Il vit de l'autre côté de l'arbre Olivier, se renversant avec effort sur sa selle, retenir de la main gauche la bride de son cheval, pendant que la droite tirait si fortement les rênes de celui de miss Grant, que la tête de l'animal était courbée sous son poitrail ; les deux chevaux tremblaient de tous leurs membres, et hennissaient de terreur. Louise était penchée en avant, le visage dans ses mains, dans une attitude de désespoir singulièrement mêlé de résignation.

« Êtes-vous blessés ? » s'écria le juge en rompant le premier ce terrible silence.

« Non, grâce à Dieu ! » répondit le jeune homme. « Si l'arbre avait eu des branches, nous étions perdus, et... »

Il s'interrompit en voyant Louise chanceler sur sa selle, et si son bras ne l'eût soutenue, elle serait tombée à terre. Heureusement la fille du ministre n'avait point eu d'autre mal que la peur, et avec l'aide d'Élisabeth, elle ne tarda pas à recouvrer l'usage de ses sens. Elle remonta en selle, et, placée entre Marmaduke et Olivier, elle se trouva en état de continuer la route.

« Ces chutes d'arbres si subites, » dit M. Temple, « sont les accidents les plus dangereux de la forêt ; car elles ne sont déterminées ni par le vent, ni par aucune cause extérieure et visible qui puisse avertir du péril.

— La cause en est bien simple, » dit le shérif. « L'arbre est vieux et gâté, il est miné graduellement par les gelées successives, jusqu'à ce que,

Une effroyable détonation annonça la chute de l'un des géants de la forêt.

le centre de gravité s'écartant de la base, il faut de toute nécessité que l'arbre tombe ; c'est mathématique.

— Le raisonnement est juste, » dit le juge, « et si ma mémoire ne me trompe, c'est de moi que tu le tiens. Mais le moyen, je te prie, de se prémunir contre ce danger? Faut-il aller d'arbre en arbre mesurer la distance du centre à la base? Réponds à cela, ami Jones, et tu auras rendu au pays un service signalé.

— Que je réponde, ami Temple? Un homme instruit a réponse à tout. Les seuls arbres qui tombent sont pourris ; n'approchez point de ceux-là, et vous n'aurez rien à craindre.

— Ce serait nous interdire l'entrée des forêts. D'ordinaire, le vent provoque ces sortes de chutes, et il est fort rare qu'elles arrivent pour ainsi dire d'elles-mêmes. »

Cependant miss Grant était assez bien rétablie, et la cavalcade put accélérer son pas ; mais elle fut surprise par une bourrasque de neige avant de mettre pied à terre à la porte de la maison du juge.

Olivier aida Louise à descendre de cheval, et la jeune fille lui dit tout bas en lui serrant la main avec la ferveur de la reconnaissance :

« Maintenant, Monsieur Edwards, le père et la fille vous doivent la vie! »

Un orage terrible, poussé par le vent du nord-ouest, venait d'éclater. Avant le coucher du soleil, toute trace de printemps s'était évanouie, et un manteau de neige couvrait encore une fois le lac, les montagnes, le village et la plaine.

CHAPITRE XXII.

Hommes, femmes, enfants désertent le village,
et se répandent dans la plaine en bandes joyeuses.

W. SOMERVILLE.

Depuis cette époque jusqu'à la fin d'avril, le temps n'offrit plus qu'une suite non interrompue de changements rapides. Un jour, le soufle tiède du printemps semblait se glisser dans la vallée, et seconder l'influence du soleil pour réveiller la nature engourdie; le lendemain, les vents orageux du nord effaçaient jusqu'aux moindres vestiges de cette impression passagère.

La neige finit par disparaître, et de toutes parts les champs de blé commençaient à montrer leur verdure, coupée çà et là de souches noires qui avaient, l'année précédente, servi de base aux arbres les plus magnifiques. Le lac avait perdu la glace polie qui couvrait sa surface, mais, faute de courant, ses eaux restaient cachées sous une croûte poreuse qui, saturée de fluide, avait à peine assez de consistance pour adhérer dans toutes ses parties. On voyait passer de nombreuses troupes d'oies sauvages qui tournoyaient quelque temps au-dessus du lac invisible, comme pour s'y plonger, et reprenaient leur vol vers le nord, en remplissant l'air de leurs cris discordants.

Ainsi s'écoula une semaine entière pendant laquelle l'Otsego resta en la possession exclusive de deux aigles, qui, s'abattant au centre de sa croûte fragile, semblaient mesurer de l'œil l'étendue de leur empire incontesté. Effrayés par la présence de ces monarques des airs, les oiseaux voyageurs, évitant de traverser cette plaine glacée allaient demander un abri aux forêts. Insensiblement une brèche s'était pratiquée à l'extrémité inférieure du lac et autour de l'endroit où le courant de la rivière empêchait la formation de la glace, même dans les temps les plus froids, et le vent du sud, qui vint à souffler dans la vallée, exerça alors son influence. Une lutte de quelques heures s'établit pendant laquelle le vent et l'eau livrèrent combat à l'enveloppe glacée, qui céda enfin à leur double assaut. Les deux aigles prirent leur essor au-dessus des nuages, tandis que les vagues agitaient en l'air leur blanche écume, comme pour se réjouir d'être enfin délivrées d'une captivité de cinq mois.

Le lendemain de ce jour, Élisabeth fut éveillée par les cris joyeux des hirondelles, qui commençaient à bâtir leurs nids au-dessus de ses fenêtres, et par la voix de Richard qui l'appelait d'un ton animé.

« Levez-vous, belle dame, » lui criait-il. « Le ciel est couvert de pigeons. Leur multitude obscurcit le soleil, et il faudrait regarder longtemps avant de trouver une percée par où l'on pût l'apercevoir. Levez-vous, paresseuse ! Benjamin prépare les munitions, et nous n'attendons plus que le déjeuner pour aller chasser sur la montagne. »

Il n'y avait pas moyen de résister à cet appel pressant, et, au bout de quelques minutes, miss Temple et son amie descendirent dans la grand' salle. On ouvrit toutes les fenêtres, et l'air doux et embaumé d'une matinée de printemps vint rafraîchir, par une ventilation salutaire, un appartement où la vigilance du majordome avait si longtemps entretenu une chaleur artificielle.

Pendant qu'on apprêtait le repas, M. Jones allait et venait en regardant fréquemment vers une croisée donnant du côté du sud.

« Voyez, cousine Bess ! voyez, Duke ! Les pigeonniers du sud ont ouvert leurs portes, et les oiseaux deviennent à chaque instant plus nombreux. En voici une bande qui n'en finit pas ; il y aurait de quoi nourrir l'armée de Xerxès pendant un mois, et assez de plumes pour en garnir les lits de tout le comté. Xerxès, Monsieur Olivier, était un roi grec... non, je me trompe, un roi turc ou persan, qui voulait conquérir la Grèce, comme ces coquins de pigeons reviendront en automne ravager nos campagnes. Dépêchons, Bess, dépêchons! Il me tarde de les canarder tout à mon aise. »

Marmaduke et le jeune Edwards semblaient partager son impatience, et en vérité c'était un spectacle auquel un chasseur pouvait difficilement résister. Après avoir déjeuné à la hâte, on prit congé des dames.

Si l'air était rempli de pigeons, la population du village encombrait les rues : hommes, femmes, enfants, tous étaient en mouvement. On voyait entre leurs mains les armes les plus variées, depuis la canardière française avec son canon de six pieds de long jusqu'au pistolet d'arçon, même des arcs et des flèches en tiges de noyer. La vue des maisons et le bruit du village avaient forcé les pigeons effrayés de changer de direction et de se rejeter vers les montagnes, où ils s'étaient agglomérés en masses épaisses.

Nous avons déjà dit que le plan incliné qui s'étendait depuis l'escarpement de la montagne jusqu'au bord de la Susquehanna était traversé par la grande route, à droite et à gauche de laquelle une assez grande quantité de terrain avait été depuis longtemps défrichée. Ce fut là, ainsi que sur le versant oriental de la montagne et le long du sentier dangereux qu'on y avait pratiqué, que l'attaque générale commença.

Dans la foule, on distinguait, à sa haute taille, Bas de Cuir, son fusil sur le bras gauche et ses chiens à ses talons ; ceux-ci allaient de temps en temps flairer quelque oiseau qui tombait, mort ou blessé, et revenaient à leur maître comme s'ils eussent partagé sa répugnance pour un carnage indigne d'un chasseur.

Bientôt les détonations d'armes à feu devinrent plus rapides ; parfois c'était une décharge générale qui éclatait au moment où une troupe plus nombreuse venait, comme un nuage, couvrir la plaine; tantôt la fumée d'une carabine, suivie d'une détonation solitaire, s'élevait du taillis de la montagne. Les flèches et tous les genres de projectiles étaient mis en usage ; les pigeons étaient en telle quantité et leur vol si rapproché de la terre, que ceux qui avaient gravi la hauteur les abattaient à coups de bâton.

M. Jones, qui dédaignait les moyens ordinaires de destruction, s'occupait activement avec Benjamin à préparer une attaque d'un genre plus formidable. Parmi les restes d'anciennes excursions militaires, on avait trouvé à Templeton, lors du premier établissement, un petit canon à pivot, du calibre d'une livre de balles, abandonné sans doute par quelque détachement européen. Cette pièce d'artillerie avait été nettoyée, montée sur un affût neuf, remise en état, et l'on s'en servait dans les jours de réjouissances extraordinaires. Le sergent Hollister, la première autorité du pays en ces sortes d'occasions, avait plusieurs fois déclaré que, vu ses dimensions, c'était pour un salut d'honneur une pièce fort honnête. A la longue, il s'était quelque peu détérioré, et la lumière avait à peu près les mêmes dimensions que la bouche. Toutefois l'imagination grandiose de Richard avait choisi cet instrument pour vomir la mort sur ses agiles ennemis.

Le canon fut traîné par un cheval à l'endroit que le shérif avait jugé le plus convenable, et la Pompe se mit à le charger de plusieurs poignées de petit plomb. La vue de cette machine de guerre réunit à l'entour tous les enfants du village, qui remplirent l'air de cris de triomphe ; elle fut pointée en l'air, et Richard, tenant avec des pincettes un charbon allumé, s'assit tranquillement sur une souche, attendant que l'ennemi se présentât en nombre suffisant pour mériter son attention.

Les pigeons étaient en si prodigieuse abondance, que c'est à peine si les décharges des armes à feu avaient pu entamer leurs masses compactes, qui continuaient à se jeter le long de la vallée. Personne ne songeait à ramasser les victimes, et la terre en était presque couverte.

Bas de Cuir contemplait ce spectacle en silence. Lorsqu'il vit amener la pièce d'artillerie sur le champ de bataille, il ne put contenir son mécontentement.

« Voilà ce que c'est que vos colonies! » s'écria-t-il. « J'ai vu quarante années durant les pigeons passer par ici, et, avant vos défrichements de malheur, il n'y avait personne pour les effrayer ou leur faire du mal. J'aimais à les voir venir dans les bois ; ils me tenaient compagnie, sans jamais gâter rien ; des bêtes innocentes comme des anguilles de haie ! Aujourd'hui ça me serre le cœur d'entendre le battement de leurs ailes ; c'est un signal qui va mettre en campagne toute la marmaille du village. Patience ! le Seigneur ne laissera pas impunie l'inutile destruction de ses créatures, et justice sera faite aux pigeons comme à bien d'autres. Jusqu'à M. Olivier qui s'en mêle et qui fait feu sur des pigeons comme si c'étaient des Mingos ! »

De son côté, le bûcheron Kirby ne restait pas inactif; armé d'un vieux mousquet, il tirait en l'air sans regarder, et poussait de gros éclats de rire en voyant ses victimes tomber jusque sur sa tête. Il entendit ce que venait de dire Nathaniel, et prit sur lui de répondre :

« Qu'avez-vous donc, camarade, à grogner pour la perte de quelques pigeons ? Si vous aviez été comme moi obligé de semer votre blé jusqu'à deux et trois fois, vous auriez moins de pitié de ces maudits pillards... Hardi, les enfants ! faites-moi voltiger leurs plumes... Voyez-vous, mon vieux, ça vaut mieux que d'ajuster un dindon.

— Cela vaut mieux pour vous, Billy, » répondit le vieux chasseur en courroux, « et pour tous ceux qui ne savent pas manier une carabine, ou viser comme il faut; mais c'est une indignité de tirer ainsi dans une volée d'oiseaux pour en faire un carnage inutile. Il n'y a que ceux qui ne savent pas abattre un oiseau isolé qui se permettent ces tueries-là. Si l'on a envie de manger du pigeon, à la bonne heure ; la créature est faite comme les autres pour servir à la nourriture de l'homme ; mais pourquoi en massacrer vingt pour en manger un ? Quand j'en ai la fantaisie, je vais en forêt, j'en choisis un qui me plaise, et je le tire sur la branche sans toucher une plume à ses voisins, y en eût-il cent sur le même arbre. Ce n'est pas vous qui feriez cela, Billy Kirby, vous n'oseriez pas seulement l'essayer.

— Que dis-tu là, vieux fétu de blé, vieux tronc pourri ? » s'écria le bûcheron. « Tu lèves bien haut la crête depuis l'affaire du dindon ! Ah ! il te faut un pigeon tout seul. Tiens, regarde celui-là comme je vais le descendre. »

Le feu qu'on faisait à quelque distance avait séparé un pigeon de la troupe à laquelle il appartenait ; effrayé par les détonations continues, il fendait l'air à droite et à gauche, et finit par cingler en droite ligne vers nos deux interlocuteurs. Malheureusement pour le bûcheron et sa fanfaronade, il manqua de patience et lâcha son coup au moment où le fuyard passait au-dessus de sa tête. L'oiseau, sans être atteint, continua son vol avec rapidité.

Au moment où Kirby lui avait porté ce défi, Nathaniel avait abaissé sa longue carabine. Il laissa filer l'oiseau qui se dirigeait obliquement vers le lac, et, le voyant à bonne portée, il leva vivement son arme et fit feu. Soit hasard, soit adresse, soit peut-être l'un et l'autre à la fois, le coup porta, et le pigeon, après avoir tourbillonné en l'air, tomba dans l'eau avec une aile fracassée. Aussitôt les deux chiens de Bas de Cuir prirent leur course, et au bout de quelques minutes, l'un d'eux rapporta l'oiseau encore vivant.

Le bruit de cet exploit attira les chasseurs autour de Bas de Cuir.

« Quoi ! » dit Olivier. « Est-il vrai, Natty, que vous avez tué un pigeon au vol avec une seule balle ?

— N'ai-je pas souvent abattu de la même manière des oiseaux pêcheurs qui plongent en voyant la lumière de la carabine ? » répondit Bas de Cuir. « Allez, il vaut mieux ne tuer que pour ses besoins, sans gaspiller sa poudre et son plomb, que de détruire si méchamment les créatures de Dieu. Mais je n'étais venu ici que pour tirer un pigeon, et vous savez, mon garçon, pourquoi je désire avoir du menu gibier. A présent que je tiens mon affaire, je m'en retourne, tant il me fait deuil d'assister à un tel carnage.

— Bas de Cuir n'a pas tort, » dit M. Temple, « et je crois qu'il est temps de mettre un terme à cette œuvre de destruction.

— Mettez aussi un terme à vos défrichements, mon juge. Dieu n'a-t-il pas créé les bois tout comme les pigeons ? Usez, mais n'abusez pas. Les bois ont été faits pour servir d'habitation aux bêtes et aux oiseaux; quand l'homme a besoin de leur chair, de leur peau ou de leurs plumes, c'est là qu'il peut les chercher. Mais je vais m'en aller avec mon gibier, car je ne voudrais pas toucher à une seule des innocentes créatures qui couvrent ici la terre, et qui tournent leurs yeux vers moi comme s'il ne leur manquait qu'une langue pour me dire ce qu'elles pensent. »

A ces mots, Bas de Cuir mit son fusil sous son bras, et, suivi de ses chiens, s'éloigna, en ayant grand soin de ne marcher sur aucun des oiseaux blessés.

Quelle que fût l'impression que reçut le juge des réflexions morales de Nathaniel, Richard n'en ressentit d'aucune sorte. Il ne songea qu'à profiter du rassemblement des chasseurs pour combiner un plan de destruction plus étendu encore. Il les fit ranger en bataille des deux côtés de la pièce d'artillerie, avec ordre d'attendre qu'il leur donnât lui-même le signal de faire feu.

« Attention, mes enfants! » dit Benjamin, qui remplissait, en cette occasion, le rôle d'aide-de-camp. « Attention, mes braves! et quand maître Richard hissera le signal d'ouvrir le feu, alors envoyez-leur une bordée. Surtout pointez bas, et vous leur crèverez la coque.

— Comment, pointer bas? » dit Kirby. « En voilà une bêtise! C'est donc pour démolir les souches, et non les pigeons?

— Qu'en savez-vous, espèce de marin d'eau douce? » s'écria Benjamin avec une vivacité peu digne d'un officier sur le champ de bataille. « N'ai-je pas servi cinq ans sur *la Boadicée*, marsouin ? et n'avions-nous pas ordre de tirer bas pour couler l'ennemi ? Ne bougeons plus, mes gars, et attention au commandement ! »

Le rire bruyant des chasseurs cessa à la voix plus imposante de Richard, qui recommanda d'obéir au signal.

Plusieurs millions de pigeons avaient déjà, suivant les calculs, traversé, dans la matinée, la vallée de Templeton ; mais on n'avait rien vu jusque-là de comparable à la multitude qui s'approcha en ce moment. Elle s'étendait d'une montagne à l'autre en une masse bleue et compacte, et l'œil en cherchait vainement la fin du côté du sud. Le front de cette colonne vivante était distinctement marqué par une ligne à peine dentelée, tant le vol de ces oiseaux était égal et régulier. A cette vue, Marmaduke lui-même oublia la morale de Bas de Cuir, et mit en joue comme tout le monde.

« Feu ! » cria le shérif en appliquant son charbon sur l'amorce du canon.

Comme une partie de la charge de Benjamin s'échappa par la lumière, le bruit de la mousqueterie précéda celui de la bouche à feu. Cette décharge générale mit le désordre dans la colonne : le front se précipita en avant, pendant qu'au même instant des millions d'oiseaux vinrent, avec une étonnante rapidité, occuper la place vide. Le fracas du canon, répété par les échos des montagnes, alla expirer au nord comme un tonnerre lointain, et la multitude de pigeons alarmés n'offrit plus qu'une masse confuse et agitée. Leur fuite irrégulière remplissait tout l'espace ; on les voyait planer en couches superposées bien au-dessus des plus hauts pins, mais nul n'osait franchir le passage dangereux marqué par un récent désastre. Enfin, quelques-uns des chefs de la nation ailée prirent leur vol à travers la vallée par-dessus le village, et toute l'armée, suivant leur exemple, abandonna tout le côté oriental de la plaine (Z).

« Victoire ! » cria Richard. « Victoire ! L'ennemi a quitté le champ de bataille.

— Pas tout à fait, cousin, » dit Marmaduke ; « les champs en sont couverts, et, comme Bas de Cuir, je ne vois de tous côtés que d'innocentes victimes qui tournent sur moi leurs regards effarés. Plus de la moitié de ceux qui sont abattus vivent encore, et il est temps de mettre fin à cet amusement, si toutefois c'en est un.

— C'est un plaisir de roi ! » dit le shérif. « Voilà par terre des milliers d'habits bleus, et chaque femme du village pourra faire autant de pâtés qu'elle voudra. L'essentiel est d'avoir éloigné les oiseaux de ce côté de la vallée, et, pour aujourd'hui du moins il faut cesser le carnage. Enfants, tordez le cou à ces pigeons, et j'en donnerai une pièce de quinze sous le cent. »

Cet expédient produisit l'effet désiré, car tous les bambins s'occupèrent sur le champ à mettre fin aux souffrances des blessés. On revint au village avec plusieurs chevaux chargés de morts ; et cette première explosion passée, la chasse aux pigeons ne fut plus, pendant le reste de la saison, que le partage d'un petit nombre d'oisifs. Toutefois, Richard se vanta longtemps encore de sa chasse au canon, et Benjamin affirmait gravement qu'il avait péri ce jour-là autant de pigeons qu'il était mort de Français le jour de la mémorable victoire de Rodney.

CHAPITRE XXIII.

A l'aide, Messieurs, à l'aide ! Il y a un poisson pris dans le filet, comme les droits d'un pauvre homme dans les chicanes de la loi.

Périclès de Tyr, tragédie attribuée à SHAKESPEARE.

Les progrès de la belle saison devenaient enfin aussi rapides que son approche avait été ennuyeuse et lente. Pendant la journée, la température était uniformément douce, et les nuits, quoique fraîches, n'étaient plus accompagnées de gelées. C'était un concert d'oiseaux sur les rives du lac ; le feuillage du peuplier américain frissonnait dans les bois ; les flancs des montagnes commençaient à perdre leur teinte brune ; le vert sombre des pins mariait sa couleur permanente à la verdure naissante des autres arbres de la forêt ; et sur la foi d'un été prochain, le chêne tardif lui-même laissait poindre ses premiers boutons.

Le lac était renommé pour l'abondance et la qualité des poissons. A peine la glace avait-elle disparu, que des bateaux avaient été lancés du rivage, et la ligne des pêcheurs allait offrir à ses habitants tous les genres d'appâts que la ruse et la sagacité humaine avaient pu inventer. Mais les résultats lents quoique certains de la pêche à l'hameçon étaient peu propres à satisfaire la profusion et l'impatience des colons. Il fallut recourir à des moyens plus destructeurs, et comme la saison était arrivée où la pêche au filet était permise par les dispositions de la loi que le juge Temple avait sollicitée lui-même, Richard Jones déclara son intention de profiter de la première nuit sombre pour jouir en personne de ce divertissement.

« Vous y viendrez, cousine Bess, » ajouta-t-il en annonçant son projet, « ainsi que miss Grant et M. Edwards ; je vous apprendrai comment on pêche. Duke, voyez-vous, n'y connaît goutte. Vous le voyez s'asseoir des heures entières par un soleil ardent, ou se morfondre devant un trou fait à la glace, et pourquoi ? pour ne pas même prendre un seul poisson après toute cette mortification de la chair. Non, non ; donnez-moi un bon filet long de cinquante à soixante brasses avec une joyeuse troupe de rameurs, ayant le mot pour rire, et Benjamin pour pilote, et je vous promets d'amener les poissons par milliers. Voilà ce que j'appelle pêcher.

— Ah ! Richardet, » riposta le juge, « tu ne connais pas les charmes de la pêche à la ligne, ou tu ménagerais davantage le poisson. Je t'ai vu, après une pêche de nuit sur le lac, en abandonner sur les bords une quantité suffisante pour nourrir une demi-douzaine de familles affamées.

— Je ne discuterai pas avec vous là-dessus. J'irai à la pêche cette nuit, et j'invite la compagnie à y assister pour qu'elle décide entre vous et moi. »

Toute l'après-midi, Richard fut occupé à combiner les préparatifs de cette expédition importante. Dès que le soleil couchant eut disparu, et que la lune nouvelle eut commencé à se montrer, les pêcheurs montèrent sur une barque pour gagner une pointe de terre située sur la rive occidentale du lac, à une distance d'à peine un quart de lieue du village. Cette partie du pays était défrichée, le terrain sec et ferme, et favorable à la promenade.

Avant de se mettre en marche, M. Temple, Élisabeth, miss Grant et Olivier restèrent quelque temps au débouché de la rivière, suivant des yeux la barque qui sillonnait le lac, jusqu'à ce qu'ils la perdirent de vue.

« Il est temps de partir, » dit le juge. « La lune sera couchée avant que nous arrivions, et c'est alors que doit commencer la pêche miraculeuse de Richard. »

La soirée était chaude, et avait quelque chose de délicieusement réconfortant, après le long et triste hiver qui venait de finir. Animés par le spectacle pittoresque qu'ils avaient sous les yeux, et par l'amusement qu'ils se promettaient, les jeunes gens s'avancèrent sur les pas de M. Temple, en suivant les rives du lac et en longeant la lisière du village.

« Voyez, » dit Olivier, « ils allument déjà leur feu, qui brille par saccades comme la clarté que donne un ver luisant.

— Le voilà maintenant qui flambe, » dit Élisabeth. « Je gagerais tous mes bijoux contre la chaîne d'or de Remarquable que c'est mon impatient cousin qui a fait jaillir cette flamme, qui, du reste, s'évanouit comme la plupart de ses magnifiques projets.

— Tu as deviné juste, Betzy, » dit son père. « Il a jeté une brassée de broussailles qui s'est consumée en un instant, mais elle a servi à donner au foyer plus d'activité, et maintenant il éclaire comme un fanal. »

La vue du feu fit doubler le pas aux piétons, car les dames elles-mêmes désiraient vivement voir tirer le miraculeux filet. Au moment où ils atteignirent le sommet de la berge qui dominait la pointe basse où les pêcheurs avaient débarqué, la lune venait de se cacher derrière les pins à l'occident. Sur la demande de Marmaduke, ils s'arrêtèrent pour écouter la conversation de ceux qui étaient au-dessous d'eux et examiner un instant la troupe des pêcheurs avant de descendre sur la plage.

Tous étaient assis autour du feu, à l'exception de Richard et de Benjamin ; le shérif s'était placé sur une souche pourrie qu'on avait arrachée pour entretenir le feu, et son confident restait debout, les mains appuyées sur les hanches, et si près de la flamme, que la fumée, dans le mouvement ondulatoire que lui imprimait la faible brise qui soufflait sur le lac, dérobait de temps à autre les traits de son visage.

« Voyez-vous, Monsieur Jones, » disait Benjamin, « c'est une affaire sérieuse que de pêcher, dans une eau qui dort, un poisson de quinze à vingt livres ; mais pour un homme qui a halé des requins à bord, c'est une triste pêche après tout.

— Pourquoi donc, Benjamin ? » répondit le shérif. « Quand on prend d'un coup de filet dans l'Otsego un millier de perches, sans compter les brochets, brochetons, tanches, truites et sucets, je n'appelle pas cela une mauvaise pêche. On peut trouver de l'amusement à harponner un requin ; mais, une fois pris, à quoi est-il bon ? Or, des poissons que je viens de nommer il n'en est pas un qui ne soit digne de la table d'un roi.

— Eh bien, » reprit Benjamin, « écoutez un peu la philosophie de la chose. Peut-on raisonnablement s'attendre à trouver dans cette petite mare, où il y a à peine assez d'eau pour noyer un chrétien, des poissons comparables à ceux qui vivent dans l'immense Océan, où tout le monde sait, c'est-à-dire les gens qui ont été en mer, qu'on voit des baleines aussi longues que l'un des grands pins de là-haut ?

— N'allons pas si vite, Ben. Savez-vous qu'il y a quelques-uns de ces pins qui ont deux cents pieds de longueur et même plus ?

—Deux cents ou deux mille, c'est tout un. N'y ai-je pas été ? ne l'ai-je pas vu ? J'ai dit qu'on rencontre des baleines aussi longues que ces pins, et ce que j'ai dit, je le maintiens. »

Pendant ce colloque, qui n'était évidemment que la fin d'une discussion depuis longtemps commencée, on voyait le gigantesque Billy Kirby étendu auprès du feu ; il se servait d'un éclat de bois en manière de cure-dent, et secouait de temps en temps la tête d'un air d'incrédulité en entendant les assertions de Benjamin.

« J'ai dans l'idée, » dit-il, « que le lac contient assez d'eau pour y faire nager la plus grosse baleine qu'on ait jamais inventée. Quant aux pins, et je crois m'y connaître, j'en ai abattu plus d'un, qui sans compter le panache, avait soixante fois la longueur du manche de ma hache. Tenez, la Pompe, si le vieux pin qui est dans le creux du mont Vision... on le voit très bien d'ici, car la lune en éclaire le haut... je dis donc que si cet arbre était planté au plus profond du lac, il y aurait assez d'eau par-dessus pour que le plus grand vaisseau qu'on ait bâti pût y flotter à l'aise, sans toucher aux branches ; oui, ma foi !

— Avez-vous jamais vu un vaisseau, maître Kirby ? » cria le majordome. « Avez-vous jamais vu un vaisseau, camarade? Avez-vous jamais vu autre chose que des coquilles de noix, flottant sur cette goutte d'eau douce?

— Oui, j'en ai vu, et je puis le soutenir hardiment.

— Avez-vous jamais vu un vaisseau anglais, maître Kirby? un vaisseau de ligne anglais, mon enfant? Où diable avez-vous vu un vaisseau construit dans les règles avec étambot et taille-mer, gabords et contre-hiloirs, avant, écoutilles et gouttières, gaillard d'arrière et gaillard d'avant? Dites-le-moi, si vous pouvez, camarade. Où avez-vous vu un vaisseau à trois mâts et à trois ponts, avec tous ses agrès et toute sa voilure ? »

Cette question atterrante produisit beaucoup d'effet sur toute la compagnie, et Richard dit souvent dans la suite que c'était mille fois dommage que Benjamin ne sût pas lire, car il aurait fait un excellent officier de marine. Mais le bûcheron ne se laissait pas démonter aisément, et d'ailleurs il avait du mépris pour les étrangers. Pendant cet interrogatoire débité avec volubilité, il s'était levé, le dos tourné au feu ; quand le majordome eut fini, il n'hésita pas à lui répondre, à la grande surprise des auditeurs.

« Où j'en ai vu ? » dit-il. « Sur la rivière du Nord et aussi sur le lac Champlain. Sachez, camarade, qu'il y a sur la rivière des sloops qui donneraient du fil à retordre au plus vigoureux vaisseau du roi Georges ; ils portent des mâts de quatre-vingts pieds, ni plus ni moins, en pins forts et solides, et j'en ai abattu plus d'un à cet usage-là dans l'État de Vermont. Je voudrais commander un de ces navires, et vous voir à bord de cette *Boadicée* dont vous nous rabâchez les oreilles ; vous verriez alors de quel bois est fait un Yankee, et si son cuir n'est pas aussi épais que celui d'un Anglais. »

L'écho des collines voisines répéta le rire discordant de Benjamin à ce grotesque défi.

« Descendons, » dit alors M. Temple aux jeunes gens, « ou la querelle va s'envenimer. Benjamin est un rodomont impitoyable, et Kirby, quoique bon garçon au fond, est un enfant de la forêt qui ne se gêne guère, et qui croit qu'un Américain vaut pour le moins six Anglais. »

La présence du juge Temple et des deux dames amena sinon une pacification complète, du moins la cessation des hostilités. Sur l'ordre de M. Jones, les pêcheurs se préparèrent à entrer dans la barque qu'on avait placée à quelque distance, avec le filet tout arrangé sur une petite plate-forme ajustée sur la poupe.

La nuit était devenue si sombre, que tous les objets que n'éclairait pas la lueur du feu étaient non seulement indistincts, mais invisibles. A quelque distance du rivage, le feu réfléchissait sa clarté vacillante sur les ondes, qu'il teignait çà et là d'une couleur rougeâtre ; mais à cent pas la vue était arrêtée par une barrière de ténèbres impénétrables. Deux ou trois étoiles brillaient au firmament dans les intervalles des nuages ; et les lumières qu'on apercevait dans le village semblaient à une distance incommensurable. Parfois, quand le feu diminuait ou que l'horizon s'éclaircissait, on reconnaissait à leurs ondulations les contours de la montagne qui s'élevait de l'autre côté du lac ; mais son ombre opaque se projetait sur les eaux, et y redoublait l'obscurité.

Dans ces occasions, c'était toujours à Benjamin qu'était confié le soin de gouverner la barque de Richard et de jeter les filets, à moins que celui-ci ne préférât présider en personne ; en ce moment, Kirby et un jeune homme d'à peu près la moitié de sa force étaient chargés de ramer. Le reste de l'équipage avait pris position sur le rivage près des cordes du filet. Les arrangements terminés, Richard donna le signal de pousser au large.

Élisabeth suivit des yeux le mouvement du bateau qui s'éloignait en laissant filer une des cordes, mais bientôt il disparut dans l'ombre, et elle ne put juger de ses opérations que par le bruit des rames. Pendant toutes ces manœuvres, on affecta d'observer un grand silence, afin, disait Richard, de ne pas effrayer le poisson, que le bruit empêcherait d'approcher de la lumière. La voix enrouée de Benjamin était la seule qui se fît entendre du milieu des ténèbres, tandis qu'il commandait d'un ton d'autorité : « Ferme à bâbord! ferme à tribord! nagez d'ensemble, mes enfants! » et qu'il donnait tous les ordres nécessaires pour bien poser la seine. Cette opération exigea un temps considérable, car Benjamin, fier de son talent, savait que le succès de l'expédition dépendait en grande partie de la façon de lancer le filet.

Enfin le bruit que fit l'engin en tombant dans l'eau, et la voix du majordome qui criait : « Laisse aller! » annoncèrent le retour du bateau. Richard, s'emparant d'un tison embrasé, courut se poster à un endroit aussi éloigné du foyer que l'était du côté opposé celui d'où la barque était partie.

« Droit sur M. Jones, enfants, » dit Benjamin, « et nous allons voir ce que renferme cet étang. »

On entendit le bruit des rames et de la corde qu'on lâchait en avançant. Bientôt la barque reparut dans le cercle de la lumière, et un moment après elle aborda le rivage. Plusieurs mains s'étendirent pour recevoir la corde attachée de ce côté du filet, et des mains vigoureuses ayant saisi l'autre, on commença à tirer à gauche et à droite, Richard se tenant au centre et donnant ses ordres, pour accroître ou ralentir le halage, selon que l'occasion l'exigeait. M. Temple et les jeunes gens étaient placés près de lui de manière à pouvoir jouir de l'ensemble des opérations, qui approchaient lentement de leur fin.

Les travailleurs se mirent alors à faire des conjectures sur le résultat probable de la pêche ; les uns déclarant que le filet était aussi léger qu'une plume, d'autres affirmant qu'il était aussi lourd que s'il eût contenu des troncs d'arbres. Comme les cordes avaient plusieurs centaines de pieds de longueur, ces sentiments opposés furent réputés sans importance par M. Jones, qu'on voyait aller d'une corde à l'autre, les tirant de ses propres mains, afin de pouvoir juger par lui-même.

« Mais, Benjamin, » s'écria-t-il la première fois qu'il fit cette épreuve, « vous n'avez pas jeté le filet d'aplomb. Mon petit doigt suffit à lever la corde.

— Avez-vous jamais vu une baleine, Monsieur Jones ? » répondit le majordome. « Si ce filet n'est pas chargé de butin, il faut que le diable soit dans le lac sous la forme d'un poisson, car je l'ai manœuvré comme jamais agrès ne l'ont été à bord d'un vaisseau amiral ! »

Richard reconnut sa méprise en voyant à quelques pas de lui Billy Kirby, les pieds dans l'eau, le corps penché en avant, et employant toute sa vigueur à se maintenir dans cette posture. Il cessa ses remontrances, et se dirigea vers ceux qui tiraient l'autre corde.

Élisabeth vit alors émerger des ténèbres le bout des deux bâtons du filet, pendant que les pêcheurs, se rapprochant l'un de l'autre et redoublant d'efforts, concentraient de plus en plus le filet et en formaient une sorte de sac.

« Voilà le moment, mes enfants, » s'écria Richard. « Tirons le filet à terre, et tout ce qu'il y a dedans est à nous. Courage !

— Courage ! » répéta Benjamin. « Ça y est. Hohé, ho ! hohé, ho !

— Hardi là ! » s'écria Kirby, qui ne laissait presque rien à faire à ceux qui étaient derrière lui.

« Les bâtons, ho ! » cria le majordome en tirant une des deux cordes.

« Les bâtons, ho ! » répéta Kirby en tirant fortement l'autre.

Les pêcheurs se précipitèrent vers le rivage, les uns tenant la corde supérieure, les autres la corde inférieure. Les contours de la seine avec ses balles de plomb devinrent alors visibles aux spectateurs, et l'agitation de l'eau indiquait celle des prisonniers.

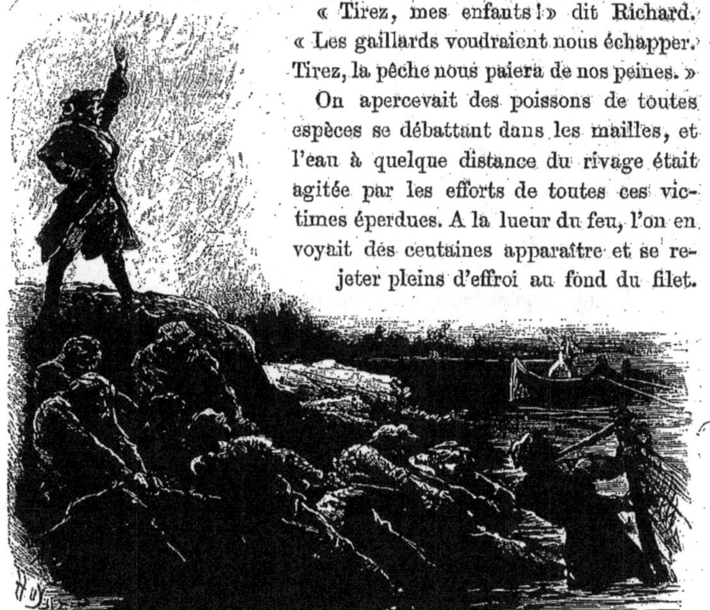

« Tirez, mes enfants ! » dit Richard. « Les gaillards voudraient nous échapper. Tirez, la pêche nous paiera de nos peines. »

On apercevait des poissons de toutes espèces se débattant dans les mailles, et l'eau à quelque distance du rivage était agitée par les efforts de toutes ces victimes éperdues. A la lueur du feu, l'on en voyait des centaines apparaître et se rejeter pleins d'effroi au fond du filet.

« Courage, les enfants, courage ! » dit Benjamin. « Je vois une truite grosse comme un requin.

— Va-t'en au diable, coquine ! » dit Kirby en prenant une perche dans les mailles et la rejetant dans le lac avec mépris. « Tirez ! tirez ! Il y a là-dedans au moins un millier de perches. »

Oubliant la fraîcheur de la saison, le bûcheron se jeta dans le lac jusqu'à la ceinture, et commença à pousser malgré eux les poissons hors de leur élément natal.

« Un dernier coup de collier, mes enfants, » dit Marmaduke, cédant à l'entraînement général et mettant lui-même la main à l'œuvre comme avait déjà fait Olivier.

On prit de grandes précautions en amenant le filet sur le sable. Enfin après bien des efforts, les victimes nombreuses qu'il contenait furent déposées dans un pli de terrain, où elles achevèrent de consumer dans des convulsions inutiles les restes de leur existence.

Élisabeth et Louise elles-mêmes éprouvèrent un vif sentiment de plaisir en voyant deux mille captifs tirés du fond des eaux et déposés à leurs pieds. Ce premier mouvement passé, M. Temple ramassa une perche qui pouvait peser deux livres, et après l'avoir examinée d'un air mélancolique :

« Quel effroyable gaspillage des bienfaits de la Providence ! » dit-il. « Ces poissons, Betzy, que tu vois entassés devant toi en si grande quantité, et qui demain soir rassasieront jusqu'au dégoût les pauvres gens de Templeton, ont une qualité qui, dans d'autres pays, les ferait rechercher chez les riches et les gourmets. Il n'y a point au monde de poisson préférable aux perches de l'Otsego ; elles réunissent la saveur de l'alose à la fermeté du saumon.

— C'est à la fois, » répondit Élisabeth, « un avantage pour le pays et une ressource pour les pauvres.

— Si l'homme est excusable de détruire des créatures en si grande quantité, c'est surtout en ce qui concerne la perche. Pendant l'hiver, la glace la protège contre ses attaques, car elle ne mord pas à l'hameçon, et durant les chaleurs elle ne se montre pas. Ce n'est guère qu'au printemps et en automne, et encore quelques jours seulement, qu'on la trouve dans certains endroits où le filet peut l'atteindre. Mais, comme tous les autres trésors du désert, elle commence à disparaître devant l'extravagante prodigalité de l'homme.

— Disparaître, cousin Duke ! disparaître ! » s'écria le shérif. « Vous appelez cela disparaître, quand il y en a là pour le moins un mille, sans compter je ne sais combien d'autres poissons ? Toujours pessimiste, Duke ! D'abord vous regrettez les arbres, puis les daims, ensuite l'érable à sucre ; ça n'en finit jamais. Un jour, vous parlez de creuser des canaux dans un pays où l'on trouve un lac ou une rivière à chaque pas, simplement parce que l'eau ne coule pas du côté qui vous convient ; le lendemain, vous rêvez de mines de charbon, lorsque tout homme pourvu de bons yeux comme les miens, ce qui s'appelle des yeux, voit ici plus de bois qu'il n'en faudrait pour chauffer toute la ville de Londres pendant cinquante hivers. N'est-ce pas vrai, Benjamin ?

— Pour ce qui est de Londres, Monsieur Jones, » répondit le majordome, « ce n'est pas un petit port de mer, et si on pouvait l'arrimer par ici, il couvrirait le lac tout entier. En ce cas-là, j'ose dire que la forêt d'en face servirait à la ville un bon bout de temps, attendu qu'on n'y brûle que de la houille.

— A propos de houille, juge Temple, » interrompit le shérif, « j'ai à vous entretenir d'une affaire capitale ; ce sera pour demain. Vous vous proposez de faire une excursion à cheval dans la partie orientale de la Patente ; je vous accompagnerai et vous conduirai dans un endroit où quelques-uns de vos projets peuvent se réaliser. Suffit pour le moment, car on nous écoute ; sachez seulement qu'il s'agit d'un secret qui m'a été révélé ce soir, et qui centuplera votre fortune. »

Marmaduke ne fit que rire de cette grandissime nouvelle, blasé qu'il était sur les communications de ce genre. Richard le regarda en pitié du haut de son importance, et, lui tournant le dos, s'occupa de surveiller les pêcheurs qui, sous la direction de Benjamin, disposaient le filet pour le jeter une seconde fois.

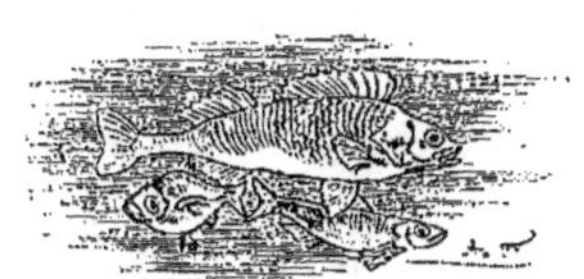

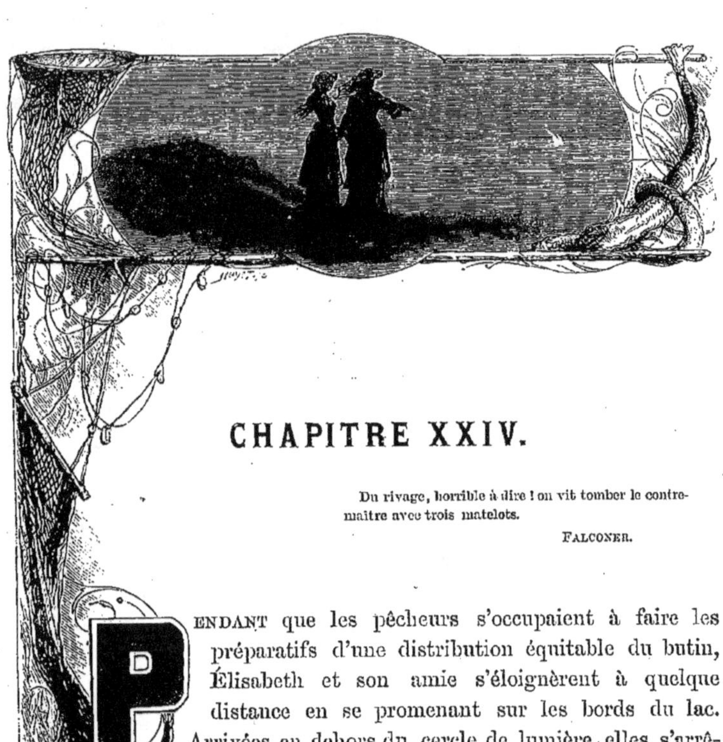

CHAPITRE XXIV.

Du rivage, horrible à dire ! on vit tomber le contre-maître avec trois matelots.

FALCONER.

PENDANT que les pêcheurs s'occupaient à faire les préparatifs d'une distribution équitable du butin, Élisabeth et son amie s'éloignèrent à quelque distance en se promenant sur les bords du lac. Arrivées en dehors du cercle de lumière, elles s'arrêtèrent à contempler le contraste que présentaient d'un côté l'animation du groupe des travailleurs distinctement visible à leurs yeux, de l'autre le silence et l'obscurité étendus sur le reste de la nature.

« Voilà un tableau à peindre ! » s'écria Élisabeth. « Observez la physionomie du bûcheron ; comme il est fier de présenter à mon cousin le shérif un poisson d'une grosseur peu commune ! Et mon père, quel air de bienveillance et de dignité triste au milieu de ces gens qui ne songent qu'à l'énorme butin !

— Vous savez que je ne me connais guère, Miss Temple...

— Appelez-moi par mon nom de baptême; ce n'est ni le moment ni le lieu de nous astreindre aux convenances.

— Eh bien, ma chère Élisabeth, si j'ose hasarder mon opinion, » dit Louise timidement, « je pense qu'en effet cela ferait un tableau. La grossièreté de Kirby, l'œil cupide dont il couve sa proie, forment un parfait contraste avec l'expression... des traits de M. Edwards. Je ne sais trop comment dire cela, mais je lui trouve quelque chose de... Vous comprenez, n'est-ce pas?

— Vous me faites bien de l'honneur, Miss Grant; je ne sais pas deviner la pensée, ou interpréter les expressions. »

Bien qu'il n'y eût ni dureté, ni froideur dans cette réponse, la conversation n'alla pas plus loin, et les deux amies continuèrent leur promenade en silence. Élisabeth, soit qu'elle se repentît de ce qu'elle venait de dire soit qu'un nouvel objet attirât son attention, fut la première à renouer le fil de la causerie si brusquement interrompue.

« Regardez, Louise, » dit-elle. « Nous ne sommes pas les seuls à troubler le lac. Voilà un feu qu'on allume sur l'autre rive ; ce doit être devant la hutte de Bas de Cuir. »

A travers les ténèbres, qui étaient plus profondes sous le versant oriental de la montagne que partout ailleurs, perçait une lumière faible et incertaine. On la voyait voltiger et descendre vers les bords de l'eau. Là elle s'arrêta, augmenta d'éclat et de volume, et prit la forme d'une boule de feu, de la grosseur de la tête d'un homme. Elle ne ressemblait nullement à la flamme constante et allongée du foyer de Richard ; plus brillante et uniforme, elle se maintenait au même degré.

Il y a des moments où les esprits les plus sages sont plus ou moins sujets à retomber sous l'empire des impressions erronées auxquelles bien peu ont échappé dans leur enfance ; Élisabeth ne put s'empêcher de sourire de sa faiblesse, quand son imagination lui rappela les fables absurdes qu'on débitait dans le village sur le compte de Bas de Cuir. Les mêmes idées s'étaient emparées de sa compagne, qui, en se pressant contre elle, lui dit à voix basse, en jetant un regard timide sur les taillis environnants :

« Vous a-t-on jamais parlé, Miss Temple, des manières étranges de Nathaniel ? On dit que dans sa jeunesse il a vécu avec les Indiens, c'est-à-dire qu'il a pris parti pour les sauvages contre les blancs ; on pense même qu'il les a jadis accompagnés dans plusieurs de leurs expéditions.

— La chose n'a rien d'improbable, » répondit Élisabeth. « Il n'est pas le seul, d'autres en ont fait autant.

— Sans doute ; mais n'est-il pas étrange qu'il prenne tant de précautions autour de sa cabane ? Il ne la quitte jamais sans la fermer avec un soin tout particulier, et plusieurs fois des enfants ou même des hommes, ayant voulu y chercher un abri contre l'orage, il les a renvoyés rudement.

— Le procédé n'est certes pas très charitable ; il est probablement dû à son aversion de la vie civilisée. Mon père a dit devant vous, il y a quelques jours, avec quelle bienveillance il en fut accueilli lors de son premier voyage. D'ailleurs, » ajouta la malicieuse fille en souriant finement, « il reçoit chez lui M. Edwards, et celui-là, nous le savons de reste, n'est rien moins qu'un sauvage. »

Louise ne répondit pas, et continua de fixer ses regards sur l'objet qui attirait leur attention.

Une seconde lumière, moins vive que l'autre, parut en ce moment ; de forme conique à sa partie supérieure, elle avait un diamètre égal, décroissait de plusieurs pieds, et se terminait en pointe. Il y avait entre elles un intervalle d'ombre : la nouvelle était venue se placer en dessous, et le tout ne ressemblait pas mal à un point d'admiration renversé. Cette seconde clarté — elles s'en aperçurent bientôt, — n'était que la réverbération de la première sur les eaux du lac, et cet objet brillant, quel qu'il pût être, s'avançait rapidement de leur côté.

« Oh ! » murmura Louise en faisant mine de rebrousser chemin. « Cela tient du fantastique.

— C'est superbe ! » s'écria Élisabeth.

Une flamme vive et onduleuse apparut d'une manière distincte, glissant légèrement sur l'onde et la colorant d'une teinte délicate ; au sein des ténèbres compactes, on eût dit un feu incrusté dans de l'ébène. Le spectacle se modifia peu à peu ; bientôt la torche fit rayonner sa lumière et éclaira tout ce qui était devant elle.

« Ohé ! Natty, est-ce vous ? » cria le shérif. « Ramez par ici, mon vieux, et je vous baillerai un plat de poisson à vous en lécher les babines. »

Tout à coup la lumière changea de direction pour s'avancer vers le brasier, qui continuait à flamber. De la masse d'ombre sortit une barque longue et légère, et l'on vit Bas de Cuir qui, debout à l'arrière du fragile esquif, maniait, avec toute l'aisance d'un batelier expérimenté, une longue perche armée d'un fer en forme de harpon, dont il se servait comme

d'aviron pour raser la surface du lac. A l'avant, un homme qu'on apercevait confusément dirigeait la marche à l'aide d'une pagaie. Bas de Cuir ayant remué avec sa perche l'espèce de gril sur lequel brûlaient les racines de pin qui alimentaient le feu, un jet de flamme éclaira fortement la figure cuivrée et les noires prunelles du Mohican.

Le canot côtoya le rivage jusqu'à ce qu'il fût en face des pêcheurs, et vira de bord pour s'approcher de la terre. A peine l'eau était-elle ridée par son passage, et aucun bruit ne se fit entendre quand il entra dans le sable de près de la moitié de sa longueur.

« Approchez, Mohican, » dit Marmaduke ; « approchez, Bas de Cuir, et chargez votre barque de poisson. Ce serait une honte que de les harponner quand nous en avons là des quantités énormes, qui seront perdues faute de bouches pour les consommer.

— Non, non, mon juge, » répondit Nathaniel en mettant pied à terre, et en gravissant le petit tertre de gazon où le butin était mis en tas; « je ne me nourris pas du gaspillage d'autrui. Je lance mon harpon sur une anguille ou une truite quand j'en ai besoin; mais me rendre coupable d'une pêche comme celle-là, je ne le ferais pas pour la meilleure carabine de l'Ancien Monde. Si les créatures avaient une fourrure comme le castor, ou une peau à tanner, comme le daim, il y aurait une manière d'excuse à les prendre ainsi dans vos filets; mais puisque Dieu les a créés pour la nourriture des hommes, et non pour un autre motif, je prétends que c'est un péché et une dévastation que d'en attraper plus qu'on n'en saurait manger.

— Je pense comme vous : une fois enfin, vieux chasseur, nos opinions s'accordent, et je souhaite de tout mon cœur que nous puissions convertir le shérif. Un filet moins grand de moitié suffirait d'un seul coup à approvisionner le village pour toute une semaine. »

Bas de Cuir ne trouva pas de son goût cette conformité de sentiments.

« Du même avis? Je ne crois pas, » dit-il en secouant la tête, « ou bien vous n'auriez pas changé en mauvais pâturages d'excellents terrains de chasse. Vous pêchez et chassez sans règle ni mesure. Pour moi, la chair d'une créature a plus de goût quand je lui ai laissé quelques chances de sauver sa vie. Voilà pourquoi je ne charge jamais qu'à une seule balle, qu'il s'agisse d'un oiseau ou d'un écureuil; et puis ça économise le plomb; pour un bon tireur un morceau de plomb doit suffire, à moins d'avoir affaire à des animaux qui ont la vie dure. »

Richard ne put entendre sans indignation exprimer de tels sentiments. Dès qu'il eut terminé sa distribution en prenant de ses propres mains une grosse truite, qu'il posa alternativement sur quatre tas différents selon l'impulsion vacillante de ses idées de justice, il exhala ce qu'il avait sur le cœur.

« La belle alliance, ma foi ! » s'exclama-t-il. « Le juge Temple, seigneur et propriétaire d'une ville, se ligue avec Nathaniel Bumppo, braconnier déclaré, tueur de daims de profession, à l'effet de conserver le gibier du comté!.. Mais, Duke, quand je pêche, ce n'est pas pour mon plaisir... Courage, mes enfants; un nouveau coup de filet, et demain matin nous enverrons des tombereaux et des charrettes pour rapporter notre butin. »

M. Temple, convaincu que toute opposition à la volonté du shérif serait inutile, se dirigea vers l'endroit où était le canot de Nathaniel et où les dames, suivies d'Olivier, l'avaient déjà précédé.

Élisabeth examina les minces planches de frêne, revêtues d'écorce, qui avaient servi à la construction du canot, admira la simplicité de sa structure, et parut s'étonner de ce qu'il y eût des gens assez hardis pour se confier à une si frêle embarcation. Olivier lui expliqua en détail les motifs de sécurité qu'on y trouvait en la manœuvrant avec adresse; il lui fit ensuite une description si animée de la pêche au harpon, qu'elle passa subitement de la crainte que lui inspiraient les dangers d'une semblable excursion au désir d'en partager l'amusement; elle se hasarda même à en faire la proposition à son père, en s'accusant de céder à un caprice de femme.

« Ne parle pas ainsi, Bess, » répondit le juge; « j'aime à te voir t'élever au-dessus des terreurs puériles d'une jeune fille. Ces canots offrent une sécurité complète quand ils sont manœuvrés par des mains habiles et robustes. J'ai moi-même, sur un plus petit que celui-ci, traversé l'Onéida dans sa plus grande largeur.

— Et moi l'Ontario, » dit Bas de Cuir, « et avec des femmes encore. Mais les femmes delawares savent pagayer, et s'entendent fort bien à conduire un bateau de ce genre. Si cette jeune dame désire voir un vieillard harponner une truite pour son déjeuner, elle est la bienvenue et peut s'installer. John dira comme moi, car c'est lui qui a construit le canot; nous l'avons lancé d'hier. J'aime mieux le voir à cet ouvrage-là qu'à faire des paniers, des balais et autres babioles indiennes. »

Nathaniel appuya son invitation d'un de ses rires significatifs et d'un signe de tête bienveillant; et John, avec la grâce naturelle à un Indien, s'approcha, et prenant la main douce et blanche de la jeune fille dans sa main rude et basanée :

« Venez, petite-fille de Miquon, » lui dit-il, « et John sera content. Fiez-vous à l'Indien; sa tête est vieille et sa main tremble; mais le Jeune

Aigle va venir et veillera à ce qu'il n'arrive rien de mal à sa sœur.

— Monsieur Edwards, » dit Élisabeth en rougissant un peu, « votre ami Mohican vient de faire une promesse en votre nom. Consentez-vous à la ratifier ?

— Aux dépens de ma vie, s'il le faut, Miss Temple, » répondit le jeune homme avec chaleur. « C'est un plaisir qu'on peut acheter au prix d'un peu de frayeur, car de danger véritable il n'y en a point. Cependant, pour vous rassurer, je vous accompagnerai, ainsi que miss Grant.

— Moi ! » s'écria Louise. « Je n'irai certes pas. Et vous, Élisabeth, auriez-vous l'imprudence de monter sur cette coquille de noix ?

— Coquille ou non, je n'ai plus peur, » dit Élisabeth, qui alla s'asseoir dans le canot à l'endroit que l'Indien lui indiqua. « Monsieur Edwards, vous pouvez rester ; trois passagers me semblent une charge suffisante.

— Elle en portera bien un quatrième, » dit Olivier en s'élançant à ses côtés avec une ardeur qui faillit faire chavirer la fragile embarcation. « Pardonnez-moi, miss Temple, mais je ne puis permettre à ces vénérables Carons de vous conduire au séjour des ombres sans être escortée de votre génie.

— Mon génie ! Est-il bon ou mauvais ?

— Il est bon pour vous.

— Et pour les miens, » ajouta la jeune fille d'un air moitié piqué, moitié satisfait.

Il parut à Élisabeth que le canot glissait sur la surface de l'eau comme par magie, tant le Mohican semblait le conduire avec aisance. Bas de Cuir, par un léger mouvement de son harpon, indiquait la direction qu'il voulait suivre, et chacun gardait un complet silence, précaution nécessaire au succès de la pêche. Ils arrivèrent à un endroit peu profond, où la perche bleue se tenait à cette époque de l'année.

A la clarté du foyer sans cesse alimenté, Élisabeth vit passer des milliers de perches nageant en troupes dans les eaux basses et chaudes qui avoisinaient la rive. Il semblait qu'en jetant le harpon au hasard, tous les coups devaient porter. Mais Nathaniel avait ses manies, et peut-être aussi des goûts à lui. Il était debout ; sa posture et sa haute taille lui permettaient de distinguer beaucoup plus loin que ceux qui étaient assis dans le canot : il tournait la tête de tous côtés avec circonspection,

Une superbe truite saumonée resta suspendue au croc du harpon.

se penchait de temps en temps, et son regard perçant pénétrait jusqu'au fond de l'eau dans tout le rayon de la lumière. Enfin, ses recherches minutieuses furent couronnées de succès, et faisant un geste avec son harpon, il dit à voix basse :

« John, éloignez un peu le canot. J'aperçois un particulier qui fait l'école buissonnière. Il est rare d'en trouver un pareil en eau basse et à la portée du harpon. »

Le Mohican remua la tête en signe d'assentiment, et l'instant d'après, le canot se trouva en dehors de l'espace occupé par la troupe de perches pendant que Natty jetait sur le gril quelques racines de plus ; la lumière pénétra jusqu'au fond du lac, c'est-à-dire à une vingtaine de pieds. Élisabeth vit alors un poisson d'une grosseur peu ordinaire qui flottait au-dessus d'un amas de branches mortes. On ne pouvait le distinguer, à cette distance, que par le mouvement léger et presque imperceptible de sa queue et de ses nageoires.

« Chut! chut ! » dit Nathaniel à voix basse à Élisabeth, qui avait fait un peu de bruit en se penchant hors du canot. « La truite est ombrageuse, et celle-là est à trois ou quatre pieds plus bas que le manche de mon harpon qui en a douze. Je vais essayer tout de même, car elle pèse bien dix livres. »

Tout en parlant, Bas de Cuir balançait son arme. Élisabeth vit le fer poli et luisant entrer lentement et sans bruit dans l'eau, où la réfraction lui fit croire qu'il avait sensiblement dévié de son but. Le manche disparut entièrement et un léger bouillonnement suivit son passage; mais il remonta à la surface par l'effet de la réaction. Nathaniel qui l'attendait, le corps plié en deux, le saisit prestement, et l'attira à lui. Élisabeth reconnut que le coup avait porté : une superbe truite saumonnée, suspendue au croc du harpon, venait d'être jetée dans le fond du canot.

« C'est un régal suffisant, » dit Bas de Cuir ; « pour ce soir, je n'en veux pas d'autre. »

— Bon! » répondit l'Indien avec un geste énergique.

La voix rauque de Benjamin et un bruit de rames tirèrent Élisabeth de la surprise que lui avait causée cette scène. C'était la barque pesante des pêcheurs qui s'approchait du canot, entraînant derrière elle les longs plis du filet.

« Au large! au large! maître Bumppo, » criait Benjamin. « Votre lanterne effraie le poisson, qui voit le filet et prend chasse. Un poisson n'est pas plus bête qu'un cheval, et même moins, puisqu'il a été élevé dans l'eau. Allons, détalez vite! et gardez-vous d'approcher du filet. »

Le Mohican dirigea le canot vers un endroit d'où l'on pouvait observer les pêcheurs sans nuire à leurs opérations, puis il le laissa reposer si tranquillement sur l'eau qu'on eût dit qu'il flottait dans l'air. La discorde paraissait régner à bord de la grande barque, car les ordres de Benjamin étaient non seulement fréquents, mais articulés d'un ton où il y avait de la mauvaise humeur.

« Nagez donc à bâbord, maître Kirby, » criait le vieux marin, « nagez ferme, vous dis-je! Je défie le plus vieil amiral de la flotte britannique de jeter proprement un filet avec un sillage en tire-bouchon comme celui-ci. Nagez maintenant à tribord, et appuyez!

— Voyez-vous, Monsieur la Pompe, » dit Kirby avec un peu de pique et en cessant de ramer, « je suis de ces gens qui aiment qu'on leur parle et qu'on les traite poliment, comme il sied entre hommes. Si vous voulez aller à hue, dites-le, j'irai à hue, pour le bénéfice d'un chacun; mais on ne me commande pas comme à une brute.

— Qu'entendez-vous par brute? » répéta Benjamin, dont le visage, tourné du côté du canot respirait un parfait mépris. « S'il vous plaît d'aller de l'arrière et de revenir sur vos pas, soit, et allez au diable! vous aurez fait là une jolie navigation; il ne reste plus qu'à relever le filet et à nous dire bonsoir... Faites virer, entendez-vous; puis avancez d'une ou deux brasses, et si l'on m'attrape encore à m'embarquer avec un cheval de mer tel que vous, tenez-moi pour une bourrique fieffée, voilà tout. »

Le bûcheron reprit la rame, et dans sa colère il imprima à la barque une forte secousse qui fit tomber dans le lac non seulement la seine, mais le majordome, qui, debout à l'arrière, ne put conserver l'équilibre. La position des lumières permettant de voir du rivage et du canot ce qui se passait dans la barque, le bruit de la chute attira de ce côté tous les regards.

Il s'éleva un éclat de rire général, auquel Kirby contribua largement pour sa part. Comme on s'y attendait, le corps de l'ancien matelot disparut lentement; mais quand l'eau se fut refermée sur lui, un sentiment bien différent s'empara de tous les spectateurs.

« Ohé! Benjamin, » cria Richard de la rive, « comment vous trouvez-vous?

— Le pauvre diable! » dit Kirby en commençant à ôter ses habits. « Il ne sait pas nager.

— Ramez, Mohican, » s'écria Olivier. « Votre feu nous indiquera où il est, et je plongerai pour le sauver.

— Oh! sauvez-le! au nom du ciel, sauvez-le! » s'écria Élisabeth, saisie d'horreur.

D'un coup de rame vigoureux, l'Indien fit glisser le canot jusqu'au lieu du naufrage et un cri de Bas de Cuir annonça qu'il apercevait le corps.

« Maintenez le canot, » dit Olivier, « pendant que je plongerai.

— Doucement, mon garçon, doucement, » dit Nathaniel. « J'aurai plus tôt fait de harponner la créature, sans nul risque pour personne. »

On voyait Benjamin à deux ou trois brasses de profondeur, où il s'était raccroché à quelques roseaux, et à la lueur de la torche sa figure et ses mains paraissaient déjà couvertes de la pâleur de la mort.

Nathaniel, maniant adroitement son harpon, en fit passer le croc derrière la tête du noyé, de façon à le rattraper par sa queue et le collet de son habit à la fois. Le corps fut ramené au-dessus de l'eau, et y demeura quelques instants suspendu.

Benjamin salua sa rentrée dans son élément naturel en respirant avec une force qui aurait fait honneur à un phoque de grande taille. Il ouvrit ensuite les yeux, regarda autour de lui d'un air effaré, et perdit connaissance.

Approcher le bateau à la portée du harpon, y déposer Benjamin et regagner le rivage fut l'affaire d'une minute. Richard, qui dans sa sollicitude s'était avancé dans l'eau à la rencontre de son lieutenant favori, aida Kirby à le transporter près du foyer, et ordonna l'emploi immédiat des mesures alors en usage pour rappeler les noyés à la vie.

« Courez au village, Billy, » s'écria-t-il, « et rapportez-en le baril de rhum placé devant la porte et qui me sert à faire du vinaigre en hiver. Dépêchez-vous, mon garçon, et ne vous arrêtez pas à vider le vinaigre.

Vous entrerez chez M. Le Quoi pour y acheter un paquet de tabac et une demi-douzaine de pipes. Vous demanderez à Remarquable un cornet de sel et un de ses jupons de flanelle. Dites au docteur Todd d'envoyer sa lancette ou de venir lui-même ; et puis... Ah! cousin Duke, que faites-vous là? Entonner du rhum à un homme qui est déjà plein d'eau. Vous allez l'étouffer. Aidez-moi à lui ouvrir la main, que je la frictionne. »

Pendant ce temps, Benjamin était resté assis, les traits immobiles, et les mains fortement crispées autour des roseaux qu'il avait saisis dans le premier moment. Toutefois ses yeux s'étaient rouverts et parcouraient d'un air égaré le groupe rangé autour du feu, et ses poumons jouaient comme le soufflet d'une forge pour se dédommager sans doute de l'inaction forcée qu'ils venaient d'endurer. Comme il tenait ses lèvres obstinément fermées, l'air était obligé de passer à travers ses narines, ce qui donnait à sa respiration, ou plutôt à ses ronflements, quelque chose de sinistre.

La bouteille que Marmaduke appliqua aux lèvres du majordome agit comme un charme : sa bouche s'ouvrit d'elle-même, ses mains lâchèrent les roseaux pour empoigner le flacon, ses yeux se levèrent vers le ciel, et toute sa personne s'absorba un moment dans une sensation nouvelle. Malheureusement pour les goûts du majordome, après avoir ingurgité une forte lampée, il éprouva le besoin de respirer aussi fortement qu'après son immersion, et force lui fut d'éloigner la dive bouteille.

« Eh bien, Benjamin, » s'écria le shérif, « vous m'étonnez! Pour un homme qui a l'expérience de ces sortes d'accidents, comment pouvez-vous agir si follement? Tout à l'heure vous étiez plein d'eau, et maintenant vous êtes...

— Plein de grog, » interrompit le majordome, dont les traits reprirent sur-le-champ, avec une flexibilité merveilleuse, leur économie naturelle. « Voyez-vous, Monsieur Jones, j'ai tenu mes écoutilles fermées et il n'est pas entré beaucoup d'eau dans l'entrepont... Oh! çà, maître Kirby, à votre tour. J'ai vécu sur l'eau salée pour une bonne part de ma vie, et j'ai un peu navigué sur l'eau douce; eh bien, il y a une chose que je dois dire à votre louange, c'est que vous êtes le plus maladroit qui ait jamais enfourché un banc de rameurs. Qui tient à vous avoir pour camarade s'embarque avec vous, et bien du plaisir! Mais Dieu me damne s'il m'arrive d'approcher les bords du lac en votre compagnie! Vous ne faites pas plus de cas d'un homme qui se noie que de l'un de ces poissons. Ne pas jeter à un chrétien tant seulement un bout de corde quand il allait en dérive et sans une bouée en vue!... Natty Bumppo, donnez-moi la main. Il y en a qui disent que vous êtes un Indien et un scalpeur; mais vous m'avez rendu service et vous pouvez compter sur

moi. Si vous aviez amené un balant de grelin au lieu de crocher par le chignon un vieux loup de mer, la chose aurait été mieux gréée. Probablement ça tient à votre habitude de vous en prendre aux cheveux, et comme en définitive vous m'avez fait plus de bien que de mal, ça revient au même. »

M. Temple prit alors en main l'autorité sur un ton qui réduisit son cousin au silence. Benjamin fut dépêché au village par terre; on tira le filet sur la rive de manière à laisser les poissons s'échapper cette fois avec impunité. La répartition du butin fut faite à l'accoutumée : un des pêcheurs de la troupe, le dos tourné au poisson, désignait le propriétaire de chaque lot. Kirby étendit sa gigantesque personne sur le gazon, à côté du feu, afin de garder jusqu'au lendemain matin filet et poisson. Tous les autres entrèrent dans le bateau pour retourner chez eux.

Au moment où l'on cessa d'apercevoir le feu, on voyait de loin le bûcheron occupé à faire griller son souper sur des charbons, et quand la barque s'approcha du rivage, la torche du canot de l'Indien brillait encore dans l'ombre projetée par la montagne. Soudain la lumière s'arrêta; il en jaillit quelques étincelles, et tout rentra dans les ténèbres.

La pensée d'Élisabeth se reportait tour à tour du jeune homme qui tenait, au-dessus d'elle et de Louise, un dais formé de châles, au vieux chasseur et au guerrier indien; et elle sentit naître en elle le désir curieux de visiter une demeure où des hommes d'habitudes et de caractères si divers se réunissaient par une impulsion commune.

CHAPITRE XXV.

Cesse de radoter de montagnes et de vallées ; nul n'écoute les récits de ton enfance, vieux bavard, avec la complaisance qui chatouille tes oreilles. Allons, droit au but !

Duo.

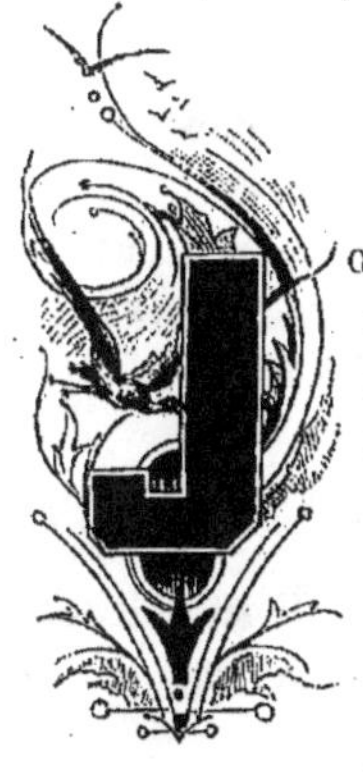

ONES se leva le lendemain matin avec le soleil, et ayant fait seller son cheval et celui de Marmaduke, il se rendit à l'appartement du juge avec l'air d'un homme qui a en tête quelque affaire importante. La porte était entr'ouverte, et Richard entra avec cette liberté qui caractérisait non seulement la liaison amicale des deux cousins, mais les façons ordinaires du shérif.

« Allons, cousin Duke, à cheval ! » s'écria-t-il, « et je vous expliquerai le sens de mes allusions d'hier soir. David dit dans les psaumes... Non, c'est Salomon ; mais qu'importe ! c'est toujours de la même famille... Salomon dit qu'il y a un temps pour tout. Or, à mon humble avis, une partie de pêche n'est pas le moment de causer d'affaires importantes. Eh ! que diable avez-vous donc, Marmaduke ? Seriez-vous indisposé ? Laissez-moi vous tâter le pouls. Vous savez que mon grand-père...

— Je me porte bien de corps, Richard, » interrompit le juge en écartant le shérif, qui s'apprêtait à usurper les fonctions du docteur

Todd; « mais j'ai l'esprit malade. Hier, en revenant de la pêche, j'ai reçu mon courrier, dans lequel était cette lettre. »

Richard prit la missive, mais sans y jeter les yeux, tellement il se préoccupait de l'état de son cousin. Il examina ensuite l'appartement. Le bureau était couvert de lettres, de papiers et de journaux. Le lit, tout affaissé, n'avait pas été défait, et tout indiquait que Marmaduke avait passé la nuit sans dormir. Les chandelles avaient brûlé jusqu'aux bobèches et s'étaient consumées d'elles-mêmes. Le juge avait tiré les rideaux, ouvert les volets, et levé les châssis pour respirer l'air frais du matin, mais ses joues pâles, ses lèvres tremblantes, son œil battu, offraient un aspect bien différent de l'air calme, noble et enjoué qui lui était habituel.

De plus en plus surpris, le shérif regarda enfin la lettre qu'il tenait à la main en la froissant.

« Quoi! une lettre d'outre-mer! » dit-il, « et d'Angleterre encore! Il doit y avoir là des nouvelles importantes.

— Lisez, » dit le juge en parcourant la chambre dans une agitation excessive.

Richard, qui avait coutume de penser tout haut, n'était pas en état de lire une lettre sans laisser échapper par ci par là quelques passages du contenu, en y ajoutant ses propres réflexions. Voici donc comment il lut celle-ci :

« Londres, 12 février 1793. »

« Diable! La traversée a dû être bien mauvaise. Il est vrai que pendant deux mois, et jusqu'à la dernière quinzaine, le vent a toujours soufflé du nord-ouest. »

« Monsieur, j'ai reçu en temps convenable vos honorées des 19 août, 23 septembre et 1er décembre, et j'ai répondu à la première par le retour du courrier. Depuis la réception de la dernière, je... »

Ici la voix du shérif devint inintelligible durant un assez long passage, et ne fit entendre qu'une sorte de grommèlement confus :

« Je suis fâché de vous apprendre que... » — Hum! hum! voilà qui n'annonce rien de bon. — « J'espère que la bonté de la Providence aura daigné... » — Hum! A la bonne heure, c'est un homme pieux,

Duke, et qui doit appartenir à l'église épiscopale. — « Bâtiment parti de Falmouth vers le 1er septembre de l'année dernière, etc... » — Hum! hum! hum! — « Si quelque chose vient à transpirer sur ce sujet affligeant, je ne manquerai pas... » — Hum! hum! une bonne pâte d'homme pour un procureur! — « Mais je ne puis vous en dire plus long quant à présent... » — Hum! hum! — « La Convention nationale... » — Hum! hum! — « L'infortuné Louis XVI. » — Hum! hum! — « Notre vaillante marine... » — Hum! hum! — « Sous notre excellent monarque... » — Oui, un assez brave homme que son roi Georges, mais de mauvais conseillers. — « Veuillez recevoir les assurances de mon profond respect.

« André Holt. »

« C'est un homme de sens et qui a du cœur, que ce monsieur André Holt, mais il nous envoie de mauvaises nouvelles. Qu'allez-vous faire, cousin Duke?

— Rien, si ce n'est de m'en remettre au temps et à la volonté du ciel. Voici une autre lettre du Connecticut, mais elle ne fait que répéter en substance ce que dit la première. Une seule consolation me reste; peut-être a-t-il reçu ma dernière lettre avant que le bâtiment mît à la voile.

— Voilà qui est fâcheux, cousin Duke, très fâcheux assurément. Et moi qui voulais ajouter deux ailes à la maison!... J'étais venu vous entretenir d'une affaire de la plus haute importance. Vous m'avez souvent parlé de mines de charbon...

— Il s'agit bien de charbon! » interrompit le juge. « J'ai un devoir sacré à remplir, et cela sans délai. Je vais consacrer toute la journée à écrire, et j'ai besoin de ton assistance, Richard. Je ne me soucie pas d'employer Olivier dans une matière si grave et qui exige du secret.

— Non, non, » s'écria le shérif en lui serrant la main. « Cela me regarde. Nous sommes les enfants des deux sœurs, et le sang est, après tout, le meilleur ciment de l'amitié. Bon! bon! la mine d'argent peut attendre; rien ne presse, et nous irons la voir une autre fois. Il faudra recourir aux services de Dirky Van, je présume. »

Marmaduke ayant répondu affirmativement à cette question indirecte, Richard renonça à sa promenade à cheval, et envoya un domestique requérir la présence immédiate de Thierry van der School.

La naissante colonie de Templeton n'avait encore que deux hommes de loi : l'un, M. Lippet, avec lequel nos lecteurs ont fait connaissance à l'auberge du *Dragon Hardi;* l'autre que Richard appelait familièrement Dirck ou Dirky Van. Beaucoup de bonté d'âme, une dose

passable d'habileté dans la pratique des lois, et, toutes proportions gardées, un degré d'honnêteté assez notable, étaient les principaux ingrédients du caractère de cet homme, que les colons qualifiaient de *procureur hollandais,* et quelquefois d'*honnête procureur*.

Pendant le reste de la journée, M. Temple resta enfermé avec son cousin et l'homme de loi, et personne, à l'exception de sa fille, ne fut admis dans son appartement. La profonde affliction qu'éprouvait le juge s'était en partie communiquée à celle-ci, car un air de mélancolie voilait ses traits intelligents, et ôtait à son caractère une partie de son animation.

Dans le cours de la journée, le jeune Edwards, observateur attentif et étonné du changement subit opéré dans la famille, vit une larme humecter la paupière d'Élisabeth et donner à ses yeux brillants une expression de douceur qui ne leur était pas naturelle. Aussi ne put-il s'empêcher de l'interroger d'un ton d'intérêt, qui fit lever la tête à Louise avec un empressement dont elle rougit aussitôt.

« Aurait-on reçu quelque mauvaise nouvelle, Miss Temple ? » demanda-t-il. « J'offrirais volontiers mes services à votre père, si, comme je le soupçonne, il avait besoin d'envoyer un agent dans quelque lieu éloigné, ne serait-ce même que pour vous tranquilliser.

— Oui, nous avons reçu des nouvelles fâcheuses, » répondit Élisabeth, « et il sera peut-être nécessaire que mon père nous quitte pour quelque temps, à moins que je n'obtienne de lui d'envoyer à sa place mon cousin Richard, dont l'absence toutefois ne serait pas sans inconvénients.

— Si cette affaire, » reprit-il après un instant de silence, « est de nature à ce que je puisse m'en charger...

— Elle ne saurait être confiée qu'à une personne qui nous soit bien connue.

— Eh bien, vous me connaissez, Miss Temple. Après avoir vécu cinq mois sous le même toit, ne suis-je donc pour vous qu'un étranger ? »

Élisabeth s'occupait d'un ouvrage à l'aiguille ; elle inclina la tête de côté comme pour arranger sa mousseline ; mais sa main tremblait, un vif incarnat colorait ses joues. Cédant à l'entraînement d'une sympathie secrète :

« Que savons-nous de vous-même, » dit-elle, « Monsieur Edwards ?

— Que me dites-vous là ? » s'écria Olivier en regardant tour à tour les deux jeunes filles. « Vous me voyez tous les jours, et vous ne me connaissez pas !

— En effet, Monsieur, vous n'êtes pas un inconnu, » répondit Élisabeth avec un malin sourire, « puisque nous savons votre nom ; et de plus, d'après ce que vous avez dit à mon amie, votre origine.

— Oh ! Élisabeth ! » s'écria Louise en rougissant jusqu'au blanc des yeux et en tremblant comme une feuille. « Vous m'avez mal comprise. Ce n'était qu'une conjecture. D'ailleurs, si M. Edwards est uni aux naturels du pays par les liens du sang, pourquoi le lui reprocher? en quoi valons-nous mieux que lui, moi du moins qui suis la fille d'un pauvre ministre? »

Miss Temple secoua la tête d'un air de doute, et se mit à rire, sans rien répondre; mais, affectée de la tristesse répandue sur les traits de sa compagne à la pensée de la pauvreté et des travaux de son père, elle reprit :

« Louise, votre humilité va trop loin. La fille d'un ministre de l'Église ne saurait avoir de supérieur. Ni moi, ni M. Edwards, nous ne sommes vos égaux, si pourtant il n'est pas un prince déguisé.

— Un serviteur du roi des rois n'est inférieur à personne sur la terre, » dit Louise, « mais ses honneurs lui sont personnels. Je ne suis que la fille d'un homme pauvre et sans amis, et c'est la seule distinction que je puisse réclamer. Pourquoi donc me regarderais-je comme au-dessus de M. Edwards, parce que... il est peut-être parent... fort éloigné du Mohican. »

Pendant que Louise, tout en cherchant à relever l'origine d'Olivier, laissait percer sa répugnance à admettre sa parenté avec le vieux guerrier indien, Élisabeth et le jeune homme échangèrent un regard significatif; mais la simplicité de la fille du ministre ne leur arracha pas même un sourire.

« En y réfléchissant, » dit Olivier, « je dois avouer que ma situation ici est assez équivoque, quoique je puisse dire l'avoir achetée de mon sang.

— Et, » ajouta Élisabeth, « du sang d'un des anciens maîtres du pays.

— Est-ce que je porte des marques si évidentes de mon origine? Je suis brun, mais pas plus rouge qu'il ne faut.

— Hum! pas en ce moment toujours.

— Je suis sûre, Miss Temple, » dit la bonne Louise, « que vous n'avez pas bien regardé M. Edwards. Il n'a pas les yeux aussi noirs que le Mohican ou même que vous, ni les cheveux non plus.

— Eh bien, alors, il se peut que j'aie des droits à la même origine. Ce serait un grand soulagement pour moi que de le penser; car, je l'avoue, quand je rencontre le vieil Indien dans nos campagnes, il m'apparaît comme l'ombre d'un de leurs anciens possesseurs ; j'éprouve une sorte de remords, et mes droits de propriété me semblent moins solides.

— Serait-il vrai? » s'écria le jeune homme avec une véhémence qui fit tressaillir les deux amies. « Vous le penseriez ?

— Sans doute, » répondit Élisabeth, après un moment de silence occasionné par la surprise. « Mais que puis-je faire? que peut faire mon père? Si nous offrions à ce vieillard un asile et des moyens de vivre, ses habitudes l'obligeraient à nous refuser. Lors même que nous aurions la sottise de le désirer, il nous serait impossible de transformer en terrains de chasse les défrichements et les cultures pour faire plaisir à Bas de Cuir.

— Vous avez raison, Miss Temple, » reprit Olivier; « vous êtes réduite à l'impuissance. Il y a pourtant une chose que vous ferez, j'en suis sûr, une fois la maîtresse de ces belles vallées, ce sera de rendre vos richesses profitables au pauvre, et de vous montrer indulgente et charitable... C'est là tout ce que vous pourrez faire.

— Et ce sera beaucoup, » dit Louise en souriant à son tour. « Probablement il y aura quelqu'un qui se chargera de régler tout cela pour elle.

— Mon mari, n'est-ce pas? » dit Élisabeth. « J'y consens volontiers, n'ayant aucune envie d'imiter les jeunes sottes qui protestent contre l'idée du mariage, et qui ne rêvent qu'à cela du matin au soir. Mais que suis-je ici? Une religieuse qui n'a point fait vœu de célibat. Où trouver un mari dans ces forêts?

— Il n'y en a pas, Miss Temple, » dit vivement Olivier. « Personne ici n'a le droit d'aspirer à votre main. Vous attendrez, je n'en doute pas, qu'il se présente un homme digne de vous, sinon vous mourrez comme vous aurez vécu, aimée, respectée et admirée par tous ceux qui vous connaissent. »

Il crut sans doute que la galanterie n'exigeait pas davantage, car il se leva là-dessus, prit son chapeau et sortit. Louise pensa-t-elle qu'il en avait dit plus qu'il ne fallait? Elle poussa un soupir, et baissa les yeux sur son ouvrage. Miss Temple, au contraire, eût peut-être souhaité d'entendre un aveu plus explicite, s'il est permis d'interpréter en ce sens le long regard qu'elle attacha sur la porte par où il venait de sortir. Le long silence qui régna ensuite prouva quelle vivacité ajoute à la conversation de deux demoiselles de dix-huit ans la présence d'un jeune homme de vingt-trois.

La première personne que rencontra Olivier en sortant, ou plutôt en se précipitant hors de la maison, fut le procureur hollandais. Il portait une énorme liasse de papiers sous le bras, et sur le nez des lunettes vertes à facettes, comme s'il eût voulu, en ajoutant à ses facultés visuelles, multiplier ses moyens de clairvoyance légale.

M. van der School était un homme petit et trapu, bien élevé, mais à compréhension lente. Ayant eu à souffrir de ses relations avec des confrères plus déliés et plus retors, il avait pris l'habitude d'y regarder à deux fois avant de parler et d'agir. Cette réserve se manifestait dans ses actes par une méthode et une ponctualité poussée à l'extrême, et dans ses discours, par un usage si fréquent de la parenthèse qu'il était parfois difficile de le comprendre.

« Bonjour, Monsieur van der School, » dit Olivier. « Il paraît que la besogne ne vous manquera pas aujourd'hui.

— Bonjour, Monsieur Edwards (si tel est votre nom, car, puisque vous êtes étranger, nous n'avons d'autres preuves du fait que votre propre témoignage), bonjour, Monsieur, » répondit l'homme de loi. « Tout annonce, à ce qu'il paraît, une journée de besogne; mais un esprit judicieux comme le vôtre n'a pas besoin qu'on lui apprenne (l'ayant sans doute déjà découvert par lui-même) que les apparences sont souvent trompeuses.

— Avez-vous des pièces importantes qu'il faille copier? puis-je vous aider en quelque chose?

— Il y a effectivement des pièces (comme vous en jugez au premier coup d'œil) qui ont besoin d'être copiées.

— Eh bien, je vais vous accompagner à votre bureau; vous me remettrez les plus pressées, et ce soir j'en aurai fini, si cela est nécessaire.

— Je serai toujours content de vous voir, Monsieur, à mon bureau (comme c'est mon devoir, sans qu'il y ait obligation de recevoir qui que ce soit dans le domicile privé, à moins qu'il ne le veuille, en conformité aux lois de la politesse), de vous voir, dis-je, là ou ailleurs.

Mais ces pièces sont strictement confidentielles (et par ainsi ne peuvent être lues par personne, à moins de permission expresse), et sont invisibles à tous les yeux, à l'exception de ceux dont le devoir (je veux dire le devoir officiel) l'exige.

— Puisque je ne peux vous être d'aucun secours, je n'ai plus qu'à me retirer, en vous priant de rappeler à M. Temple qu'en tout état de cause je me tiens à sa disposition, à moins.... qu'il veuille m'envoyer loin d'ici.

— Je ferai cette communication,

Monsieur, en votre nom (en y joignant les restrictions que vous y apportez), comme votre chargé de pouvoir. Mais convenons des faits, Monsieur Edwards (ainsi nommé). Votre désir est-il que je spécifie l'offre de voyager, par contrat en forme (pour lequel une rémunération aurait été reçue à une époque antérieure), ou comme un service à part, dont le salaire doit être acquitté (d'après une convention à intervenir entre les parties) après accomplissement des conditions?

— N'importe, n'importe! » répondit Olivier. « Sa famille est dans la peine, et je voudrais lui venir en aide.

— Votre motif est bon, Monsieur (si j'en crois les apparences, qui sont souvent trompeuses au premier aspect), et vous fait honneur. Je parlerai du noble désir (du moins il me semble tel) que vous m'avez exprimé, et je ne manquerai pas de vous transmettre la réponse aujourd'hui, à cinq heures de relevée (Dieu aidant), si vous m'en donnez l'occasion. »

La nature ambiguë de la position et du caractère de M. Edwards l'avait rendu particulièrement suspect au procureur; le jeune homme était donc trop accoutumé à ces discours équivoques et circonspects pour que le dialogue que nous venons de rapporter lui causât le moindre déplaisir. Il vit sur-le-champ que l'intention de l'homme de loi était de cacher la nature de l'affaire en question, même au secrétaire particulier du juge Temple, et il savait trop bien la difficulté qu'il y avait à comprendre M. van der School, quand il voulait être lumineux, pour espérer de découvrir sa pensée, lorsqu'il le voyait faire tout son possible pour se soustraire à un interrogatoire. Ils se séparèrent à la porte, et le procureur se dirigea vers son bureau d'un air important et affairé, ayant sous le bras gauche sa liasse de papiers, sur laquelle il appuyait encore la main droite pour plus de sûreté.

Tous nos lecteurs doivent s'être aperçus qu'Olivier avait conçu contre le juge des préventions fortes et profondément enracinées; mais, grâce à je ne sais quelle cause atténuante, il est certain qu'il prenait en ce moment un vif intérêt aux inquiétudes de son patron et à la cause qui les avait produites.

Quand le juge parut au milieu de sa famille, son enjouement était tempéré par une ombre de mélancolie, qui, pendant quelques jours, plana sur son front comme un nuage; mais les progrès magiques de la belle saison l'arrachèrent à son apathie passagère et l'été ramena le sourire sur ses lèvres.

Les chaleurs de l'été et le fréquent retour des pluies bienfaisantes avaient beaucoup accéléré la végétation; les bois présentaient les mille nuances de verdure des forêts américaines, et les souches des campagnes défrichées étaient cachées sous les moissons balancées à tous les souffles de la brise.

Tant que Marmaduke resta plongé dans l'abattement, M. Jones s'abstint discrètement de l'entretenir d'un objet qu'il avait de plus en plus à cœur, et qui, à en juger par ses fréquentes conférences avec un mauvais drôle du nom de Jotham, devait être d'une haute importance. Enfin il se hasarda à reparler de la chose; et un soir, au commencement de juillet, M. Temple lui promit de consacrer la journée du lendemain à l'excursion désirée.

CHAPITRE XXVI.

Parlez, mon cher père ; la parole est plus douce à mon cœur que la brise du couchant.

MILMAN.

Ce fut par une belle et douce matinée que Marmaduke et Richard montèrent à cheval pour entreprendre l'expédition qui avait depuis longtemps occupé une grande place dans la pensée de ce dernier ; au même instant, Élisabeth et Louise parurent dans le salon, se disposant à faire une promenade à pied.

Miss Grant était coiffée d'un joli petit chapeau de taffetas vert, à l'ombre duquel on voyait briller des yeux candides et pleins de la douce langueur qui caractérisait toute sa personne. Miss Temple parcourait d'un pas leste et en véritable maîtresse les appartements de son père ; elle tenait par les rubans le grand chapeau de paille destiné à cacher les brillantes boucles de cheveux noirs qui ornaient son front.

« Eh bien, Betzy, vous allez donc vous promener ? » demanda M. Temple s'arrêtant pour contempler avec un sourire paternel la grâce et la beauté de sa fille. « Songe aux chaleurs de juillet, et ne va pas trop loin, afin de pouvoir être de retour avant midi. Où est ton ombrelle, ma fille ? Tu gâterais ton teint par ce soleil et cette brise du sud, si tu ne prends des précautions.

— Je n'en ferai que plus d'honneur à ma parenté,» répondit Élisabeth, en riant. « Le cousin Richard a une fraîcheur qui ferait envie aux dames. A présent, il y a si peu de ressemblance entre nous, qu'un étranger aurait peine à deviner que nous sommes les enfants des deux sœurs.

— Petits-enfants, Bess, petits-enfants, » dit le shérif. « En route, juge Temple ; le temps et la marée n'attendent personne. Avant qu'il soit un an, si vous suivez mon conseil, on pourra lui faire de son châle une ombrelle en poil de chameau, avec monture en argent massif. Je ne demande rien pour moi, Duke, je n'ai eu jusqu'à ce jour qu'à me louer de votre amitié. D'ailleurs, tout ce que j'ai ira un jour à Betzy ; peu importe qui de vous ou de moi le lui laissera ! Mais nous avons une longue course à faire ; partons ou rentrons à la maison ; en tout cas décidons-nous.

— Patience, Richardet ! » répondit le juge en retenant son cheval ; et se retournant de nouveau vers sa fille, il ajouta : « Si tu vas là-haut, mon enfant, ne t'enfonce pas trop dans la forêt ; quoiqu'on le fasse souvent impunément, il y a quelquefois du danger.

— Pas en cette saison, père ; et je vous avouerai que Louise et moi nous nous proposons de faire un grand tour.

— Enfin ne t'aventure pas trop loin. Tu ne manques pas de résolution, je le sais, et tu ne ressemblerais pas autant à ta mère si tu manquais de prudence. »

Il dit, et ses yeux paternels se détournèrent avec peine de son enfant. Le juge et le shérif franchirent la porte extérieure et disparurent derrière les maisons du village.

Sur ces entrefaites, était survenu Olivier qui avait entendu les recommandations de M. Temple. Il tenait une ligne à la main, et, tenté par la beauté de la matinée, il se disposait à sortir pour se livrer à l'amusement de la pêche. Il s'approcha des deux amies, qui se dirigeaient déjà vers la rue, et allait les aborder, quand Louise l'aperçut.

« Voici M. Edwards, Élisabeth, » dit-elle vivement ; « je crois qu'il voudrait nous parler. »

Miss Temple s'arrêta, salua le jeune homme, mais l'espèce de froideur de ses manières lui fit perdre l'air d'aisance avec lequel il s'était approché.

« Votre père paraît mécontent, » dit-il, « de voir que vous alliez vous promener sur la montagne sans être accompagnée. Si j'osais m'offrir pour vous servir de protecteur...

— Mon père, » interrompit miss Temple, « a-t-il choisi M. Olivier Edwards pour l'interprète de son mécontentement?

— Bonté du ciel! vous ne m'avez pas compris; c'est inquiet et non mécontent que j'aurais dû dire. Je suis à ses ordres, Mademoiselle, et par conséquent aux vôtres; si vous y consentez, je suis prêt à changer ma ligne contre une carabine, et à vous escorter sur la montagne.

— Grand merci, Monsieur Edwards. Où il n'y a pas de danger aucune protection n'est nécessaire. Nous n'en sommes pas encore réduites à n'errer sur ces libres collines qu'accompagnées d'un garde du corps. S'il en faut un, nous l'avons sous la main. Ici, Brave! »

Le gros chien dont nous avons parlé sortit de sa niche et se mit à bâiller et à s'étendre.

« Allons, Brave, » continua Élisabeth; « tu as autrefois bien servi mon père, voyons comme tu feras ton devoir avec sa fille. »

Comme s'il eût compris ce qu'elle disait, le mâtin remua la queue, s'avança gravement vers elle, et son regard brilla d'intelligence.

Elle reprit sa marche, mais après avoir fait quelques pas elle s'arrêta de nouveau, et ajouta d'un ton plus doux :

« Vous nous obligerez également, Monsieur Edwards, et d'une façon qui vous sera plus commode, en nous rapportant pour dîner quelqu'une de vos perches favorites. »

Si elle ne s'inquiéta pas de savoir comment Olivier avait supporté le refus qu'il venait d'essuyer, il n'en fut pas de même de son amie, qui tourna plusieurs fois la tête de son côté.

« Pauvre jeune homme! » dit Louise. « Ne craignez-vous pas de l'avoir mortifié? Il est encore dans l'attitude où nous l'avons laissé, appuyé sur sa ligne. Il attribue peut-être notre refus à la fierté.

— Il a raison, » dit miss Temple, qui sembla sortir d'une rêverie profonde. « Oui, nous sommes trop fières pour recevoir des attentions si particulières de la part d'un jeune homme qui est placé dans une situation équivoque. Eh quoi! le prendre pour compagnon de nos promenades les plus intimes? Si c'est là de la fierté, Louise, elle sied bien à une femme. »

Revenant enfin à lui, et murmurant quelques mots rapides, Olivier, d'un geste brusque, jeta sa ligne sur son épaule et se rendit sur les bords du lac, où il arriva avec la majesté d'un empereur.

Il y avait en cet endroit plusieurs barques destinées à l'usage de la famille Temple. Le jeune homme sauta dans une des plus petites, et, faisant force de rames, il traversa le lac dans la direction de la hutte de Bas de Cuir. Bientôt il sentit diminuer l'amertume de ses réflexions ; et quand il approcha des buissons qui bordaient la rive en face de l'habitation du vieux chasseur, son esprit s'était rafraîchi en proportion de ce que son corps s'était échauffé. Doit-on en conclure que les raisons qui avaient guidé la conduite de miss Temple réussirent à l'apaiser? Il est certain qu'en cette occasion elle ne fit que gagner dans son estime.

Le bateau toucha la rive, et Olivier, après avoir jeté autour de lui un coup d'œil scrutateur, approcha de sa bouche un petit sifflet, et en tira un son aigu et prolongé que répéta l'écho des rochers situés en arrière. A ce bruit, les deux chiens de Nathaniel s'élancèrent en aboyant de leur niche d'écorce, en proie à une agitation frénétique, qui n'était contenue que par les fortes courroies dont ils étaient attachés.

Après avoir imposé silence aux chiens qui le reconnurent, il siffla une seconde fois, sans obtenir de réponse. S'approchant alors de la hutte, il y entra et ferma avec soin la porte derrière lui. Tout, dans ce lieu retiré, était silencieux comme si le pied de l'homme n'y eut jamais pénétré. Les bruits lointains des marteaux, sans cesse en mouvement dans le village, étaient les seuls que la brise apportât à travers le lac.

Au bout d'un quart d'heure, le jeune homme partit, referma la porte et dit en passant un mot d'amitié aux animaux. La chienne, se dressant sur ses pattes, sembla le supplier de lui donner la liberté ; mais Hector, levant le nez en l'air, se mit à hurler de toutes ses forces.

« Oh! oh! que sens-tu donc, mon vétéran des bois? » dit Olivier. « Si c'est un daim, il est bien hardi ; si c'est un homme, il est bien impudent. »

S'aidant des branches d'un pin qui était tombé près de la hutte, il monta sur un petit tertre, et le premier objet qu'il aperçut fut le grave personnage d'Hiram Fait-Peu, qui s'enfonça dans le taillis avec une vitesse extraordinaire pour un architecte.

« Que vient chercher ici ce maître fourbe ? » marmotta Olivier. « Il n'a point affaire de ce côté ; c'est la curiosité qui le pousse. Mais j'y mettrai bon ordre, quand même les chiens se prendraient d'affection pour sa laide face. »

En même temps, il retourna à la porte et en compléta la fermeture au moyen d'une chaîne en fer, placée autour d'un arbre et assurée par un cadenas.

« C'est un chicanier, » ajouta-t-il ; « il doit savoir ce qu'il en coûte d'entrer dans un domicile par effraction. »

Satisfait de ces dispositions, il fit encore quelques caresses aux chiens, descendit au rivage, remonta dans sa barque, et se dirigea vers l'endroit du lac où il voulait pêcher.

Il y avait sur l'Otsego plusieurs stations favorables à la pêche de la truite. Une d'elles était presque en face de la hutte de Bas de Cuir, et une autre, encore plus renommée, à une demi-lieue au-dessus et du même côté, près d'une langue de terre abritée par la montagne. Olivier

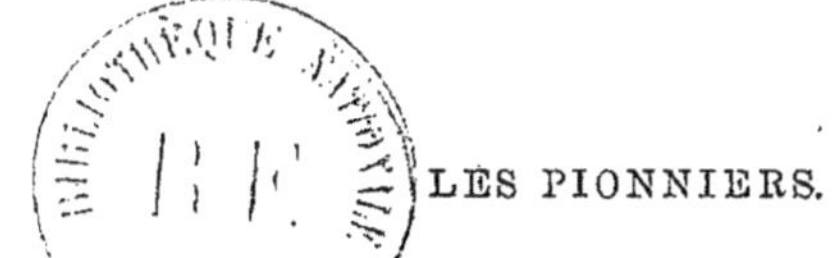

hésitait entre les deux, quand il aperçut à mi-chemin de la seconde le canot de ses vieux compagnons, et y reconnut le Mohican et Bas de Cuir. Cette circonstance le décida ; il rama de leur côté, et bientôt arrivé à l'endroit où pêchaient ses amis, il attacha son bateau à l'embarcation légère de l'Indien.

Les deux vieillards l'accueillirent d'un signe de tête amical, sans interrompre le moins du monde leur occupation. Olivier amorça sa ligne, et la jeta dans l'eau.

« Avez-vous, en passant, » demanda Natty, « fait un tour au wigwam, mon garçon ?

— Oui, et je me suis assuré que tout y était comme à l'ordinaire. Seulement le charpentier ou juge de paix, le sieur Fait-Peu, était à rôder dans les environs. J'ai bien fermé la porte avant de partir, et je crois qu'il est trop poltron pour affronter les chiens.

— Hum ! il n'y a rien à dire de bon de ce particulier-là, » dit Nathaniel en tirant un poisson et en amorçant sa ligne. « Il meurt d'envie de venir dans la cabane, et il a eu le front de me le demander en face ; mais je lui ai toujours fait des réponses équivoques, en sorte qu'il n'est pas plus sage que Salomon. Si l'on n'avait pas tant de lois, on n'aurait pas besoin de gens pareils pour les interpréter.

— Il est plus méchant que bête, » répondit Olivier ; « il abuse de la simplicité du shérif ; et je crains que son impertinente curiosité ne nous procure beaucoup d'embarras.

— Ma foi, s'il s'aventure trop souvent autour de la cabane, » dit Bas de Cuir sans plus d'émotion, « je lui réserve une balle de ma main.

— Non, non, Natty, il ne faut point enfreindre la loi, » dit Olivier ; « vous vous attireriez une vilaine affaire, et ce serait, mon vieil ami, un jour de malheur, une triste nouvelle pour nous.

— Je vous crois, mon enfant ! » s'écria le chasseur en jetant sur le jeune homme un regard affectueux. « Vous avez le vrai sang de la famille dans les veines, Monsieur Olivier ; ça, je le soutiendrai en face du juge Temple, et devant tous les tribunaux du pays. Qu'en dites-vous, Chingachgook ? N'est-ce pas la vérité ? Ce garçon n'est-il pas de la bonne race et du sang véritable ?

— C'est un Delaware, » dit le Mohican, « c'est mon frère. Le Jeune

Aigle est brave, et il deviendra chef. Il ne lui arrivera aucun malheur.

— Bien, bien! » s'écria Olivier avec impatience. « N'en parlons plus, mes bons amis. Si je ne suis pas tout ce que votre indulgence veut bien voir en moi, dans la bonne ou dans la mauvaise fortune, je vous suis dévoué pour la vie. A présent, causons d'autre chose. »

Les vieux chasseurs cédèrent à son désir qui semblait pour eux une loi. Pendant quelque temps, il se fit un profond silence, et chacun s'occupa exclusivement de sa ligne; mais Olivier, sentant probablement que c'était à lui à renouer la conversation, prit la parole de l'air d'un homme qui ne songeait pas trop à ce qu'il disait.

« Comme le lac est beau; quel miroir brillant! L'avez-vous jamais vu plus calme, Natty, et sa surface plus unie qu'en ce moment?

— Voilà quarante-cinq ans que je connais l'Otsego, » répondit Bas de Cuir, et je puis dire que je n'ai jamais vu, dans tout le pays, une eau plus pure et plus poissonneuse. Oui, oui; il fut un temps où j'avais le lac à moi tout seul; un heureux temps que celui-là! On trouvait du gibier autant qu'on en voulait, et nul ne vous disputait le terrain; si ce n'est par hasard un détachement de chasseurs delawares qui traversait les défilés, ou quelques-uns de ces voleurs d'Iroquois, qui se glissaient en éclaireurs. Deux ou trois Français s'étaient établis dans les basses terres, plus loin à l'ouest, et y avaient épousé des Indiennes. Quelques Écossais ou Irlandais, de la vallée aux Cerises, venaient pêcher dans le lac, soit un plat de perches, soit une truite saumonnée, et je leur prêtais mon canot. En définitive, c'était un plaisant séjour, où l'on ne me tracassait guère. Le chef le sait bien, lui qui venait me voir. »

Le Mohican tourna la tête et, faisant de sa main un mouvement gracieux d'assentiment, il dit en langue delaware :

« Ce pays appartenait à mon peuple; nous l'avons donné en conseil à mon frère le Mangeur de Feu, et ce que donnent les Delawares dure aussi longtemps que les eaux coulent. Œil de Faucon a fumé avec nos chefs dans le conseil, car il était notre ami.

— Non, non, John, » dit Natty; « je n'étais point chef, je n'en savais pas assez pour cela, et j'avais la peau blanche. Ah! quel territoire de chasse, mon garçon, et si plein d'agrément! Il en serait de même aujourd'hui encore, sans l'argent de Marmaduke et les voies crochues de la loi.

— Ce devait être, en effet, un plaisir tout mélancolique, » dit Olivier en promenant ses regards sur les terrains défrichés, couverts de l'or d'une riche moisson, « d'errer sur ces montagnes, et le long de cette belle nappe d'eau, sans une âme vivante à qui parler ou qui contrariât votre humeur.

— Ne l'ai-je pas dit? C'était un plaisant séjour et, quand les feuilles repoussaient aux arbres et que la glace avait disparu du lac, un second paradis. J'ai parcouru les bois pendant cinquante-trois ans, en voilà plus de quarante que j'y habite, eh bien, je n'ai rencontré qu'un seul endroit qui m'ait plu davantage, et encore pour la vue seulement, mais non pour la chasse ou la pêche.

— Et cet endroit, » demanda Olivier, « où est-il?

— Où? dans les monts Cattskills. J'y allais souvent à la chasse des loups et des ours; souvent on me chargeait de me procurer une panthère, ce qui m'obligeait à y aller. Quand je voulais voir ce qui se passait dans le monde, il y avait par là un endroit où j'avais coutume de grimper, et qui dédommageait son homme d'une égratignure au menton ou d'un mocassin déchiré. Vous connaissez bien les Cattskills, mon garçon, car vous devez les avoir vues à votre gauche, en remontant la rivière depuis York; elles sont d'une couleur bleue, comme un coin de ciel clair, et les nuages reposent à leur sommet, comme la fumée qui tourbillonne au-dessus de la tête d'un chef indien, assis au feu du conseil. Un peu en arrière, on voit le Grand Pic et la Table Ronde, qui ont l'air du père et de la mère au milieu de leurs enfants, tant ils lèvent haut la crête. L'endroit dont je parle est proche la rivière, au bout d'une pointe en saillie : c'est un amas de rochers gros et petits, de plus de mille pieds d'élévation, en manière d'escalier, et d'en haut on se figure aisément qu'on pourrait descendre en sautant de l'un à l'autre.

— Et que voit-on quand on est là?

— La création, » dit Natty en laissant retomber sa ligne et en décrivant un grand cercle avec la main, « la création tout entière. J'étais perché là-haut quand Vaughan brûla Esopus dans la dernière guerre, et j'ai vu les vaisseaux arriver des hautes terres aussi distinctement que je vois d'ici ce chaland qui flotte sur la Susquehanna, quoique la distance fût vingt fois plus grande. La rivière coulait à mes pieds dans un parcours d'une trentaine de lieues, pas plus grosse qu'un ruban de copeau, et elle mesurait trois lieues entre ses rives. J'apercevais les collines du Hampshire, les hauts plateaux, tout ce que Dieu a fait, tout ce que l'homme a pu faire, à perte de vue. Or, vous savez, mon garçon, que ce n'est pas pour rien que les Indiens m'ont surnommé Œil de Faucon, et il m'est souvent arrivé, du sommet de cette montagne, de découvrir l'endroit où est aujourd'hui situé Albany. Quant à Esopus, le jour où les Anglais brûlèrent cette ville, la fumée semblait si rapprochée que je croyais entendre les gémissements des femmes.

— Une vue si magnifique valait bien qu'on se donnât quelque peine pour en jouir.

— S'il y a du plaisir à planer en l'air, à contempler à ses pieds les fermes et les maisons, des rivières qui se déroulent comme des fils, et des montagnes qui ressemblent à des meules de foin, je puis vous recommander cet endroit. Quand je commençai à vivre dans les bois, j'avais des retours de faiblesse, et je m'ennuyais d'être seul. Alors je partais pour les Cattskills, et j'y restais quelques jours, pour voir un peu ce qui se passait dans le monde ; mais voilà bien des années que je n'en ai plus l'envie, et puis je me fais trop vieux pour grimper sur les rochers. Au reste, derrière le mont Vision, tout près d'ici, à une petite demi-lieue, j'ai découvert quelque chose de plus à mon goût en ces derniers temps ; il y a beaucoup d'arbres et c'est plus naturel. »

Olivier, dont la curiosité était vivement excitée par les descriptions naïves du chasseur, ne manqua pas de le questionner au sujet de cette retraite.

« Il y a par là, » répondit l'autre, « une chute d'eau, produite par le débordement de deux étangs qui, franchissant leurs limites, vont à travers les rocs chercher un lit dans la vallée. Le courant est à peu près de force à faire tourner la roue d'un moulin, si l'on avait besoin d'une chose si superflue au désert ; mais la main qui a fait la chute n'a jamais fait de moulin. L'eau marche parmi les pierres avec tout plein de crochets et de détours ; elle coule d'abord si lentement qu'une truite pourrait y nager, puis elle s'agite et prend son élan comme une créature qui va faire un grand saut, jusqu'à ce qu'elle arrive à l'endroit où la montagne s'ouvre en deux comme le pied fourchu d'un daim, laissant un creux profond où l'eau se précipite. Là elle tombe d'environ cent quatre-vingts pieds, et avant de toucher le fond, elle s'éparpille en flocons de neige qu'emporte le vent. Ensuite le torrent se ramasse pour un nouvel élan, et franchit quarante pieds de roches avant de faire une autre chute de cent pieds, puis bondit de roc en roc, à droite, à gauche, jusqu'à ce que, débouchant de la vallée, il finit par se frayer un chemin dans la plaine.

— C'est une curiosité inconnue, » dit Olivier; « il n'en est question dans aucun livre.

— Je n'ai jamais rien lu de ma vie, » reprit Bas de Cuir. « Comment pourrait celui qui a vécu dans les villes et dans les écoles connaître quelque chose aux merveilles des bois? Non, non, mon enfant. Ce petit cours d'eau se joue entre les collines depuis la création du monde, et à peine si une douzaine de blancs ont jeté les yeux dessus. Le rocher s'étend comme un mur en demi-cercle de chaque côté de la chute, et il la couvre d'une cinquantaine de pieds en dedans. Quand je vais m'asseoir au bas de la première chute, et que mes chiens courent dans les cavernes dernière la nappe d'eau, ils ne paraissent pas plus gros que des lapins. A mon avis, voyez-vous, c'est ce que j'ai vu de plus beau dans les bois; et pour savoir comme la main de Dieu se déploie dans le désert, il faut y avoir usé sa vie.

— Que devient cette eau? Dans quelle direction coule-t-elle? Est-elle tributaire de la Delaware?

— Comment dites-vous ça?

— Ce ruisseau va-t-il se jeter dans la Delaware?

— Non, non; c'est une goutte qui va grossir l'Hudson, et elle flâne joliment en route avant de quitter la montagne. Plus d'une fois, je me suis demandé combien de temps s'écoulerait avant que cette goutte, qui semblait faite pour le désert, fût sillonnée par la quille d'un vaisseau et ballottée dans l'eau salée. C'est un lieu qui donne bien à réfléchir. De là, on aperçoit des milliers d'acres de forêts, peintes des couleurs de mille arcs-en-ciel par une autre main que celle de l'homme, par la Providence elle-même.

— Vous êtes éloquent, Bas de Cuir.

— Hein?

— Ce souvenir a réchauffé votre sang, mon vieil ami. Y a-t-il longtemps que vous n'avez vu l'endroit? »

Le chasseur ne répondit pas. Plaçant son oreille presqu'à fleur d'eau et retenant son haleine, il se mit à écouter attentivement. Puis, relevant la tête :

« Si je n'avais attaché mes chiens avec de bonnes courroies toutes neuves, » dit-il, « je jurerais sur la Bible que j'entends la voix d'Hector résonner dans la montagne.

— Impossible! » dit Olivier. « Il n'y a pas une heure qu'il était dans sa niche. »

Cependant la même cause avait attiré l'attention du Mohican. Quoi qu'il fît, le jeune homme ne parvint à distinguer que le mugissement des bestiaux qui paissaient à l'occident sur les collines. En voyant les deux vieillards l'un, assis, la main à son oreille en forme de cornet acoustique; l'autre, penché en avant, le bras étendu, l'index levé en l'air, il se mit à rire de les voir écouter ce qu'il regardait comme des sons imaginaires.

« Riez, riez, mon garçon, » dit Bas de Cuir; « je vous dis que les chiens sont lâchés et chassent un daim. Je n'aurais pas voulu, pour une peau de castor, que cela arrivât. Ce n'est pas la loi qui m'inquiète, mais le gibier est encore maigre et mes chiens se fatiguent en pure perte. Les entendez-vous maintenant? »

Olivier tressaillit, car un aboiement vint frapper son oreille. Le bruit semblait changer de direction : d'abord c'étaient des sons éloignés, interceptés par quelque colline; puis une clameur confuse, répétée d'écho en écho par les rochers que les animaux franchissaient dans leur course; enfin leur aboi, distinct et sonore, vint retentir sous les voûtes de la forêt qui bordait le lac. Ces variations de tons se succédaient avec une étonnante rapidité ; et, pendant que les yeux du jeune homme étaient fixés sur la rive, il entendit un déchirement dans les buissons, à quelques pas de distance, et un magnifique daim bondit en avant et se plongea dans le lac. Les deux chiens qui le poursuivaient s'y jetèrent bravement après lui.

CHAPITRE XXVII.

Souvent, en se jetant à la nage à travers un courant rapide, il cherche à dépister la meute, et à rafraîchir ses flancs qui brûlent.

THOMSON.

Nathaniel s'écria quand le daim et les chiens furent complètement en vue :

« Ah ! je m'en doutais... Ce daim leur aura passé sous le vent, et les pauvres mâtins n'ont pu y résister; mais il faut les guérir de ces fantaisies-là, ou ils me causeront un fier embarras. Allez-vous-en, coquins ! Ici, ici... A la niche, Hector ! Va-t'en, ou je t'étrillerai d'importance. »

Les chiens reconnurent la voix de leur maître; et après avoir quelque temps nagé en cercle, comme s'ils eussent hésité entre la crainte d'une correction et leur répugnance à quitter la chasse, ils regagnèrent la rive où ils remplirent l'air de leurs aboiements.

Cependant le daim, affolé de terreur, avait franchi en nageant plus de la moitié de l'espace qui séparait le canot de la terre, avant d'apercevoir le nouveau danger qui le menaçait. A la voix de Nathaniel, il fit un mouvement pour regagner son point de départ ; et comprenant que toute retraite lui était coupée de ce côté-là, il prit une direction oblique vers le centre du lac, dans l'intention d'aborder à la rive occidentale.

Au moment où il passa à peu de distance des pêcheurs, la tête haute et son cou svelte fendant l'onde comme la proue d'une galère, Bas de Cuir commença à donner des signes de malaise et d'impatience.

« Quelle noble créature! » dit-il. « Quelle paire d'andouillers! On pourrait y suspendre tous ses vêtements. Voyons un peu.... Juillet est le dernier mois, et la chair ne doit plus être mauvaise. »

Tout en parlant, il nouait machinalement à une rame le bout de la corde en écorce qui lui servait de câble. Se levant tout à coup, il jeta dans l'eau cette bouée, et s'écria :

« Force de rames, John! laissez porter! Cette créature est folle de nous exposer à pareille tentation. »

Le Mohican détacha le canot de la barque d'Olivier, et d'un coup le fit glisser avec la rapidité de l'éclair.

« Halte! » cria le jeune homme. « Rappelez-vous la loi, mes amis. On vous voit en plein du village, et le juge est décidé à poursuivre quiconque tuera un daim hors de la saison. »

La remontrance venait trop tard, le canot était déjà loin et chacun des chasseurs trop absorbé pour rien écouter.

Le daim était alors à cent cinquante pas, fendant l'onde avec vigueur et haletant de terreur et de fatigue. Bas de Cuir prit sa carabine et l'amorça, ne sachant s'il devait ou non immoler sa victime.

« Faut-il tirer, John? » dit-il. « Il me semble injuste d'user contre la pauvre bête de tous mes avantages. Non, non; puisqu'il est venu de lui-même dans le lac, nous devons le pêcher et non le chasser. Ainsi, John, nagez ferme, et attention quand le daim tournera! Il est aisé de les saisir, mais ils vous échappent ensuite comme des couleuvres. »

L'Indien rit du projet de son ami, mais il continua à faire avancer le canot avec une vélocité qui résultait bien plus de l'adresse que de la force. Les deux vieillards ne se parlèrent plus qu'en delaware.

« Ouf! » s'écria le Mohican. « Le daim tourne la tête. Œil de Faucon, lancez le harpon. »

Nathaniel ne sortait pas de chez lui sans se munir de ce qui pouvait lui être utile; il ne se séparait jamais de sa carabine, et lors même qu'il pêchait à la ligne, le canot était garni de tous ses ustensiles, jusqu'à son gril. Cette précaution provenait des habitudes du chasseur, que le caprice ou la nécessité entraînait souvent fort au delà des limites de sa destination primitive. Quelques années avant la date de notre histoire, Bas de Cuir avait quitté sa hutte pour aller chasser pendant quelques jours sur la montagne, et il n'y était rentré qu'après avoir visité les rives du lac Ontario. Une course de cent lieues n'était alors rien pour lui; mais l'âge avait un peu affaibli sa vigueur.

« Un peu plus à gauche, John, » dit-il en saisissant l'arme. « Encore un coup de rame, et je le tiens. »

Presque aussitôt il brandit le harpon et le lança comme une flèche. Mais la bête s'étant retournée, l'engin de mort n'atteignit que son bois et alla plonger dans le lac.

« En arrière! » commanda Natty en voyant que la barque glissait sur l'endroit où était tombé le harpon. « A présent, fixe! »

Le manche du harpon revint sur l'eau, le chasseur le rattrapa, et l'Indien imprimant à l'esquif un mouvement rapide de rotation, la chasse recommença. Le daim avait regagné un peu d'avance, et soutenait encore courageusement la lutte. Olivier, qui avait eu le temps d'approcher, se disposait à intervenir de nouveau, quand, oubliant à son tour toute prudence, il se joignit aux chasseurs.

« En avant! » s'écria-t-il. « Barrez-lui le chemin. A droite, Mohican, appuyez à droite! Je vais lui jeter un nœud coulant sur les andouillers. »

L'œil noir du vieux chef jetait des flammes; le morne repos de son attitude avait fait place à une agilité consommée. Le canot suivait toutes les évolutions de la chasse, comme une bulle d'eau flottant à la surface d'un tourbillon. Ce fut la fréquence de ces détours qui, en renfermant l'action dans un cercle étroit, permit au jeune homme de se rapprocher de ses compagnons. Vingt fois le daim et les chasseurs passèrent auprès de lui à la portée de ses rames; enfin il pensa que ce qu'il avait de mieux à faire était de rester immobile, et de profiter de l'occasion favorable pour aider à saisir la victime.

Il n'attendit pas longtemps, car il avait à peine pris cette résolution, qu'il vit venir le daim de son côté, dans l'intention apparente de gagner une pointe de terre à quelque distance des chiens, qui continuaient à aboyer avec fureur. Olivier saisit une corde, y fit un nœud coulant, la lança avec force, et réussit à la serrer autour d'un des andouillers de l'animal. Un moment, sa barque fut entraînée. Aussitôt le canot s'approcha, et Natty se baissant, plongea son couteau dans la gorge du daim, qui teignit l'eau des flots de son sang.

Pendant l'agonie de la victime, les chasseurs rapprochèrent les deux bateaux, et les ayant affermis dans cette position, Bas de Cuir tira la bête hors du lac et l'étendit au fond du canot. Il lui passa les mains sur les côtes et sur différentes parties du corps; levant ensuite la tête en riant à la muette :

« Voilà pour la loi de Marmaduke, » dit-il. « Cela réchauffe le sang, Chingachgook. Il y a beau temps, ma foi, que je n'ai tué un daim sur le lac. La chair en est savoureuse, et je sais bien qui en mangera de bon cœur un filet, en dépit de tous les défrichements du monde. »

L'Indien, tout abattu qu'il était par l'âge et peut-être aussi sous le poids des calamités de sa race, sembla revivre après cette chasse émouvante, et un rayon de joie illumina son visage. Il passa à son tour sur le daim une main que la réaction des efforts inaccoutumés qu'il venait de faire rendait tremblante, fit en souriant un signe d'approbation, et dit d'un ton emphatique :

« Bon !

— Je crains, Natty, » dit Olivier quand le premier entraînement fut passé et que son sang commença à se calmer, « que nous n'ayons tous également violé la loi. Enfin, gardons le secret ; il n'y a personne ici qui puisse nous trahir. Une chose m'inquiète : comment les chiens sont-ils dehors ? Je les ai laissés à l'attache, j'en suis certain, et les courroies étaient solides.

— Que voulez-vous ! » répondit Bas de Cuir. « C'était trop pour les pauvres bêtes de voir un tel daim leur passer sous le nez : elles ont rompu la laisse, et, tenez, le bout leur en pend encore au cou. Revenons à terre. Je vais m'assurer de quoi il retourne. »

Quand le vieux chasseur fut débarqué et qu'il eut jeté les yeux sur les courroies, il changea de visage et secoua la tête.

« Non, non, » dit-il, « Hector n'est point en faute, comme je le craignais.

— Le cuir a-t-il été coupé ?

— Je ne dis pas cela, mon garçon, mais voilà une marque qui ne vient pas d'une morsure ou d'une déchirure.

— Ce vaurien de charpentier aurait-il osé ?..

— Hum ! il est homme à tout oser quand il n'y a rien à craindre. Il est curieux, et il aime à se mêler des affaires d'autrui. Mieux vaudrait pour lui rôder un peu moins autour du wigwam ! »

Pendant ce temps, le Mohican avait examiné avec la sagacité d'un Indien les fragments de la courroie.

« Le cuir, » dit-il en delaware, « a été coupé par un couteau ; lame bien affilée, manche très long... l'homme avait peur des chiens.

— Comment le savez-vous ? » objecta Olivier. « Il aurait fallu être sur les lieux pour l'affirmer.

— Écoute, mon fils, » répondit le vieux chef. « La lame était affilée, car la coupure est nette ; le manche était long, car le bras d'un homme n'aurait pu atteindre de l'entaille à cette coupure qui n'a pas traversé la peau ; enfin, c'était un poltron, sans quoi il aurait coupé les courroies plus près du cou des chiens.

— Sur ma vie, » s'écria Nathaniel, « John a trouvé la piste! Oui, c'est le charpentier. Il sera monté sur le rocher qui est derrière la niche, et aura lâché les chiens en attachant son couteau à un bâton pour couper les courroies; ça n'est pas difficile à faire quand on en a envie.

— Et le motif? » demanda Olivier. « Quel mal lui avez-vous fait pour qu'il vienne ainsi troubler la demeure de deux vieillards?

— Depuis que les colons ont apporté ici de nouvelles manières d'agir, il n'est pas aisé, j'en conviens, de savoir de quoi les hommes sont capables. N'y a-t-il donc aucune découverte à faire dans la cabane? Il est problable qu'il est tourmenté, comme cela lui arrive, du démon de la curiosité.

— Votre soupçon est juste. Prêtez-moi le canot; je suis jeune et fort, j'arriverai peut-être à temps pour mettre obstacle à ses projets. Le ciel nous préserve d'être à la merci d'un pareil homme! »

Sa proposition fut acceptée. Le daim fut placé dans la barque afin d'alléger le canot, et en moins de cinq minutes la nacelle d'écorce disparut derrière les anfractuosités du rivage. Le Mohican suivit lentement avec la barque, pendant que Nathaniel, appelant ses chiens et jetant son fusil sur l'épaule, gravit la montagne dans l'intention de se rendre par terre dans sa hutte.

CHAPITRE XXVIII.

Ne me demandez pas ce que pense la pauvrette, abandonnée, seule, en ce moment terrible ! Peut-être sa raison fléchit, peut-être un courage surhumain lui prête la force du désespoir.

W. SCOTT.

Sur ces entrefaites, miss Temple et son amie continuaient leur promenade sur la montagne ; on n'avait pas jugé à propos de les faire accompagner par un domestique, car jamais une femme qui se respectait n'avait à craindre la moindre insulte. Lorsque le moment d'embarras occasionné à leur départ par la conversation avec Olivier eut été dissipé, les jeunes filles se livrèrent à un entretien plein d'innocence et d'enjouement.

Le chemin qu'elles prirent les conduisit à peu de distance de la hutte de Bas de Cuir, sur une hauteur d'où elles pouvaient apercevoir à vol d'oiseau cet emplacement solitaire.

Par suite d'une réserve peut-être naturelle, et assez forte en tous cas, aucune des deux amies, dans leurs causeries confidentielles, n'avait risqué la moindre allusion sur la position équivoque dans laquelle avait été trouvé le jeune homme qui maintenant était si intimement lié avec elles. Si M. Temple avait cru prudent de faire quelques questions à ce sujet, il avait cru aussi devoir garder pour lui seul ce qu'on lui avait appris. D'autre part, on était si accoutumé à voir les jeunes gens les mieux élevés des États de l'Est tenter la fortune dans les postes les plus humbles, que cette réunion des dons de l'intelligence au sein de la pauvreté n'avait rien qui excitât une curiosité bien vive. Une parfaite connaissance des usages du monde aurait produit un effet différent; mais Edwards s'était mis efficacement en garde contre toute surprise de ce côté par la froideur, et quelquefois même par la rudesse de ses manières ; et lorsque avec le temps, on remarqua en lui plus de liant et de poli, on put admettre qu'il était redevable de cette amélioration à la famille qu'il fréquentait.

Mais les femmes ont en ces matières un tact plus sûr que les hommes ; et ce que les préoccupations du père n'avaient point su distinguer n'avait pas échappé aux observations de la fille. Élisabeth, en effet, avait découvert de bonne heure qu'Olivier n'était étranger à aucun des raffinements de la politesse et du savoir-vivre, et la brusquerie qui venait parfois remplacer chez lui la douceur, elle l'attribuait à des passions fougueuses et indomptables. Il est peut-être inutile d'ajouter que les raisonnements de Louise Grant étaient beaucoup moins conformes aux idées du monde ; cependant, elle avait aussi à ce sujet ses pensées à elle, et, comme les autres, en tirait ses propres conclusions.

« Je donnerais tous mes autres secrets, Louise, » s'écria miss Temple en riant, et les yeux fixés sur la hutte de Bas de Cuir, « pour connaître ce que ces murailles de troncs d'arbres ont déjà vu et entendu.

— Oh! » répondit miss Grant, « elles ne diraient rien de défavorable à M. Edwards, j'en suis bien sûr.

— C'est possible ; du moins elles nous apprendraient qui il est.

— Ne le savons-nous pas? J'ai entendu votre cousin expliquer d'une manière très satisfaisante que...

— Le shérif! Rien ne l'embarrasse, lui. Il est si ingénieux qu'un beau jour il découvrira la pierre philosophale. Et qu'a-t-il dit au bout du compte ?

— Eh ! mais, des choses parfaitement raisonnables, et qui m'ont l'air d'être vraies. Il disait que Nathaniel Bumppo a passé la plus grande partie de sa vie dans les bois et parmi les Indiens, et que c'est là l'origine de sa liaison avec le vieux John, le chef delaware.

— Vraiment! ce n'était pas une bien grande nouvelle que vous apprenait là mon cousin Jones. Que disait-il ensuite?

— Il attribuait, je crois, leur intimité à ce que Bas de Cuir avait sauvé la vie à John dans une bataille.

— Rien de plus probable, » dit Élisabeth avec un peu d'impatience. « Mais quel rapport y a-t-il avec ce qui nous occupe?

— De grâce, Élisabeth, excusez mon ignorance, et je vous répéterai tout ce que j'ai ouï dire; car c'est à mon père que parlait le shérif la dernière fois qu'ils se sont vus. Il ajoutait que les rois d'Angleterre avaient coutume d'avoir des agents civils auprès des différentes tribus indiennes, et quelquefois des officiers de l'armée qui passaient la moitié de leur vie sur la limite du désert.

— Voilà de l'exactitude historique, s'il en fut! Est-ce là tout?

— Oh! non. Ces agents se mariaient rarement à ce qu'il paraît, et... Ce devaient être de bien vilaines gens, puisque...

—C'est un détail, » dit Élisabeth en rougissant légèrement. « Passez, passez.

— Eh bien, il disait donc qu'ils se faisaient un point d'honneur de donner une bonne éducation à leurs enfants, qu'ils envoyaient fréquemment en Angleterre, et même dans les collèges. C'est ainsi qu'il explique la manière libérale dont M. Edwards a été élevé; car il avoue qu'il est presque aussi savant que votre père... le mien... ou lui-même.

— Un vrai puits de science, quoi! en commençant par le dernier probablement. Alors, d'après lui, le Mohican serait le grand-oncle ou le grand-père de ce monsieur... Vous n'ignorez pas, ma chère, que mon illustre cousin a sur toute chose une réponse prête. Qu'il me dise donc pourquoi cette cabane est, à vingt lieues à la ronde, la seule habitation dont la porte résiste à quiconque aurait envie d'en soulever le loquet?

— Il n'en a rien dit devant moi. Je suppose qu'attendu leur pauvreté, ils désirent garder ce qui leur appartient et qu'ils ont honnêtement gagné. Il est parfois dangereux d'être riche, miss Temple; mais vous ne savez pas combien il est dur d'être réduit à l'extrême nécessité.

— Ni vous non plus, Louise; j'espère du moins que, dans ce pays d'abondance, aucun ministre de l'Église ne peut être réduit à une détresse absolue.

— Il ne saurait y avoir d'état pareil pour qui met sa confiance en son Créateur, » répondit l'autre d'un ton d'humilité ; « et pourtant on peut être exposé à des souffrances qui brisent le cœur.

— Non pas vous, ma chérie ! » s'écria vivement Élisabeth. « L'atroce misère ne vous a point éprouvée ?

— Ah ! Miss Temple, vous connaissez bien peu les tribulations de cette vie ! Mon père a passé bien des années, comme missionnaire, dans les pays nouveaux ; ses ouailles étaient pauvres, et il nous est souvent arrivé d'être sans pain ; nous n'avions pas de quoi en acheter, et nous n'osions en demander, par crainte de ravaler son sacré ministère. Combien de fois je l'ai vu quitter sa famille en proie à la maladie et au besoin, et qui perdait son unique soutien sur terre en le voyant s'éloigner d'elle, pour aller accomplir des devoirs que ses malheurs domestiques ne lui faisaient jamais négliger ! Qu'il est pénible de prêcher la consolation aux autres, quand on a l'âme abreuvée d'amertume !

— Heureusement ce temps-là est passé ! Le revenu de votre père doit maintenant lui suffire ; il le faut, et d'ailleurs...

— Il suffit à présent, » interrompit Louise, en baissant la tête sur son sein pour cacher ses larmes ; « car il n'a plus que moi auprès de lui. »

La tournure qu'avait prise la conversation avait écarté de l'esprit des deux jeunes amies toute autre pensée que celle d'une charité sainte. Élisabeth serra tendrement sa compagne, contre son cœur et, ce moment d'émotion passé, elles continuèrent leur promenade en silence.

Cependant elles venaient d'atteindre le haut de la montagne ; là, s'écartant de la route, elles poursuivirent leur marche sous l'ombrage des arbres majestueux qui couronnaient le plateau. Comme le soleil montait sur l'horizon, elles s'engagèrent plus avant dans le bois, dont la fraîcheur vivifiante contrastait agréablement avec la chaleur excessive qu'elles venaient de subir. D'un consentement tacite, la causerie se reporta sur les divers objets qui s'offraient à leurs regards : un sapin gigantesque, un arbuste, une fleur, provoquait de leur part une expression d'admiration.

C'est ainsi qu'elles longèrent les bords du précipice, jetant parfois un coup d'œil sur le miroir paisible de l'Otsego, ou s'arrêtant pour écouter le bruit des roues et des marteaux qui s'élevait de la vallée et mêlait au spectacle de la nature les signes de la présence de l'homme. Soudain Élisabeth tressaillit.

« Écoutez ! » dit-elle. « N'entendez-vous pas les cris d'un enfant sur la montagne ? Y a-t-il un défrichement aux environs ? ou serait-ce un enfant égaré ?

— Cela arrive fréquemment, » répondit Louise. « Marchons dans la direction de la voix : c'est peut-être un pauvre petit innocent qui meurt de faim. »

Toutes deux s'avancèrent d'un pas précipité vers l'endroit de la forêt d'où semblaient partir de plaintifs gémissements. L'ardente Élisabeth fut forcée de s'arrêter au cri de Louise, qui s'écria :

« Regardez le chien ! »

Brave avait fidèlement suivi sa maîtresse ; mais affaibli par l'âge, il se couchait à ses pieds chaque fois qu'elle suspendait sa promenade, et attendait les yeux fermés et d'un air d'indifférence, qui s'accordait mal avec son rôle de protecteur, qu'elle se fût remise en marche. Mais lorsque miss Temple se retourna, elle vit les yeux du chien fixés sur quelque objet éloigné, la tête rasant la terre et le poil hérissé ; il grondait sourdement et montrait ses crocs en signe de colère.

« Brave ! » dit-elle. « Que vois-tu, mon bon chien ? »

A la voix de sa maîtresse, Brave s'avança de quelques pas, en grondant plus fort qu'auparavant, et en exhalant de temps à autre sa colère par un court et brusque aboiement.

« Que voit-il donc ? » dit Élisabeth. « Quelque bête sauvage sans doute. »

Ne recevant pas de réponse, miss Temple tourna la tête : immobile, pâle comme la mort, Louise étendait le bras droit avec une sorte de mouvement convulsif. Suivant rapidement la direction indiquée par son amie, elle aperçut une panthère qui, l'air farouche, les yeux étincelants, se préparait à bondir sur elles.

« Fuyons ! » s'écria-t-elle.

Et comme elle cherchait à entraîner Louise, celle-ci, cédant à la terreur, s'affaissa sur le sol sans mouvement.

Rien n'aurait pu déterminer Élisabeth à abandonner sa compagne dans un moment si critique. Elle tomba à genoux, à côté de Louise inanimée, arrachant par une sorte d'instinct la portion de ses vêtements qui pouvait gêner sa respiration, pendant qu'elle encourageait de la voix le chien, leur unique sauvegarde.

« Courage, Brave! » dit-elle d'une voix qui commençait à trembler. « Hardi, mon chien! »

La panthère, qui était une femelle, avait avec elle un petit, parvenu au quart de sa croissance, et qu'Élisabeth n'avait pas encore vu; il avait grimpé sur un jeune plant, qui s'élevait à l'ombre du bouleau où se tenait sa mère. Quittant son abri, il s'approcha du chien, avec des mouvements qui accusaient à la fois la gaieté d'un jeune chat et la férocité de sa race. Tantôt debout contre un tronc d'arbre, il en déchirait l'écorce à belles dents; tantôt, se battant les flancs de sa queue, il grognait, grattait la terre et cherchait à imiter les manifestations de fureur qui rendaient sa mère si terrible.

Brave restait ferme dans la position qu'il avait prise, le corps renversé sur ses hanches, la queue raide, et suivant des yeux tous les mouvements de la mère et de son petit. Chaque bond que faisait le dernier le rapprochait du molosse, et, son élan l'ayant porté plus loin qu'il ne le voulait, il tomba droit devant lui. Il y eut un moment de cris et de lutte; mais presque aussitôt Brave lui brisa l'échine et le lança avec force contre un arbre, d'où le félin retomba mort.

Élisabeth s'applaudissait de la victoire de son défenseur, quand elle vit la panthère, franchissant un espace d'une vingtaine de pieds, s'élancer de l'arbre sur le dos du chien. Alors commença le véritable combat, accompagné de rugissements et de hurlements épouvantables. Miss Temple était toujours à genoux, penchée sur le corps de Louise, les yeux fixés sur les deux animaux avec un intérêt si puissant et si horrible, qu'elle en oubliait presque le sentiment de son propre péril.

La bête féroce ne cessait de bondir et de s'agiter, tandis que le mâtin, bougeant à peine, continuait fièrement à lui faire face. Quand la panthère s'abattait sur les épaules du chien, ce qui était le but constant de ses efforts, le vieux Brave, quoique déchiré par ses griffes, baigné de sang et couvert d'une douzaine de blessures, la secouait comme une plume, et se dressant sur ses pattes de derrière, attendait une nouvelle attaque, la gueule ouverte et le regard intrépide. Mais, à l'exception du courage, il n'était plus que l'ombre de ce qu'il avait été. La panthère, s'élevant, par un saut impétueux, hors de la portée du chien qui faisait un inutile effort pour l'atteindre, s'abattit tout à coup sur le dos même de son vieil adversaire ; elle n'y resta pas longtemps, et un effort d'agonie sembla rendre au chien sa première vigueur. Au moment où il enfonçait les crocs dans les flancs de la bête, sa gueule s'entr'ouvrit, ses dents lâchèrent prise, et une courte convulsion et le silence qui suivit annoncèrent la mort du fidèle Brave.

On dit que l'image du Créateur, empreinte sur la face de l'homme, a quelque chose qui impose aux êtres d'un ordre inférieur ; et ce fut sans doute cette invisible puissance qui, en ce moment terrible, suspendit le coup dont Élisabeth était menacée. Les yeux de la panthère et de la jeune fille agenouillée se rencontrèrent un instant. L'animal se baissa d'abord pour examiner son ennemi vaincu, ensuite pour flairer son petit inanimé ; cette dernière vue redoublant sa fureur, il se battit les flancs avec sa queue, laboura la terre avec ses griffes et remplit la forêt de ses hurlements.

Miss Temple restait immobile, et comme pétrifiée. Elle avait les mains jointes dans l'attitude de la prière, le regard fixe, les joues pâles et glacées, les lèvres tremblantes d'horreur. Le moment fatal semblait arrivé ; rien ne pouvait plus la soustraire à son destin, quand elle entendit derrière elle un léger bruit qui ressemblait à un froissement de feuilles.

« Psit! psit! » disait-on. « Baissez-vous, jeune fille; votre chapeau me cache la tête de la créature. »

Ce fut plutôt par suite d'un instinct naturel que pour obéir à cet ordre inattendu, qu'Élisabeth inclina la tête sur sa poitrine; et au même instant elle entendit le bruit d'un coup de fusil, le sifflement d'une balle, et les cris de rage de la panthère qui se roulait à terre en se mordant les chairs et en écrasant les broussailles.

Puis Bas de Cuir passa devant elle, en criant à haute voix :

« Ici, Hector! ici, vieux fou! C'est une bête à vie dure, et qui peut encore se rebiffer. »

Malgré les violents soubresauts et l'aspect menaçant de la panthère blessée, qui semblait près de recouvrer ses forces, le vieux chasseur resta debout en avant des deux femmes, tout en rechargeant son fusil, marcha ensuite vers l'animal furieux, lui envoya presque à bout portant une balle dans le front et l'étendit mort à ses pieds.

En voyant expirer sa terrible ennemie, Élisabeth parut sortir elle-même du tombeau. Un peu d'eau puisée à l'une des mille sources de la montagne, et apportée dans le bonnet de peau de Bas de Cuir, rendit à Louise l'usage de ses sens.

Nous laisserons au lecteur le soin de se figurer ce moment touchant ainsi que l'expression de la reconnaissance des deux amies; Élisabeth y mit toute la chaleur qu'on pouvait attendre de son caractère. Nathaniel reçut ses véhémentes protestations de gratitude avec les égards que réclamait l'état d'excitation où elle se trouvait, mais aussi avec une indifférence qui montrait combien il mettait peu de valeur au service qu'il venait de rendre.

« C'est bon, c'est bon! » dit-il. « Comme vous voudrez, jeune fille. Nous en reparlerons une autre fois. En tous cas, M. Olivier aurait été pour vous un protecteur plus agréable que moi. Venez, venez... Il faut songer à regagner la route, car vous avez eu assez peur pour désirer de revenir chez votre père. »

Il les conduisit jusqu'au chemin qui menait au village, et sur les assurances de Louise qu'elle se sentait assez forte pour aller jusque-là, il rentra dans la forêt.

« Ma foi, les jeunes créatures l'ont échappé belle, » se dit-il à lui-même. « De plus vieux qu'elles auraient eu peur de se voir ainsi nez à nez avec une panthère et son petit mort à côté d'elle. J'aurais peut-être mieux fait de viser la vermine à l'œil au lieu du front; je l'aurais tuée plus vite. Ces bêtes-là ont la vie dure, et le coup est bien tiré, vu que je n'apercevais que la tête et le bout de la queue. »

En ruminant de la sorte, il entendit remuer dans les buissons, arma son fusil et le mettant en joue, cria d'une voix forte :

« Qui va là? »

Hiram sortit du taillis d'un pas que hâtait singulièrement la vue du canon braqué de son côté.

« Eh! Natty, comment allez-vous? » dit-il. « Déjà en chasse par cette chaleur. Prenez garde, mon vieux, que la loi ne vous prenne en flagrant délit.

— La loi! Voilà quarante ans qu'elle et moi nous nous donnons la main, » répondit Nathaniel. « Qu'a de commun avec la loi un homme qui vit dans le désert?

— Pas grand'chose peut-être, mais vous faites par-ci par-là un trafic de venaison. Or, vous n'ignorez pas, Bas de Cuir, qu'on a voté une loi qui condamne à une amende de cinq livres sterling quiconque tue un daim entre les mois de janvier et d'août. Le juge Temple a beaucoup contribué à la faire passer.

— Je le crois sans peine, et il n'y a rien que je ne croie d'un homme qui s'est comporté comme celui-là dans le pays.

— Oui, la loi est positive, et le juge est décidé à la faire exécuter : cinq livres sterling d'amende. Est-ce que vos chiens n'ont pas aboyé ce matin? Il m'a semblé qu'ils étaient sur une piste. J'ai bien peur qu'ils ne vous mettent dans l'embarras.

— Bah! ils sont trop bien élevés. A propos, sur cette amende, combien revient-il au dénonciateur?

— Combien? » répéta Hiram, en baissant les yeux sous le regard honnête mais perçant du chasseur. « Il lui revient, je crois, la moitié... oui, c'est la moitié. Tiens, il y a du sang sur votre manche; ce n'est pas celui d'une pièce de gibier au moins?

— Si, ma foi, et d'un fameux même!

Bas de Cuir tira sur la panthère.

— Hum! Et où est-il? Il doit être de bonne qualité, car vos chiens ne chassent que du gibier de choix, c'est connu.

— Ils chassent tout ce qu'il me plaît de leur commander, » s'écria Nathaniel en gratifiant son interlocuteur d'un de ses rires particuliers. « Ils vous chasseront vous-même, si je le leur dis. A moi, Hector! à moi! Ici, ici tous deux!

— Oh! je sais que vos chiens jouissent de la meilleure réputation, » répondit M. Fait-Peu en doublant le pas, lorsqu'il vit les chiens le flairer aux jambes. « Et votre gibier, Bas de Cuir? »

Pendant ce colloque, ils avaient marché à grands pas. Nathaniel, s'arrêtant brusquement, allongea le canon de sa carabine par-dessus un buisson.

« Mon gibier? » répondit-il. « Voilà déjà une pièce. Est-elle à votre goût?

— Ça? » s'écria Hiram. « Mais c'est Brave, le chien du juge Temple. Attention, Bas de Cuir; n'allez pas vous faire un ennemi du juge. J'espère que vous n'avez pas tué cet animal?

— Regardez vous-même, Monsieur, » dit Nathaniel en tirant son couteau de sa gaîne, et en l'essuyant d'un air significatif contre son vêtement de peau de daim. « L'entaille qu'il a au cou semble-t-elle produite par la lame de ce couteau?

— Il est horriblement déchiré! C'est une affreuse blessure qu'un couteau n'a pu faire. Qui l'a mis en cet état?

— Une panthère. Voyez derrière vous : il y en a deux.

— Des panthères! » s'écria Hiram en pirouettant sur son talon avec une agilité qui aurait fait honneur à un maître de danse. « Où sont-elles?

— Rassurez-vous, mon brave. Elles étaient deux vermines; le chien en a tué une et c'est moi qui ai fermé les mâchoires de l'autre. Ainsi n'ayez pas peur, elles ne peuvent vous faire de mal. »

Hiram regarda autour de lui d'un air d'étonnement.

« Et le daim? » demanda-t-il. « Je ne le vois pas.

— Quel daim?

— Celui que vous avez chassé.

— Quand la loi le défend? J'espère qu'aucune loi ne défend de tuer des panthères.

— Non, elle accorde au contraire une prime pour leur tête... Vos chiens chassent donc la panthère, Natty ?

— Ils chassent tout ce que je veux, même l'homme, je vous l'ai dit. Attendez ! A moi, Hector ! par ici !..

— Oui, oui, je m'en souviens. Drôles de chiens, par exemple ! J'en suis tout ébaubi. »

Nathaniel s'était assis par terre ; plaçant entre ses jambes la tête du farouche animal, il avait pris son couteau, et d'une main exercée ayant pratiqué une incision autour des oreilles, il s'occupait tranquillement à les enlever en même temps que la peau de cette partie de la tête.

« Ébaubi de quoi ? » dit-il. « N'avez-vous jamais vu scalper une panthère ? Ah ! ça, puisque vous êtes magistrat, donnez-moi un ordre pour toucher la prime.

— Eh bien, allons dans votre cabane ; vous y prêterez serment, et je délivrerai l'ordre. Je pense que vous avez une Bible ; la loi n'exige que les quatre évangiles et l'Oraison dominicale.

— J'ai dans l'idée qu'il n'y a point de ça chez moi.

— La loi ne reconnaît qu'une sorte de Bible ; la vôtre fera l'affaire aussi bien qu'une autre. Venez, ces carcasses ne sont bonnes à rien ; venez prêter serment.

— Doucement, doucement, Monsieur, » dit le chasseur en ramassant froidement son trophée et en plaçant sa carabine sur son épaule. « A quoi sert de jurer pour une chose que vous avez vue de vos propres yeux ? Est-ce que vous ne vous en croyez pas vous-même, et faut-il qu'un autre homme affirme par serment un fait que vous savez être vrai ? Vous m'avez vu scalper les deux créatures, et si je dois jurer, ce ne peut être que devant le juge Temple.

— Mais nous n'avons ici ni plumes ni papier, Bas de Cuir ; allons chez vous pour en trouver. Comment pourrai-je sans cela écrire l'ordre ?

— Et qu'ai-je affaire de vos outils d'écolier ? Je n'ai pas besoin de plumes ni de papier ; je ne sais point m'en servir, et je n'en garde point chez moi. Non, non ; je porterai ces peaux au village ; vous m'écrirez l'ordre sur un de vos livres de loi, et il n'en vaudra que mieux. Au diable soit le bout de courroie qui pend au cou de ces chiens ! Ils finiront par s'étrangler. Pourriez-vous me prêter un couteau, Monsieur Fait-Peu? »

Hiram, qui paraissait désirer beaucoup d'être en bonne intelligence avec le chasseur, lui remit son couteau sans hésiter. Nathaniel, après avoir coupé la courroie attachée au cou d'Hector, dit en le lui rendant négligemment :

« Une fière lame ! Ce n'est pas la première fois qu'elle coupe ce cuir-là.

— Prétendez-vous, » s'écria Hiram, trahi par sa mauvaise conscience, « m'accuser d'avoir lâché vos chiens?

— Non, je les lâche moi-même. Je n'y manque jamais avant de quitter ma hutte. »

L'étonnement que M. Fait-Peu ne put réprimer en entendant cette déclaration mensongère aurait suffi pour le désigner comme le coupable, si Nathaniel avait eu besoin d'une nouvelle preuve. Le sang-froid et la modération du vieillard firent alors place à la plus franche indignation.

« Voyez-vous, Monsieur Fait-Peu, » dit-il en frappant violemment la crosse de son fusil contre terre, « ce qu'il peut y avoir dans le wigwam d'un pauvre homme tel que moi, qui puisse tenter un homme tel que vous, je l'ignore; mais je vous déclare en face que vous n'y mettrez jamais le pied de mon consentement, et que si je vous vois rôder à l'entour, comme cela vous est arrivé naguère, vous pouvez compter sur un traitement qui ne sera pas trop de votre goût.

— Et moi je vous dis, Monsieur Bumppo, » dit Hiram tout en ayant soin de battre en retraite à pas précipités, « qu'il est à ma connaissance que vous vous êtes mis en contravention avec la loi, que je suis magistrat, et que vous l'apprendrez à vos dépens avant qu'il soit demain.

— Toi et ta loi, voilà pour vous ! » riposta Nathaniel en faisant claquer ses doigts. « Retire-toi, vermine, avant que le diable me pousse à te traiter selon tes mérites. Et que je ne rencontre pas ton chafouin de museau dans les bois, ou je pourrais bien tirer dessus, en croyant descendre un chat-huant. »

Il y a toujours quelque chose qui impose dans l'indignation d'un honnête homme, et Hiram n'attendit pas qu'il eût poussé à ses derniers retranchements la colère du vieux chasseur. Dès qu'il eut disparu, Nathaniel se rendit à sa cabane, où régnait un silence aussi profond que celui de la tombe. Il mit ses chiens à l'attache, frappa à la porte, et dit à Olivier qui vint lui ouvrir :

« Tout va-t-il bien, mon garçon ?

— Tout va bien, » répondit le jeune homme. « On a essayé de forcer la serrure, mais elle a tenu bon.

— Je connais le particulier, et il se gardera de revenir sitôt à portée de ma carabine ; autrement... »

Le bruit qu'il fit en fermant la porte ne permit pas d'entendre la fin de la phrase.

CHAPITRE XXIX.

Le bruit court qu'il a des trésors cachés.
SHAKESPEARE, *Timon d'Athènes.*

QUAND Marmaduke Temple et son cousin s'étaient mis en marche pour entreprendre leur excursion, le cœur du père était trop plein des plus doux sentiments de la nature pour lui permettre d'entamer immédiatement l'entretien. Il y avait dans Richard un air d'importance qui n'aurait pu admettre, sans inconséquence, les sujets de conversation qui lui étaient ordinaires, et les cavaliers poursuivirent leur route pendant plus d'un mille en gardant un silence profond. Enfin, la douce expression de la tendresse paternelle s'effaça peu à peu de la belle figure du juge, et fit place insensiblement à l'air d'enjouement et de bienveillance qui en formait le caractère habituel.

« Eh bien, Richardet, » dit-il, « puisque j'ai consenti à vous suivre aveuglément jusqu'ici, le moment est arrivé, il me semble, de parler à cœur ouvert. Quel est le motif et le but de ce voyage entrepris dans un équipage si solennel? »

Après s'être éclairci le gosier par trois ou quatre broum! broum! retentissants, le shérif se tourna vers son parent dans l'attitude d'un inspiré qui cherche à sonder les ténèbres de l'avenir.

« Il y a toujours eu, juge Temple, une différence notable entre nous, » dit-il, « et cela, pour ainsi dire, depuis notre berceau. Ce n'est pas mon intention de vous rendre responsable des actes de la nature ; car il serait aussi injuste de condamner chez un homme le malheur de sa naissance que de le louer de la possession d'avantages innés. Mais, je le répète, il est un point capital sur lequel nous différons depuis notre berceau, et vous n'avez pas oublié que je suis votre cadet de deux jours seulement.

— Ce point m'intrigue fort, » répondit le juge ; « selon moi, nous différons si foncièrement et en tant de choses...

— Simples conséquences, mon cher ! » interrompit l'autre. « La contradiction de nos idées procède d'une cause unique, à savoir, l'opinion que nous avons sur les attributions universelles du génie.

— Que dites-vous là ?

— Je parle en bon anglais, je pense ; du moins je le dois, car mon père, qui me l'a appris, parlait...

— Grec et latin, » interrompit à son tour Marmaduke. « Oui, je n'ignore pas à quel point on est doué pour les langues dans votre famille. Mais venons au fait. Pourquoi voyageons-nous aujourd'hui sur cette montagne ?

— Pour traiter un sujet à fond, il faut laisser à l'auteur le droit de procéder à sa guise. A votre idée, juge Temple, la nature et l'éducation ne peuvent donner à un homme que les moyens de bien faire une seule chose ; moi, au contraire, je suis convaincu que le génie peut remplacer l'instruction, et qu'il y a tel homme capable de s'appliquer à tout, en gros et en détail.

— Vous, par exemple, n'est-ce pas ?

— Je dédaigne les personnalités. Il n'est pas question de moi, d'ailleurs. Savez-vous qu'il y a sur votre patente trois hommes que je regarde comme doués par la nature d'un talent universel, quoiqu'ils agissent sous l'influence de situations différentes ?

— Nous sommes donc plus riches que je ne croyais. Et comment les nommez-vous ?

— L'un est Hiram Fait-Peu, charpentier de son état, comme on sait ; il n'est besoin que d'un coup d'œil sur le village pour s'assurer de son mérite. Puis il est magistrat, et, dans l'administration de la justice, j'en connais qui ont plus de pratique, et qui s'en tireraient plus mal que lui.

— Bien, » dit Marmaduke de l'air d'un homme décidé à ne pas entrer en discussion, « en voilà un.

— Et un bon. L'autre est Jotham Riddel.

— Hein?

— Jotham Riddel.

— Qui? ce spéculateur mécontent, ce fainéant qui change de comté tous les trois ans, de ferme tous les six mois, et de métier toutes les saisons? Cultivateur hier, cordonnier aujourd'hui, et demain maître d'école? cet abrégé de tous les futiles instincts des colons, sans aucune de leurs bonnes qualités pour contrebalancer les mauvaises? Par exemple, Richard, c'en est un qui ne compte pas. Voyons le troisième.

— Comme le troisième n'est pas accoutumé à entendre tenir sur son compte de pareils commentaires, il est inutile de le nommer.

— La conclusion à tirer de tout ceci est que le trio dont vous êtes l'âme a fait quelque découverte merveilleuse.

— Je n'ai pas dit que j'en fisse partie, juge Temple. Laissons ma personne de côté. Une découverte a été faite, c'est vrai, et vous y êtes intéressé tout le premier.

— Continuez ; je suis tout oreilles.

— Non, non, Duke, si mal partagé que vous soyez, vous n'en êtes pas tout à fait là : vos oreilles n'ont pas encore atteint toute leur longueur. »

Le shérif rit de bon cœur du trait spirituel qui venait de lui échapper ; cela le mit en belle humeur, et c'est alors qu'il daigna gratifier son cousin de l'explication suivante :

« Il existe dans vos domaines un individu qu'on appelle Natty Bumppo. Par ce que j'ai pu savoir, il a vécu seul pendant plus de quarante ans ; mais depuis quelques mois il a d'étranges compagnons.

— Il y a du vrai, et le tout est probable.

— Tout est vrai, juge, absolument tout. Or donc, depuis un certain temps il a pour compagnons un vieux chef indien, le dernier ou l'un des derniers de ce pays, et un jeune homme qu'on dit issu des œuvres de quelque agent anglais avec une Indienne.

— Qui prétend cela? » dit Marmaduke avec un intérêt qu'il n'avait pas encore témoigné. « Qui?

— Le sens commun, le bruit public. Écoutez jusqu'au bout. Ce jouvenceau n'est pas dépourvu de talents, et même ce que j'appelle de jolis talents; il a été convenablement élevé, a fréquenté assez bonne compagnie, et sait fort bien se conduire, quand il le veut. Maintenant, juge Temple, pourriez-vous me dire quel motif a pu réunir ensemble trois hommes tels que l'Indien John, Natty Bumppo et Olivier Edwards? »

Marmaduke ouvrit de grands yeux et répondit avec chaleur :

« Tu viens d'aborder un sujet, Richard, qui a souvent occupé ma pensée. As-tu pénétré ce mystère, ou vas-tu me répéter de vagues conjectures?

— Rien de vague, Duke; des faits tout crus. Autre chose. Il y a des mines dans ces montagnes, et je vous ai souvent ouï dire que vous croyiez à leur existence.

— En raisonnant par analogie, Richard, mais sans en avoir aucune certitude.

— Comment! on vous en a parlé, et vous avez vu des échantillons de minerai; vous ne pouvez le nier. En raisonnant par analogie, comme vous le dites, s'il y a des mines dans l'Amérique du Sud, pourquoi l'Amérique du Nord en serait-elle privée?

—Je ne nie rien, je suis très loin de nier. Il est certain que j'ai fréquemment entendu parler de l'existence de mines dans ces montagnes; je crois même avoir vu des échantillons de métaux précieux qu'on y a trouvés. Je ne m'étonnerais donc pas d'apprendre que l'étain et l'argent, ou, ce qui serait bien préférable, d'excellente houille...

— Au diable votre houille, mon cher! Qui s'inquiète d'avoir de la houille au milieu des bois? Non, non, Duke, c'est de l'argent qu'il faut, et nous en trouverons. Or çà, écoutez. Vous n'ignorez pas sans doute que les Indiens ont connu d'ancienne date l'usage de l'or et de l'argent, et certes si des gens sont à même de savoir où l'or et l'argent se trouvent, c'est bien eux. Eh bien, j'ai de fortes raisons de croire que le Mohican et

Bas de Cuir connaissent depuis longues années l'existence d'une mine dans la montagne où nous sommes. »

Le shérif venait de toucher une corde sensible. Marmaduke prêta une oreille plus attentive aux discours de son cousin qui, après une pause de quelques minutes, pour jouir de l'effet produit par cette communication extraordinaire, continua ainsi :

« Oui, mon cousin, j'ai mes raisons, et en temps opportun je vous les ferai savoir.

— Pourquoi différer? Le moment me semble bien choisi.

— Alors suivez mon raisonnement, » continua Richard en regardant autour de lui pour s'assurer qu'aucun indiscret n'était à la portée de sa voix. « J'ai vu, moi, le Mohican et Bas de Cuir, de mes propres yeux vu, et mes yeux valent ceux de n'importe qui, je les ai vus, dis-je, tous deux gravir et descendre la montagne avec des bêches et des pioches. D'autres les ont vus porter je ne sais quoi dans leur hutte, d'une manière secrète et mystérieuse, et la nuit tombée. Quel est votre avis là-dessus? »

Le juge ne répondit rien, et le front plissé, les yeux fixés sur Richard, il attendit la suite des révélations.

« C'était du minerai, mon cousin, qu'ils portaient, » reprit le shérif. « Je vous poserai une autre question. Quel est ce M. Olivier Edwards qui fait partie de la famille depuis Noël dernier? Le savez-vous? »

Le cousin leva les yeux, fit un signe de tête négatif, et continua à garder le silence.

« Nous le savons, nous, » ajouta Richard. « C'est un sang-mêlé, et le Mohican ne se fait pas scrupule de l'appeler tout haut son parent. Qu'il ait reçu une bonne éducation, c'est convenu. Mais qu'a-t-il à faire ici? Vous souvient-il qu'un mois, ou à peu près, avant l'apparition du jeune monsieur, Natty fit une absence de plusieurs jours? Oui, n'est-ce pas? car vous vouliez, s'il eût été là, lui acheter du gibier pour en offrir à vos amis de New-York, en allant chercher votre fille. Le vieux John était resté seul dans la hutte. Natty revint une nuit, tirant après lui un de ces traîneaux dont on se sert pour porter le grain au moulin, et on le vit, lui et l'Indien, en extraire avec précaution quelque chose qui était enveloppé de peaux d'ours. Or, je vous le demande, juge Temple, quel motif pouvait engager Bas de Cuir à fabriquer un traîneau et à s'atteler à une telle charge par d'affreux chemins, s'il n'avait eu à porter que sa carabine et ses munitions ?

— Il avait tué quelque grosse pièce.

— Avec quoi, puisqu'il avait laissé son fusil au village pour le faire réparer ? Non, non. Ce qu'il y a de sûr, c'est qu'il est allé quelque part pour en rapporter je ne sais quoi, et ce qui n'est pas moins sûr, c'est que, depuis l'expédition secrète, il ne laisse approcher personne de sa hutte.

— Les importuns lui ont toujours déplu, et...

— Je le sais, » interrompit Richard ; « mais il ne les rudoyait pas en les éloignant de chez lui. Quinze jours après son retour, survient cet Edwards. Ils passent des journées entières à courir la montagne ; pour chasser ? non. Le fait est qu'ils explorent le terrain. Arrive la gelée, qui interrompt les fouilles. Notre gars se prévaut d'un accident heureux pour s'établir dans une bonne maison ; ce qui ne l'empêche pas de passer encore dans la hutte la moitié de son temps ; il y va chaque soir et y reste parfois toute la nuit. Et la raison, Duke ? Ils fondent du métal, et augmentent leur fortune aux dépens de la vôtre.

— Dans tout cela, qu'est-ce qui vient de toi, et quelle est la part des autres ? Je voudrais séparer le bon grain de l'ivraie.

— Une partie de ces détails m'est personnelle. Ainsi j'ai vu le traîneau, qui a été mis en pièces et brûlé au bout d'un ou deux jours ; j'ai vu les deux vieillards armés de pelles et de pioches. De son côté, Hiram a rencontré Natty la nuit de son arrivée, au moment où il descendait avec son traîneau, et lui a offert poliment — il a très bon cœur, Hiram, — de mettre la main à la pâte ; mais le vieux, quoique harassé de fatigue, ne voulut se prêter à rien, et repoussa grossièrement le pauvre Hiram. Depuis que la neige est fondue, et surtout depuis que la gelée a cessé, nous avons ouvert l'œil sur les menées de ces gens-là, et Jotham nous a été fort utile. »

Marmaduke n'avait pas grand'confiance dans les associés de Richard, qu'il savait être rusés et fertiles en expédients. Toutefois, comme il y avait, dans ce qu'il venait d'entendre, un certain air de mystère, ainsi que dans les rapports qu'entretenait Olivier avec les vieux chasseurs, il commença à ruminer la chose plus mûrement dans sa tête. En y réfléchissant, il se rappela diverses circonstances propres à confirmer ses soupçons, et il céda d'autant plus facilement à cette impression, que toute cette affaire favorisait l'un de ses penchants naturels. Doué d'un esprit logique et intelligent, il avait puisé dans les occupations de toute sa vie une tendance marquée à s'inquiéter de l'avenir, et il aimait à calculer par avance les améliorations que ferait la postérité dans le pays qu'il habitait. Là où les autres n'apercevaient qu'un désert, il découvrait en idée des villes, des manufactures, des ponts, des canaux, des mines, et autres ressources d'une vieille civilisation. Mais il était trop habitué à examiner les deux faces d'une question pour ne pas apercevoir le faible de l'hypothèse formulée par son cousin.

« Tu raisonnes à faux, Richard, » dit-il enfin ; « autrement ce jeune homme ne serait pas tombé si bas.

— C'est précisément sa misère, » riposta le shérif, « qui le pousse à chercher un trésor.

— D'ailleurs, il y a dans Olivier une élévation de caractère, résultat de son éducation, qui est incompatible avec des manœuvres clandestines.

— Un ignorant serait-il en état de fondre des métaux ?

— Betzy m'a fait entendre que le jour où il est entré dans la famille, il en était réduit à son dernier schelling.

— C'est qu'il avait acheté des outils. Aurait-il dépensé sa dernière pièce à tirer sur un dindon, s'il n'avait su où en avoir d'autres ?

— Non, il est impossible que j'aie été si longtemps sa dupe. Il m'a quelquefois témoigné de la brusquerie, mais je l'attribuais à son ignorance du monde.

— Dupe, vous l'avez toujours été, cousin ; et ce que vous appelez ignorance du monde n'est qu'une ruse destinée à cacher ses véritables desseins.

— S'il avait voulu user d'artifice, il aurait dissimulé ses connaissances et joué le rôle d'un pauvre hère.

— Il se serait trahi. Me faire passer pour un sot me serait aussi impossible que de voler dans les airs. La science n'est pas une lumière qu'on peut cacher sous le boisseau.

— Trop de raisons militent contre la vérité de tes conjectures, et pourtant tu as éveillé en moi des soupçons qu'il faudra éclaircir. Enfin que sommes-nous venus faire ici?

— Jotham, qui depuis quelque temps ne quitte pas les environs par mon ordre et celui d'Hiram, a fait une découverte qu'il ne peut pas communiquer, dit-il, car il s'est engagé au secret par serment ; le fait est qu'il sait où est la mine, et ce matin même il a commencé à creuser. Je n'y aurais pas consenti à votre insu, puisque le sol vous appartient. Voilà le motif de notre excursion. Une belle contre-mine, hein?

— Et où est cet endroit merveilleux ?

— Tout près d'ici ; et quand nous l'aurons visité, je vous en ferai voir un autre que nous avons découvert il y a huit jours et où nos gaillards ont travaillé plus de six mois. »

Arrivés au but de leur course, ils trouvèrent effectivement Jotham Riddel enterré jusqu'au cou dans un trou qu'il venait de creuser.

Marmaduke le questionna d'une manière pressante sur les motifs qu'il avait de croire à l'existence de métaux précieux ; mais le drôle ne fit que des réponses évasives. Il déclara qu'il était sûr de son fait et tint à savoir quelle part lui serait réservée sur les futurs bénéfices ; son insistance paraissait témoigner de sa bonne foi.

Après avoir passé une heure à examiner les pierres et à rechercher les indices habituels de la présence du minerai, M. Temple remonta à cheval et se laissa conduire à l'endroit où le trio mystérieux avait, selon Richard, fait une excavation.

Le lieu où travaillait Jotham était situé sur le revers de la montagne au pied de laquelle s'élevait la hutte de Bas de Cuir, et celui qu'avaient choisi Nathaniel et ses compagnons se trouvait sur le flanc opposé, mais au-dessus de la route, et par conséquent dans une direction contraire à celle qu'avaient donnée à leur promenade Élisabeth et miss Grant.

« Nous pouvons y pénétrer sans danger, » dit Richard pendant que le juge et lui mettaient pied à terre et attachaient leurs montures aux arbres voisins. « Avant de partir, j'ai observé les environs avec la lunette d'approche, et j'ai vu le Mohican et Bas de Cuir occupés à pêcher dans leur canot, et Edwards près de la rive une ligne à la main. Ce n'est peut-être qu'une ruse pour nous mettre en défaut. Nous ferons bien d'aller vite en besogne, afin de n'être pas surpris, ce qui serait désagréable.

— Eh quoi ! sur mes propres domaines ? » dit Marmaduke d'un ton

sévère. « Si vous ne vous êtes pas trompé, j'ai le droit de connaître le but de ces fouilles.

— Chut ! » dit Richard en posant un doigt sur ses lèvres.

Le faisant descendre par un sentier très difficile, il le conduisit dans une sorte de cavité naturelle taillée en face du rocher, et qui avait la forme d'une immense cheminée. Par devant était amoncelé un amas de terre fraîchement remuée. La configuration du lieu laissait douter si c'était là un caprice de la nature, ou si la main de l'homme l'avait façonné à une époque lointaine ; quant à l'intérieur, il était évident qu'on y avait travaillé récemment, à des marques imprimées par le fer sur la paroi friable de la roche. L'excavation totale avait une largeur de dix-huit pieds et une profondeur à peu près double. La hauteur, sans doute par un effet du hasard, était beaucoup plus considérable que des fouilles ordinaires ne l'eussent exigé, et la voûte se composait d'une couche de rochers qui surplombaient de plusieurs pieds en avant de la base. En face de la caverne était une petite terrasse, formée en partie par la nature, et en partie par la terre que les travailleurs avaient rejetée en dehors ; au bout, la montagne descendait à pic, et même, pour s'en approcher de côté, la rampe offrait, à travers les blocs de pierre, un chemin dangereux. Le tout avait quelque chose d'informe et d'inachevé, car en regardant parmi les broussailles, le shérif ramassa les outils qui avaient servi aux travaux.

Quand Richard jugea que son cousin s'était rendu un compte suffisant des lieux, il demanda d'un ton grave :

« Eh bien, juge Temple, êtes-vous convaincu?

— Qu'il y ait là-dedans du mystère, » répondit Marmaduke, « j'en suis persuadé. La retraite est sûre et habilement choisie ; pour du minerai, je n'en vois pas trace.

— Vous attendez-vous, par hasard, à ramasser l'or et l'argent à fleur de terre, comme des cailloux? et vous faut-il des écus tout monnayés? Non, non. Avant de trouver, on cherche, et c'est ce qu'ils font. Qu'ils minent à leur aise ; je suis là, moi, pour contreminer. »

Le juge passa une inspection attentive du lieu et de ses environs, et nota sur son calepin les marques qui pouvaient l'aider à y revenir en l'absence de Richard ; puis les deux cousins remontèrent à cheval.

Sur la grand'route, ils se séparèrent. Le shérif alla requérir vingt-quatre habitants probes et honnêtes de remplir les fonctions de jurés le lundi suivant, jour où Marmaduke devait ouvrir la session des assises et des plaids communs. Quant au juge, resté seul, il laissa retomber les rênes, et, s'abandonnant au pas solide et sûr de son cheval, il se mit à réfléchir sur tout ce qu'il avait vu et entendu dans la matinée.

« Au fond, » pensait-il, « l'affaire est peut-être plus grave que je ne l'avais supposé. En ouvrant ainsi ma demeure à un inconnu, j'ai mis de côté la raison pour suivre le mouvement de mon cœur. Mais pourquoi s'armer ici de défiance? Je ferai venir Bas de Cuir, et quelques questions à brûle-pourpoint suffiront à obtenir la vérité de ce vieillard franc et sincère. »

En ce moment, il aperçut Élisabeth et Louise qui, à quelque distance devant lui, descendaient la montagne. Il pressa le pas de son cheval, les rejoignit, et mit pied à terre pour les accompagner. Pendant que sa fille lui faisait avec chaleur le récit du danger qu'elle avait couru et de sa délivrance miraculeuse, l'émotion paternelle eut bientôt chassé de son imagination les mines, les droits de propriété et les interrogatoires; et quand l'image de Nathaniel vint s'offrir à son esprit, il ne vit plus en lui un braconnier et un spoliateur, mais le sauveur de son enfant.

CHAPITRE XXX.

La loi l'ordonne, et la cour le prononce.
SHAKESPEARE, *le Marchand de Venise.*

Remarquable Petits-Os, à qui sa situation confortable avait fait perdre de vue la blessure qu'avait reçue son orgueil, et qui continuait de conserver son poste dans la famille du juge Temple, alla reconduire Louise dans l'humble demeure que Richard appelait déjà *le Presbytère*, et la remit entre les bras de son père.

Pendant ce temps, Marmaduke, en tête à tête avec sa fille, ne se lassait pas d'écouter le détail des périls qui l'avaient mise à deux doigts de la mort. Puis, la tête basse et la physionomie empreinte d'une grave mélancolie, il se promena à grands pas dans le salle, tandis qu'Élisabeth, l'œil humide et les joues enflammées, était étendue sur un sofa.

« Le secours est venu à temps, ma chérie ; oui, bien juste à temps ! » dit le juge. « Et toujours généreuse, tu n'as pas abandonné ton amie ?

— N'en faites pas trop d'honneur à mon courage, » répondit-elle. « D'ailleurs, à quoi m'eût-il servi de fuir, lors même que j'en aurais eu la force ? Mais c'est à quoi je ne songeais pas.

— A quoi donc pensais-tu dans ce terrible moment?

— A la panthère! » s'écria-t-elle en se couvrant le visage de ses deux mains. « A la panthère! Je n'avais d'yeux et de pensée que pour elle. Un instant, j'ai voulu m'arracher à cette idée fixe, mais ma position était trop horrible, le danger trop près de moi.

— Allons, puisque te voilà sauvée, ne parlons plus de ce sujet désagréable. Je ne croyais pas qu'il restât encore de ces animaux dans nos forêts; mais quand la faim les presse, ils s'éloignent de leur tanière, et... »

On frappa à la porte, et, sur l'invitation d'entrer, Benjamin se présenta d'un air mécontent, et comme ennuyé de la communication qu'il avait à faire.

« Maître Fait-Peu est en bas, » dit le majordome. « Voici la valeur d'un sablier qu'il fait le pied de grue dans la cour; il s'est fourré en tête qu'il a besoin de vous jeter le grappin dessus. « Quelle diable « d'idée de monter à bord, que je lui ai dit, au moment où le capitaine... « c'est-à-dire le juge, est avec sa fille, qui sort de la gueule d'un lion? » Ah! bien oui! L'animal n'a pas plus de savoir-vivre que les moricauds qui sont à la cuisine; et, comme il manœuvrait toujours pour entrer dans la maison, j'ai cru devoir avertir Votre Honneur que le particulier est en vue de la côte.

— Il doit avoir quelque chose de grave à me communiquer, » dit Marmaduke; « probablement quelque affaire ayant rapport à ses fonctions, attendu la session très prochaine de la cour.

— Oui, oui, c'est cela même, Monsieur. Il a, paraît-il, à porter plainte contre le vieux Bas de Cuir qui, dans mon opinion, vaut infiniment mieux que lui. Une bonne pâte d'homme que ce M. Bumppo! Il vous manie un harpon comme s'il était né un aviron à la main, ou qu'il eût ramé toute sa vie dans la chaloupe du capitaine.

— Contre Bas de Cuir! » s'écria Élisabeth en se levant brusquement. « Une plainte!

— Calme-toi, ma fille. Quelque niaiserie sans doute; je crois même savoir déjà ce que c'est. Fie-toi à moi, Betzy; ton champion n'a rien à craindre, je m'en charge. Benjamin, faites entrer M. Fait-Peu. »

Miss Temple, bien que satisfaite de cette assurance, n'en attacha pas moins, avec obstination, ses noires prunelles sur le cauteleux architecte. Dès que celui-ci eut été introduit, le beau feu de son impatience parut s'évanouir. Après avoir salué le juge et sa fille, il prit une chaise, et fourragea de la main sa dure et noire crinière avec une gravité qu'il croyait devoir au respect de sa charge officielle.

« Il paraît, d'après ce qu'on m'a raconté, » dit-il enfin, « que miss Temple l'a échappé belle sur la montagne, au milieu des panthères. »

Marmaduke se contenta d'incliner la tête en signe d'assentiment.

« Bonne affaire pour Bas de Cuir ! » continua l'autre. « Car la loi, je suppose, accorde une prime pour la peau.

— Il recevra sa récompense, Monsieur, » répondit M. Temple ; « cela me regarde.

— Oh! personne ne doute de la générosité du juge. Savez-vous si le shérif s'est enfin décidé à placer sous la chaire un pupitre ou un banc d'œuvre?

— Il ne m'a rien dit de semblable.

— Nous aurons cette année une session assez triste, autant que je puis en juger. Jotham Riddel et celui qui a acheté ses défrichements sont convenus, m'a-t-on dit, de s'en rapporter à des arbitres, et je crois qu'il n'y a au rôle qu'une ou deux affaires civiles

— J'en suis charmé. Rien ne m'est plus pénible que de voir mes colons perdre leur temps et leur argent en chicanes de procédure. J'espère donc qu'on vous a dit vrai, Monsieur.

— La décision sera laissée aux arbitres, et j'ai quelque raison de croire que je serai celui de Jotham, du moins il me l'a donné à entendre. Le défendeur, à ce que je pense, a l'intention de prendre le capitaine Hollister, et tous deux nous sommes à peu près d'accord pour nous en rapporter à M. Jones.

— Et au criminel, qu'avons-nous à juger?

— Il y a les faussaires ; comme ils ont été pris en flagrant délit, je pense que l'affaire ne traînera pas... On parle aussi d'un daim ou deux tués en temps prohibé par des braconniers.

— Qu'une plainte soit portée, il y sera fait droit. Je suis résolu à faire exécuter la loi dans toute sa rigueur.

— Je savais bien, juge, que telle était votre volonté ; c'est même en partie pour une de ces contraventions que je suis venu.

— Vous ! » s'écria Marmaduke, en s'apercevant qu'il avait donné dans le piège que lui avait tendu l'astuce du charpentier. « Qu'avez-vous à m'apprendre, Monsieur ?

— J'ai dans l'idée que, pour le quart d'heure, Natty Bumppo a dans sa hutte la carcasse d'un daim qu'il a tué, et je venais principa-

lement pour obtenir de vous un mandat de perquisition.

— Ah ! vous avez cela dans l'idée... Un tel mandat ne peut être délivré que sous serment ; c'est la loi, Monsieur. Il n'est pas permis de violer le domicile d'un citoyen à la légère et sur de simples soupçons.

— Je crois que je puis le jurer moi-même, et Jotham est en bas, prêt à entrer et à déposer du même fait sous la foi du serment.

— Alors délivre toi-même le mandat, puisque tu es magistrat, Monsieur Fait-Peu. Pourquoi m'importuner de cette affaire ?

— Considérant que c'est la première plainte qui tombe sous le coup de la loi, et sachant combien le juge a pris la chose à cœur, j'ai pensé qu'il valait mieux que le mandat de perquisition vînt de lui. Et puis, comme je vais souvent dans les bois à propos de la charpente, je ne tiens pas à me faire un ennemi de Bas de Cuir, tandis que la situation du juge le met à l'abri de toute crainte. »

Miss Temple jugea opportun d'intervenir.

« Qu'est-ce que les honnêtes gens, » demanda-t-elle d'un ton dédaigneux, « ont à craindre de ce pauvre Natty?

— C'est que, voyez-vous, Miss, il est aussi facile de tirer sur un magistrat que sur une panthère. Mais, pour peu que le juge ne se soucie pas de délivrer le mandat, j'irai chez moi et le ferai moi-même.

— Je n'ai pas refusé de le faire, Monsieur, » dit Marmaduke, qui comprit qu'il y allait de sa réputation d'impartialité. « Allez dans mon bureau; j'irai vous y rejoindre et je signerai le mandat. »

M. Temple arrêta les remontrances qu'Élisabeth allait faire après le départ d'Hiram, en lui mettant la main sur la bouche.

« Tout cela, mon enfant, est plus terrible en paroles qu'en réalité, » lui dit-il. « Que ton sauveur ait tué un daim, il n'y a rien d'étonnant, vu que la saison est presque finie, et qu'il chassait avec ses chiens, m'as-tu dit, lorsqu'il est venu si à propos à ton aide. De quoi s'agit-il? De faire une perquisition dans sa cabane pour y trouver l'animal. Quant à l'amende, tu pourras la payer de ta bourse. Cette harpie, je le devine, ne sera pas satisfaite à moins de douze dollars et demi, et certes, ma réputation de juge vaut bien une pareille bagatelle. »

Cette assurance tranquillisa Élisabeth, et son père la quitta pour remplir la promesse qu'il venait de faire à Hiram. En sortant de son bureau, il aperçut Olivier, qui, en proie à une agitation des plus vives, arpentait à grands pas l'esplanade pierreuse qui s'étendait en face de la maison. A la vue du juge Temple, le jeune homme accourut audevant lui, et s'écria avec un ton de chaleur et d'affection qui ne lui était pas ordinaire :

« Je vous félicite, Monsieur, je vous félicite du fond du cœur! Mais c'est un souvenir trop pénible pour s'y appesantir... Je sors de la hutte; là, après m'avoir montré ses dépouilles, le vieux Nathaniel ne m'a parlé qu'en dernier lieu de la délivrance des deux dames. Ah! Monsieur, ce que j'ai ressenti, il n'y a point de termes pour en exprimer la moitié... » Il s'arrêta un moment, comme s'il se fût tout à coup rappelé qu'il sortait des convenances, et continua avec beaucoup d'embarras : « ce que j'ai ressenti à la nouvelle du danger qu'avaient couru miss Grant et... et votre fille. »

Marmaduke avait le cœur trop ému pour prendre garde à des nuances de sentiment ni au trouble de son interlocuteur.

« Je te remercie, Olivier, je te remercie. Comme tu dis, cette scène est trop horrible pour qu'on ne cherche pas à l'oublier. Allons trouver Betzy, car Louise est déjà partie pour le presbytère. »

Le jeune homme s'élança, ouvrit précipitamment la porte, donnant à peine au juge le temps de le précéder, et se trouva en présence d'Élisabeth. La froideur qu'elle mettait souvent dans ses rapports avec lui disparut entièrement; ils causèrent sans contrainte, et leur conversation fut tour à tour empreinte de joie et de tristesse, selon le mouvement de leurs âmes. Enfin, Olivier, après avoir annoncé trois fois son intention d'aller au presbytère, se leva, et alla remplir auprès de miss Grant le devoir que lui dictait une sincère amitié.

Sur ces entrefaites, il se passait à la hutte de Nathaniel des événements qui frustrèrent complètement les intentions bienveillantes du juge en faveur du vieillard, et détruisirent l'harmonie qui venait de s'établir entre les hôtes de la grande maison.

Dès qu'Hiram eut obtenu le mandat, il ne songea plus qu'à se procurer un officier de justice pour le mettre à exécution. Le shérif était occupé à porter lui-même les sommations au jury pour la session du comté; son substitut, qui résidait dans le village, était allé remplir le même office dans une autre partie de la colonie; et le constable ordinaire de la paroisse, nommé à cette place par un motif de charité, était infirme et boiteux. Hiram avait l'intention d'accompagner l'officier judiciaire en spectateur, sans exposer sa peureuse personne au choc de la bataille.

On était au samedi, le soleil descendait vers l'horizon, et les pins commençaient à projeter leur ombre à l'orient. Le pointilleux magistrat eût cru mettre son salut en péril en renvoyant l'expédition au lendemain dimanche et, avant que le lundi arrivât, il était à craindre qu'on ne fît disparaître le corps du délit. Par fortune, Billy Kirby vint à passer, et Hiram, de tout temps fertile en expédients, vit sur-le-champ ce qu'il avait à faire. Jotham, son associé dans cette besogne, et qui n'avait pas non plus les nerfs très solides, fut chargé de requérir l'assistance du bûcheron. Lorsque Billy s'approcha, on le pria poliment de vouloir bien prendre la chaise sur la quelle il s'était déjà assis et on le traita sur un pied complet d'égalité.

« Le juge Temple a fort à cœur le respect de la loi sur la chasse, » dit Hiram après l'échange des premières civilités. « Ce matin, une plainte lui a été déférée contre un délinquant. Il a lancé un mandat de perquisition, et m'a chargé de trouver quelqu'un pour le faire exécuter. »

Kirby, qui croyait être en droit d'avoir voix délibérative dans toute affaire à laquelle il prenait part, pencha sa tête embroussaillée dans l'attitude de la réflexion, et après avoir médité un moment, posa un certain nombre de questions.

« Le shérif n'est donc pas là ?

— On n'a pu le trouver.

— Et son substitut pareillement?

— Tous deux sont en tournée sur les frontières de la patente.

— Et le constable? Il allait par les rues clopin-clopant tout à l'heure.

— C'est vrai, » dit Hiram en clignant de l'œil ; « mais on a besoin d'un luron et non d'un béquillard.

— Bah ! » dit Billy avec un gros rire. « Est-ce que le paroissien fera résistance ?

— Il est quelquefois un peu vif et se figure n'avoir pas son égal à coups de poing.

— Une fois, » ajouta Jotham, « il s'est vanté, moi présent, qu'il n'y avait pas, depuis le Mohawk jusqu'à la Pensylvanie, un gaillard capable de lui tenir tête dans une lutte à bras le corps.

— Tout de bon ? » s'écria Kirby en levant sa personne gigantesque de dessus sa chaise. « Il n'a donc jamais senti sur son échine le poing d'un Vermontais ? Et vous l'appelez ?

— Eh bien, » dit Jotham, « c'est...

— La loi défend de nommer le délinquant, » interrompit Hiram, « avant qu'on ait prêté serment en qualité de constable. Tenez, Billy, vous feriez justement notre affaire. Je vais vous délivrer la commission en un rien de temps, et vous aurez une prime.

— De combien ? » demanda le bûcheron, en posant sa large main sur le code, qu'Hiram avait ouvert devant lui pour relever la dignité de

sa charge. « Y aura-t-il de quoi payer une tête cassée ?

— La somme sera honnête.

— Au diable la prime ! Vous dites donc que le compère se croit le plus fort lutteur du comté ? Quelle est sa taille ?

— Il est plus grand que vous, » dit Jotham, « et l'un des plus fameux... »

Il allait ajouter « hâbleurs », mais l'impatient Kirby lui coupa la parole. Le bûcheron n'avait en soi rien de farouche ni même de brutal ; le caractère de sa physionomie était une bonhomie pleine de vanité. A l'exemple de tous ceux qui n'ont pas d'autre avantage à faire valoir, il se montrait glorieux de sa force musculaire. Étendant alors son bras nerveux :

« Allons, laissez-moi toucher le livre, » dit-il. « Je vais jurer et vous verrez comment je sais tenir un serment. »

Hiram ne donna pas au bûcheron le temps de changer d'avis, et lui fit prêter serment sans délai.

Cet acte préliminaire accompli, tous trois se dirigèrent vers la hutte par le chemin le plus court. Ils arrivaient au bord du lac, lorsque le nouveau constable se rappela qu'il avait maintenant le droit d'être admis aux privilèges des initiés.

« Où allons-nous, maître? où allons-nous? » s'écria-t-il. « J'ai cru qu'il s'agissait de visiter une maison, et non le bois. Personne n'habite de ce côté du lac, à moins que vous ne comptiez Mohican et Bas de Cuir parmi les colons. Voyons, comment se nomme-t-il, votre homme? Je vous mènerai chez lui par un chemin plus court, car je connais tous les arbres qui croissent par ici, à une lieue à la ronde.

— Nous sommes sur la bonne voie, » répondit Hiram en doublant le pas, comme s'il eût craint que son champion ne l'abandonnât. « L'homme, c'est Bumppo. »

Le bûcheron s'arrêta tout court, les regarda l'un après l'autre d'un air ébahi, puis partit d'un immense éclat de rire.

« Qui? Bas de Cuir! » dit-il. « Qu'il se vante de son coup d'œil et de sa carabine, il en a le droit, et depuis qu'il a tué le pigeon au vol, je lui rends les armes; mais à coups de poing? Misère! je l'enlèverais entre le doigt et le pouce, et je m'en ferais un nœud de cravate. Vous-même, Jotham, vous le jetteriez par terre aussi aisément que de couper un jeune sapin. Il a soixante-dix ans, le bonhomme, et jamais il n'a été d'une force extraordinaire.

— Il a l'apparence trompeuse comme tous les chasseurs, » répliqua Hiram, « et il est plus fort qu'il n'en a l'air. D'ailleurs, sa carabine ne le quitte pas.

— Au diable sa carabine! » s'écria Billy. « Je n'ai pas peur qu'il me tire dessus, pas plus que de le voir voler avec des ailes. C'est une bête du bon Dieu, et ma foi! s'il a tué un daim, il en a le droit aussi bien que le premier venu. C'est son gagne-pain après tout, et nous sommes dans un pays de liberté, où un chacun fait tel métier que bon lui semble.

— A ce compte-là, » dit Jotham, « la chasse est permise à tout le monde.

— Encore un coup, puisque c'est son métier, » riposta Kirby. « D'ailleurs, la loi ne le concerne pas.

— La loi est faite pour tous, » fit observer Hiram, qui commençait à croire que, malgré toutes les précautions qu'il avait prises, l'exécution du mandat allait retomber sur lui ; « et la loi punit très sévèrement le parjure.

— Voyez-vous, Monsieur Fait-Peu, » répliqua l'incorrigible bûcheron, « vous et votre parjure, je m'en moque comme d'un fétu. Pourtant, après avoir tant fait que de venir ici, j'irai jusqu'au bout ; je dirai deux mots à ce brave homme, et peut-être nous fricasserons ensemble une tranche de daim à l'amiable.

— Bon ! si vous arrangez la chose en douceur, tant mieux ! » dit le juge de paix. « A mon avis, rien n'est moins populaire qu'une batterie, et, de tous temps, j'ai préféré les bons procédés aux manières brutales. »

Comme ils avaient fait diligence, ils eurent bientôt atteint la hutte. Hiram jugea prudent de s'arrêter derrière un pin renversé, espèce de barricade qui défendait les approches du côté du village. Kirby, sans perdre de temps, arrondit ses mains autour de sa bouche en forme d'entonnoir, et poussa un bruyant appel qui fit sortir les chiens de leur niche. Presque au même instant, Nathaniel parut sur le seuil de sa chaumière.

« Ici, Hector ! » cria-t-il. « Allez coucher, vieux fou ! Crois-tu donc avoir toujours affaire à des panthères ?

— Ohé ! Bas de Cuir, j'ai une commission pour vous, » lui cria Kirby. « Les bonnes gens de l'État vous ont écrit une petite lettre, et ils m'ont choisi pour facteur.

— Que me voulez-vous, Billy Kirby ? » dit le vieillard, sans quitter le seuil de sa porte, et en plaçant une main au-dessus de ses yeux pour les abriter des rayons du soleil couchant. « Je n'ai point de terrain à défricher, et Dieu sait que je planterais dix arbres plutôt que d'en abattre un seul.

— En vérité, mon vieux camarade? Tant mieux pour moi !.. Mais il faut que je fasse ma commission. Voilà une lettre pour vous, Bas de Cuir. Si vous savez lire, c'est bien; sinon, maître Fait-Peu vous en fera savoir le contenu. Il paraît que vous avez pris le 20 juillet pour le 1er août, voilà tout. »

Entre temps, Nathaniel avait aperçu la maigre personne d'Hiram embusquée derrière la grande souche, et son air placide et bonhomme fit place à la méfiance et au mécontentement. Il avança la tête dans sa hutte, dit quelques mots à voix basse, puis se retournant :

« Je n'ai point affaire à vous, » dit-il. « Retirez-vous donc avant que le diable me tente. Je ne vous en veux pas, Billy ; pourquoi viendriez-vous tourmenter un vieillard qui ne vous a point fait de mal? »

Kirby franchit la barricade, s'assit avec insouciance sur un tronc d'arbre, et se mit à flatter le vieux limier, qu'il avait souvent rencontré dans les bois.

« Vous tirez mieux que moi, » dit-il, « et je l'avoue sans rougir ; mais je n'ai pas de rancune, Natty. Seulement il paraît que vous avez tiré un coup de trop, car on prétend que vous avez tué un daim.

— Je n'ai tiré que deux coups aujourd'hui, et tous les deux sur une panthère, » répondit Bas de Cuir. « Voyez plutôt, en voilà la peau; j'allais la porter au juge pour réclamer la prime. »

En parlant ainsi, il jeta les oreilles de la panthère à Kirby, qui s'amusa à les montrer aux chiens pour les agacer. Hiram, enhardi par l'air tranquille de son constable, risqua quelques pas en avant, et prit la parole sur le ton d'autorité qui convenait à ses fonctions. Il commença par donner lecture du mandat, appuyant avec emphase sur les points essentiels, et termina par le nom du juge, articulé à haute et intelligible voix.

« Et Marmaduke Temple a mis son nom à ce bout de papier ? » dit Nathaniel en secouant la tête. « Bien ! bien ! cela prouve qu'il aime mieux ses défrichements et ses terres que sa chair et son sang. Oh ! je n'en veux point à la fillette ; elle a des yeux aussi brillants qu'une biche ; la pauvre petite ! ce n'est pas sa faute, elle n'a pu choisir son père. Je n'entends rien aux lois, Monsieur Fait-Peu ; maintenant que votre commission est faite, que faut-il de plus ?

— Une simple formalité, Natty, » répondit Hiram en s'efforçant de faire patte de velours. « Laissez-nous entrer, et arrangeons la chose à la bonne franquette. Le montant de l'amende sera facile à trouver, et, d'après ce qui s'est passé, je pense que le juge l'acquittera de sa poche. »

Le vieux chasseur n'avait cessé d'avoir l'œil ouvert sur les mouvements de ses trois visiteurs, et avait maintenu sa position au seuil de sa hutte, d'un air résolu qui montrait qu'il ne serait pas facile de l'en déloger. Le charpentier, ayant fait mine de s'approcher, comme si sa proposition eût été acceptée d'avance, il leva la main et lui ordonna de s'éloigner.

« Ne vous ai-je pas averti mainte fois de ne pas me tenter ? » s'écria-t-il. « Je ne fais de mal à personne ; pourquoi la loi ne me laisse-t-elle pas en repos ? Allez-vous-en, et dites au juge qu'il peut garder sa prime, mais que nul n'entrera chez moi sans ma permission.

— Eh bien, maître, voilà qui est raisonnable, » dit le bûcheron. « Puisque Natty fait grâce au comté de la prime, le comté doit lui faire grâce de l'amende. C'est ce que j'appelle un marché loyal, et qui doit être conclu sur l'heure. J'aime qu'on soit juste en affaires, et qu'on aille rondement.

— Au nom du peuple, » dit Hiram en s'armant de toute la gravité qu'il lui était possible de prendre, « en vertu de ce mandat et de ma charge, et accompagné de cet officier de justice, je demande à entrer dans cette maison.

— Arrière ! arrière ! » répondit Bas de Cuir en étendant le bras. « Pour Dieu, ne me tentez pas !

— Arrêtez-moi, si vous l'osez, » continua Hiram. « Billy, Jotham, ne me quittez pas... J'ai besoin de votre témoignage. »

Déjà il posait le pied sur le seuil de la porte, quand Bas de Cuir, le saisissant par les épaules, l'envoya mesurer la terre, à une vingtaine de pas du côté du lac.

« Bravo, vieille souche ! » s'écria Kirby en riant aux éclats. « Ma foi, le patron vous connaissait mieux que moi. Allons, venez, voilà une belle pelouse ; videz la querelle en braves, pendant que Jotham et moi nous veillerons à ce que tout se passe dans les règles.

— William Kirby, » s'écria Hiram qui avait repris son poste derrière la barricade, « je vous ordonne de faire votre devoir... Empoignez-le, je vous le commande au nom du peuple. »

Bas de Cuir avait pris une attitude plus menaçante : il tenait à la main sa longue carabine, la gueule du canon tournée vers le joyeux bûcheron.

« Retirez-vous, je vous le conseille, » dit-il. « Vous savez que je ne manque pas mon coup, Billy. Je ne demande pas votre sang, mais le mien ou le vôtre rougira l'herbe avant que vous mettiez le pied dans ma hutte. »

Tant que l'affaire avait paru n'avoir rien de sérieux, le bûcheron s'était senti disposé à prendre le parti du plus faible ; à l'aspect d'une arme à feu, il changea brusquement de manières. Il se redressa de toute sa hauteur, et faisant face au chasseur avec intrépidité :

« Je ne suis pas venu ici en ennemi, Bas de Cuir, » répondit-il ; « mais je me soucie du fer creux que vous avez à la main comme du manche brisé d'une cognée. Ainsi, juge, répétez un peu, et nous allons voir qui de nous deux aura le dessus. »

Mais de juge, il n'y en avait pas plus que sur la main ! Du moment où l'arme avait montré le bout du museau, Hiram et son acolyte s'étaient évanouis ; et quand le bûcheron, surpris de ne point recevoir de réponse, regarda derrière lui, il les aperçut tous deux jouant des jambes dans la direction du village, avec une vitesse qui indiquait suffisamment qu'ils avaient calculé la portée probable d'une balle de fusil.

« Vous avez mis ces gens-là en fuite, » reprit Kirby d'un ton de souverain mépris ; « moi, c'est autre chose. Donc, Monsieur Bumppo, à bas votre fusil, ou il y aura du grabuge entre nous.

— Encore une fois, Billy, je n'ai nulle raison de vous en vouloir, » dit Natty en reposant son fusil à terre ; « seulement jugez vous-même si le wigwam d'un vieillard doit être infecté par une telle vermine. On veut savoir si j'ai tué un daim ; à vous je ne dis pas non, et pour preuve vous allez emporter la peau. Quant à l'amende, la prime la paiera, et tout sera arrangé de bon gré.

— Cela suffit, mon vieux, cela suffit, » dit Kirby, dont le front se dérida aussitôt à cette offre pacifique ; « jetez-moi le cuir, et la loi sera satisfaite. »

Nathaniel entra dans sa hutte, en ressortit avec la dépouille du daim et la remit au bûcheron. Ils se séparèrent aussi bons amis que si rien ne fût arrivé. Tout en côtoyant le lac, Kirby ne pouvait retenir de fréquents éclats de rire au souvenir de la déroute du charpentier, et somme toute, l'affaire lui parut une drôlerie fort divertissante.

Longtemps avant que le bûcheron fût de retour au village, on y savait déjà l'événement du jour ; il n'était bruit que du danger qu'il avait couru, de la rébellion du vieux chasseur et de la déconfiture du charpentier juge de paix. On parlait d'envoyer chercher le shérif ; il était même question de faire un appel à la force civique pour venger l'offense faite aux lois. L'arrivée de Billy avec la peau du daim rendait une perquisition désormais inutile. Il ne restait plus qu'à prononcer l'amende et à punir l'outrage fait à la dignité du peuple ; toutes choses qui, on en convint à l'unanimité, pouvaient aussi bien se faire le lundi suivant que dans la soirée du samedi, pendant laquelle une grande partie des colons s'abstenaient de toute occupation profane.

CHAPITRE XXXI.

Oses-tu donc braver le lion dans sa tanière, un Douglas dans son castel ?

WALTER SCOTT, *Marmion*.

N commençait pourtant à se calmer; les groupes se dispersaient; chacun rentrait chez soi et fermait sa porte avec l'air grave d'un homme d'État qui vient de s'occuper des affaires publiques, lorsque Olivier, à son retour de chez M. Grant, rencontra le jeune procureur déjà connu de nos lecteurs sous le nom de M. Lippet.

Il y avait entre eux, quant aux façons de vivre ou de penser, bien peu d'analogie; mais, comme ils appartenaient tous deux à la classe la plus éclairée d'une communauté encore peu nombreuse, ils avaient noué ensemble une sorte de connaissance. Le hasard les ayant mis en face l'un de l'autre, il y aurait eu de l'impolitesse à ne pas s'adresser la parole. Ce fut l'homme de loi qui entama l'entretien.

« Une belle soirée, Monsieur Edwards, » dit-il. « Il nous faudrait de la pluie à présent. Le malheur de notre climat, c'est de passer d'une sécheresse à un déluge. Vous avez probablement été habitué à une température plus égale?

— Non, » répondit froidement Olivier, « je suis né dans l'État de New-York.

— C'est une question que j'ai souvent entendu discuter; mais peu importe le lieu de naissance, il est si facile de se faire naturaliser!.. Je voudrais bien savoir quel parti va prendre le juge dans l'affaire de Natty Bumppo.

— Que voulez-vous dire, Monsieur?

— Vous l'ignorez donc? » s'écria l'autre d'un air de surprise assez habilement feinte pour imposer à son auditeur. « Cela peut prendre une mauvaise tournure. Il paraît que le vieux est allé chasser là-haut dans la matinée, et qu'il a tué un daim, ce qui, vous le savez, est un crime aux yeux du juge Temple.

— Êtes-vous sûr? » dit Olivier en se détournant pour cacher la rougeur qui lui montait au visage. « Eh bien, s'il ne s'agit pas d'autre chose, ce n'est qu'une amende à payer.

— Hum! l'amende est de cinq livres sterling. Où diable le bonhomme pêchera-t-il tant d'argent?

— Tranquillisez-vous, Monsieur Lippet. Je ne suis pas riche; loin de là, je suis pauvre; j'ai fait quelques économies en vue d'un objet qui me tient à cœur; mais plutôt que de voir ce vieillard passer une heure en prison, je dépenserai, s'il le faut, jusqu'à mon dernier sou. D'ailleurs, il a tué deux panthères, et l'amende sera plus que payée par la prime qui lui est due.

— Allons, » dit le procureur en se frottant les mains avec un air de contentement qu'il ne chercha point à dissimuler, « son affaire n'est pas désespérée; je vois qu'il y a moyen de le tirer de là.

— Le tirer de quoi, Monsieur? Expliquez-vous, je vous prie.

— Tuer un daim est une vétille en comparaison de ce qui s'est passé ensuite, » continua M. Lippet d'un ton d'affectueux abandon qui gagna son interlocuteur, quoi qu'il en eût. « Une plainte a été portée contre Nathaniel; on a affirmé sous serment que le daim tué se trouvait dans sa chaumière, toutes choses sur lesquelles la loi a statué, et le juge Temple a délivré un mandat de perquisition.

— Un mandat de perquisition! » répéta Olivier fort alarmé et devenu subitement pâle. « Et qu'ont-ils découvert? qu'ont-ils vu?

— Ils ont vu sa carabine, et cela suffit à calmer dans les bois la curiosité de bien des gens.

— Ah! ah! » s'écria le jeune homme avec un rire convulsif. « Ainsi le vieux héros les a forcés à déguerpir! Ils ont battu en retraite, n'est-ce pas? »

Le procureur fixa sur lui un regard étonné ; mais sa surprise ayant bientôt fait place aux idées qui chez lui dominaient tout le reste, il répondit :

« Il n'y a pas de quoi rire, Monsieur. Les quarante dollars de la prime et vos six mois de salaire seront bien réduits avant que l'affaire soit heureusement arrangée. Assaillir un magistrat dans l'exercice de ses fonctions, et menacer ensuite le constable d'une arme à feu, c'est là un double délit passablement grave, et qui emporte à la fois l'amende et la prison.

— Emprisonner Bas de Cuir! Autant le condamner à mort. Non, non, on n'ira pas jusque-là.

— Eh bien, Monsieur Edwards, vous qui avez de l'instruction, si vous pouvez m'apprendre le moyen d'empêcher un jury, une fois les faits prouvés, de déclarer l'accusé coupable, je conviendrai que vous connaissez les lois mieux que moi, qui ai depuis trois ans ma licence en poche. »

La raison d'Olivier commençait à dominer sa sensibilité ; et voyant les difficultés réelles que présentait cette affaire, il réussit à se maîtriser et à prêter une attention forcée aux avis de l'homme de loi.

Malgré le désordre de ses idées, il ne tarda pas à s'apercevoir que la plupart des expédients dont M. Lippet faisait étalage étaient fondés sur l'astuce de la chicane, et que leur exécution exigeait plus de temps et d'argent qu'il n'en avait à sa disposition. Après lui avoir donné à entendre qu'il le chargerait de la défense s'il y avait mise en jugement, ils se séparèrent. L'un, enchanté du résultat, se rendit, d'une allure compassée, à une petite maison dont la porte était surmontée d'un écriteau sur lequel on lisait : *Chester Lippet, procureur;* l'autre se dirigea au plus vite vers la maison du juge.

En entrant dans la grand'salle dont on avait ouvert les vastes portes pour y faire circuler le vent frais du soir, Olivier y trouva Benjamin, et lui demanda impérieusement où était le maître du logis.

« Le juge, » dit le majordome, « est dans sa cabine avec ce failli charpentier, maître Fait-Peu. Il paraît, Monsieur Olivier, que cette panthère a manqué de nous jouer un vilain tour. J'avais bien dit, l'hiver dernier, qu'il y en avait une dans la montagne; je l'avais entendu miauler au bord du lac, un soir que je revenais de la pêche dans l'esquif. Si la bête s'était présentée en pleine eau à un endroit où il eût été possible de manœuvrer, j'aurais moi-même risqué l'abordage; mais aller la dénicher au haut d'un arbre, c'est comme si, du pont d'un navire, il me fallait grimper dans les huniers d'un autre. Lorsqu'il s'agit de...

— Bien, bien, » interrompit Olivier. « J'ai besoin de voir miss Temple.

— Vous le pouvez, Monsieur; elle est dans la pièce à côté. Bonté du ciel! quel coup pour le juge que la perte de sa fille! Dieu me damne si je sais où il aurait pu trouver sa pareille, c'est-à-dire grande et venue à point. Maître Bumppo, voyez-vous, est un digne homme, et s'entend à merveille à manier une carabine et un harpon. Je suis son ami, Monsieur Olivier, et vous pouvez tous deux m'inscrire comme tel dans votre livre de loch.

— Ce n'est pas de refus, mon brave, » dit Olivier en lui serrant fortement la main; « votre concours peut nous être utile et, dans ce cas, vous serez averti. »

Sans attendre les nouvelles protestations que méditait Benjamin, il entra dans le salon où Élisabeth, toujours assise sur le sofa, et le front appuyé sur sa main, paraissait plongée dans une profonde rêverie. Frappé de son attitude, il ralentit son pas, et s'approcha d'elle avec respect.

« Miss Temple... Miss Temple, » dit-il, « j'espère que je ne suis pas importun. J'avais un pressant besoin de vous voir, ne fût-ce que quelques minutes. »

Elle releva la tête, et ses yeux humides se fixèrent sur le jeune homme.

« Ah! c'est vous, Edwards, » dit-elle avec une douceur d'expression si nouvelle, qu'Olivier en tressaillit de surprise et de plaisir. « Comment avez-vous laissé notre pauvre Louise?

— Elle est avec son père, heureuse et reconnaissante. Vous ne sauriez vous figurer avec quelle explosion de sensibilité elle a reçu mes félicitations. Ah! Miss Temple, à la première nouvelle du danger que vous avez couru, j'ai ressenti une secousse qui a ébranlé tout mon être, et je ne savais que dire. Ce n'est qu'en vous quittant, et à mon arrivée chez le pasteur, que j'ai pu recueillir mes idées et que les expressions me sont venues, car miss Grant a pleuré pendant que je lui parlais. »

Il s'écoula un moment avant qu'Élisabeth répondît. Elle mit la main sur

ses yeux; l'émotion qui avait causé ce mouvement étant passée, elle répondit en souriant :

« Votre ami Bas de Cuir est à présent le mien. Précisément je songeais à lui donner une preuve de mes sentiments. Vous peut-être, qui connaissez si bien ses habitudes et ses besoins, vous serez en état de me dire...

— Oh! certes, » s'écria le jeune homme avec une sorte de chaleureux emportement, « et que le ciel vous récompense du désir que vous venez d'exprimer! Natty a eu l'imprudence de violer la loi sur la chasse, ou plutôt de l'oublier : il a aujourd'hui tué un daim, et s'il porte la peine du délit, je dois la partager, moi qui m'en suis rendu complice. Une plainte a été faite à votre père, et il a délivré un mandat de perquisition.

— Oui, je sais cela, » dit-elle, « je suis au courant. Simples formalités, après tout : il faut que la perquisition soit faite, le daim trouvé et l'amende acquittée. A ce propos, laissez-moi vous retourner une question que vous m'avez déjà faite. Avez-vous vécu si longtemps dans notre famille, sans apprendre à nous connaître? Regardez-moi donc, Olivier : me croyez-vous d'un caractère à souffrir que celui qui vient de me sauver la vie aille pourrir en prison pour une misérable question d'argent? Non, non, Monsieur; mon père est juge, mais il est homme et chrétien. Tout est déjà convenu, et il ne résultera de cette affaire rien de fâcheux.

— De quel poids douloureux cette déclaration me soulage! On ne viendra donc plus le tourmenter. Votre père le protégera! vous m'en donnez l'assurance, Miss Temple, et je dois vous croire.

— Il vous la donnera lui-même, car le voilà qui vient. »

L'air soucieux de Marmaduke, lorsqu'il entra, semblait contredire ces espérances flatteuses. Il fit deux ou trois fois le tour du salon sans mot dire.

« Nos plans sont renversés, ma fille » dit-il enfin. « L'entêtement de Bas de Cuir a attiré sur sa tête la colère des lois, et il n'est plus en mon pouvoir de la détourner.

— Comment? de quelle manière? » dit Élisabeth. « L'amende n'est rien, et sans nul doute....

— Pouvait-on s'attendre à ce qu'un homme de son âge et sans appui aurait l'audace de résister aux ordres de la justice? Je pensais qu'il se soumettrait à la perquisition. L'amende alors aurait été payée, et la loi satisfaite; maintenant, il ne peut plus en subir que ses rigueurs.

— Et quel châtiment lui infligera-t-on, Monsieur? » demanda Olivier d'une voix frémissante.

M. Temple se tourna vers l'endroit de l'appartement où le jeune homme se tenait à l'écart.

« Vous ici, Monsieur ! » dit-il. « Je ne vous avais pas aperçu. Quelle sera sa punition ? Comment le saurais-je ? Il n'est pas d'usage qu'un juge décide une telle question avant l'audition des témoins et le verdict du jury. Cependant vous pouvez être assuré d'une chose, Monsieur Edwards, c'est que la peine sera telle que la loi l'exige, quoi qu'il puisse m'en coûter après l'éminent service qu'il a rendu à ma fille.

— Nul ne met en doute le sentiment de justice qui anime le juge Temple, » répondit celui-ci d'un ton amer. « Mais parlons avec calme, Monsieur. L'âge, les habitudes, je dirai même l'ignorance de mon vieil ami, tout cela n'est-il point à sa décharge ?

— Si, comme autant de circonstances atténuantes, mais non pour excuser le délit. Où en serait la société, jeune homme, si l'on admettait le droit de résister à main armée aux représentants de la justice ? Est-ce donc pour en venir là que j'ai dompté ce pays sauvage ?

— Si vous aviez dompté les bêtes féroces qui viennent de mettre en danger la vie de miss Temple, alors, Monsieur, j'admettrais la justesse de vos arguments.

— Olivier ! » s'écria Élisabeth. « Monsieur Edwards !

— Paix ! mon enfant, » interrompit son père. « Ce jeune homme est injuste, et je ne lui ai donné aucun sujet de l'être. Je te pardonne cette remarque, Olivier, parce que tu es l'ami de Nathaniel, et que ton zèle en sa faveur t'a emporté au delà des bornes de la discrétion.

— Oui, il est mon ami, et c'est un titre dont je suis fier. Il est simple, illettré, ignorant même, rempli de préventions peut-être, et pourtant l'opinion qu'il a du monde n'est que trop vraie, je le sens bien. Malgré tout, juge Temple, il a un cœur qui lui ferait pardonner mille défauts : il apprécie ses amis et ne les abandonne jamais, serait-ce un de ses chiens.

— C'est un témoignage flatteur que vous lui donnez là, Monsieur Edwards, » répondit Marmaduke avec douceur. « Pour moi, je n'ai pas eu le bonheur de me concilier son estime, puisqu'il m'a toujours marqué de l'éloignement. J'ai regardé cela comme une lubie de vieillard, et, quand il comparaîtra par-devant moi, je n'en ferai pas un motif d'aggravation à son crime.

— Son crime! » répéta Olivier. « Est-ce un crime que de chasser loin de chez soi un misérable importun? Non, Monsieur, s'il y a un criminel dans cette affaire, ce n'est pas lui.

— Et qui est-ce donc, Monsieur? » demanda M. Temple en fixant, avec son calme ordinaire, le jeune homme qui était en proie à une vive agitation.

Jusque-là, Olivier avait réussi à comprimer la fougue de son caractère; cette question le mit hors de lui, et il laissa éclater au grand jour tous ses secrets ressentiments.

« Qui? et c'est à moi que vous le demandez? » s'écria-t-il. « Interrogez votre conscience, juge Temple. Ouvrez cette porte, Monsieur; jetez les yeux sur la vallée, sur le lac, sur les montagnes; puis descendez dans votre cœur, si vous en avez un, et qu'il dise à qui ont appartenu ces richesses, cette vallée, ces collines, et d'où vient que vous en êtes propriétaire! A mon avis, la seule présence du Mohican et de Bas de Cuir dans ce pays, où ils sont pauvres et méprisés, devrait vous faire baisser les yeux. »

Marmaduke entendit d'abord avec stupéfaction cette violente apostrophe que sa fille avait tenté d'interrompre; mais, toujours maître de lui-même, il n'y répondit qu'à la fin.

« Olivier Edwards, tu oublies en présence de qui tu parles, » dit-il. « Le bruit court que tu prétends descendre des anciens maîtres du pays; en tous cas, l'éducation que tu as reçue t'a bien peu profité, si elle ne t'a pas appris la validité des droits qui ont transféré la terre aux blancs, mes devanciers. Elle a été cédée par tes ancêtres, en admettant pour vraie ton origine indienne, et je prends le ciel à témoin du bon usage que j'en ai fait. Après ce qui vient d'être dit, il faut nous séparer. Je t'ai trop longtemps gardé dans ma demeure; le moment est venu où tu dois la quitter. Suis-moi dans mon cabinet, et je te paierai ce que je te dois. Tes paroles déplacées ne t'empêcheront pas de t'avancer dans le monde, si tu veux suivre les avis d'un homme qui a sur toi la supériorité de l'âge et de l'expérience. »

L'élan de passion qui avait emporté Olivier à faire une sortie si virulente une fois tombé, il fixa des yeux égarés sur Marmaduke, qui s'éloignait. Enfin, revenant à lui, il se tourna du côté d'Élisabeth, qui était encore assise sur le sofa, la tête basse et le visage caché dans ses deux mains.

« Miss Temple, » dit-il d'une voix soumise et respectueuse, « Miss Temple, je me suis oublié... je vous ai oubliée. Vous avez entendu l'ordre de votre père ; je partirai ce soir... Me faudra-t-il vous quitter chargé de votre haine? »

Élisabeth le regarda d'un air triste ; puis, lorsqu'elle se fut levée, ses yeux noirs brillèrent de leur éclat accoutumé, son teint s'anima ; il y avait dans toute sa personne quelque chose d'extraordinaire.

« Je vous pardonne, Olivier, » dit-elle avant de quitter l'appartement, « et mon père vous pardonnera aussi. Vous ne nous connaissez pas, mais un temps viendra où vous changerez d'opinion...

— Sur vous? Jamais! » interrompit le jeune homme. « Je...

— Je désirais vous parler, Monsieur, et non vous écouter, » reprit-elle. « Il y a dans toute cette affaire quelque chose que je ne comprends pas ; quoi qu'il en soit, dites à Bas de Cuir qu'il a parmi nous des amis aussi bien que des juges, et faites en sorte qu'il ne s'inquiète pas outre mesure. Vous ne pouvez lui donner ici plus de droits qu'il n'en a déjà, et ils ne seront en rien diminués par ce que vous avez dit. Adieu, Olivier. Soyez heureux, et puissiez-vous trouver partout des amis aussi sincères qu'ici! »

Le jeune homme allait lui répondre ; mais elle disparut avec tant de rapidité, que lorsqu'il entra dans la salle elle n'y était déjà plus. Il s'arrêta un moment comme frappé de stupeur, puis sortant de la maison, au lieu d'aller rejoindre Marmaduke dans son cabinet, il se dirigea vers la hutte de Bas de Cuir.

CHAPITRE XXXII.

Qui mesura la terre, décrivit les orbes célestes, et traça les phases des années lunaires?

POPE.

RICHARD ne fut de retour à Templeton qu'assez tard dans la soirée du dimanche.

Un des motifs de son excursion avait été de présider à l'arrestation d'une bande de malfaiteurs, qui s'étaient établis dans les bois pour fabriquer de la fausse monnaie qu'ils faisaient ensuite circuler d'un bout à l'autre de l'Union. L'expédition avait complètement réussi, et vers minuit, le shérif entra dans le village avec ses substituts et une troupe de constables, qui ramenaient au milieu d'eux quatre faux-monnayeurs garrottés.

Après avoir donné l'ordre qu'ils fussent écroués à la prison du comté, il se rendit chez le juge, fort satisfait de lui-même.

« Holà! Agamemnon! » cria-t-il en arrivant devant la porte. « Où es-tu, chien de nègre? Vas-tu me laisser en plan toute la nuit?.. Aga, ohé! Brave! Brave!.. Où diantre

a-t-il passé, lui aussi? A-t-il déserté? Tout le monde dort, excepté moi! Misère! il faut que je veille afin que les autres puissent dormir en paix... Brave! Brave! Tout poussif qu'il est à présent, c'est la première fois qu'il ne vient pas flairer à la porte pour s'assurer s'il a affaire à un honnête homme ou à un coquin. Ah! enfin le voici. »

En effet, quelque chose sortait en rampant de la niche du chien. Il crut que c'était Brave; mais, à sa grande surprise, l'objet en question se dressa sur deux jambes au lieu de quatre, et Richard reconnut la tête laineuse et la face noire d'Agamemnon.

« Que diable faisais-tu là, maraud? » lui cria-t-il. « La maison n'est-elle pas assez chaude pour ton sang africain, sans que tu ailles chasser le pauvre mâtin de son trou et dormir sur sa paille? »

Cependant le nègre était éveillé, et il répondit à son maître d'un ton dolent :

« Oh! massa Richard, une terrible chose! oh! bien terrible! Jamais penser ça arriver, jamais penser lui mourir... Oh! Seigneur Dieu! Lui pas enterré, et moi garder jusqu'au retour de Massa... Moi creuser une fosse... »

L'émotion du nègre ne lui permit pas d'en dire davantage, et il se prit à sangloter.

« Mort! enterré! fosse! » dit Richard d'une voix tremblante. « Qu'y a-t-il donc? Serait-il arrivé malheur à Benjamin? Je sais qu'il a eu une attaque de bile; mais je lui avais donné...

— Oh! bien pire, bien pire! » reprit le nègre en hachant ses phrases de sanglots. « Oh! Seigneur! Miss Betzy et miss Grant... en promenade... la montagne... Pauvre Brave!... Natty Bumppo... Femme tuée... femme de panthère... Oh! Seigneur! Seigneur! La gorge ouverte... Venez voir, massa Richard... venez... Une si belle bête... Il est là... il est là. »

Comme tout cela était parfaitement inintelligible pour le shérif, force lui fut d'attendre patiemment qu'Aga descendît à la cuisine et en rapportât une lanterne. Alors il vit le vieux chien étendu mort près de sa niche, encore tout maculé de sang, mais décemment couvert de la redingote du nègre. Ce spectacle venait de provoquer chez Aga une nouvelle explosion de douleur, quand la porte du vestibule s'ouvrit et Benjamin parut sur le seuil, une chandelle à la main.

45

« Que veut dire tout cela, Ben? » demanda Richard en entrant, après avoir remis son cheval aux mains du nègre. « Comment le chien est-il mort? Où est miss Temple? »

Benjamin, avec un des gestes qui lui étaient familiers, passa le pouce de sa main gauche par-dessus son épaule droite, et répondit :

« Miss Betzy est couchée.

— Et le juge?

— Dans son hamac.

— Comment Brave est-il mort?

— Tout est là-dessus. »

En même temps, Benjamin montrait une ardoise qui était sur la table, à côté d'un pot de grog, d'une courte pipe dans laquelle le tabac brûlait encore, et d'un livre de prières.

Entre autres manies, Richard avait celle de tenir un journal de tout ce qui se passait non seulement dans la famille, mais au village, avec ses propres observations sur l'état de l'atmosphère. Lorsqu'il était forcé de s'absenter, il avait confié à l'ancien matelot le soin d'inscrire sur une ardoise tout ce qu'il jugerait digne de remarque, et à son retour, il transportait ces faits sur son registre, en y ajoutant les détails nécessaires. Il y avait à cela une petite difficulté qui aurait paru insurmontable à un esprit moins fertile que celui du shérif : son remplaçant ne savait lire que dans son livre de prières, et encore en certains passages, en épelant et en estropiant bien des mots ; quant à l'écriture, il ne pouvait former une seule lettre. Richard ne se laissa point arrêter par si peu de chose. Il inventa une série d'emblèmes hiéroglyphiques, propres à indiquer les occurrences journalières, comme par exemple les changements de vent, le soleil, la pluie, les heures, etc. Pour les autres événements, il fut obligé, après avoir donné au majordome quelques instructions générales, de s'en rapporter à son intelligence. C'est à cette espèce de chronique figurée que Benjamin avait renvoyé Richard, au lieu de répondre directement à ses questions.

M. Jones commença par s'humecter le gosier en se versant un verre de grog ; ensuite, il prit dans un tiroir son propre journal, et s'assit pour y transcrire le contenu de l'ardoise, tout en satisfaisant sa curiosité. Benjamin appuya familièrement une main sur le dossier de la chaise du shérif, pendant que l'autre restait libre afin d'expliquer, par gestes, le sens de ses hiéroglyphes.

La première chose qu'examina Richard fut le diagramme d'une boussole, gravée dans un coin de l'ardoise pour un usage permanent; toutes les divisions en étaient nettement marquées de manière à ce qu'un vieux marin ne pût s'y tromper.

« Oh! oh! » dit le shérif en se carrant sur sa chaise. « Vous avez

eu le vent au sud-est toute la nuit dernière, et pas d'eau! J'y comptais bien pourtant.

— Pas une goutte, Monsieur, » répondit Benjamin. « Du diable si les écluses de là-haut ne sont pas fermées! Depuis trois semaines il n'est pas tombé assez de pluie pour remettre à flot le canot de l'Indien John, qui ne tire qu'un pouce d'eau.

— Mais le vent n'a-t-il pas tourné ce matin? Il a changé dans l'endroit où j'étais.

— Et ici de même, Monsieur Jones; c'est marqué.

— Je ne vois rien de pareil.

— Comment! Ne voyez-vous pas là une petite marque est-nord-est, avec la figure d'un soleil levant au bout pour montrer que c'était pendant le quart du matin?

— Bon! je vois. Où avez-vous marqué le changement de vent?

— Où? et cette bouilloire, avec une raie qui part du goulot, et qui s'étend en droite ligne, ou à peu près, vers l'ouest-sud-ouest? C'est ce que j'appelle une saute de vent, Monsieur Jones.

— Très bien, Ben, » dit le shérif en écrivant dans son journal. « Que signifie ce nuage sur votre soleil? Du brouillard dans la matinée, hein?

— Oui.

— Ah! c'est aujourd'hui dimanche, et voilà les marques qui indiquent la longueur du sermon... Une, deux, trois, quatre... Eh quoi! M. Grant a prêché pendant quarante minutes?

— A peu près; le sermon a duré une bonne demi-heure d'après mon sablier, à quoi j'ai ajouté le temps perdu à le retourner.

— Mais, Benjamin, un presbytérien n'aurait pas parlé plus longtemps! Il est impossible que vous ayez mis dix minutes à retourner le sablier.

— Voyez-vous, Monsieur Jones, le ministre était très solennel, et j'ai fermé les yeux pour penser sans distraction, de même qu'en mer on ferme les sabords pour être plus à l'aise; en les rouvrant, j'ai vu l'assemblée qui levait l'ancre. D'où j'ai calculé que le sablier était resté vide dix minutes, à peu près la durée du somme d'un chat.

— Ainsi, maître Ben, vous dormiez! Il ne faut pas qu'un ministre orthodoxe souffre de votre négligence. » Et au lieu de quarante minutes, Richard n'en inscrivit que vingt-neuf. « Qu'est-ce que j'aperçois ici, marqué à dix heures du matin? Une pleine lune, dans la journée! J'ai entendu parler de phénomènes semblables... Et qu'avez-vous mis auprès, un sablier?

— Ça? » dit Benjamin, en regardant par-dessus l'épaule du shérif et en roulant sa chique dans sa bouche d'un air jovial. « C'est une petite affaire qui me concerne. Ça n'est pas une lune, mais bien la figure de Betzy Hollister. Voyez-vous, Monsieur, ayant appris qu'il lui était débarqué une cargaison de rhum de la Jamaïque, je suis entré chez elle ce matin sur les dix heures, en allant à l'église, et j'en ai goûté un verre. Je l'ai marqué afin de me faire souvenir de la payer en honnête homme.

— C'est donc cela! » dit le shérif en manifestant quelque déplaisir de voir cette innovation introduite dans la tenue de son journal. « Et l'horloge de sable, est-elle assez mal torchée? On la prendrait pour un sablier coiffé d'une tête de mort.

— C'est que, voyez-vous, Monsieur Jones, » répondit le majordome, « comme le rhum était bon, j'en ai pris à crédit un autre verre en revenant; ce qui est marqué par un verre renversé placé sous le premier. Du reste, j'y suis retourné ce soir encore, et j'ai payé les trois verres à la fois; Votre Honneur peut passer l'éponge sur le tout.

— Je vous achèterai une ardoise pour vos affaires personnelles; je n'aime pas tant de surcharges dans le journal.

— Bien inutile, Monsieur Jones; car, voyant que probablement, tant que ce baril de rhum durerait, je continuerais à trafiquer avec *le Dragon Hardi*, j'y ai ouvert un compte : on y marque ma dépense à la craie derrière la porte, et moi, de mon côté, je fais une entaille sur un morceau de bois. »

Là-dessus, Benjamin produisit cet autre registre de sa façon, où l'on voyait cinq entailles honnêtes et profondes. Le shérif y jeta un coup d'œil et continua l'examen de l'ardoise.

« Que diable avons-nous par ici? » reprit-il. « Samedi, deux heures après midi : c'est un vrai tableau de famille, ma foi! Deux verres à liqueur sens dessus dessous.

— Ce sont deux femmes : celui de droite représente miss Betzy, l'autre est la fille du ministre.

— Ma cousine et miss Grant! Qu'ont-elles de commun avec mon journal?

— Elles ont eu assez de peine à se tirer des griffes de la panthère, » répliqua le majordome impassible. « Le griffonnage que vous voyez là qui ressemble à un rat, c'est la bête; et cet autre qui a la quille en l'air, c'est le pauvre vieux Brave, qui est mort aussi noblement qu'un amiral combattant pour son roi et son pays; et cet autre...

— Quoi! » interrompit Richard. « Cet épouvantail?

— L'image, il est vrai, a quelque chose d'un peu sauvage; eh! bien, à mon avis, je n'ai jamais si bien réussi. C'est le portrait de Natty, comme si on le voyait, celui qui a tué la panthère, qui avait tué le chien, et qui aurait mangé nos jeunes demoiselles ou fait pis encore.

— Quel grimoire!

— C'est aussi exact que le livre de loch de *la Boadicée*. »

En lui adressant des questions directes, Richard reçut des réponses plus intelligibles. C'est ainsi qu'il obtint un récit passablement correct de ce qui s'était passé. Quand l'étonnement, et nous lui devons la justice d'ajouter, l'émotion que lui avaient causée ces détails furent un peu calmés, il revint à son journal, où ses yeux rencontrèrent des hiéroglyphes encore plus inexplicables.

« Que vois-je ici! » s'écria-t-il. « Deux boxeurs! Y a-t-il eu des voies de fait? Ah! cela ne manque pas : aussitôt que j'ai le dos tourné...

— Ce que vous voyez là, » interrompit le majordome assez cavalièrement, « c'est le juge et le jeune Edwards.

— Bah! Duke s'est battu avec Olivier? Quel micmac du diable! Voilà plus d'événements en trente-six heures qu'il n'en était arrivé depuis six mois!

— Pour ça oui, Monsieur Jones, vous dites joliment vrai. J'ai vu donner la chasse à l'ennemi et livrer ensuite une bataille, sans que le livre de loch fût aussi chargé que l'est cette ardoise. Néanmoins, ces messieurs n'en sont pas venus aux coups; ils n'ont lâché que des bordées de paroles.

— Expliquez-vous. C'était à propos des mines, hein? Oui, parbleu, j'y suis : vous avez mis là un homme qui a une pioche sur l'épaule. Alors vous avez tout entendu, Benjamin?

— S'il y avait des mines là-dedans, c'est possible, car ils s'en sont faites de fort mauvaises, allez. J'en puis parler sans mentir, la fenêtre étant ouverte, et moi à deux pas de là. Quant au bonhomme, il porte une ancre sur l'épaule, et non une pioche. Voyez plutôt la seconde patte sur son dos, un peu trop près peut-être, mais n'importe : cela signifie qu'il a levé l'ancre et quitté le mouillage.

— Quoi! » dit vivement le shérif. « Edwards a quitté la maison?

— Certainement. »

Richard recommença ses questions, et après un long et pressant interrogatoire, il réussit à tirer de Benjamin tout ce qu'il savait sur la brouille survenue entre Olivier et M. Temple, sur la tentative de perquisition à la hutte de Bas de Cuir, et la déconfiture d'Hiram. Le shérif n'eut pas plutôt connaissance de ces faits, dans le récit desquels l'intendant chercha tant qu'il put à atténuer la conduite du vieux chasseur, qu'il prit son chapeau et sortit, à la stupéfaction de son fidèle secrétaire, qui resta encore cinq bonnes minutes, les mains sur les hanches et les yeux fixés sur la porte, avant de se décider à regagner sa chambre.

La cour d'assises du comté, qui était présidée par le juge Temple, devait ouvrir, le lendemain matin, une de ses sessions périodiques. Les individus qui accompagnaient Richard à son retour au village étaient des officiers de justice, venus pour déposer en cette occasion, ainsi que pour escorter les faux-monnayeurs. Richard, au courant de leurs habitudes, ne doutait pas qu'il ne les trouvât à la buvette de la prison, occupés à discuter le mérite des liqueurs que vendait le geôlier. En conséquence, il se dirigea à travers les rues silencieuses vers l'édifice étroit et peu sûr où étaient renfermés les détenus pour dettes et quelques-uns des criminels du comté. L'arrivée de quatre malfaiteurs sous la garde d'une douzaine de constables était alors un événement à Templeton ; et quand le shérif arriva à la prison, tout lui indiqua que les suppôts de la justice se préparaient à passer une joyeuse nuit.

A la voix de leur supérieur, deux de ses substituts sortirent, suivis d'une demi-douzaine de constables. A la tête de cette troupe, Richard traversa de nouveau le village, franchit le petit pont de troncs d'arbres jeté sur la Susquehanna, quitta les rives du lac, et entra dans un taillis de pins et de châtaigniers. Là il fit faire halte, et ayant réuni ses subordonnés autour de lui, il leur tint le discours suivant :

« J'ai requis votre assistance, mes amis, » dit-il à demi-voix, « afin d'arrêter Nathaniel Bumppo, vulgairement appelé Bas de Cuir. Il a frappé un magistrat, et résisté à l'exécution d'un mandat de perquisition en menaçant un constable de sa carabine. En un mot, il a donné un exemple de rébellion, et s'est mis en hostilité avec la loi. On le soupçonne également d'autres délits et offenses contre la propriété privée. En vertu de ma charge de shérif, j'ai pris sur moi d'arrêter le susdit Bumppo cette nuit même et de le faire écrouer à la prison du comté, afin qu'il puisse être traduit demain devant la cour. Pour remplir ce devoir, amis et concitoyens, il faut user de courage et de discrétion; de courage contre les tentatives illégales qu'il pourrait mettre en œuvre à l'aide de ses armes et de ses chiens; de discrétion, c'est-à-dire de précaution et de prudence, pour qu'il ne se dérobe point à cette attaque subite, et pour d'autres raisons dont il est inutile de parler. Vous formerez le cercle autour de sa hutte, et au commandement *En avant!* vous vous élancerez avec rapidité, et, sans donner au criminel le temps de se reconnaître, vous entrerez dans son domicile et le ferez prisonnier. Disséminez-vous donc à cet effet, et moi accompagné d'un de mes substituts, je vais descendre sur la rive, en face de la porte, pour m'assurer de ce point; c'est là que je me tiendrai de ma personne prêt à recevoir toutes les communications nécessaires. »

Cette harangue, que Richard avait préparée en route, eut l'effet de toutes les pièces d'éloquence du même genre, celui d'ouvrir les yeux de ses gens sur les dangers de l'expédition. Ils se dispersèrent, en marchant de manière à donner à toute la troupe le temps de se disposer dans l'ordre convenu, et surtout préoccupés du moyen de repousser les attaques d'un chien ou de se soustraire à la balle d'une carabine. Ce fut un moment terrible d'incertitude et d'attente.

Quand Richard jugea que ses acolytes avaient eu le temps de gagner leur poste respectif, il donna d'une voix de stentor le signal convenu. Les sons de sa voix résonnèrent sous les voûtes de la forêt ; mais quand la dernière vibration se fût éteinte, au lieu de l'aboiement des chiens qu'on attendait, il ne s'éleva d'autre bruit que le craquement des branches que les constables brisaient dans leur marche. Bientôt même on n'entendit plus rien. La prudence du shérif cédant alors à la curiosité, il gravit le talus de la rive et se trouva en un moment dans l'espace défriché où était située la hutte du criminel Natty. Quelle fut sa surprise lorsque, au lieu de la hutte, il ne vit plus que des ruines fumantes !

La troupe se rapprocha peu à peu du monceau de cendres et des troncs d'arbres à moitié consumés ; une courte flamme au centre des débris, où elle trouvait encore un reste d'aliment, reflétait sa lumière vacillante, sur le cercle que formaient les constables. Aucune voix ne s'éleva, aucun cri de surprise ne se fit entendre. Cette transition subite de l'excitation au désappointement ôta la parole à tout le monde, et Richard lui-même perdit l'usage d'un organe qui lui faisait rarement faute.

Soudain un homme de haute taille s'avança du milieu des ténèbres ; il ôta son bonnet, et la faible lueur du feu laissa apercevoir la tête nue et les traits sévères de Bas de Cuir. Après avoir promené sur ces hommes qui l'entouraient dans l'ombre un regard plus chargé de douleur que de colère :

« Que voulez-vous à un vieillard sans appui ? » dit-il. « Vous avez chassé les créatures de Dieu du désert où il avait plu à sa providence de les placer ; vous avez apporté les chicanes et les diableries de la loi où jamais homme n'avait inquiété son semblable. Moi, qui ai vécu dans ce lieu même quarante années de ma vie, vous m'avez réduit à l'abandonner, plutôt que de le laisser souiller de votre présence impie ; vous m'avez forcé à brûler cette pauvre hutte, où les dons du ciel suffisaient à apaiser la faim et la soif ; et à pleurer sur ses cendres, comme un père pleurerait les enfants nés de son corps. Vous avez irrité le cœur d'un vieillard qui n'a jamais fait de mal ni à vous ni aux vôtres, à une époque de la vie où ses pensées devraient s'élever vers un monde meilleur ; vous lui avez fait regretter de ne point appartenir à la race des bêtes sauvages, qui du moins ne se dévorent pas entre elles dans leur espèce ; et maintenant qu'il vient voir brûler le dernier tison de sa hutte, vous le poursuivez au milieu de la nuit, comme des chiens affamés sur la piste d'un daim épuisé de fatigue. Que voulez-vous de plus ? Me voilà seul contre vous tous. Je suis venu pour pleurer, non pour combattre ; et si c'est la volonté de Dieu, faites de moi ce qu'il vous plaira. »

Quand le vieillard eut cessé de parler, il resta immobile, les yeux fixés sur la troupe, qui involontairement recula, lui laissant le passage libre vers la forêt, où il eût été impossible de le poursuivre dans l'ombre. Nathaniel parut dédaigner cet avantage ; il regarda successivement en face chacun des individus qui l'entouraient, comme pour voir quel serait celui qui porterait la main sur lui. Enfin, Richard, remis de son trouble, fit un pas en avant, et, s'excusant sur le devoir de sa charge, lui dit qu'il était son prisonnier. Les constables alors s'approchèrent, et, l'ayant placé au milieu d'eux, reprirent le chemin du village.

En route, on pressa de questions le prisonnier sur les motifs qui lui avaient fait brûler sa hutte, et sur ce qu'était devenu le Mohican ; mais il refusa obstinément d'y répondre. On arriva à Templeton à une heure avancée de la nuit, et le shérif congédia ses agents, après avoir mis sous les verroux d'une prison le vieux Bas de Cuir, que le monde entier semblait avoir abandonné.

Un homme de haute taille s'avança du milieu des ténèbres ; c'était Bas de Cuir.

CHAPITRE XXXIII.

> Qu'on mette ici le pilori ! Holà ! vieux coquin, illustre fanfaron, nous vous apprendrons...
>
> SHAKESPEARE, *le Roi Lear.*

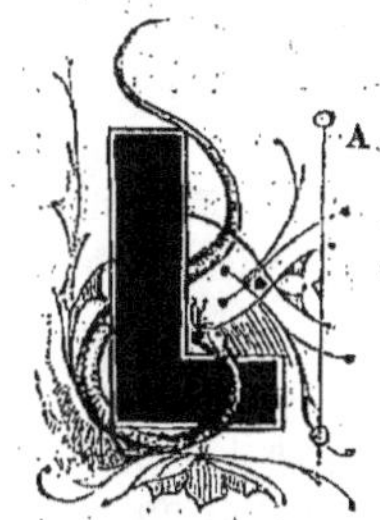

LA longueur des jours de juillet permit à toutes les parties intéressées de se réunir avant que la petite cloche de l'académie eût annoncé l'heure fixée pour rendre la justice et punir les coupables.

De bonne heure, les chemins et les sentiers qui, débouchant des forêts et serpentant le long du flanc des montagnes, aboutissaient à Templeton, étaient encombrés de cavaliers et de piétons qui se rendaient au temple de la justice. On voyait un campagnard chaudement vêtu, monté sur sa jument au poil luisant et bien étrillée, trotter sur la grand' route, le buste raide, et d'un air qui semblait dire : « J'ai payé ma terre, moi, et je ne crains personne. » Près de lui venait son égal peut-être en indépendance, mais non en fortune et en considération : c'était un plaideur de profession, dont le nom paraissait sur tous les rôles, dont l'avoir, gagné dans les innombrables expédients des habitudes changeantes d'un colon, se dissipait à nourrir les harpies du barreau. Auprès d'eux, et tâchant de soutenir leur pas, un piéton, vêtu d'une blouse de chasse et coiffé de son meilleur castor, avait quitté sa retraite des bois pour aller, en qualité de petit juré, prononcer sur les litiges de ses voisins. Une cinquantaine de petits groupes semblables cheminaient de la sorte et se dirigeaient dans le même but vers le chef-lieu du comté.

A dix heures, les rues du village étaient encombrées d'une foule empressée, les uns s'entretenant de leurs affaires particulières, d'autres écoutant un orateur politique, d'autres s'extasiant devant les magasins. Un petit nombre de femmes, portant leurs enfants dans leurs bras, suivaient d'un pas nonchalant leurs rustiques seigneurs et maîtres. Il y avait aussi deux nouveaux mariés, chez qui l'amour conjugal était encore tout chaud, marchant à une distance respectueuse l'un de l'autre, l'époux dirigeant les pas timides de la belle en lui offrant galamment le pouce.

Au premier son de la cloche, Richard sortit de l'auberge du *Dragon Hardi*, tenant à la main une épée dans le fourreau, qu'un de ses ancêtres, à ce qu'il disait, avait jadis portée dans une des batailles gagnées par Cromwell, et criant d'un ton d'autorité : « Place à la cour ! » Cet ordre fut promptement obéi, mais sans servilité, la foule adressant des saluts familiers aux personnages judiciaires à mesure qu'ils défilaient en procession. Un détachement de constables, leur bâton à la main, venait à la suite du shérif et précédait M. Temple, accompagné lui-même de quatre fermiers qui lui servaient d'assesseurs. Rien ne distinguait ces juges subalternes de la portion la plus aisée des spectateurs, si ce n'est la gravité qu'ils affectaient à un degré plus qu'ordinaire. L'un d'eux, colonel de la milice, était vêtu d'un vieil uniforme à l'antique dont les basques descendaient au plus à mi-cuisse, et portait deux épaulettes d'argent, de moitié moins grosses que celles d'aujourd'hui. Derrière eux venaient trois ou quatre procureurs bien rasés, la mine humble et douce, et ressemblant à des agneaux qu'on mène à l'abattoir. Un autre détachement de constables fermait la marche.

La foule des curieux suivit le cortège, et entra à sa suite dans la salle où la cour tenait ses audiences.

La maison de justice était établie dans la prison. C'était un édifice dont le soubassement était composé de troncs d'arbres équarris, percé çà et là de petites fenêtres, grillées avec plus ou moins de soin, suivant que les pièces étaient destinées à des criminels ou à des détenus pour dettes. L'étage supérieur était en menuiserie avec un toit en charpente, et ne contenait qu'une grande salle décemment disposée pour servir de cour de justice. Sur une plate-forme à hauteur d'homme et garnie par devant d'une balustrade, était un banc adossé contre le mur et destiné aux juges ;

la place du milieu, réservée au président, était marquée par deux bras qu'on y avait ajoutés pour lui donner l'apparence d'un fauteuil. Devant le président, mais de niveau avec le plancher du reste de la salle, il y avait une grande table couverte de serge verte, et entourée de bancs à l'usage des procureurs et hommes de loi. De chaque côté s'élevaient en gradins des bancs réservés aux jurés, et également entourés d'une balustrade. Le reste de la salle était un espace ouvert, abandonné au public.

Quand les juges furent assis, les procureurs installés auprès de la table, et que le bruit des pieds eut cessé dans la salle, on fit les proclamations d'usage ; les jurés prêtèrent serment, le discours d'ouverture fut prononcé, et la cour commença l'expédition des affaires portées devant elle. Après quoi, le chef du jury présenta au président deux décrets d'accusation, sur chacun desquels M. Temple aperçut au premier coup d'œil le nom de Nathaniel Bumppo.

Il y eut un moment d'interruption dans les occupations de la cour; le shérif échangea quelques paroles à demi-voix avec le président, puis fit signe à ses constables, et au bout de quelques minutes on vit paraître Bas de Cuir, que deux hommes conduisirent à la barre des accusés. Les conversations cessèrent, la foule remplit de nouveau l'espace, et le silence devint si profond qu'on pouvait entendre le bruit de la respiration du prisonnier.

Nathaniel portait ses vêtements ordinaires, sauf la blouse de chasse, en sorte qu'il n'avait le buste couvert que par une chemise de grosse toile, fermée en haut par un nerf de daim, laissant à nu son cou brûlé par le soleil. C'était la première fois qu'il entrait dans une cour de justice, et la curiosité semblait se mêler fortement à ses sentiments personnels. Ses yeux se promenaient des juges aux jurés, du barreau à la foule, ne rencontrant partout que des regards attachés sur lui. Après avoir jeté les yeux sur lui-même pour découvrir la cause de l'attention extraordinaire dont il était l'objet, il se tourna de nouveau vers l'assemblée, et ouvrant la bouche, se livra à un de ses éclats de rire à la muette.

« Prisonnier, ôtez votre bonnet, » dit le juge Temple.

L'accusé n'entendit pas cet ordre, ou n'y prit pas garde.

« Nathaniel Bumppo, découvrez-vous, » répéta le juge.

A l'appel de son nom, Natty se tourna vers le juge, et demanda avec un grand sérieux :

« Plaît-il ? »

M. Lippet se leva, alla lui dire quelques mots à l'oreille, et le vieillard, avec un signe d'assentiment, ôta son bonnet de peau de daim.

« Monsieur l'avocat du district, » reprit le juge, « le prisonnier est prêt; veuillez lire l'acte d'accusation. »

Les fonctions du ministère public étaient remplies par Dirck van der School : il ajusta ses lunettes, lança un coup d'œil méfiant sur ses collègues du barreau, puis rejetant la tête de côté de façon à voir par-dessus les verres, il se mit à lire à haute voix. Nathaniel Bumppo était accusé dans cette pièce, rédigée dans les termes surannés de la basoche, d'avoir exercé des voies de fait sur la personne d'un magistrat chargé de requérir contre lui. Quand il eut fini, M. van der School ôta ses lunettes, les plaça dans leur étui et les mit dans sa poche, probablement pour avoir le plaisir de les tirer de nouveau et de les remettre sur son nez. Après avoir renouvelé deux ou trois fois ce manège, il passa l'acte d'accusation à M. Lippet, d'un air suffisant qui semblait dire : « Trouvez-y à redire, si vous pouvez. »

Natty écouta cette lecture avec beaucoup d'attention, le corps penché en avant de manière à prouver l'intérêt qu'il y prenait. Puis il se leva de toute sa hauteur et poussa un profond soupir.

« Nathaniel Bumppo, » dit le juge, « vous avez entendu la dénonciation du grand jury. Qu'avez-vous à répondre ? »

Le vieillard baissa un moment la tête dans l'attitude de la réflexion et la releva en riant à sa manière.

« Que j'aie secoué l'homme un peu rudement, » dit-il, « je ne le nierai pas ; mais qu'il y ait eu occasion d'attaque à main armée et autres histoires, ça n'a pas le sens commun. Je ne suis pas très fort du poignet, vu que je me fais vieux ; pourtant, du temps où je servais avec les Écossais... attendez un peu... c'était, je crois dans la première année de l'ancienne guerre...

— Monsieur Lippet, » interrompit le juge, « si le prisonnier vous a choisi pour conseil, apprenez-lui à se défendre ; sinon la cour lui nommera un avocat d'office. »

Le procureur, qui était en train de lire l'acte d'accusation, se leva, parla au chasseur à voix basse, et informa la cour qu'ils étaient prêts à procéder aux débats.

« Plaidez-vous coupable, » demanda le juge, « ou non coupable ?

— En bonne conscience, je ne saurais me dire coupable, » répondit Nathaniel. « Il n'y a point de mal à faire ce qui est juste, et je serais mort sur la place plutôt que de le laisser entrer chez moi en ce moment-là. »

Richard tressaillit en entendant cette déclaration, et lança un coup d'œil significatif à Hiram, qui le lui rendit avec un léger froncement des sourcils.

« Greffier, » reprit le juge, « écrivez que l'accusé déclare n'être pas coupable. Monsieur l'avocat du district, vous avez la parole. »

Après le réquisitoire prononcé par M. van der School, Hiram fut appelé pour faire sa déposition ; sans s'écarter de la vérité, il eut l'art de donner aux faits une couleur morale à sa convenance par des périphrases telles que celles-ci : « Je crois bien faire de... Mon devoir de magistrat m'obligeait... Voyant que le constable paraissait hésiter... » Quand il eut fini, M. Lippet demanda à lui adresser quelques questions.

« Êtes-vous, » commença-t-il, « un des constables du comté, Monsieur?

— Non, Monsieur, » répondit Hiram ; « je suis seulement juge de paix.

— Eh bien, Monsieur Fait-Peu, je vous le demande en présence de la cour, et en m'en rapportant à votre conscience et à votre connaissance des lois, aviez-vous le droit d'entrer dans le domicile de mon client?

— Hum ! » dit Hiram, violemment ballotté entre sa rancune et le soin de sa réputation légale. « Je suppose... c'est-à-dire à strictement parler... il est possible que je n'eusse pas un droit réel... un droit légal... Mais dans l'état des choses... attendu les circonstances... voyant que Billy hésitait... j'ai pensé pouvoir me mettre en avant.

— Mais ce vieillard sans appui ne vous a-t-il pas formellement interdit l'entrée de sa maison?

— Je dois dire qu'il était d'une humeur massacrante, et bien à tort; car ce n'était qu'un voisin qui voulait entrer chez un autre.

— Alors vous reconnaissez qu'il s'agissait simplement d'une visite entre voisins, sans aucune sanction légale? Rappelez-vous, Messieurs les jurés, les paroles du témoin : « Un voisin qui voulait entrer chez un autre. » Or, Monsieur, je vous demande si Nathaniel Bumppo ne vous a pas, à plusieurs reprises, défendu d'entrer?

— Il y a eu des mots d'échangés, puis je lui ai lu à haute voix le mandat de perquisition.

— Je renouvelle ma question : ne vous a-t-il pas défendu d'entrer chez lui?

— Il y a eu des mots de part et d'autre. Mais j'ai le mandat dans ma poche, et si la cour désire le voir...

— Témoin, » dit le juge Temple, « répondez à la question ; l'accusé vous a-t-il oui ou non interdit l'entrée de sa hutte?

— J'ai dans l'idée...

— Répondez sans équivoque.

— Il me l'a interdite.

— Et malgré sa défense avez-vous essayé d'entrer?

— Oui ; mais j'avais le mandat à la main.

— Continuez votre interrogatoire, Monsieur Lippet. »

Le procureur s'aperçut que l'impression était en faveur de son client, et faisant un geste dédaigneux, comme s'il n'eût pas voulu insulter à l'intelligence du jury en poussant plus loin la défense, il répondit :

« Non, Monsieur, je n'ai plus rien à dire.

— Monsieur l'avocat du district, » dit le juge, « avez-vous quelque chose à ajouter? »

M. van der School ôta ses lunettes, les mit dans l'étui, puis les replaçant sur son nez, jeta un coup d'œil sur l'autre décret d'accusation qu'il tenait à la main, et regardant les juges par-dessus ses lunettes, il déclara s'en tenir là avec la permission de la cour.

« Messieurs les jurés, » dit le juge Temple en se levant, « vous avez entendu les témoignages, et je ne vous retiendrai qu'un moment. Lorsqu'un officier judiciaire rencontre de la résistance dans l'exécution d'un mandat, il a incontestablement le droit de réclamer l'aide d'un ou de plusieurs citoyens, et dès lors les actes de ces citoyens sont placés sous la protection de la loi. Vous aurez à décider jusqu'à quel point le témoin peut être considéré comme investi du privilège dont je viens de parler. »

Le ton de Marmaduke était doux et insinuant, et les sentiments qu'il venait d'exprimer, marqués au sceau de l'impartialité, ne manquèrent pas d'influer sur la décision du jury. Les graves campagnards qui composaient le tribunal se dirent quelques mots à l'oreille sans quitter leur place, et leur chef après l'accomplissement des formes voulues, annonça qu'à l'unanimité l'accusé n'était pas coupable.

« Nathaniel Bumppo, » dit le juge, « vous êtes acquitté sur ce chef d'accusation.

— Hein ? » fit Nathaniel. « Plaît-il ?

— La cour déclare que vous n'êtes pas coupable d'avoir maltraité M. Fait-Peu.

— Non, non, » repartit Bas de Cuir en regardant autour de lui d'un air de bonhomie ; « que je l'aie bousculé un peu rudement, je ne m'en défends pas, et...

— Vous êtes acquitté, » interrompit le juge ; « et il n'y a plus rien à dire là-dessus. »

Un rayon de joie brilla dans les traits du vieillard, qui commença à comprendre de quoi il s'agissait, et remettant son bonnet, il dit d'un ton ému :

« Ma foi, juge Temple, la loi n'a pas été aussi dure pour moi que je le craignais. J'espère que Dieu vous bénira pour les bontés que vous m'avez témoignées aujourd'hui. »

En même temps, il ouvrit la barrière de sa petite prison ; mais le constable l'empêcha de sortir. M. Lippet lui dit quelques mots tout bas, et le vieux chasseur se rassit, ôta son bonnet, et rejeta ses cheveux gris en arrière, d'un air mécontent mais soumis.

« Monsieur l'avocat du district, » dit le juge, « passez au second acte d'accusation. »

M. van der School eut grand soin qu'aucun des mots qu'il prononçait ne fût perdu pour ses auditeurs, et il insista particulièrement sur le passage où Natty était représenté comme ayant eu recours à une arme à feu pour s'opposer à l'exécution d'un mandat de perquisition. Cette accusation était infiniment plus grave que la précédente, et elle excita parmi les spectateurs un intérêt égal à son importance.

Choqué de quelques expressions trop vives contenues dans l'acte d'accusation, Bas de Cuir s'écria brusquement :

« C'est un affreux mensonge ! Je n'ai voulu le sang de personne. Les voleurs d'Iroquois eux-mêmes n'oseraient me dire en face que j'aie jamais eu soif du sang d'un homme. J'ai combattu en soldat qui a la crainte de Dieu et de son officier ; mais je n'ai tiré que sur des gens en état de se défendre. Nul ne dira que j'ai une seule fois frappé un Mingo sous sa couverture. Il y a des individus qui se figurent, ma parole, qu'on n'a pas de Dieu dans le désert !

— Répondez à ma question, Bumppo, » dit le juge. « Vous êtes accusé d'avoir fait usage de votre carabine contre un officier judiciaire dans

l'exercice de ses fonctions. Plaidez-vous coupable ou non coupable ? »

Après être resté un instant appuyé sur la barre, Natty ouvrit la bouche en riant à la muette.

« Est-ce que Billy serait ici, » répondit-il en désignant le bûcheron, « si j'avais fait usage de ma carabine?

— Alors » dit M. Lippet, « vous déclarez que vous n'êtes pas coupable?

— Pour sûr. Billy sait fort bien que je n'ai pas tiré du tout. Vous rappelez-vous, Billy, le dindon de l'hiver dernier? Un fameux coup, hein? Et pourtant je ne vaux plus ce que j'ai été.

— Écrivez la déclaration de non coupable, » dit le juge, vivement touché de la simplicité de l'accusé.

Appelé de nouveau en témoignage, Hiram procéda cette fois avec plus de circonspection. Il déposa plus clairement qu'on n'aurait pu l'attendre de lui, et affirma que Nathaniel avait mis en joue Kirby, le menaçant de le tuer s'il essayait d'exécuter sa commission. Tout cela fut confirmé par Jotham, qui adhéra de point en point au récit du magistrat. M. Lippet leur fit subir à tous deux un contre-interrogatoire fort habile, sans en rien tirer qui pût être favorable à son client.

Enfin, l'avocat du district manda le bûcheron à la barre. Billy rendit compte de l'affaire en termes si embrouillés qu'il n'en ressortit qu'une chose, sa bonne foi. M. van der School crut devoir l'aider en lui adressant quelques questions.

« Il paraît, d'après les pièces, que vous avez réclamé légalement l'entrée dans la hutte, » dit-il, « et que ses menaces vous ont inspiré des craintes sérieuses.

— Ses menaces! je m'en moque comme de cela, » dit Billy en faisant claquer ses doigts. « Je serais un triste sire si j'avais peur du vieux Bas de Cuir.

— N'avez-vous pas dit (si je m'en réfère à vos premières déclarations, telles que vous les avez articulées devant la cour, au commencement de cette déposition,) que vous aviez cru qu'il allait tirer sur vous?

— Certainement, je l'ai cru ; et vous en auriez fait autant, Monsieur, si vous aviez vu le compère vous présenter le museau d'une carabine qui ne rate jamais son coup, et vous ajuster d'un œil qui ne laisse pas d'avoir de la pratique. J'ai cru que nous allions nous attraper, et tout de suite je me suis campé sur mes jambes ; mais Bas de Cuir m'a donné la peau du daim, et tout a fini là.

— Ah ! Billy, » dit Nathaniel en secouant la tête, « il est fort heureux que j'aie eu l'idée de vous jeter la peau, sans quoi il y aurait eu du sang de versé, et si c'eût été le vôtre, j'en aurais gémi pendant le peu de jours qu'il me reste à vivre.

— Eh bien, Bas de Cuir, » riposta le bûcheron, « puisque nous en sommes sur ce chapitre, je n'ai jamais cru...

— Continuez votre interrogatoire, Monsieur l'avocat du district, » dit le juge.

Mais le formaliste avocat n'avait pu voir sans un déplaisir manifeste la familiarité qui s'était établie entre le témoin et l'accusé ; aussi déclara-t-il à la cour qu'il n'avait plus de questions à faire.

Ce fut le tour du conseil de Natty.

« Ainsi, » demanda-t-il, « vous n'avez pas eu lieu de craindre pour votre vie, Monsieur Kirby ?

— Moi ? pas du tout, » dit Billy en jetant un coup d'œil satisfait sur sa large carrure. « On ne m'effraie pas comme ça.

— Vous paraissez un homme solide. Où êtes-vous né ?

— Dans l'État de Vermont. C'est un pays montagneux ; mais le sol y est bon, et passablement garni de bouleaux et d'érables.

— C'est ce que j'ai ouï dire. Vous êtes accoutumé à manier un fusil ?

— Je suis le second tireur du comté, et cela depuis que le vieux a tué le pigeon.

— Bah ! » dit le chasseur en riant. « Vous êtes jeune, Billy, et vous n'en avez pas vu tant que moi. Voilà ma main, je ne vous en veux pas. »

M. Lippet donna à Billy le temps d'accepter cette offre conciliatoire, et garda judicieusement le silence pour laisser l'esprit de paix étendre son influence sur le témoin et l'accusé. Toutefois le juge crut devoir interposer son autorité.

« De pareils colloques sont déplacés, » dit-il. « Continuez à interroger le témoin, Monsieur Lippet, ou j'appellerai le suivant. »

Le procureur fit un haut-le-corps en signe de protestation, et poursuivit en ces termes :

« Le différend a donc été arrangé sur les lieux, à l'amiable ?

— Une fois qu'il m'avait donné la peau, » répondit Billy, « je n'avais plus besoin de lui faire de la peine, à ce vieux. Le grand crime, ma foi, de tuer un daim !

— Vous vous êtes quittés bons amis, et vous n'auriez pas songé à venir ici témoigner, sans l'assignation?

— Je crois que non; je ne lui en ai pas voulu, quoique M. Fait-Peu se soit trouvé un peu vexé.

— Je n'ai plus rien à ajouter, » dit M. Lippet, et il se rassit de l'air d'un homme qui est sûr du succès.

M. van der School adressa alors aux jurés un discours hérissé de parenthèses, et qui débutait ainsi : « J'aurais interrompu les questions suggestives faites par le défenseur (par suggestif, j'entends ce qui suggère ce qu'on doit répondre), si je n'eusse été convaincu que la loi du pays est supérieure à tous les avantages (je veux dire avantages légaux) qu'il peut tirer de son habileté. » Et il termina par cette longue phrase : « Après avoir clairement démontré le crime dont ce malheureux s'est rendu coupable (malheureux tout à la fois par son ignorance et sa culpabilité), j'abandonne la décision à vos consciences, ne doutant pas le moins du monde que vous ne soyez pénétrés de l'importance (malgré l'assurance qu'affecte le défenseur) de punir le coupable et de revendiquer la majesté des lois. »

Le résumé du juge Temple, conçu avec autant de concision que de clarté, plaça l'affaire sous un jour si évident qu'il n'était pas possible de s'y méprendre. « Si vous ajoutez foi aux dépositions des témoins et à leur interprétation des actes de l'accusé, » dit-il, « votre devoir est de le condamner ; si, au contraire, vous croyez que le vieillard traduit aujourd'hui devant vous n'avait contre le constable aucune intention hostile, et agissait plutôt sous l'influence de ses habitudes que d'une volonté malveillante et coupable, vous devez le juger avec indulgence. »

Comme dans l'affaire précédente, les jurés ne quittèrent pas leur place ; après s'être consultés quelques minutes, ils déclarèrent le prisonnier coupable.

Il se manifesta peu de surprise dans l'auditoire en entendant le verdict ; les dépositions dont nous n'avons donné qu'une partie étaient, en effet, trop accablantes. Les juges eux-mêmes semblaient avoir prévu d'avance le résultat, car ils s'étaient consultés pendant que la délibération du jury durait encore, et le mouvement qui se fit sur le banc du tribunal annonça que la sentence allait être prononcée.

« Nathaniel Bumppo..., » commença le juge, en faisant ensuite la pause accoutumée.

Le vieux chasseur, qui était retombé dans ses réflexions, la tête appuyée sur la barre, se leva, et s'écria du ton d'un soldat :

« Présent! »

Après lui avoir fait signe de se taire, M. Temple continua :

« La cour, prenant en considération votre ignorance et votre âge, vous remet la peine des verges ; mais comme la majesté des lois exige que le châtiment soit public, elle ordonne que vous serez exposé au pilori pendant une heure ; elle vous condamne, en outre, à un mois de détention dans la geôle du comté, à une amende de cent dollars, et à rester en prison jusqu'à complet payement. Je crois de mon devoir, Nathaniel Bumppo...

— Et où le prendrai-je, cet argent? » interrompit vivement Bas de Cuir. « Où voulez-vous que je le prenne? Pour avoir coupé le cou à un daim, vous m'ôtez la prime des panthères. Est-ce dans les bois qu'on ramasse tant d'or et d'argent? Non, non, juge, pensez-y un peu, et ne parlez pas de m'enfermer dans une geôle pour le peu de temps qu'il me reste à vivre.

— Si vous avez quelques observations à faire sur l'arrêt qui vient d'être prononcé, la cour est prête à vous entendre.

— J'ai beaucoup à dire, » répliqua le pauvre homme en serrant la barre d'une étreinte convulsive. « Où voulez-vous que je trouve de l'argent? Laissez-moi retourner dans la forêt, où j'ai été accoutumé à respirer le grand air ; malgré mes soixante-dix ans, je me mettrai en campagne nuit et jour, et si vous n'avez pas chassé tout le gibier du pays, j'en aurai descendu de quoi vous payer avant la fin de la saison. Oui, c'est clair comme le jour, n'est-ce pas? et vous comprenez l'injustice qu'il y aurait à enfermer un vieillard qui n'a jamais passé un jour de sa vie sans jouir de la vue du firmament.

— Je dois me conformer à la loi.

— Ne me parlez pas de loi, Marmaduke Temple. La panthère de la forêt a-t-elle eu souci de vos lois quand elle a eu faim et soif du sang de votre enfant? Agenouillée devant Dieu, elle implorait de lui plus encore que je ne demande, et Dieu l'a entendue ; et maintenant si vous dites non à ma prière, croyez-vous qu'il ne vous entendra pas?

— Mes sentiments personnels ne doivent pas intervenir dans...

— Écoutez-moi, Marmaduke Temple, » interrompit pour la troisième fois le vieillard avec une nuance de mélancolie, « et revenez à la raison. Vous n'étiez pas juge, et votre mère vous portait encore dans ses bras, que je courais déjà les montagnes, et j'ai le droit, à mon sens, d'y courir tant que je vivrai. Avez-vous oublié le temps où vous êtes venu au bord du lac? Alors il n'y avait pas même une prison où se loger. Ne vous ai-je pas donné une peau d'ours pour vous coucher, une bonne tranche de venaison pour apaiser votre faim? Oui, oui, tuer un daim n'était pas alors un crime à vos yeux. Et cela, je l'ai fait sans avoir aucune raison de vous aimer, car vous n'aviez jamais fait que du mal à ceux qui m'avaient aimé et abrité. A présent, pour me récompenser, vous voulez m'enfermer dans vos cachots... Cent dollars! Et où voulez-vous que je me les procure? Non, non... Il y en a qui disent de vilaines choses sur votre compte, Marmaduke Temple; mais vous n'êtes pas assez méchant pour faire mourir un vieillard en prison parce qu'il a soutenu son droit. . . . .

« Allons, l'ami, » ajouta-t-il en s'adressant au constable, « laissez-moi passer; il y a longtemps que je ne me suis trouvé en pareille foule, et il me tarde de revenir dans mes bois... Ne craignez rien, juge, soyez bien tranquille : s'il reste des castors sur les rivières, et si les peaux de daim valent encore un schelling pièce, je payerai l'amende jusqu'au dernier liard... Où sont mes chiens? Ici, Hector, ici! Allons-nous-en. Nous ne sommes plus jeunes tous les deux, et nous avons une rude besogne; mais nous en viendrons à bout... Oui, oui, je l'ai promis, et je tiendrai parole. »

Il est inutile de dire que le constable étendit de nouveau son bâton pour s'opposer au départ de Bas de Cuir. Celui-ci allait encore élever la voix, lorsqu'un brouhaha qui se produisit dans le fond de la salle attira de ce côté l'attention de tous les spectateurs.

Benjamin avait réussi à se frayer un passage, et on l'aperçut alors balançant sa courte stature, un pied sur l'appui d'une croisée et l'autre sur la balustrade du banc des jurés. Il réussit, non sans peine, à tirer de sa poche un petit sac de cuir; puis, au grand étonnement de la cour, il s'adressa ainsi à M. Temple :

« Si tant est que Votre Honneur ait pour agréable de laisser ce pauvre vieux faire une autre croisière parmi les bêtes féroces, j'apporte ici de quoi aider à couvrir l'assurance : il y a tout juste trente-cinq piastres d'Espagne; et dans l'intérêt de mon compère, je regrette

du fond de mon cœur que ce ne soient pas de véritables guinées d'Angleterre. Mais, telles quelles, les voilà; et si maître Richard veut avoir la bonté d'examiner ce bout de compte et de le solder, il est libre de disposer du reste pour acquitter l'amende jusqu'à ce que Bas de Cuir ait arrimé les susdits castors, ou même pour toujours, et je ne demande pas de remercîments. »

En parlant ainsi, le majordome agitait d'une main le sac de piastres, et de l'autre, la marque de bois où était enregistrée sa dette à l'auberge du *Dragon Hardi.* L'émotion causée par ce bizarre intermède produisit dans la salle une stupéfaction profonde, qui ne fut interrompue que par le shérif, frappant la table de son glaive, en criant :

« Silence !

— Il faut en finir, » dit le juge. « Constable, conduisez le prisonnier au pilori. Greffier, appelez la cause suivante. »

Vaincu par la destinée, Bas de Cuir baissa la tête sur sa poitrine et suivit le constable en silence. La foule s'écarta pour lui ouvrir un passage, et se précipita hors de la salle pour aller assister au spectacle de son ignominie.

CHAPITRE XXXIV.

Ah ! ah ! voyez, il porte de cruelles jarretières.
SHAKESPEARE, *le Roi Lear*.

Dans l'État de New-York, les châtiments du droit coutumier étaient encore en usage à l'époque de cette histoire ; la peine des verges (*whipping-post*) et celle du pilori (*stocks*) n'avaient pas encore été remplacées par l'expédient plus humain des prisons publiques. C'était en face de la geôle de Templeton qu'on avait placé ces reliques du vieux temps, pour frapper d'une terreur salutaire les malfaiteurs de la colonie.

Nathaniel suivit à cet endroit les constables, courbant humblement la tête sous un pouvoir auquel il lui était impossible de résister, et environné de la foule, formant cercle autour de sa personne et donnant tous les signes de la plus vive curiosité. Un constable leva la partie supérieure des ceps et montra au condamné les trous dans lesquels il devait placer ses pieds. Sans faire la moindre objection, Bas de Cuir s'assit tranquillement à terre, et laissa placer ses jambes dans les ouvertures ; toutefois il jeta un coup d'œil autour de lui pour chercher parmi les spectateurs cette sympathie si nécessaire à la nature humaine dans ses souffrances. S'il ne rencontra aucune manifestation directe de compassion, il ne vit non plus aucune joie cruelle, et n'entendit pas une seule épithète outrageante. La foule gardait l'attitude d'une subordination attentive.

Le constable allait abaisser la planche supérieure, quand Benjamin, qui avait suivi de près le prisonnier, dit d'une voix rauque, comme s'il eût cherché un motif de querelle :

« Où est la nécessité, maître constable, de fourrer les jambes d'un homme dans cette machine en bois? Cela ne lui ôte pas son grog et ne lui blesse pas l'échine. A quoi diable cela est-il bon?

— C'est la sentence de la cour, Monsieur Penguillan, et je suppose que la loi l'exige.

— Oui, oui, je sais que la loi l'ordonne; mais à quoi cela sert-il, vous dis-je? A rien du tout, sinon à vous retenir par les talons l'espace de deux sabliers.

— Ce n'est rien, Ben la Pompe? » dit Nathaniel en jetant sur le majordome un regard qui appelait la compassion. « N'est-ce donc rien pour un homme que de se voir dans sa soixante et onzième année donné en spectacle aux colons comme un ours apprivoisé? N'est-ce rien pour un vieux soldat qui a servi dans la guerre de 1756, et qui a vu l'ennemi de près dans celle de 1776, d'être amené dans un lieu comme celui-ci, afin que les enfants puissent dire un jour en le montrant au doigt : J'ai connu un temps où on l'exposait au pilori du comté! N'est-ce rien du tout que d'abaisser la fierté d'un honnête homme au niveau des bêtes de la forêt? »

Benjamin roula de gros yeux menaçants, et malheur à qui eût offert à ses regards la moindre expression de mépris! Mais ne rencontrant autour de lui que des visages calmes et même de la commisération, il s'assit d'un air délibéré à côté du vieux chasseur, et plaça ses jambes dans deux des trous vacants.

« Là, » dit-il, « abaissez la planche, maître constable; abaissez-la, vous dis-je. Si tant est qu'il y ait ici quelqu'un qui soit curieux de voir un ours, qu'il regarde, et que le diable l'emporte! Au lieu d'un, il en verra deux, et qui savent mordre aussi bien que grogner.

— Mais je n'ai pas d'ordre pour vous mettre au pilori, Monsieur La Pompe, » dit le constable. « Levez-vous et laissez-moi faire mon ouvrage.

— Pas d'ordre? Vous avez le mien. En faut-il davantage pour

disposer de mes pieds? Abaissez donc la planche, entendez-vous, et voyons celui qui aura le front de nous faire la grimace.

— Ma foi, il n'y a pas de mal à mettre en fourrière quiconque le demande, » dit le constable en riant, et en abaissant la planche sur tous deux.

Les spectateurs, en voyant la position que venait de prendre Benjamin, éprouvèrent une forte envie de rire, et il y en eut bien peu qui ne s'en donnassent à cœur joie. Notre homme se débattit comme un beau diable pour recouvrer sa liberté, dans l'intention évidente de jeter le grappin d'abordage sur ceux qui étaient le plus rapprochés de lui; mais la clef était déjà tournée, et tous ses efforts furent vains.

« Hé! là-bas, maître constable, » cria-t-il, « levez votre manivelle seulement le temps de filer un nœud, et laissez-moi montrer à ces gaillards-là de quel bois se chauffent ceux qui les font tant rire.

— Tant pis! » répondit le constable. « Puisque vous l'avez voulu, vous en tâterez aussi longtemps que le prisonnier. »

Benjamin, voyant qu'il perdait sa peine à se démener, eut le bon esprit de prendre patience. Imitant la résignation de son compagnon, il finit par se tenir tranquille, et ne marqua son reste de colère que par une forte expression de mépris. Se tournant alors vers Natty, il entreprit le charitable office de consolateur.

« A considérer la chose par tous les bouts, maître Bumppo, c'est une simple bagatelle, » dit-il. « Imaginez-vous que j'ai vu, moi qui vous parle, de fort braves gens à bord de *la Boadicée* accrochés par les pieds pour une niaiserie, par exemple, pour avoir oublié qu'ils avaient déjà bu leur ration, lorsqu'un verre de grog leur tombait sous la main. Ceci n'est pas autre chose que de chasser sur deux ancres en attendant la marée ou un changement de vent, quand on est sur un fond commode et qu'on a de la place pour draguer les câbles. Oui, j'ai vu, je vous le répète, plus d'un brave camarade ancré de l'avant et de l'arrière sans pouvoir se virer de babord à tribord, et par-dessus le marché un bâillon sur la bouche. »

Le vieux chasseur parut apprécier les bonnes intentions du majordome, bien qu'il n'entendit rien à son éloquence navale; il releva sa tête humiliée, essaya de sourire, et dit :

« Hein? Plaît-il?

— Ce n'est rien, vous dis-je, ce n'est qu'un méchant grain qui va bientôt passer, » continua Benjamin. « Vous qui avez la quille longue, cela vous paraîtra peu de chose ; moi qui suis plus court dans mes œuvres basses, on m'a serré les jointures au point de m'empêcher de pivoter. Bah! c'est l'affaire d'un petit quart, et le diable m'emporte si je ne m'embarque pas dans votre croisière contre les castors. Vous dire que j'ai l'habitude des armes à feu, non, vu que j'étais en panne auprès des munitions de bouche, mais je puis porter le gibier, voyez-vous, et donner un coup de main pour tendre les trappes ; et si vous n'êtes pas plus maladroit à ce jeu-là qu'à manier le harpon, nous ne resterons guère en campagne. J'ai réglé mon compte ce matin avec M. Richard, et je lui ferai dire de rayer mon nom du rôle de l'équipage jusqu'à la fin de notre croisière.

— Vous êtes habitué au commerce des hommes, Ben, » dit tristement Bas de Cuir, « et la vie des bois vous semblerait dure, si...

— Pas du tout, pas du tout! Me prenez-vous donc pour un de vos beaux messieurs qui ne sont bons qu'à naviguer sur l'eau douce? Moi, d'abord, quand je trouve un ami, je m'y attache. Il n'y a pas de meilleur cœur au monde que M. Richard, et je l'aime presque autant que le nouveau baril de rhum de mistriss Hollister. » Puis, baissant la voix et clignant de l'œil, il ajouta : « Oui, Monsieur Bas de Cuir, ce rhum ravigote mieux que le kirch de Hollande que vous achetez à Guernesey. Nous allons en envoyer chercher à l'auberge pour y goûter, car j'ai les jambes tellement prises que je sens le besoin de lester un peu les œuvres vives. »

Nathaniel poussa un profond soupir et promena ses regards sur la foule qui commençait à se disperser. Son compagnon, agissant d'après la vieille maxime « Qui ne dit mot consent », tira de sa poche le sac aux dollars et en dénoua les cordons. Il était si affairé, qu'il ne vit point Hiram traverser lentement la foule et s'approcher du pilori, en compagnie de Jotham.

L'architecte eut l'impudence d'aller se camper juste en face de sa victime, dont il ne put soutenir le regard. Cette rencontre le jeta même dans une sorte de malaise, nouveau pour lui. Enfin, s'étant peu à peu

remis, il jeta un coup d'œil vers le ciel qui était couvert de nuages, et comme si le hasard seul l'eût amené sur la place, il dit d'un ton plein de raideur et d'hésitation :

« Nous avons grand besoin de pluie ! J'ai dans l'idée que la sécheresse va durer. »

Bas de Cuir, sans lui répondre, détourna la tête avec mépris. Encouragé plutôt qu'intimidé par ce mouvement de répugnance, Hiram continua :

« Il ne paraît pas y avoir d'eau dans les nuages, et la terre est terriblement desséchée. A mon avis, s'il ne pleut pas bientôt, nous aurons une mauvaise récolte. »

L'air dont M. Fait-Peu énonça cette opinion prophétique avait quelque chose de particulier : il y avait je ne sais quoi de jésuitique et de dur qui semblait dire à l'homme qu'il avait si cruellement lésé : « Je me suis tenu dans les limites de la loi. »

Le vieux chasseur ne put se contenir davantage, et son indignation éclata.

« Pourquoi la pluie tomberait-elle des nuages, » s'écria-t-il, « quand vous faites couler à la fois les larmes du vieillard, du malade et du pauvre ? Hors d'ici ! hors d'ici ! Vous pouvez être formé à l'image de Dieu, mais Satan habite dans votre cœur. Allez-vous-en, vous dis-je ! J'ai du chagrin, et votre vue me donne des pensées amères. »

Cependant Benjamin avait cessé de compter son argent, et levant la tête, il avait aperçu Hiram. Au moment où ce dernier, démonté par l'apostrophe énergique de Natty, voulut reculer, il l'empoigna au passage par une jambe et le fit tomber par terre. Comme il avait pris son adversaire à l'improviste, il réussit à l'asseoir résolument près de lui, face à face et dans une position à peu près semblable à la sienne.

« Vous êtes un marin de contrebande, Monsieur Fait-Pas-Grand'-chose, c'est moi qui vous le dis, » beugla le majordome. « Je vous connais, allez ! Avec M. Richard vous êtes tout sucre, et, le dos tourné vous lui donnez des coups de griffe auprès des commères du village. N'était-ce pas suffisant pour un chrétien d'agripper par les pattes mon digne camarade, sans pourchasser ainsi le pauvre mâtin, comme si vous vouliez le couler à fond sur ses ancres? Mais j'ai transcrit sur mon livre de bord plus d'une de vos piperies, mon maître, et voilà le moment de régler nos comptes. Donc mettez-vous en garde, grand escogriffe, et voyons à qui de nous restera la paille de fer.

— Jotham! » s'écria Hiran éperdu. « Jotham, appelez les constables! Monsieur Penguillan, ne troublez pas la paix publique. Je vous commande de me laisser en paix.

— Jusqu'ici il y a eu entre nous plus de paix que d'amitié, maître drôle, » riposta Benjamin en se livrant à des démoustrations non équivoques d'hostilité. « Attention, et garde à vous! Vous allez sentir le poids de ce marteau sur votre enclume.

— Ne portez pas la main sur moi! » dit Hiram qui suffoquait sous l'étreinte du majordome. « Touchez-moi, si vous l'osez.

— Moi, toucher votre cœur? Non, non, je ne veux que chatouiller vos omoplates. »

La conduite de Benjamin, nous avons regret à le dire, devint alors d'une inconvenance extrême : prenant à la lettre la comparaison du marteau et de l'enclume, il meurtrit à coups de poing le visage du charpentier. Il s'ensuivit dans la foule, ramenée autour du pilori, une scène de tumulte et de confusion : pendant que les uns formaient le cercle en juges du combat, les autres couraient donner l'alarme au tribunal, ou annoncer à la femme d'Hiram la situation fâcheuse de son mari.

Notre ex-matelot, cependant, accomplissait sa tâche en conscience, renversant presque à chaque coup son piètre antagoniste et le remettant aussitôt en équilibre; car il se serait cru déshonoré de frapper un ennemi à terre.

A la fin, Richard arriva hors d'haleine, et dans la suite il déclara qu'en outre de la mortification qu'il avait éprouvée en voyant troubler l'ordre public dont il répondait, il n'avait de sa vie ressenti une douleur plus vive qu'au spectacle de la guerre déclarée entre ses deux favoris. Hiram était devenu en quelque sorte nécessaire à sa vanité, et il portait à Benjamin une affection véritable, comme il y parut à ses premières paroles.

« Ah! fi, Monsieur Fait-Peu, » dit-il, « je suis honteux de voir un homme revêtu de votre caractère officiel s'oublier au point de troubler la paix publique, d'insulter la cour et de battre ainsi le pauvre Benjamin! »

A la voix de M. Jones, le majordome suspendit sa besogne; Hiram put enfin lever son visage déconfit vers le médiateur, et, enhardi par sa présence, il eut de nouveau recours à ses poumons.

« J'aurai justice de cet attentat! » s'écria-t-il furieux. « Il me la

faut. Je vous requiers, Monsieur le shérif, d'empoigner cet homme et de le faire conduire en prison. »

Richard découvrit alors le véritable état de la question, et se tournant vers le majordome :

« Benjamin, » lui reprocha-t-il, « vous au pilori! Comment êtes-vous là? Moi qui vous croyais un agneau de douceur, et qui vantais votre docilité! Quelle inconvenance! Du même coup vous avez déshonoré vous et vos amis... Dieu me pardonne, Hiram, vous avez tout un côté de la figure en marmelade. »

Le charpentier, s'étant replacé sur ses jambes et hors de l'atteinte du majordome, s'égosillait à réclamer vengeance. L'offense était trop notoire pour ne pas être punie, et le shérif, se rappelant l'impartialité dont son cousin avait fait preuve dans le procès de Bas de Cuir, en vint à conclure qu'il devait envoyer son favori en prison. Le terme de l'exposition de Nathaniel était expiré. Benjamin, s'avisant qu'ils passeraient la nuit ensemble, ne protesta nullement contre son arrestation et pendant que le shérif, précédé d'une troupe de constables, les conduisait à la geôle, il exhala en ces termes ses doléances :

« Quant à suspendre mon hamac, une nuit ou deux, à côté de celui de Bas de Cuir, je m'en soucie comme d'une nèfle, Monsieur Richard, attendu que c'est un honnête garçon qui vous manie joliment un harpon et une carabine ; mais pour ce qui est d'avouer qu'un homme mérite autre chose qu'une double ration pour avoir aplati d'un côté, comme vous dites, la frimousse du charpentier, ce serait à l'envers du bon sens et de la religion, pour sûr. S'il y a une sangsue dans le pays, c'est bien ce chenapan-là. Oh ! je le connais, et à moins que sa carène ne soit de bois mort, il doit me connaître aussi un tantinet... Où est donc le mal, Monsieur Jones, pour prendre la chose tant à cœur ? C'est une bataille comme une autre, bordée contre bordée ; seulement nous avons combattu sur nos ancres. »

Richard jugea indigne de lui de répondre à ce discours, et, après avoir dûment logé ses prisonniers dans un cachot qui donnait sur la rue, il s'éloigna.

Pendant l'après-midi, Ben la Pompe fut occupé à recevoir un grand nombre de visites amicales à travers les barreaux de la geôle, et vida en leur honneur plus d'une rasade. Son compagnon au contraire se promenait d'un air soucieux, la tête penchée sur sa poitrine. Vers le soir, Olivier se montra près de la fenêtre, et eut un entretien assez vif avec le vieillard, qui parut dès lors tout rasséréné.

Avant de s'étendre sur son grabat, et quand, la nuit venue, le dernier visiteur fut parti, il suspendit une couverture devant la croisée, et les prisonniers se livrèrent tous deux au repos.

CHAPITRE XXXV.

> Afin de tromper la poursuite de l'ennemi, ils enfoncèrent l'éperon aux flancs de leurs montures, et tant qu'ils eurent le vent à dos, et la peur aussi, nul ne se retourna.
>
> BUTLER, *Hudibras.*

A l'approche des ombres de la nuit, les jurés, les témoins et la cour se séparèrent, et avant neuf heures le silence régnait dans le village, dont les rues étaient presque désertes.

C'est à ce moment que le juge Temple et sa fille, suivis à quelque distance par Louise Grant, s'avançaient lentement dans l'avenue de jeunes peupliers, qui conduisait à la grande maison.

« Nul ne peut mieux que vous, ma fille, adoucir son cœur ulcéré, » dit le père ; « mais qu'il ne soit pas question de son procès : la sainteté des lois doit être respectée.

— Elles méritent de l'être, » répliqua vivement Élisabeth. « Comment seraient-elles parfaites des lois qui condamnent un tel homme avec tant de rigueur pour une faute qui me semble légère?

— Tu parles de choses que tu ne comprends pas. La société a besoin, pour se maintenir, d'exercer des contraintes salutaires et d'assurer respect et sécurité à ceux qu'elles chargent de leur exécution. Que dirait-on d'un juge qui favorise un condamné parce qu'il a sauvé la vie de son enfant?

— Oui, je sens la difficulté de votre situation, mon père, et pourtant en appréciant le délit du pauvre Nathaniel, je ne puis séparer l'homme du ministre de la loi.

— Raisonnement de femme! C'est pour avoir, non pas maltraité Hiram, mais menacé les jours d'un constable dans l'exercice de...

— L'un ou l'autre, peu importe! » interrompit miss Temple avec une logique où il y avait plus de sensibilité que de raison. « Je sais que Natty est innocent, et partant de là, je dois donner tort à ceux qui l'oppriment.

— Même à son juge? à ton père?

— Non, non, non, n'allons pas plus loin... Quelles sont vos instructions, mon père? J'irai sur-le-champ les exécuter. »

Le juge garda un moment le silence en souriant avec tendresse à son enfant; puis ayant affectueusement placé sa main sur son épaule, il répondit :

« Tu as raison et bien raison, Betzy, mais tu as le cœur trop près de la tête... Écoute : ce portefeuille contient deux cents dollars. Va à la prison et remets cet ordre au geôlier. Quand tu verras Bumppo, dis-lui ce que tu voudras, donne carrière aux sentiments de ton cœur reconnaissant. N'oublie pas toutefois que les lois seules distinguent notre condition de celle des sauvages, que le vieillard est coupable, et que son juge est ton père. »

Sans rien répliquer, miss Temple pressa contre son cœur la main qui tenait le portefeuille. Prenant ensuite le bras de son amie, elle s'engagea dans la principale rue du village.

Les deux jeunes filles marchaient en silence dans l'ombre des maisons. On n'entendait plus aucun bruit, si ce n'est celui d'un attelage de bœufs qui traînaient pesamment une charrette et suivaient la même direction qu'elles. Un homme cheminait d'un pas lourd à côté des bêtes, comme accablé sous le poids des travaux de la journée. A l'angle de la rue où était située la prison, il s'arrêta, rangea ses bœufs le long du mur, et mit devant chacun d'eux une botte de foin. Tout cela était si naturel et si ordinaire qu'Élisabeth ne jeta pas même un second coup d'œil sur l'attelage, jusqu'à ce qu'elle entendit le charretier dire à voix basse :

« Là! là! Rousseau... Attention, s'il vous plaît! »

Il y avait dans la voix du charretier quelque chose qui fit tressaillir miss Temple. Au tournant de la rue, elle fut obligée de passer près de l'homme, et reconnut Olivier sous les vêtements grossiers d'un paysan. Leurs yeux se rencontrèrent au même instant, et malgré l'obscurité, la reconnaissance fut mutuelle.

« Miss Temple!

« Monsieur Edwards! »

Tel fut le cri qui s'échappa sourdement de leurs lèvres.

« Est-il possible! » reprit le jeune homme. « Vous si près de la prison! Sans doute vous allez au presbytère?... Ah! miss Grant, excusez-moi; je ne vous avais pas reconnue. »

Louise soupira, mais si bas qu'elle fut entendue seulement d'Élisabeth.

« C'est à la prison même que nous nous rendons, Monsieur, » répondit celle-ci. « Nous voulons faire voir à Bas de Cuir que nous n'avons pas oublié ses services, et que, tout en étant justes, nous savons être reconnaissantes. C'est là aussi que vous allez, je pense; soyez assez bon pour attendre encore un quart d'heure. Bonsoir, Monsieur Edwards. Je... je suis vraiment fâchée de vous voir réduit à un tel labeur; assurément, mon père...

— J'attendrai le temps qu'il vous plaira, » dit-il un peu sèchement. « Puis-je vous prier de ne point dire que vous m'avez rencontré?

— Ne vous mettez point en peine, Monsieur, » répondit-elle en lui rendant son salut par une légère inclinaison de tête.

Comme elles étaient au seuil de la prison, Louise dit d'une voix tremblante :

« Ne serait-il pas bien d'offrir une partie de votre argent à Olivier? La moitié suffit à payer l'amende de Natty. Pauvre jeune homme! il n'est pas accoutumé à des travaux si durs. Je suis sûr que mon père ferait tous les sacrifices que lui permet sa position pour lui procurer une situation plus digne de lui. »

Le sourire involontaire qui parut sur les lèvres d'Élisabeth se mêla à l'expression d'une pitié énergique et profonde; néanmoins elle ne répondit pas, et la présence du concierge les rappela toutes deux à l'objet de leur visite.

La délivrance miraculeuse des deux amies, l'intérêt qu'elles devaient prendre au sort du vieux chasseur, la liberté de manières qui régnait dans le pays, tout concourut à rendre leur démarche naturelle aux yeux du concierge, et, lorsqu'elles demandèrent à voir le prisonnier, il n'en fut nullement étonné. D'ailleurs, toute objection, s'il en avait eu, eût été levée dans l'ordre écrit du juge Temple. Sans hésitation, il les conduisit donc dans la pièce occupée de compagnie par Natty et Ben la Pompe.

A peine la clef fut-elle introduite dans la serrure, qu'on entendit le majordome crier :

« Holà ! ho ! Qui va là?

— Des visiteurs que vous serez bien aise de voir, » répondit le concierge. « Qu'avez-vous fait à la serrure? La clef ne veut pas tourner.

— Tout doux, mon maître ! » reprit le majordome, « j'ai enfoncé un clou le long du pêne, en guise de tampon, voyez-vous, afin d'empêcher ce M. Fait-Pas-Grand'chose de nous livrer un autre abordage ; car je m'attends à être flasque comme une banane, vu qu'ils me condamneront à perdre mes piastres pour avoir frotté le coquin un peu trop fort... Tirez une bordée, hein? L'affaire d'un bout de temps, je déblaie la voie. »

Un bruit sourd qu'on entendit dans la serrure prouva que l'intendant parlait sérieusement, et bientôt la porte s'ouvrit.

Il était clair que Benjamin avait voulu anticiper sur la confiscation de ses espèces, car pendant l'après-midi et la soirée, il avait eu fréquemment recours à son baril de prédilection du *Dragon Hardi*, et il se trouvait dans cet état d'ébriété particulier qu'on nomme *entre deux vins*. Il n'était pas facile de déranger par la boisson l'équilibre du vieux matelot ; comme il le disait en son langage technique, « sa mâture était trop basse pour qu'il ne pût pas porter ses voiles par tous les temps; » mais il se trouvait dans la condition d'un homme qui a bu un coup de trop, il voyait trouble (*muddy*).

Quand il comprit de quelle espèce était la visite, il battit en retraite du côté de la chambre où était son grabat, et sans faire attention à la présence de sa jeune maîtresse, il s'assit avec beaucoup de flegme, le dos solidement appuyé contre le mur.

« Si vous vous amusez encore à me brouiller la serrure, Monsieur La Pompe, » dit le geôlier, « je vous mettrai aux jambes un tampon de ma façon, qui vous fera tenir tranquille.

— Quel mal y a-t-il à boucher, comme vous, les écoutilles? »

grommela Benjamin. « Laissez la cabine ouverte par dehors, et nous ne la fermerons pas en dedans, je vous le promets.

— Il faut que je ferme la prison à neuf heures, Miss Temple, » dit le geôlier, « et je vous préviens qu'il est maintenant huit heures quarante-deux minutes. »

A ces mots, il plaça une chandelle sur une table en bois de pin, et sortit.

« Bas de Cuir ! » dit Élisabeth, quand la porte se fut refermée sur eux. « Mon brave ami, c'est la reconnaissance qui m'amène... Si vous vous étiez soumis à la visite, la mort du daim n'eût été qu'une bagatelle, et tout se serait passé...

— Me soumettre à la visite ! » interrompit Nathaniel, sans quitter le coin où il était assis. « Laisser entrer chez moi une telle vermine ? Y pensez-vous ? Non, non, j'aurais refusé d'ouvrir à n'importe qui, même à vous. Qu'ils fouillent à présent parmi les charbons et les cendres ; ils y trouveront ce qu'on trouve partout où l'on fabrique de la potasse.

— On peut rebâtir votre cabane et vous en faire une meilleure. J'y veillerai moi-même, et tout sera prêt le jour où vous sortirez d'ici.

— Est-il en votre pouvoir de ressusciter les morts, enfant ? d'aller où reposent ceux qui ne sont plus et de dire à leurs restes réunis : Vous serez comme auparavant ? Ah ! vous ne savez pas ce que c'est que d'avoir, quarante années durant, abrité sa tête sous les mêmes troncs d'arbres, et toujours eu les mêmes objets sous les yeux pendant la plus longue partie de sa vie ! Quoique bien jeune, vous êtes l'une des plus excellentes créatures de Dieu. J'avais conçu une espérance qui aurait pu se confirmer... Maintenant tout est fini ; ce dernier grief ajouté à tant d'autres chassera l'illusion de sa pensée. »

Sans doute, miss Temple comprit le sens voilé de ces paroles mieux que sa compagne, car, pendant que Louise restait à ses côtés, innocemment occupée à s'apitoyer sur les chagrins du vieux chasseur, elle détourna la tête de manière à cacher la rougeur qui montait à son visage.

« On trouvera pour vous d'autres troncs d'arbres et un abri plus commode, mon vieux défenseur, » reprit-elle au bout d'un moment.

« Votre détention ne sera pas longue, et quand elle finira, vous rentrerez dans votre maison.

— L'intention est bonne, oui, elle part d'un bon cœur, et je regrette de ne pouvoir m'y prêter. Il m'a vu servir de jouet, attaché au pilori, à ceux...

— Au diable votre pilori! » interrompit Benjamin en brandissant une bouteille, à laquelle il avait fait des attaques fréquentes et empressées. « On s'en moque pas mal. Regardez-moi ces jambes-là : on les a serrées dur comme des voiles de beaupré; eh bien, en quoi sont-elles plus mauvaises? en quoi...

— Vous oubliez, Monsieur La Pompe, » dit Élisabeth, « en présence de qui vous parlez si librement.

— Vous oublier, Miss Betzy! » répondit le majordome. « Dieu me damne si c'est possible! Moi, vous oublier! pas plus que mistress Petits-Os, la commère qui se trémousse là-bas dans la grande maison. Pour de jolis petits os, elle en a peut-être; mais la chair, qui est sèche comme une peau d'âne...

— Assez! » reprit miss Temple. « Je vous ordonne de vous taire.

— C'est bon, Madame! Vous ne me défendez pas de boire, n'est-ce pas? »

Élisabeth se tourna vers le vieillard.

« Ne parlons pas des autres, » dit-elle: « occupons-nous de ce qui vous concerne, Natty. Je ferai en sorte que vous passiez le reste de vos jours dans le repos et l'abondance.

— Le repos! » répéta Bas de Cuir. « En est-il pour un vieillard qui sera réduit à faire une longue traite à travers champs avant de trouver un arbre qui l'abrite contre un soleil de feu? L'abondance, dans un pays où l'on peut chasser du matin au soir avant d'apercevoir autre chose qu'un blaireau ou un renard égaré? Ah! les castors qui doivent payer mon amende me donneront du fil à retordre. Il faudra pousser jusqu'aux frontières de Pensylvanie, à plus de trente lieues peut-être, en quête de ces créatures. On n'en rencontre pas ici; vos abattis et vos défrichements les ont chassées, et avec leurs écluses qui sont conformes à la nature de l'animal et au vœu de la Providence, vous faites des écluses de moulin... Ben, mon ami, si vous ne cessez de hausser le coude, vous ne serez pas en état de partir au moment voulu.

— Compris, maître Bumppo! N'ayez crainte... Sitôt qu'on appellera les hommes de quart, placez Ben sur ses jambes, indiquez-lui la hauteur de la côte et la distance, et il gouvernera comme pas un, allez. »

Bas de Cuir prêta l'oreille.

« Eh bien, le moment est arrivé, » reprit-il. « Les bœufs frottent leurs cornes contre la muraille ; je les entends.

— Commande la manœuvre, vieux marsouin, et virons de bord.

— Vous ne direz rien? » dit Nathaniel en regardant Élisabeth avec une simplicité naïve. « Vous ne trahirez pas un vieillard qui a besoin de respirer l'air libre du ciel? Je ne veux de mal à personne ; et si la loi exige que je paie les cent dollars, une saison entière ne sera pas de trop. J'en viendrai à bout, et ce brave homme me donnera un coup de main..

— Quel est donc votre projet? » dit Élisabeth étonnée. « Vous avez trente jours à passer ici. Quant à l'amende, je vous apporte l'argent nécessaire. Prenez patience. Nous viendrons vous voir souvent; nous remettrons vos habits en état. Vous verrez, vous verrez, on vous dorlotera.

— Est-il vrai, mes enfants? » dit Nathaniel d'un air attendri et en prenant la main d'Élisabeth. « Auriez-vous tant de bonté pour un vieillard qui n'a d'autre mérite que d'avoir tué une bête sans qu'il lui en coûtât rien? Il y a des choses qui ne sont pas dans le sang, à ce que je vois, puisque vous paraissez conserver le souvenir d'un bienfait. Ah! vos doigts mignons auraient bien de la peine à coudre des peaux de daim, et surtout à employer des nerfs au lieu de fil. Mais s'il peut encore m'entendre, il saura tout ; il apprendra comme moi qu'il y a quelque part de la reconnaissance.

— Qu'il ne sache rien! » s'écria Élisabeth vivement. « Si vous avez de l'amitié, de l'estime pour moi, ne lui dites rien. C'est de vous que je m'occupe, de vous seul qu'il s'agit. Je suis bien fâchée, Bas de Cuir, que la loi vous ait condamné à rester si longtemps ici ; après tout, un mois est bientôt passé, et...

— Un mois! » s'écria Nathaniel avec son rire habituel. « Pas un jour, pas une nuit, pas une heure, jeune fille. Le juge Temple peut condamner les gens à la prison, mais il ne peut les y garder dans une baraque comme celle-ci. Il m'arriva un jour d'être fait prisonnier par les Français; ils nous entassèrent soixante-deux dans un blockhaus; mais des souches de pins n'étaient pas pour arrêter des gens accoutumés à couper le chêne. »

Le chasseur se tut, jeta autour de lui un regard circonspect, puis ayant doucement poussé Benjamin, il écarta le matelas et fit voir qu'un des troncs d'arbre avait été fraîchement scié à l'aide d'un ciseau et d'un maillet.

« Il n'y a qu'un coup de pied à donner, » ajouta-t-il, « et nous sommes dehors.

— C'est ça, dehors! » dit Benjamin sortant de sa stupeur. « Allons, au large, vite! Attrapez-moi vos castors, et je les empêcherai, moi, de s'envoler.

— Voilà un gaillard qui va nous donner du tracas, » reprit Bas de Cuir. « Il faudra jouer des jambes dans la montagne, si la piste est découverte, et il ne me semble guère en mesure de courir.

— Courir! » répéta le majordome. « Non, il faut élonger plutôt et livrer bataille.

— Ne cherchez pas à vous sauver, Bas de Cuir! » reprit Élisabeth. « La fuite vous rejetterait au fond des bois, et cela sans rémission; songez-y! et vous devenez vieux. Patientez encore un peu, jusqu'à ce que vous puissiez sortir librement et avec honneur.

— Est-ce ici que je chasserai le castor?

— A quoi bon? Vous aurez, dans cette bourse de quoi payer l'amende. Tenez, voici la somme en or.

— De l'or! » dit Nathaniel avec une sorte de curiosité enfantine. « Il y a bien des années que je n'en ai vu. Je me souviens d'un soldat français qui avait été tué; on trouva une douzaine de pièces d'or cousues dans sa chemise. Je ne les ai pas touchées, mais je les ai vues découdre de mes propres yeux. Elles étaient plus grandes et plus brillantes que celles-ci.

— Ce sont des guinées anglaises; elles vous appartiennent à titre d'à-compte sur ce que nous voulons faire pour vous.

— Et pourquoi me donneriez-vous ce trésor?

— Ne m'avez-vous pas sauvé la vie? ne m'avez-vous pas sauvée des griffes de la panthère? »

Le chasseur prit l'or et le retourna pièce à pièce dans sa main, en faisant tout haut ses réflexions :

« On dit que dans la vallée aux Cerises il y a une carabine à vendre qui tue à plus de cinq cents pas. J'ai vu de bons fusils dans ma vie, mais pas un qui vaille celui-là. Être sûr de son coup à cinq cents pas, c'est quelque chose! Bah! je suis vieux, et mon fusil durera autant que moi... Tenez, enfant, reprenez votre or. Voilà l'heure ; je l'entends qui parle à ses bœufs, il faut que je parte. Vous n'en direz rien au moins? vous ne nous trahirez pas?

— Moi vous trahir! Emportez toujours cet or, Natty, quand même vous persisteriez à fuir dans la montagne.

— Non, non, » dit le vieillard en secouant la tête, « je ne voudrais pas pour vingt carabines vous priver de cette somme. Mais il y a une chose que vous pouvez faire pour moi, et même je ne vois pas trop à qui le demander, en dehors de vous.

— De quoi s'agit-il? Parlez!

— Eh bien, c'est de m'acheter une corne de poudre ; elle vous coûtera deux dollars d'argent. Ben la Pompe les a tout prêts, mais nous n'osons nous aventurer dans le village. Il n'y a que le marchand français qui en vende; c'est de la meilleure, et juste comme il me la faut. Voulez-vous m'en acheter, jeune fille? dites, le voulez-vous?

— Je vous l'apporterai moi-même, Bas de Cuir, dussé-je marcher un jour pour vous trouver dans les bois. Mais où et comment vous trouverai-je?

— Où? » dit Nathaniel en réfléchissant un moment. « Demain, sur le mont Vision, tout en haut ; c'est là que vous me trouverez, mon enfant, à l'heure où le soleil sera au-dessus de nos têtes. Ayez soin que la poudre soit d'un beau grain ; vous la reconnaîtrez au brillant et au prix.

— Je n'y manquerai pas, » dit Élisabeth avec fermeté.

Alors Bas de Cuir s'assit, déplaça le matelas et, appuyant son pied contre le pan de mur où il avait scié le bois, imprima une forte poussée.

En même temps qu'un bruit sourd, les jeunes amies entendirent le froissement du foin, et elles comprirent pourquoi Olivier avait pris l'accoutrement et le rôle d'un charretier.

« Venez, Ben, » dit le chasseur, « pendant qu'on n'y voit goutte, car la lune se lèvera dans une heure.

— Arrêtez! » dit Élisabeth. « Il ne faut pas qu'il soit dit que vous vous êtes évadés en présence de la fille du juge Temple. Donnez-nous le temps de sortir. »

Nathaniel allait répondre, lorsqu'on entendit les pas du concierge dans le corridor. En un tour de main, il remit en place le matelas, sur lequel Benjamin s'étendit fort à propos.

La porte s'ouvrit aussitôt.

« Miss Temple ne se dispose-t-elle pas à partir? » demanda poliment le geôlier. « Voici l'heure de fermer la prison.

— Je vous suis, » dit Élisabeth. « Bonne nuit, Bas de Cuir.

— Surtout qu'elle soit d'un bon grain, » murmura celui-ci; « le fusil aura plus de portée. Je me fais vieux, et je ne puis plus suivre le gibier d'aussi près qu'autrefois. »

Miss Temple lui recommanda par geste de garder le silence, et sortit avec Louise. Le concierge ferma la porte à un seul tour, et les accompagna jusqu'à la porte extérieure, en disant qu'il allait revenir pour tirer les verrous sur ses prisonniers.

« Puisque Bas de Cuir refuse cet argent, » dit Louise à voix basse, « on pourrait le donner à M. Edwards, et en y ajoutant ce que...

— Chut! » dit Élisabeth, « j'entends du bruit... Ils s'évadent... S'ils allaient être découverts ! »

A l'angle de la rue, elles virent Olivier et Natty occupés à tirer par le trou de la muraille le corps presque inanimé de Benjamin.

« Jetez le foin dans la charrette, » dit le jeune homme, « sans quoi ils se douteront de la chose. Faites vite, pour qu'on ne s'aperçoive de rien! »

Au même instant, brilla, à travers l'ouverture, la lumière d'une chandelle, et le geôlier se mit à appeler à cor et à cri.

« Quel parti prendre? » dit Olivier. « Cet ivrogne sera cause de notre perte.

— Eh! moussaillon, » grommela l'intendant, « où est-il, l'ivrogne?

— Qu'il reste là, » dit Olivier. « Partons!

— Non, garçon, ça ne serait pas honnête, » répondit le chasseur. « Il m'a épargné la moitié de la honte du pilori ; c'est une créature qui a du sentiment. »

Le tumulte grandissait à l'intérieur de la prison, d'où s'échappaient des cris : « Alerte! Au secours! Arrêtez-les! »

Plusieurs personnes sortirent de l'auberge du *Dragon Hardi*, et on entendit entre autres la voix de Billy le bûcheron.

« Quel diantre de sabbat font-ils là dedans? » dit-il. « Allons-y voir.

— Nous sommes perdus, » dit Olivier, « si nous ne laissons pas cet homme ici.

— Mettez-le dans le foin, et faites partir les bœufs, » dit vivement Élisabeth en passant près du faux charretier. « Personne n'ira regarder là.

— Oui, » s'écria celui-ci, « c'est une inspiration de femme! »

Aussitôt conseillé, aussitôt fait. On installa Benjamin sur les bottes de foin, où, raide comme un piquet et l'aiguillon en main, il avait l'air d'un toucheur de bœufs. L'attelage s'ébranla pesamment, tandis qu'Olivier et Bas de Cuir, rasant les murs, parvinrent, à la faveur des ténèbres, à gagner une ruelle qui conduisait hors du village.

Cependant les clameurs redoublaient, les constables étaient sur pied, les habitants quittaient leurs maisons, ceux-ci jurant, ceux-là riant de cet exploit des prisonniers. Au milieu du vacarme, on distinguait la voix de Kirby, s'écriant qu'il rattraperait les fugitifs, et ramènerait Natty dans une poche et Ben dans l'autre.

« Dispersez-vous, camarades, » ajoutait-il en faisant à lui seul du tapage pour douze. « Courez à la montagne ; ils y seront dans un quart d'heure, et alors gare à la longue carabine! »

Les deux jeunes filles avaient hâté le pas pour se tirer de la bagarre. Comme elles allaient entrer dans l'avenue de la grande maison, elles virent deux hommes qui se glissaient avec précaution le long des peupliers : c'étaient Olivier et le vieux chasseur.

« Miss Temple, » dit le jeune homme, « peut-être ne vous reverrai-je jamais. Laissez-moi vous remercier de vos bontés. Vous ne savez pas, vous ne pouvez pas savoir les motifs qui m'animent...

— Fuyez ! fuyez ! » s'écria Élisabeth. « L'alarme est donnée. Qu'on ne vous voie pas causer avec moi en un tel lieu, et à cette heure !

— Il faut que je parle, dût-il m'arriver malheur !

— On vous a coupé la retraite du côté du pont, et gagner le bois est déjà impossible... Écoutez. Il n'y a pas une âme dans la rue. Traversez-la ; courez au bord du lac, vous y trouverez le bateau de mon père. Il vous sera facile de débarquer où il vous plaira.

— Mais que dira le juge Temple ?

— Sa fille répond de tout. »

Le jeune homme lui dit à voix basse quelques mots qu'elle seule put comprendre, et se détourna pour suivre son avis.

A son tour, Bas de Cuir s'approchait d'Élisabeth.

« Rappelez-vous la corne de poudre, mon enfant, » murmura-t-il. « Hector et moi nous devenons lourds, et, pour chasser le castor, il nous faut de bonnes munitions.

— Allons, Natty, » dit son jeune ami, « dépêchons!

— Je viens, mon garçon, je viens... Dieu vous bénisse tous deux, jeunes gens, vous et lui, qui êtes si dévoués pour un vieillard! »

Elles s'arrêtèrent jusqu'à ce qu'elles les eussent perdus de vue, et s'acheminèrent ensuite vers la maison du juge.

Sur ces entrefaites, le bouillant Kirby avait rejoint le chariot sur lequel trônait Benjamin. Précisément il était à lui, et Olivier l'avait emprunté sans permission, à l'endroit où le patient attelage avait coutume d'attendre, le soir, le bon plaisir de son maître.

« Holà! ho! » cria-t-il en s'adressant à ses bêtes. « Pourquoi avez-vous quitté sans moi le bout du pont où je vous avais laissés?

— Vire au cabestan, » marmotta Benjamin en agitant son aiguillon qui effleura l'épaule de Kirby.

Celui-ci se retourna tout surpris, mais sans pouvoir distinguer dans l'obscurité la figure du majordome, encadré dans les ridelles de la charrette.

« Eh! » lui dit-il. « Qui diable êtes-vous?

— Qui je suis? » répéta l'autre. « Parbleu, je suis le timonnier de ce navire, et vous le voyez, je fais route en droite ligne... oui, le pont en proue, le pilori en poupe. C'est ce que j'appelle un fameux sillage, mon gars. Allons, vire au cabestan!

— Tâchez de laisser votre aiguillon tranquille, Monsieur Ben la Pompe, ou je vous frotterai les oreilles d'importance. Où allez-vous avec mon attelage?

— Votre attelage!

— Oui, mes bœufs et ma charrette.

— Ah! ça, vous ne savez donc pas, maître Kirby, que Bas de Cuir et moi, c'est-à-dire Ben la Pompe... Vous connaissez Ben?.. alors Ben et moi... non je me trompe, moi et Ben... Mais, va-t'en au diable, je m'embrouille... Enfin nous sommes une flotte de braves gens en train de charger une cargaison de peaux de castors, et pour les expédier, nous avons mis ce chariot en réquisition... A propos, maître Kirby, quel triste rameur vous faites! Une vache s'entendrait tout autant à manier une pique d'abordage. »

Billy n'avait pas tardé à découvrir l'état d'infirmité où se trouvait pour le moment l'intelligence du majordome. Il se mit à marcher sans mot dire à côté de ses bœufs; puis, voyant Benjamin s'allonger, sur le dos et tomber en sommeil, il lui ôta l'aiguillon des mains et conduisit son attelage à un endroit de la forêt où il devait, le lendemain, travailler à un nouveau défrichement. Il ne fit d'autre rencontre que celle de quelques constables, qui, après une ou deux questions adressées à la hâte, continuèrent leur route.

Élisabeth passa une heure entière à la fenêtre de sa chambre. De là elle vit briller sur les rampes de la montagne les torches de ceux qui poursuivaient les fugitifs, et elle entendit leurs cris d'appel. Mais au bout de ce temps ils revinrent bredouille, harassés et de mauvaise humeur, et le silence régna de nouveau dans le village.

CHAPITRE XXXVI.

« Moi aussi, j'aurais à pleurer, » dit le chef Onéida en commençant ses sauvages lamentations ; « mais je ne dois pas souiller de larmes le chant de mort du fils de mon père. »

TH. CAMPBELL, *Gertrude de Wyoming.*

De bonne heure, le lendemain matin, Élisabeth et Louise, qui s'étaient donné rendez-vous la veille, allèrent ensemble à la boutique de M. Le Quoi, pour remplir la promesse faite à Bas de Cuir. Il ne s'y trouvait que Billy Kirby et une femme venue pour quelques emplettes.

M. Le Quoi parcourait un paquet de lettres avec une joie manifeste, pendant que le bûcheron, une main dans son gilet, l'autre dans la poche de sa veste, ayant une hache sous le bras droit, l'écoutait avec une sympathique bienveillance. Au moment où les deux jeunes amies entrèrent dans la boutique, le Français disait au bûcheron :

« Ah! Monsieur Billy, cette lettre me rend le plus heureux des hommes. Ma chère France, je vais donc enfin te revoir!

— Je me réjouis, Monsieur, de tout ce qui peut contribuer à votre bonheur, » dit Élisabeth ; « mais j'espère que nous n'allons pas vous perdre.

— C'est vous, Miss Temple. Quel honneur pour moi! Si vous saviez... Cette nouvelle me rend fou de joie... Avoir quitté père, mère, amis, et se dire enfin qu'on va les rejoindre!.. Tenez, Mademoiselle, je vais vous lire... *A monsieur Le Quoi de Marsereau, à Templeton. Très cher ami, je suis ravi...*

— J'ai bien peur, » interrompit-elle, « de n'être pas assez forte en français pour comprendre cette lettre. Ne pourriez-vous nous en dire le contenu en anglais?

— Oh! pardonnez-moi. »

Du mieux qu'il put, et tout en servant ses pratiques, il entreprit de donner l'explication de son changement de fortune. En somme, il avait quitté Paris au commencement de la révolution encore plus par frayeur que par nécessité; il s'était rendu à la Martinique, où il possédait une plantation, et par suite de son inscription sur la liste des émigrés, il s'était réfugié aux États-Unis. Les nouvelles qu'il venait de recevoir lui annonçaient que son retour aux colonies françaises ne serait pas remarqué; et l'homme qui s'était réduit avec tant d'aisance au rôle de boutiquier de village était sur le point de quitter son obscurité temporaire et de reprendre sa position sociale.

Nous ne répéterons pas l'échange de politesses qui eut lieu en cette occasion, ni tout ce que dit M. Le Quoi pour exprimer la douleur qu'il éprouvait à quitter la société de miss Temple. En terminant, il sollicita l'honneur d'un entretien particulier avec elle, et l'air de gravité dont il accompagna cette demande montrait toute l'importance qu'il y attachait. Après lui avoir accordé cette faveur et indiqué pour cette entrevue un moment plus opportun, Élisabeth réussit à quitter la boutique, non sans avoir acheté la poudre qu'elle était venue chercher.

Élisabeth et Louise continuèrent leur promenade jusqu'au pont sans qu'aucune d'elles rompît le silence. A cet endroit, la dernière s'arrêta; on voyait qu'elle avait quelque chose à dire, mais je ne sais quelle crainte la retenait.

« Êtes-vous indisposée, Louise? » demanda sa compagne. « Nous remettrons à un autre jour notre visite à Bas de Cuir.

— Je ne suis pas indisposée, » répondit miss Grant. « C'est la terreur qui paralyse mes forces. Jamais je ne pourrai prendre sur moi d'aller seule avec vous sur cette montagne ; il m'est impossible de faire un pas de plus. »

Cette déclaration inattendue jeta Élisabeth dans un grand embarras. Bien qu'elle n'éprouvât pas la crainte d'un danger qui n'existait plus, une retenue naturelle à son âge et à son sexe la faisait hésiter à aller plus loin toute seule. Toutefois, après avoir réfléchi un moment, elle s'y décida.

« Il le faut, » dit-elle d'un ton ferme. « J'irai seule. Je ne puis me fier à d'autre qu'à vous, sans exposer Natty à être découvert. Attendez-moi sur la lisière du bois, afin qu'on ne me voie pas courir la montagne à cette heure du jour. Vous comprenez, Louise, que je dois éviter tout ce qui pourrait prêter à des interprétations déplacées. N'est-ce pas, ma chère Louise, vous m'attendrez ?

— Tant qu'il vous plaira, pourvu que ce soit en vue du village ; mais, par grâce, n'exigez pas que j'aille là-haut ! »

Élisabeth vit, en effet, que sa compagne était hors d'état de la suivre. Elle la plaça près de la route, dans un endroit où, sans être aperçue des passants, ses regards pouvaient embrasser le panorama de Templeton. Puis elle partit seule.

D'un pas ferme et léger, elle gravit la route dont nous avons eu si souvent occasion de parler, craignant de n'être pas exacte au rendez-vous, à cause du temps qu'elle avait passé dans la boutique de M. Le Quoi. A chaque percée qu'elle rencontrait dans le taillis, elle s'arrêtait pour reprendre haleine et pour jeter un regard sur la vallée. La sécheresse avait rembruni sa livrée de verdure, et il lui manquait l'aspect riant des premiers jours d'été. Le soleil était obscurci par un brouillard qu'on aurait pris pour un nuage de poussière, tant il offrait peu d'apparence d'humidité. On entrevoyait à peine l'azur du ciel, sauf à de rares intervalles, et des masses de vapeurs s'accumulaient à l'horizon, comme si la nature eût rassemblé toutes ses ressources pour rafraîchir la terre altérée.

Au sommet de la montagne que M. Temple avait nommée la Vision, on avait pratiqué une petite clairière afin de mieux apercevoir le village et la vallée. C'est là qu'Élisabeth avait compris que le chasseur devait la rejoindre ; elle y dirigea ses pas aussi rapidement que pouvaient le permettre la difficulté de la montée et les obstacles d'une forêt vierge, tels que des fragments de rochers, des arbres abattus, des lianes. A force de résolution, elle arriva au lieu indiqué, et reconnut même, en consultant sa montre, qu'elle avait devancé de plusieurs minutes l'heure convenue.

Après s'être assise un moment sur une souche, miss Temple chercha des yeux son vieil ami, mais un instant suffit à la convaincre qu'il n'était pas dans la clairière. Elle se leva et en fit le tour, examinant tous les endroits où la prudence aurait pu l'engager à se cacher. Ses recherches furent inutiles, et après s'être épuisée en conjectures sur ce qu'il pouvait être devenu, elle se hasarda à l'appeler.

« Natty! Bas de Cuir! » cria-t-elle de tous côtés, sans recevoir d'autre réponse que le son de sa voix renvoyé par les échos d'alentour.

Elle s'approcha de la crête de la montagne. Là, il lui sembla entendre un bruit pareil à celui qu'on produirait en frappant de la main contre la bouche en même temps qu'on précipiterait la sortie de son souffle. Ne doutant pas que ce ne fût un signal particulier de celui qu'elle cherchait, elle descendit à une centaine de pieds plus bas, jusqu'à une terrasse naturelle, où croissaient çà et là, dans les fentes du roc, quelques bouquets d'arbustes. Du bord de cette plate-forme, elle plongeait ses regards le long du précipice qui la terminait sur l'un des côtés, lorsqu'un bruit de feuilles sèches lui fit dresser l'oreille. Bien que secouée d'un tressaillement involontaire, elle marcha au-devant de ce qu'elle aperçut avec un courage mêlé de curiosité.

C'était le Mohican.

Assis sur le tronc d'un chêne renversé, il tournait vers la jeune fille son visage basané, et ses yeux, fixés sur elle, avaient une expression de fierté sauvage, bien capable d'effrayer une femme moins résolue. Sa couverture, plissée autour de sa ceinture, laissait à nu ses épaules, ses bras et le haut de son corps. Le médaillon de Washington était suspendu sur sa poitrine, et c'était seulement dans les occasions solennelles — comme elle ne l'ignorait pas, — que le vieux chef portait cette marque de distinction. Ses longs cheveux noirs, aplatis sur sa tête, ne couvraient pas, comme à l'ordinaire, son front élevé ni ses yeux perçants. Dans les incisions énormes pratiquées à ses oreilles étaient passées de larges boucles d'argent, enchevêtrées, à la manière indienne, de verroteries et de pointes de hérisson. Un ornement du même genre pendait au cartilage de son nez, et retombait par-dessus ses lèvres jusque sur son menton. Il avait le front et les joues sillonnées de raies rouges, d'un dessin conforme à son caprice ou à l'usage de sa nation, et son corps était peint de même. Tout en lui annonçait un guerrier indien pré-

paré pour quelque grand événement.

« C'est vous, John, » lui dit Élisabeth. « Comment allez-vous, mon brave? Il y a longtemps qu'on ne vous a vu au village. Vous m'aviez promis un panier d'osier, et depuis un mois une chemise de calicot vous attend à la maison. »

L'Indien la regarda fièrement sans lui répondre; puis secouant la tête, il dit d'une voix creuse et gutturale :

« La main de John ne peut plus faire de paniers. Il n'a pas besoin de chemise.

— En tous cas, il saurait où en trouver; car il me semble que vous avez un droit naturel à nous demander tout ce qui peut vous être nécessaire.

— Écoutez, ma fille. Six fois dix étés brûlants se sont succédé depuis que John a vu son printemps. Alors il était grand comme le pin de la forêt, droit comme la ligne que suit la balle d'Œil de Faucon, fort comme le bison, agile comme la panthère. Oui, c'était un guerrier aussi hardi que le Jeune Aigle. Quand sa tribu avait à poursuivre les Maquas pendant plusieurs soleils, l'œil de Chingachgook trouvait l'empreinte de leurs mocassins. Quand son peuple se réjouissait d'avoir vaincu ses ennemis, c'était à la ceinture de Chingachgook qu'il comptait le plus de chevelures. Si les femmes pleuraient parce qu'elles n'avaient rien à donner à leurs enfants, il était le premier à la chasse, et sa balle volait plus vite que le daim. Ma fille, Chingachgook entaillait alors les arbres à coups de hache, pour indiquer aux traînards où on le trouverait ainsi que les Mingos; mais il ne faisait pas de paniers.

— Ces temps sont passés, mon vieux John. Depuis lors, votre nation a disparu, et, au lieu de poursuivre vos ennemis, vous avez appris à craindre Dieu et à vivre en paix.

— Mettez-vous là, ma fille : vous aurez sous les yeux le grand lac, les wigwams de votre père et le pays qu'arrose la rivière Tortueuse. John était encore jeune quand sa tribu, réunie en conseil, céda la terre depuis la montagne bleue qui se dresse au-dessus des eaux jusqu'à l'endroit où la Susquehanna disparaît derrière les arbres. Tout cela, et tout ce qui y croissait, et tout ce qui marchait dessus, et tout ce qui y vivait, ils le donnèrent au Mangeur de Feu, car ils l'aimaient. Il était fort; eux, ils étaient des femmes, et il les protégeait. Pas un Delaware n'aurait tué un daim dans ses bois, ni arrêté le vol d'un oiseau sur sa terre, car tout lui appartenait. Après cela, John a-t-il vécu en paix?.. Ma fille, John était encore jeune quand il vit l'homme blanc de l'est venir attaquer à Albany les hommes blancs, ses frères. Avaient-ils la crainte de Dieu?.. Il a vu ses pères anglais et ses pères américains se déchirer entre eux pour ce même territoire. Craignaient-ils Dieu et vivaient-ils en paix?.. Il a vu dépouiller de son bien le Mangeur de Feu, et ses enfants, et l'enfant de son enfant, et un nouveau chef établi sur le pays. Ont-ils vécu en paix ceux qui ont fait cela? ont-ils eu la crainte de Dieu?

— Telle est la coutume des blancs, John. Les Delawares ne se battent-ils pas aussi? Ne trafiquent-ils pas de leurs terres pour de la poudre, des couvertures et des marchandises ?

— Où sont les couvertures et les marchandises qui ont acheté les droits du Mangeur de Feu? » riposta l'Indien en haussant la voix. « Les a-t-il emportées dans son wigwam? Lui a-t-on dit : « Frère, vends-nous « ta terre, et prends en échange cet or, cet argent, ces couvertures, ces « carabines ou même ce rhum? » Non, ils lui ont arraché ses propriétés comme on arrache la chevelure d'un ennemi; et ceux qui l'ont fait n'ont pas regardé derrière eux pour voir s'il était vivant ou mort. De tels hommes vivent-ils en paix et craignent-ils le Grand Esprit?

— Mais vous ignorez comment cela s'est passé, » dit Élisabeth, plus embarrassée qu'elle ne voulait le paraître ou se l'avouer à elle-même. « Si vous connaissiez mieux nos lois et nos coutumes, vous porteriez un autre jugement. N'accusez point mon père, vieux Mohican, car il est juste et bon.

— Oui, le frère de Miquon est bon, et il agira loyalement. Je l'ai dit à Œil de Faucon, je l'ai dit au Jeune Aigle ; le frère de Miquon saura faire justice.

— Qui appelez-vous le Jeune Aigle? » demanda Élisabeth en baissant les yeux. « D'où vient-il, et quels sont ses droits ?

— Ma fille a-t-elle vécu si longtemps avec lui pour me faire une pareille question? La vieillesse glace le sang comme la gelée durcit le grand lac en hiver ; mais la jeunesse fait battre le cœur et l'échauffe comme un soleil de printemps. Le Jeune Aigle a des yeux ; n'a-t-il pas eu de langue? »

Les métaphores dont le vieux guerrier avait revêtu cette pensée n'en avaient point affaibli l'impression sur l'âme de la jeune fille ; car une brûlante rougeur couvrit ses joues. Toutefois elle s'efforça de rire, comme si elle n'eût pas voulu prendre son langage au sérieux.

« S'il a une langue, » répondit-elle en plaisantant, « ce n'est pas moi qu'il a prise pour confidente. Il est trop Delaware pour confier ses secrets à une femme.

— Ma fille, le Grand Esprit a donné à votre père une peau blanche et au mien une peau rouge; mais il a coloré de sang nos deux cœurs. Ce sang, quand nous sommes jeunes, est vif et chaud ; avec la vieillesse, il est froid et paisible. Y a-t-il une différence dans la peau ? Non. John avait autrefois une femme : elle fut mère d'autant de fils, » — il leva en l'air trois doigts de sa main droite, — « et elle me donna des filles qui auraient rendu heureux nos jeunes hommes. Elle était bonne, et ce que je commandais elle le faisait. Vous avez des coutumes différentes ; mais, » ajouta-t-il d'un ton mélancolique, « croyez-vous que John n'aimait pas la compagne de sa jeunesse, la mère de ses enfants ?

— Et qu'est devenue votre famille ?

— Où est la glace qui couvrait la surface du lac ? elle est fondue et mêlée avec les eaux. Pendant la longue vie de John, tous les siens l'ont quitté pour aller au pays des esprits. Aujourd'hui son heure est venue, et il est prêt. »

Le Mohican se plongea la tête dans sa couverture et garda le silence. Miss Temple ne savait plus que lui dire. Elle eût désiré arracher le vieux guerrier à ses douloureux souvenirs ; mais il y avait dans son affliction un air de sévère dignité qui lui imposait. Après une assez longue pause, elle renoua la conversation.

« John, où est Bas de Cuir ? » demanda-t-elle. « Il m'a priée de lui apporter cette corne de poudre, et je ne sais où le trouver. Voulez-vous vous charger de la lui remettre ? »

L'Indien se redressa lentement, avança la main pour recevoir la corne, et y arrêta un instant ses regards.

« Voilà le grand ennemi de ma nation, » dit-il ; « sans cela, comment les Visages Pâles auraient-ils chassé les Delawares ? Ma fille, le Grand Esprit a appris à vos pères à faire des fusils et de la poudre afin qu'ils puissent balayer les Indiens de la face de la terre. Bientôt il n'y aura plus de Peau Rouge dans le pays. Quand John sera parti, le dernier Delaware aura quitté ces montagnes, et sa race sera éteinte. »

A ces mots, le vieux chef pencha son corps en avant, le coude appuyé sur son genou ; on eût dit qu'il jetait un suprême regard d'adieu sur la vallée où tous les objets étaient encore distincts, bien que l'air semblât s'épaissir de plus en plus, et que miss Temple éprouvât quelque peine à respirer. L'expression de tristesse du vieillard fit place à une sorte d'égarement quand il s'écria :

« Il ira au pays où sont allés ses pères. Le gibier y foisonne comme le poisson dans le lac. Jamais les femmes n'y sentiront la faim ; jamais il n'y entrera de Mingos. On y chassera pour les enfants, et tous les justes parmi les Peaux Rouges vivront en frères.

— Ce n'est pas là le paradis des chrétiens, » dit miss Temple. « John, vous retombez dans les superstitions de vos pères.

— Pères, fils, » ajouta-t-il d'une voix ferme, « tout est parti, tout! Je n'ai d'autre fils que le Jeune Aigle, et le sang d'un blanc coule dans ses veines.

— Dites-moi, John, » dit Élisabeth qui désirait faire diversion aux idées sombres du vieux chef, tout en cédant à une secrète impulsion de son cœur, « qui est ce M. Edwards? Pourquoi l'aimez-vous tant, et d'où vient-il? »

Cette question fit tressaillir l'Indien et rappela sa pensée aux choses de la terre. Il prit la main de miss Temple, la fit asseoir près de lui, et lui montrant vers le nord tout le pays qui s'étendait au-dessous d'eux :

« Regardez, ma fille, » dit-il : « aussi loin que peuvent voir vos jeunes yeux, tout cela appartenait à... »

Au même instant, des torrents de fumée s'abattirent sur leurs têtes, et roulèrent autour d'eux en épais tourbillons qui ne tardèrent pas à masquer la vue des objets environnants. Élisabeth, effrayée, se leva vivement, et vit le sommet de la montagne enveloppé d'un semblable nuage, pendant qu'un sourd mugissement, pareil à un ouragan furieux, retentissait dans la forêt.

« John, que veut dire ceci? » s'écria-t-elle. « Nous sommes environnés de fumée, et je sens une chaleur comme celle d'une fournaise. »

Avant que l'Indien pût répondre, une voix pleine d'anxiété, cria du côté du bois :

« John ! Où êtes-vous, Mohican?... La forêt est en feu... Sauvez-vous !.. Vous n'avez que le temps. »

Le vieux chef enfla ses joues, porta la main à sa bouche, et la retirant en soufflant fortement, produisit un son semblable à celui qui avait attiré l'attention d'Élisabeth. Presque aussitôt on entendit un bruit de pas précipités à travers la brousse, et Olivier s'élança vers l'Indien, la terreur peinte sur tous ses traits.

CHAPITRE XXXVII.

L'amour commande aux champs, à l'armée, à la cour.

W. SCOTT, *le Lai du dernier ménestrel.*

OLIVIER, se donnant à peine le temps de reprendre son souffle :

« Jamais ! » dit-il, « je ne me serais consolé de vous perdre ainsi, mon vieil ami. Debout, et partons ; il est peut-être déjà trop tard. Les flammes ont atteint la base du rocher ; il faut passer par là ou franchir le précipice. »

Le Mohican étendit la main droite du côté d'Élisabeth, qui, oubliant le danger, s'était retirée en arrière en reconnaissant la voix du jeune homme.

« Sauvez-la ! » dit-il avec une certaine vivacité. « Laissez mourir le Mohican. »

Olivier aperçut alors la fille du juge, dans une attitude de terreur profonde.

« Miss Temple ! » s'écria-t-il. « Vous ici ! exposée à une telle mort !

— Ne parlez pas ainsi, Monsieur Olivier, » répondit-elle en s'efforçant de rallier ses esprits. « La mort ne menace aucun de nous, je l'espère. Il n'y a encore que de la fumée, et nous trouverons bien un passage.

— Prenez mon bras, » dit-il. « Tout espoir ne saurait être perdu. Vous sentez-vous la force de me suivre?

— Certainement. Vous exagérez sans doute le danger... Retirons-nous par où vous êtes venu.

— Oui, oui, vous avez raison ; il n'y a pas de danger, je vous ai alarmée mal à propos.

— Mais abandonnerons-nous l'Indien? Faut-il le laisser mourir ici, comme il le dit? »

Une émotion pénible contracta les traits du jeune homme; il s'arrêta et jeta un long regard de compassion sur le Mohican, puis, entraînant sa compagne malgré elle, il poursuivit sa marche précipitée vers le passage par lequel il venait de pénétrer dans le cercle de flammes.

« Ne vous occupez pas de lui, » dit-il d'une voix brisée qui annonçait le calme du désespoir ; « il vit dans les bois, il est accoutumé à ces accidents, et s'échappera dans la montagne, par-dessus les rochers, ou peut-être est-il en sûreté où il se trouve.

— Vous ne pensiez pas ainsi tout à l'heure. Par pitié, ne l'abandonnons pas à cette affreuse mort!

— Un Indien brûler! Qui jamais a ouï parler de cela? Un Indien ne peut pas brûler; c'est une idée absurde. Hâtez-vous, hâtez-vous, Miss Temple!

— Olivier, votre air, vos regards m'épouvantent. Dites-moi la vérité : le danger est-il donc si menaçant? Je suis prête à tout.

— Si nous parvenons à gagner la pointe de ce rocher là-bas avant la nappe de feu qui s'avance, nous sommes sauvés. Mais pressons-nous, il y va de la vie. »

Nous avons dit que l'endroit où Élisabeth avait trouvé le vieil Indien était une plate-forme de rocher, formant une sorte de terrasse, et dont le devant était taillé en ligne abrupte et perpendiculaire. Sa forme était celle d'un arc tendu, dont les deux bouts se joignaient à la montagne par une pente beaucoup moins escarpée. C'était par un de ces talus qu'Edwards était arrivé, et c'était par là qu'il entraînait Élisabeth de toute la vitesse que commandait l'imminence du péril.

De gros nuages d'une fumée blanchâtre avaient caché jusqu'alors les progrès de l'incendie, mais des pétillements significatifs devenaient de plus en plus distincts, et lorsqu'ils furent parvenus au haut de

la montée, nos fugitifs virent des jets de feu tantôt s'élancer dans les airs, tantôt serpenter sur le sol où ils se nourrissaient de tout ce qui pouvait alimenter leur fureur.

A cette vue, ils redoublèrent d'efforts, et, au moment où ils croyaient leur salut assuré, un amas de bois mort et de broussailles s'enflamma soudain par un coup de vent, et opposa à leur marche une barrière infranchissable. Forcés de rebrousser chemin, ils se réfugièrent à la pointe d'une roche, d'où la montagne, envahie de tous côtés par le fléau, n'offrit plus à leurs regards épouvantés qu'une immense nappe de feu.

C'était sur cette hauteur que les habitants du village venaient s'approvisionner en bois de charpente et de chauffage; ils avaient coutume de ne prendre que le tronc des arbres et de laisser les branches pourrir sur place. La montagne était couverte de ces débris, qui, desséchés par les ardeurs du soleil pendant les deux derniers mois, formaient une matière inflammable à la moindre étincelle, et qui semblaient parfois s'embraser spontanément.

Spectacle grandiose et terrible à la fois, et que les jeunes gens contemplaient avec un intérêt mêlé d'horreur! Olivier, s'arrachant le premier au sentiment de prostration qui commençait à les envahir, entraîna de nouveau sa compagne, et tenta vainement de se frayer un passage. Ils décrivirent ainsi un demi-cercle autour de la plate-forme, et se retrouvèrent à l'endroit où elle aboutissait à un précipice. Tant qu'un moyen de salut leur restait encore, l'espérance les avait soutenus; quand toute retraite parut impraticable, l'horreur de leur situation frappa Élisabeth comme si jusque-là elle eût ignoré l'étendue et l'imminence du danger.

« Cette montagne est destinée à m'être fatale, » murmura-t-elle. « Nous y trouverons notre tombeau.

— Ne le croyez point, Miss Temple; il y a encore de l'espoir, » répondit le jeune homme du même ton, tandis que l'effarement de ses yeux démentait ses paroles. « Retournons à la saillie du rocher; il y a, il doit y avoir quelque issue pour descendre. »

Ils y coururent. Partout hélas! et du haut en bas, le roc taillé à pic présentait une surface unie, et sans la plus mince aspérité où le pied pût rencontrer un appui. Convaincu de l'impossibilité d'opérer une descente, il se mit, dans l'agitation fébrile du désespoir, à chercher un nouvel expédient.

« L'unique voie de salut qui nous reste, Miss Temple, » dit-il d'une

voix altérée, « c'est de parvenir au fond du ravin. Qu'imaginer, mon Dieu?.. Mes vêtements sont légers et trop peu fournis... Ah! la couverture du Mohican... C'est cela; oui, il faut essayer... Si Nathaniel était ici, ou si cet Indien pouvait être tiré de son apathie, leur longue expérience, leur esprit fécond en ressources nous en offriraient les moyens; mais en ce moment je ne suis qu'un enfant, et je n'ai que du courage. Il n'y a rien que je ne tente plutôt que de vous voir condamnée à un tel martyre.

— Et vous? » répondit-elle. « Qu'allez-vous devenir? Songez à votre sûreté, à celle du vieux John. »

Il ne l'entendit pas, car déjà il était auprès du Mohican, qui ne fit aucune difficulté de céder sa couverture, immobile à l'endroit où il était assis, quoique sa situation fût encore plus critique que la leur. Il déchira la couverture en longues bandes, qu'il attacha les unes aux autres; et y ajouta sa veste de toile ainsi que le châle de mousseline d'Élisabeth, et jeta cette espèce de corde dans le précipice en tenant un bout dans sa main; malheureusement elle n'atteignait pas à la moitié de la profondeur.

« Impossible! impossible! » s'écria Élisabeth. « Tout espoir est perdu... Le feu approche lentement, mais il approche... Voyez, il semble consumer jusqu'à la terre. »

Si les flammes s'étaient répandues sur le rocher aussi vite qu'elles gagnaient d'arbre en arbre, de buisson en buisson, dans les autres parties de la montagne, elles eussent bientôt mis fin aux tortures des deux victimes qu'elles entouraient de toutes parts. Le lieu où elles se trouvaient les protégeait par sa stérilité même contre l'imminence d'un tragique dénouement.

La mince couche de terre qui couvrait la plate-forme produisait une herbe rare et fanée; presque tous les arbustes qui avaient crû dans les fissures avaient succombé aux chaleurs intenses des étés précédents, et le reste ne portait que des branches flétries, ou d'informes souches de pins, de chênes et d'érables. Le feu certes n'aurait pu trouver de meilleur aliment s'il eût pu s'étendre jusque-là par une communication facile; mais le terrain était nu, sans aucun vestige de débris et de broussailles qui, partout ailleurs, servaient de conducteur à

53

l'incendie. Outre cette absence de matière inflammable, une de ces sources fécondes qui abondent dans l'Otsego sortait du flanc de la montagne, et serpentait sur le plateau rocheux, formant un ruisseau qui en contournait la base avant d'aller se perdre dans le lac par des canaux souterrains. Pendant la saison des pluies, elle reparaissait de distance en distance à la surface de la terre; mais, durant la sécheresse, son cours n'était signalé que par les marécages et la mousse qui annonçaient la proximité de l'eau. Quand l'incendie atteignit cette barrière, il fut obligé de s'arrêter pour concentrer sa chaleur et triompher de l'humidité, comme une armée qui attend l'arrivée de ses canons pour s'ouvrir un passage à travers l'ennemi.

L'instant critique semblait enfin arrivé. Des deux éléments en lutte, le plus faible avait presque épuisé son humidité; la mousse commençait à se flétrir, l'écorce qui restait aux arbres morts se détachait du tronc et tombait en fragments desséchés; une chaleur insupportable emplissait l'atmosphère. Il y avait des moments où de noirs torrents de fumée inondaient la terrasse, et dans cette invasion des ténèbres, le rugissement des flammes, le pétillement des étincelles, le fracas de la chute des arbres, tout prenait des proportions effrayantes.

Des trois personnes qui paraissaient vouées à une mort certaine, celle qui s'y résignait le moins était Olivier. Quant à la fille du juge, ayant renoncé à tout espoir de salut, elle était bien près de toucher à cette héroïque soumission qui est souvent l'apanage de son sexe, quand il s'agit de faire face à des maux inévitables. Le Mohican, qui était de beaucoup le plus exposé, conservait son attitude avec le stoïcisme d'un guerrier indien; ses yeux, fixés sur l'horizon des montagnes lointaines, s'étaient tournés deux ou trois fois, non sans une expression de pitié, sur le jeune couple qui semblait destiné à un trépas prématuré. Pendant ce temps, il modulait une sorte de chant funèbre dans la langue delaware, avec l'accent creux et guttural de sa nation.

« Dans un pareil moment, Monsieur Olivier, toutes distinctions disparaissent, » dit Élisabeth; « engagez l'Indien à se rapprocher de nous... Nous mourrons tous ensemble.

— Impossible! Il ne bougera pas, » répondit le jeune homme. « Il a passé sa soixante-dixième année, et se sent affaibli... « Il regarde ce moment comme le plus heureux de sa vie. Pour moi, la mort n'a plus rien d'affreux puisqu'elle me frappera près de vous.

— Ne parlez pas ainsi ; c'est vous faire injure à vous-même. Notre cœur doit être fermé à toute émotion terrestre. L'heure est venue... Oui, nous mourrons... C'est la volonté de Dieu... Soumettons-nous à ses décrets.

— Mourir! Non, non... Il y a encore de l'espoir...

— Comment échapper à la mort? » demanda Élisabeth en lui montrant avec un calme céleste les progrès menaçants du fléau. « Voyez, la flamme a franchi la barrière que lui opposait le ruisseau ; sa marche est lente, mais elle n'en est pas moins sûre... Ah! cet arbre, voyez cet arbre! il est déjà en feu! »

Elle ne disait que trop vrai. La chaleur de la conflagration avait à la fin vaincu la résistance des eaux ; l'incendie gagnait peu à peu la mousse à demi desséchée, et un pin mort, atteint par un tourbillon de flammes, fut embrasé dans un clin d'œil. L'élément destructeur envahit tout l'arrière-plan de la plate-forme, et jusqu'au chêne sur le tronc duquel le Mohican était assis. Le vieux chef n'en demeura pas moins immobile. Comme aucun vêtement ne protégeait son corps, il devait horriblement souffrir de la chaleur; mais son courage l'élevait au-dessus de la souffrance, et en cette crise d'horreur on pouvait encore entendre sa voix. Élisabeth, incapable de supporter ce spectacle, porta ses regards vers la vallée, où, à travers une éclaircie de nuages de fumée, on apercevait le village paisible et ses environs.

« Mon père! mon père! » cria-t-elle. « Ah! ce surcroît de douleur aurait pu m'être épargné. »

Malgré la distance, on pouvait distinguer le juge Temple, debout auprès de sa maison et contemplant la montagne en feu, sans se douter du péril que courait son enfant. Cette vue n'était-elle pas plus douloureuse pour Élisabeth que l'approche d'une mort horrible?

« C'est mon emportement qui a causé tout le mal! » s'écria Olivier avec l'accent du désespoir. « Que n'ai-je eu la moitié de votre angélique résignation, Miss Temple! nous n'en serions pas là.

— Regrets inutiles! » dit-elle. « La mort nous attend, Olivier; il faut se résigner... et, au moins que ce soit en chrétiens... Mais non... je me trompe... il vous reste une chance de salut. Vos vêtements offrent moins de danger que les miens... Fuyez, quittez-moi... Encore un mot... Vous verrez mon père, mon père chéri... Dites-lui tout ce qui pourra calmer son désespoir... Dites-lui que je meurs tranquille, que je vais rejoindre ma mère bien-aimée; que les jours de cette vie ne sont rien, dans la balance de l'éternité, et que nous nous reverrons un jour... Dites-lui enfin combien il m'était cher, et quelle vive tendresse j'avais pour lui... oh! bien vive et trop voisine peut-être de l'amour qu'on doit à Dieu seul.

— Est-ce à moi que vous ordonnez de vous quitter? » répondit Olivier; « de vous abandonner au bord de la tombe? Oh! Miss Temple, combien vous m'avez peu connu? » En même temps, il tomba à ses genoux et étreignit dans ses bras les plis de sa robe, comme pour la défendre des flammes. « Le désespoir m'avait entraîné dans les bois, mais votre influence a dompté la colère qui rugissait en mon cœur. Cédant au charme de votre puissance, j'ai abaissé mon orgueil à servir. J'ai oublié ce que je devais à mon nom et à ma famille, parce que vous seule étiez présente à ma pensée ; j'ai oublié mes injures, parce que vous m'avez enseigné la charité. Non, chère Élisabeth, je puis mourir avec vous ; vous abandonner, jamais! »

Elle ne répondit pas. Ses pensées ne s'attachaient plus à la terre. Le souvenir de son père et le regret de s'en séparer avaient été adoucis par un sentiment religieux qui l'élevait au-dessus des choses d'ici-bas. Elle accueillait d'un sourire l'espoir prochain de dénouer le dernier lien de la nature, lorsque le monde et toutes ses séductions firent de nouveau irruption dans son cœur de femme, aux accents d'une voix connue qui criait à peu de distance :

« Miss Betzy... mon enfant... où êtes-vous?

— Écoutez ! » dit-elle. « C'est Bas de Cuir... il me cherche.

— Oui, c'est Natty, » dit Olivier. « Ah! nous pouvons encore être sauvés! »

Une flamme brilla tout à coup à leurs yeux, plus éclatante encore que le reste de l'incendie, et fut suivie d'une violente explosion.

« C'est la corne à poudre! » s'écria la même voix qui semblait se rapprocher d'eux. « La pauvre enfant est perdue ! »

Au même instant, Bas de Cuir s'élança sur la terrasse, du côté du ruisseau presque à sec, la tête nue, les cheveux à demi brûlés, sa chemise noircie et en lambeaux, et le visage plus coloré que d'habitude par suite de la chaleur à laquelle il avait été exposé.

CHAPITRE XXXVIII.

Du fond de la terre des ombres vient alors
à moi l'ombre imposante de mon père.
TH. CAMPBELL, *Gertrude de Wyoming.*

APRÈS le départ de miss Temple, Louise Grant était restée pendant une heure au poste où nous l'avons laissée, attendant avec anxiété le retour de son amie.

Le ciel s'était obscurci par degrés, et d'immenses nuages de fumée s'étendaient sur la vallée ; mais la pensée de Louise, uniquement occupée de bêtes féroces, était loin de songer à la véritable cause d'appréhension. Elle était placée derrière la lisière de pins et de châtaigniers de la forêt, au-dessus de l'angle où la route formait un coude et sillonnait latéralement la montagne. De là, elle dominait la vallée. Le petit nombre de personnes qu'elle vit passer se livraient à une conversation animée, et levaient fréquemment les yeux vers le haut du mont Vision ; puis il en fut de même de la foule qui sortait de la cour de justice. Cette agitation inusitée lui causa de nouvelles alarmes, au point de la décider à prendre la fuite, quand tout à coup Nathaniel se montra devant elle. Il l'aborda d'un air enjoué.

« Je suis bien aise de vous voir ici, mon enfant, » lui dit-il ; « car la montagne est en feu de l'autre côté, et il serait dangereux de la gravir avant que le bois mort soit consumé. Il y a là-bas un imbécile, le camarade de cette vermine qui a causé tous mes embarras ; je l'ai trouvé en train de creuser la terre pour y chercher de l'or. Je lui ai dit que la forêt brûlait comme de l'amadou et qu'il n'avait que le temps de s'esquiver ; mais il n'a rien voulu entendre, et il faudra un miracle pour le sauver. S'il n'est pas rôti et enterré dans la tombe qu'il a lui-même creusée, c'est qu'il sera de la nature des salamandres... Eh bien, qu'avez-vous, mon enfant? Vous avez l'air effrayé comme s'il y avait encore là des panthères. Plût au ciel qu'il m'arrivât d'en rencontrer! elles m'aideraient plus vite que les castors à rembourser l'amende. Où est donc la bonne fille d'un mauvais père? A-t-elle oublié sa promesse?

— Là-haut! là-haut! » s'écria Louise. « Elle vous cherche avec la poudre. »

A cette nouvelle inattendue, le chasseur recula de plusieurs pas.

« Que le Dieu juste ait pitié d'elle! » dit-il. « Quoi! sur la montagne, qui est tout en feu!... Enfant, si vous aimez cette excellente fille, si vous désirez trouver une amie au moment où elle vous sera le plus nécessaire, courez au village et donnez-y l'alarme. Ils sont accoutumés à combattre le feu, et peut-être reste-t-il de l'espoir. Partez, je vous en conjure! ne vous arrêtez pas, même pour reprendre haleine. »

A ces mots, il disparut dans le taillis, et se mit à gravir la montée avec une rapidité qu'on ne pouvait attendre que d'un homme accoutumé à de semblables fatigues.

« Enfin vous voilà! » s'écria-t-il en arrivant sur la plate-forme. « Dieu soit béni! je vous ai trouvés!.. Suivez-moi; ce n'est pas le moment de causer.

— Ma robe! » dit Élisabeth. « Il suffirait d'une étincelle...

— J'y ai pensé, » interrompit Bas de Cuir, qui, en un tour de main, déploya sa blouse de chasse qu'il avait mise sous le bras, et en enveloppa entièrement la jeune fille. A présent, suivez-moi, il y va de la vie pour nous tous.

— Et le Mohican? Que va-t-il devenir? » dit Olivier. « Laisserons-nous périr ici ce vieux guerrier? »

En même temps, il montra à Nathaniel le vieil Indien toujours assis à la même place, bien que la terre où posaient ses pieds fût déjà brûlante.

« Debout, Chingachgook, debout! » lui cria son vieil ami. « Voulez-vous rester ici pour y être rôti comme un Iroquois attaché au poteau? La poudre, Dieu me pardonne! lui a éclaté entre les jambes et il a le dos tout grillé. Allons, voulez-vous venir?

— Où voulez-vous qu'aille le Mohican? » répondit tristement l'Indien. « Il a vu les jours d'un aigle, et sa vue est devenue trouble. Il regarde la vallée, il regarde le lac, il regarde les territoires de chasse, et il n'y voit point de Delawares; partout des Visages Pâles... Des pays lointains mes pères me disent : « Viens! » Mes femmes, mes enfants, mes jeunes guerriers, ma tribu entière, tous me disent : « Viens! » Le Grand Esprit aussi me dit : « Viens!.. » Laissez mourir le Mohican.

— Vous oubliez Œil de Faucon, » dit Olivier, « votre ami!

— Mon garçon, c'est perdre son temps que de parler à un Indien qui veut mourir. »

Ramassant aussitôt les bandes de la couverture, Natty s'en servit adroitement pour attacher sur ses épaules le vieux chef, qui se laissa faire. Se mettant alors en marche avec une agilité qui semblait démentir son âge, et malgré le fardeau dont il était chargé, il se dirigea, suivi des deux jeunes gens, vers le point d'où il était venu. Au moment d'y atteindre, un des arbres morts, qui chancelait depuis quelques minutes, tomba derrière eux et remplit l'air de tisons, de cendre et de fumée.

« Marchez sur le terrain mou, » cria Bas de Cuir à ses compagnons, comme ils traversaient une percée où l'obscurité empêchait de rien voir autour de soi, « et tenez-vous dans la fumée blanche. Mon garçon, tenez la peau de daim bien serré contre elle; c'est un joyau précieux, et vous auriez de la peine à en trouver un semblable. »

Le lit sinueux du ruisseau leur servait de route, et quoiqu'il les conduisît à travers des troncs brûlants et des branches tombant de toutes parts, nul accident n'interrompit leur marche. Il fallait un homme accoutumé depuis longtemps à la vie des bois pour se reconnaître au milieu d'une fumée si épaisse qu'on pouvait à peine respirer,

Bas de Cuir, suivi des deux jeunes gens, traversa la forêt en feu.

et qui rendait presque inutile le secours des yeux. La vieille expérience de Natty surmonta tous les obstacles, et après une course pénible, ils mirent pied sur une autre terrasse, où les ravages de l'incendie n'étaient plus à craindre.

Il est plus facile d'imaginer que de décrire ce qu'éprouvèrent Olivier et Élisabeth quand ils se retrouvèrent sains et saufs, mais le plus radieux était leur guide qui, ayant toujours l'Indien sur les épaules, se tourna vers eux et leur dit en riant à sa manière :

« J'ai sur-le-champ reconnu la poudre du Français, jeune fille ; elle est partie tout de suite. La poudre commune fait long feu ; celle des Iroquois n'était pas meilleure quand je faisais la guerre sous sir William contre les tribus du Canada. Vous ai-je raconté, mon garçon, l'escarmouche que j'eus avec...

— Pour Dieu, Natty, ne me racontez rien que nous ne soyons entièrement hors de danger. Où irons-nous maintenant?

— Sur le rocher qui sert de toit à la caverne. Vous y serez fort bien, ou même nous entrerons dedans, si cela vous plaît. »

Le jeune homme tressaillit et parut en proie à une vive émotion; mais ayant promené autour de lui un regard inquiet :

« Y serons-nous du moins en sûreté? » répondit-il. « Le feu ne viendra-t-il pas jusque-là ?

— N'avez-vous pas des yeux pour voir, mon enfant? » dit Nathaniel avec le sang-froid d'un homme accoutumé aux dangers qu'il venait de braver. « Si vous étiez restés là-haut dix minutes de plus, vous seriez maintenant réduits en cendres ; là-bas, vous pouvez rester une éternité sans avoir rien à craindre du feu, à moins que le roc ne flambe aussi bien que le bois. »

Sur cette assurance, ils se dirigèrent vers le lieu désigné. Nathaniel se débarrassa de son fardeau, et assit le vieil Indien par terre en lui appuyant le dos contre la paroi du rocher. Élisabeth s'assit également, la tête appuyée sur sa main, et le cœur agité de mille sentiments contraires.

« Vous auriez besoin, Miss Temple, de prendre quelque fortifiant, » dit Olivier avec respect ; « les forces vous abandonnent.

— Laissez-moi, laissez-moi! » dit-elle en levant sur lui des yeux rayonnants. « Je suis trop émue... les paroles me manquent... Cette délivrance miraculeuse me comble de joie, et après Dieu, c'est vous que j'en remercie, Olivier.

— Benjamin! » cria celui-ci en se penchant au bord de la terrasse. « Holà, Benjamin! où êtes-vous? »

Une voix enrouée, qui semblait sortir des entrailles de la terre, répondit :

« Par ici, maître! Je suis à fond de cale, et il y fait aussi chaud que dans la marmite du coq. Je suis las de mon quart, voyez-vous, et si Bas de Cuir ne se dépêche pas de mettre à la voile, je remonte sur le pont, et j'entre en quarantaine, afin de faire ma paix avec la loi et de rattraper ce qui reste de mes piastres.

— Prenez un verre d'eau à la source et mêlez-y un peu de vin; hâtez-vous, je vous prie.

— Cette ripopée-là et moi, nous ne nous connaissons guère, maître Olivier. Parlez-moi du rhum de la nuit dernière; il m'a servi à boire le coup de l'étrier avec Billy, lorsqu'il m'a fait jeter l'ancre sur le bord du chemin où l'on m'avait donné la chasse. Voici quelque chose de rouge qui peut convenir à un faible estomac... Il n'est pas de la première force à bord d'un bateau, maître Kirby; mais il vous manœuvre une charrette au milieu des souches tout comme un pilote de Londres navigue dans la Tamise à travers les transports de charbon. »

Tout en parlant, le majordome, à peine remis de ses récentes libations, gravissait lourdement la plate-forme, et il remit à Edwards le breuvage demandé. Élisabeth, après avoir bu, fit signe qu'elle désirait être laissée à ses réflexions.

Le jeune homme obéit et, s'étant retourné vers Nathaniel, il le vit occupé à prodiguer ses soins au Mohican; leurs yeux se rencontrèrent, et le chasseur dit d'une voix attristée :

« Son heure est venue, mon garçon, je le vois dans ses yeux. Quand un Indien a le regard fixe, c'est signe qu'il n'a plus qu'une idée : s'en aller. Ce sont des créatures volontaires; lorsqu'ils ont une chose dans leur caboche, il faut qu'ils la fassent. »

Olivier allait lui répondre, lorsqu'il en fut empêché par un bruit de pas, et, à la surprise générale, on vit M. Grant qui s'efforçait, par l'autre versant de la montagne, d'atteindre le lieu où ils étaient. Olivier courut à son aide, et bientôt le digne ministre se trouva au milieu d'eux.

« Comment vous trouvez-vous ici? » demanda le jeune homme. « L'alerte a-t-elle été donnée au village?

— On m'avait dit qu'on avait aperçu ma fille sur le chemin de la montagne, » répondit M. Grant. « Quand j'en ai vu le sommet en flammes, l'inquiétude m'a fait courir de ce côté, où j'ai trouvé Louise en proie aux plus vives alarmes sur le sort de miss Temple. Je me suis mis aussitôt à sa recherche ; mais sans l'aide de Dieu et les chiens de Nathaniel, j'aurais péri dans les flammes.

— Oui, oui, » dit Bas de Cuir, « fiez-vous aux chiens, et s'il y a une issue ils sauront bien la flairer. Dieu leur a donné l'odorat comme la raison à l'homme.

— Ainsi ai-je fait ; je les ai suivis, et ils m'ont conduit ici. Mais loué soit Dieu de ce que je vous trouve tous sains et saufs!

— Saufs, oui; mais en bonne santé, c'est ce qu'on ne peut pas dire de John, à moins qu'on ne le dise d'un homme sur le point de prendre congé de ce monde.

— Il dit vrai, » dit le ministre, avec la gravité solennelle qu'il avait toujours en approchant les moribonds. « J'ai vu la mort frapper trop de victimes pour ne pas reconnaître que sa main redoutable est étendue sur ce vieux guerrier. C'est une consolation de savoir qu'il n'a pas repoussé le pardon qui lui était offert aux jours de sa force et des tentations terrestres! Fils d'une race d'idolâtres, il a été, comme dit l'Écriture, un tison arraché du feu.

— Non, non, » objecta Bas de Cuir, « ce n'est pas à cause du feu qu'il s'en va, quoique sa fierté indienne lui ai fait dédaigner de le fuir; c'est la nature qui lui fait défaillance dans une chasse qui a duré trop longtemps. A bas, Hector, à bas! La chair n'est pas du fer ; on ne peut vivre toujours après avoir vu sa famille disparaître et sa tribu dispersée au loin, et être resté seul pour en porter le deuil.

— John, » dit le ministre d'une voix compatissante, « m'entendez-vous? Désirez-vous que je vous récite les prières de l'Église en ce moment d'épreuve? »

Le vieux chef tourna vers le pasteur son visage de spectre, et le regarda de ses grands yeux noirs mais vides, sans montrer par aucun signe qu'il le reconnût. Tournant ensuite lentement la tête vers la vallée, il commença à chanter dans sa propre langue, d'abord d'un ton bas et guttural ; puis, élevant la voix peu à peu, l'on finit par distinguer ses paroles.

« Me voici! me voici! » disait-il. « Je vais aller dans le pays des justes. Nul Delaware n'a peur de sa fin ; nul Mohican ne tremble devant la mort. Quand le Grand Esprit l'appelle, il part. J'ai honoré mon père, j'ai chéri ma mère, j'ai fidèlement servi mon peuple. Les Maquas, je les ai tués ; oui, j'ai tué les Maquas. Et voilà que le Grand Esprit appelle son fils... Me voici! me voici! Je vais aller dans le pays des justes.

— Que dit-il, Bas de Cuir? » demanda le ministre avec un tendre intérêt. « Chante-t-il les louanges du Rédempteur?

— Hum! il chante les siennes, » répondit le vieillard en détournant tristement ses regards de son ami mourant ; « et certes il en a le droit, car, je le sais, il ne dit pas un mot qui ne soit vrai.

— Que le ciel éloigne de son cœur une idée présomptueuse! La résignation et l'humilité sont le sceau du chrétien. Eh quoi, se glorifier soi-même alors que le corps et l'âme doivent de concert rendre gloire au Créateur!... John, vous avez eu le bonheur d'entendre prêcher l'Évangile ; vous avez été appelé du sein d'une multitude de pécheurs et d'idolâtres par la grâce de Dieu et dans l'intérêt de votre salut. Sentez-vous quel bien c'est d'être justifié par le sang du Sauveur, et non par la vanité de nos bonnes œuvres? »

Sans faire attention à celui qui l'interrogeait, l'Indien releva la tête et reprit son chant de mort.

« Quel Maqua peut se vanter d'avoir vu le dos de Chingachgook? Quel ennemi s'est confié en lui et n'a pas revu l'aurore? Quel est le Mingo chassé par lui qui a entonné le chant du triomphe? Chingachgook a-t-il jamais menti? Non, la vérité vivait sur ses lèvres, et rien autre n'en pouvait sortir. Jeune, c'était un guerrier, et ses mocassins laissaient une empreinte de sang. Homme fait, il était sage, et au feu du conseil le vent n'emportait point ses paroles.

— Que dit-il à présent? » demanda le bon ministre. « A-t-il conscience de sa fin prochaine?

— Bon Dieu! » répliqua Natty. « Il sait aussi bien que vous et moi que sa fin approche, mais loin de s'en affliger, il estime qu'il y gagnera, au contraire. Que voulez-vous? il est vieux et engourdi, et vous avez rendu le gibier si rare et si farouche, que de meilleurs tireurs que lui trouvent à peine de quoi manger. Il est convaincu qu'il va voyager dans un pays où la chasse sera toujours bonne, où nul Indien méchant et injuste n'ira, où il retrouvera toute sa tribu réunie. L'échange n'est pas mauvais pour un homme dont les mains ne savaient plus que faire des paniers. Ah! si quelqu'un y perd, ce sera moi. Une fois qu'il sera parti, il ne me restera qu'à le suivre, et pas autre chose.

— John, » reprit M. Grant, « le moment est venu où la pensée de n'avoir pas rejeté la médiation du Rédempteur doit être à votre âme comme un baume salutaire. N'ayez point confiance dans les œuvres de votre vie passée; déposez aux pieds de Dieu le fardeau de vos fautes, et sa parole est un gage qu'il ne vous abandonnera pas.

— Tout ça peut être vrai, et vous avez pour vous l'Évangile, » dit Bas de Cuir; « mais autant de perdu, allez. Il n'a pas vu un prêtre morave depuis la dernière guerre, et empêcher un Indien de revenir à ses idées premières, c'est diablement difficile. A mon avis, mieux vaudrait le laisser mourir en repos. Tenez, il est heureux, je le vois à son regard, et ça ne lui est pas arrivé depuis que les Delawares sont partis pour le couchant. Ah! misère de moi! comme il y a longtemps de ça, et que de mauvais jours ensuite nous avons passés ensemble!

— Œil de Faucon, » dit le moribond en qui se ranimaient les dernières lueurs d'une vie expirante, « Œil de Faucon, écoutez les paroles de votre frère.

— C'est bien vrai, » dit le chasseur profondément ému, « nous avons été frères. Que voulez-vous de moi, Chingachgook?

— Œil de Faucon, mes pères m'appellent dans leur territoire de chasse. J'en vois le chemin, car les yeux du Mohican rajeunissent... Je regarde, et je n'y aperçois pas de Visages Pâles; il n'y a que des Peaux Rouges, des hommes justes et braves... Adieu, Œil de Faucon... Vous irez avec le Mangeur de Feu et le Jeune Aigle au paradis des blancs;

moi, je vais où sont mes pères. Qu'on place dans la tombe du Mohican son arc, son tomahawk, sa pipe et son wampum, car il se mettra en route la nuit comme un guerrier qui part en guerre, et il n'aura pas le temps de les aller chercher.

— Eh bien, Natty, » s'écria M. Grant en donnant des marques évidentes d'anxiété, « se rappelle-t-il les promesses de la médiation? Appuie-t-il ses espérances de salut sur le rocher des siècles? »

Quoique la foi du chasseur ne fût pas très éclairée, néanmoins les fruits de sa première éducation religieuse n'étaient pas entièrement perdus : il croyait en un Dieu, en un ciel unique ; le dernier adieu de son vieux compagnon avait excité en lui une émotion puissante, qui lui ôta pour quelques instants l'usage de la parole.

« Non, non, » dit-il enfin, « il ne met sa confiance que dans le Grand Esprit des sauvages et dans le bien qu'il a fait en sa vie. Il croit, comme tous ceux de sa nation, qu'il va redevenir jeune, chasser et être heureux jusqu'à la fin de l'éternité. Il en est à peu près de même là-dessus chez les gens de toutes couleurs. Moi, par exemple, j'ai peine à m'entrer dans l'esprit que je ne retrouverai pas dans l'autre monde mes chiens et ma carabine; et rien que l'idée de les quitter pour toujours m'est pénible, et m'attache plus à la vie qu'il ne sied à un vieillard de soixante-dix ans.

— Seigneur, » s'écria le ministre dans un élan de pieuse ferveur, « épargne dans ta miséricorde une telle mort à celui qui fut marqué du signe de la croix !.. John... »

Il s'arrêta, car les éléments semblaient conspirer contre les faibles forces humaines.

Sur ces entrefaites, d'épais nuages s'étaient amoncelés à l'horizon, et le calme effrayant qui régnait alors annonçait une crise dans l'état de l'atmosphère. Les flammes qui continuaient de dévorer les flancs de la montagne, au lieu de jaillir en tourbillons, s'élevaient vers le ciel en ligne verticale : l'élément destructeur ralentissait sa furie. Les flots de fumée qui couvraient toute la vallée commençaient à monter et à se dissiper rapidement, et de brillants éclairs sillonnaient les nuages suspendus sur les hauteurs de l'occident.

Pendant que M. Grant parlait, un de ces éclairs, sillonnant l'obscurité, illumina l'horizon d'un bout à l'autre, et fut suivi d'un coup de tonnerre qui, se prolongeant dans les montagnes, sembla ébranler la terre jusque dans ses fondements. Chingachgook redressa sa haute taille comme s'il eût ouï le signal du départ, et tendit vers le couchant son bras décharné. Son visage morne s'éclaira d'un rayon d'allégresse ; puis ses muscles se raidirent en passant à l'état de repos ; ses lèvres frémirent, agitées d'une légère convulsion ; ses bras retombèrent lentement à ses côtés...

Le vieux chef resta appuyé

contre le roc, les yeux ouverts, vitreux, et fixés sur les monts lointains, comme si sa dépouille inerte eût voulu suivre l'esprit qui avait animé son corps dans son vol vers sa nouvelle patrie.

M. Grant contemplait ce spectacle dans une silencieuse terreur ; et quand les derniers grondements du tonnerre eurent expiré au loin, il joignit les mains et s'écria avec l'accent d'une foi sincère :

« Qui pourrait scruter tes jugements, Seigneur, et sonder la profondeur de tes voies ? Je sais que mon Rédempteur est la vie et qu'il descendra sur la terre au dernier jour. Les vers doivent détruire mon corps, et pourtant il me sera rendu, afin de voir Dieu par moi-même, et non des yeux d'un autre. »

Le pieux ministre s'éloigna, la tête inclinée sur sa poitrine.

Alors Bas de Cuir s'approcha à son tour. Il prit dans sa main la main froide de son ami, le regarda quelque temps en face sans articuler une parole, puis d'une voix douloureuse et attendrie il donna carrière à son émotion.

« Peau Rouge ou Peau Blanche, » dit-il, « tout finit par là. Heureusement il sera jugé par un juge équitable, et non en vertu de lois faites pour le temps et les modes nouvelles... Allons, encore une mort, et il ne me restera plus au monde que mes chiens... Misère! un homme doit attendre le bon plaisir de Dieu ; mais je commence à être las de l'existence. A peine a-t-on laissé debout un arbre que je connaisse, et il m'est de plus en plus difficile de rencontrer une figure que j'aie vue en mon jeune temps. »

De larges gouttes de pluie commençaient à tomber, et tout annonçait l'approche d'un violent orage. On se hâta de porter dans la caverne le corps de l'Indien, et les deux chiens le suivirent en poussant des hurlements plaintifs. Puis l'entrée fut fermée avec des écorces et des troncs d'arbres préparés à cet effet. Toutefois miss Temple se trouva suffisamment protégée contre la pluie par une saillie du rocher qui surplombait au-dessus de sa tête. Longtemps avant que l'averse eût cessé, l'on entendit au bas de la montagne les cris de ceux qui cherchaient la jeune fille, et bientôt on aperçut des hommes qui, s'avançant à travers les taillis consumés, marchaient avec précaution au milieu des débris encore allumés ou fumants.

A la première éclaircie, Olivier conduisit Élisabeth jusqu'à la route, où il la laissa. Avant de s'en séparer, il prit occasion de lui dire avec une émotion que maintenant elle n'eut pas de peine à comprendre :

« Le temps du mystère est passé, Miss Temple ; demain, à pareille heure, j'aurai écarté le voile dont j'ai eu tort peut-être de me couvrir si longtemps. Mais j'avais des idées romanesques, une faiblesse insensée, des passions qui me déchiraient l'âme. Allez, que le ciel vous protège! J'entends la voix de votre père ; il vient par ici, et je ne voudrais pas en ce moment m'exposer à une arrestation. Grâce à Dieu, vous voilà de nouveau hors de danger, et cela suffit à décharger mon cœur d'un poids énorme! »

Aussitôt il s'enfonça dans les bois. Élisabeth, bien qu'elle entendît les cris du juge qui l'appelait, s'arrêta jusqu'à ce qu'elle l'eût perdu de vue au milieu des arbres fumants; alors elle se précipita dans les bras de son père, qui accourait tout éperdu.

On s'était pourvu d'une voiture afin de ramener l'héritière, morte ou vivante, et elle se hâta d'y monter. Le bruit qu'elle était retrouvée se répandit de bouche en bouche sur toute la montagne, et les villageois retournèrent chez eux mouillés jusqu'aux os, couverts de boue, mais enchantés de savoir que la fille de leur juge avait été arrachée à une mort horrible et prématurée.

CHAPITRE XXXIX.

> Écuyer, dégaine le cimeterre du chef ! Tambour, tes roulements nous promettent la bataille. Et vous, monts qui nous voyez descendre au rivage, vous nous reverrez morts ou victorieux !
>
> BYRON, *Chant albanais.*

NE pluie battante qui ne cessa de tomber tout le reste du jour arrêta complètement le progrès des flammes. Néanmoins, pendant la nuit, on vit çà et là quelques restes de feu briller dans les endroits de la montagne où l'élément destructeur trouvait encore des aliments. Le lendemain, sur une étendue de plusieurs milles, les arbres étaient noirs et fumants ; il ne restait plus vestige de bois mort ni de broussailles ; mais les pins dressaient toujours leurs têtes majestueuses, et beaucoup d'autres végétaux moins élevés avaient conservé apparence de vie et de floraison.

Les cent bouches de la renommée faisaient circuler mille récits exagérés sur la façon miraculeuse dont Élisabeth avait été sauvée ; et le bruit s'était répandu que le Mohican avait péri au milieu des flammes. Cette version devint encore plus probable lorsqu'on apprit au village que le mineur Jotham Riddel avait été trouvé dans le trou qu'il avait creusé, suffoqué aux trois quarts, et si couvert de brûlures, que son état ne laissait aucun espoir.

Dans la nuit qui suivit l'incendie, les faux monnayeurs condamnés, mettant à profit l'exemple du chasseur et de Benjamin, réussirent aussi à s'échapper, et cette nouvelle porta au comble l'effervescence générale. Il n'y eut plus qu'une voix sur la nécessité de s'emparer de ceux des fugitifs qu'on pourrait atteindre. La caverne était, disait-on, un mystérieux repaire de criminels. On parlait à tort et à travers de mines, de métaux, de faux monnayage, de complots dangereux tramés contre la paix publique, et la foule surexcitée accueillait avidement cet amas de conjectures contradictoires.

Une rumeur plus grave fut jetée dans la circulation ; on accusa Olivier et Bas de Cuir d'avoir allumé volontairement l'incendie, et en conséquence on les rendit responsables des dommages qui en avaient été la suite. Cette opinion fut accueillie et gagna des partisans, étant principalement émise par ceux dont l'incurie et l'imprudence avaient causé tout le mal ; et, d'une voix unanime, on demanda qu'une tentative fût faite pour punir les coupables. Richard ne fut pas sourd à cet appel, et il s'occupa de faire appuyer par la force l'exécution des lois.

Un petit nombre de jeunes gens vigoureux furent choisis par le shérif ; il les prit à part et leur communiqua en grand mystère quelques instructions importantes. Ainsi renseignés sur ce qu'ils avaient à faire, ces braves se dirigèrent au pas de course vers la montagne, comme si le destin du monde eût dépendu de leur diligence.

A midi précis, le tambour battit le rappel devant l'auberge du *Dragon Hardi*, et le shérif requit la coopération d'Hollister, qui commandait l'infanterie légère de Templeton. Nous ne rapporterons pas les harangues débitées en cette occasion ; elles ont été publiées dans les colonnes du petit journal de la localité, et l'on assure que ces morceaux d'éloquence firent honneur à la science légale de l'une des parties et à la précision militaire de l'autre.

Tout avait été préparé à l'avance, et pendant que le tambour, en habit rouge, continuait ses batteries ronflantes, vingt-cinq habitants parurent sous les armes, et se rangèrent en ordre de bataille.

Comme ce corps se composait de volontaires et avait pour chef un homme qui avait passé les trente-cinq premières années de sa vie dans les camps et garnisons, c'était dans le pays le *nec plus ultra* de l'art militaire. Aussi les fortes têtes de la communauté le placèrent d'emblée au niveau des meilleures troupes de l'ancien continent, sinon même audessus. Il n'y avait dans ce concert d'éloges que trois voix discordantes et une opinion contradictoire. L'opinion appartenait à M. Temple, qui ne jugeait pas utile de la manifester.

Quant aux voix dissidentes, l'une, et non pas la moins bruyante, était celle de l'épouse du commandant lui-même, qui lardait le digne homme de reproches pour avoir accepté de conduire une bande irrégulière, après avoir occupé le poste honorable de sergent-major dans un des brillants régiments de la cavalerie virginienne.

Le second sceptique était Ben la Pompe ; toutes les fois que la compagnie défilait la parade, il ne manquait pas de dire sur ce ton de condescendance particulier à un Anglais lorsqu'il daigne louer les coutumes ou le caractère de ses cousins d'Amérique : « Que ces gens-là connaissent la charge en douze temps, ça se peut ; quant à manœuvrer un vaisseau, il n'y a pas de caporal des soldats de marine à bord de *la Boadicée* qui ne leur taillât des croupières et ne les fît tous prisonniers en moins d'une demi-heure. » Comme il n'y avait personne qui pût réfuter cette assertion, les marins de *la Boadicée* étaient tenus en très haute considération.

M. Le Quoi, le troisième incrédule, se contentait de dire tout bas au shérif que ce corps était le plus beau qu'il eût jamais vu après les mousquetaires du bon Louis XVI.

A deux heures précises, la petite armée mit l'arme sur l'épaule ; on commanda par le flanc gauche, et *En avant, marche!* Comme c'étaient des conscrits qu'on menait à l'ennemi, on doit supposer que les manœuvres ne furent pas exécutées avec la précision habituelle. Dès que la musique eut joué l'air national de *Yankee Doodle* (AA), et que Richard, accompagné de M. Fait-Peu, eut hardiment pris place en tête, le capitaine Hollister partit du pied gauche, renversant la tête à un angle de quarante-cinq degrés, coiffé d'un petit chapeau à cornes, et brandissant une gigantesque latte de dragon, dont le fourreau d'acier frappait ses talons avec un bruit de ferraille des plus belliqueux. On eut beaucoup de peine à aligner les files, qui étaient au nombre de six ; mais, au moment où l'on atteignit le pont, on défila en bon ordre, et ce fut ainsi qu'on gravit la montagne, sans aucun changement dans la marche, si ce n'est que le shérif et Hiram, un peu essoufflés, ralentirent le pas au point de finir par se trouver à l'arrière-garde.

Bientôt les éclaireurs, envoyés en reconnaissance, rapportèrent que, loin de battre en retraite, comme on s'y était attendu, les fugitifs avaient eu vent de l'attaque projetée, et se préparaient à opposer une résistance désespérée. Cette nouvelle modifia singulièrement et le plan des généraux et l'attitude des soldats. Chacun regarda son voisin d'un air sérieux, et Richard tira Hiram à part pour tenir conseil.

En ce moment critique, le détachement rejoignit Billy Kirby, qui, sa cognée sous le bras, marchait en avant de son attelage de bœufs comme le capitaine Hollister en tête de ses guerriers. Le bûcheron resta tout ébahi à la vue d'un si formidable appareil ; mais le shérif, profitant avec empressement de ce puissant renfort, le mit sur-le-champ en réquisition. Billy avait trop de déférence envers M. Jones pour le contrecarrer, et il fut résolu qu'on le chargerait de porter une sommation aux délinquants, avant d'en venir aux dernières extrémités.

On partagea l'armée en deux corps : l'un, sous la conduite du capitaine, s'avança du côté gauche vers la caverne ; l'autre, sous les ordres du lieutenant, prit sur la droite. M. Jones et le docteur Todd — la présence du chirurgien avait été jugée nécessaire, — allèrent s'établir sur la plate-forme du rocher, au-dessus de la garnison ennemie, mais hors de sa vue. Hiram, qui estimait cette place-là dangereuse, préféra d'accompagner Kirby sur le flanc de la montagne, et s'abrita derrière un gros arbre à une distance raisonnable des fortifications. La plupart des combattants se conformèrent à cette tactique prudente, laissant seuls à découvert leur capitaine et le bûcheron, le premier raide et fier, sabre en main et les yeux à quinze pas ; le second, nonchalant et les bras croisés.

De leur côté, ceux qu'on venait assiéger avaient entassé des branches et des troncs d'arbres en manière de chevaux de frise, formant un abatis circulaire en face de l'entrée de la caverne. Comme on n'y accédait que par une rampe escarpée et glissante, que derrière les retranchements on apercevait à droite Benjamin, et à gauche Bas de Cuir, et que l'approche du front de la place était suffisamment défendue par les difficultés du sol, ces dispositions ne laissaient pas d'être formidables. N'oublions pas de rappeler au nombre des moyens de défense le fauconneau qui avait servi au tir aux pigeons, et que les assiégés avaient amené jusque-là pendant la nuit.

Cependant Kirby, muni des instructions nécessaires, se mit à gravir la montée avec la même indifférence que s'il se fût agi de ses occupations habituelles. Lorsqu'il fut arrivé à une cinquantaine de pas de la terrasse, la longue et redoutable carabine de Bas de Cuir s'allongea hors du parapet.

« Retirez-vous, Kirby, retirez-vous! » lui cria le chasseur. « Je ne vous veux point de mal, mais si l'un de vous s'avise de faire un pas de plus, il y aura du sang répandu. Que Dieu pardonne à qui commencera! Tant pis pour lui.

— Allons, mon vieux camarade, » répondit l'autre sans se fâcher, « ne vous emportez pas ; écoutez plutôt ce qu'on a à vous dire. Quant à moi, je n'ai pas d'intérêt dans l'affaire, sinon que les choses se passent en règle, et je me soucie comme d'une noisette de savoir qui a tort ou raison. Cela regarde le juge de paix, qui est caché là-bas derrière un gros bouleau ; il m'a dit de vous inviter à vous soumettre à la loi, et voilà tout.

— Ah! la vermine! » s'écria Natty. « Je vois un pan de sa jaquette... Qu'il me montre seulement assez de chair pour y loger une balle de trente à la livre, et il aura de mes nouvelles. Allez-vous-en, Billy, croyez-moi ; vous savez que j'ai du coup d'œil.

— Pas tant que ça, Natty! » dit le bûcheron en allant se poster derrière un pin de belle taille. « Bien adroit qui pourrait tuer un homme à travers un arbre de trois pieds d'épaisseur! Et moi, en dix minutes, montre en main, et en moins de temps peut-être, je vous ferai tomber le pin sur la carcasse. Soyez donc honnête ; je ne demande que ce qui est juste.

— Je sais, » riposta le chasseur à cette bravade, « que vous pouvez faire tomber un arbre comme il vous plaît ; mais, en jouant de la cognée, découvrez une main ou un bras, il y aura des os à remettre et du sang à étancher. Que veut-on? Pénétrer dans la caverne. Eh bien, dans deux heures j'en ouvrirai moi-même l'entrée. Jusque-là

personne ne s'y introduira. Il y a ici un corps mort, et un autre qu'on peut à peine appeler vivant; si l'on persiste à vouloir entrer, il y aura des morts dehors comme dedans. »

Le bûcheron quitta hardiment son abri.

« Voilà qui est franc jeu, » dit-il, « et ce qui est franc est juste... Eh! là-bas, » ceci s'adressait à l'armée assiégeante, « le vieux réclame qu'on attende seulement deux heures, et ça ne me semble pas déraisonnable. Quand un homme a tort, il cédera si vous ne le pressez pas trop rudement; poussez-le à bout, et il résistera comme un bœuf qui s'entête : plus on le frappe, plus il regimbe. »

Les idées naïves de Billy en matière d'indépendance ne pouvaient convenir ni à l'urgence du cas ni à l'impatience de M. Jones, qui brûlait du désir de découvrir les secrets de la caverne.

« Nathaniel Bumppo, » cria celui-ci du haut de la plate-forme, « je vous commande, en vertu de l'autorité de ma charge, de livrer votre personne à la discrétion de la loi. Capitaine Hollister, je vous requiers de me prêter main forte. Et vous, Benjamin Penguillan, je vous arrête, et vous allez me suivre à la geôle du comté.

— Vous suivre, Monsieur Jones? Bien volontiers, » répondit Benjamin en ôtant sa pipe de sa bouche. « Oui, j'aimerais naviguer dans vos eaux jusqu'au bout du monde, s'il avait un bout, ce qui n'est pas possible puisque le monde est rond. Voyez-vous, Maître Hollister, vous qui avez toujours vécu sur le plancher des vaches, vous ne savez peut-être pas que le monde...

— Rendez-vous! » interrompit le vétéran d'une voix terrible, qui donna la chair de poule à plusieurs de ses miliciens. « Rendez-vous, Penguillan, ou point de quartier!

— Au diable votre quartier! » répliqua l'ex-matelot qui, en se levant, démasqua la petite pièce d'artillerie. « Dites donc, espèce de capitaine, car je doute que vous connaissiez seulement le nom d'un cordage, à moins que ce ne soit celui qui vous servira de cravate, il est inutile de beugler comme si vous héliez un sourd du haut du mât de misaine. Vous imaginez-vous, par hasard, avoir mon nom véritable sur votre parchemin? Un matelot anglais, voyez-vous, ne s'embarque pas sur ces mers sans être muni de pavillons de rechange. Quand vous m'appelez Penguillan, vous me donnez le nom du particulier sur les terres duquel j'ai jeté l'ancre dans la vie, un gentilhomme celui-là, et c'est ce qu'on n'a jamais pu dire d'aucun membre de la famille de Benjamin Stubbs, qui est mon véritable nom.

— Qu'on me passe le mandat, » cria Hiram de derrière son arbre, « et j'y ajouterai un *autrement dit*.

— Ajoutez-y un grand bandit, Monsieur Fait-Pas-Grand'chose, » vociféra Benjamin en pointant avec soin son fauconneau, « et çà vous ira tout à fait.

— Je ne vous donne qu'une minute pour vous rendre, » dit Richard. « Fi, Benjamin! est-ce là ce que j'avais droit d'attendre de vous?

— Je vous en avertis, Richard Jones, » interrompit Nathaniel, qui redoutait l'influence du shérif sur son camarade, « il y a assez de poudre dans la caverne pour faire sauter le rocher sur lequel vous êtes. Si vous faites le méchant, j'y mets le feu.

— Il est au-dessous de ma dignité de parlementer plus longtemps avec des rebelles, » dit le shérif à son compagnon.

Et tous deux s'éloignèrent avec une précipitation que le capitaine Hollister prit pour le signal de l'attaque.

« A la baïonnette! » s'écria le vétéran. « En avant, marche! »

Ce commandement, bien qu'attendu, surprit les assiégés.

Hollister monta à l'assaut des fortifications en répétant : « Courage, mes braves camarades! Point de quartier aux rebelles, à moins qu'ils ne se rendent! » Arrivé jusqu'à la palissade, il détacha à Benjamin un si furieux coup de pointe qu'il l'aurait percé d'outre en outre, si la gueule du fauconneau ne se fût trouvée là fort à point pour faire dévier le sabre. La pièce d'artillerie fit la bascule au moment où le majordome appliquait sa pipe à l'amorce; il en résulta que cinq ou six douzaines de chevrotines furent projetées en l'air en ligne presque perpendiculaire. La physique nous apprend que le plomb est trop lourd pour rester dans l'atmosphère; et deux livres de ce métal, moulées en balles de trente à la livre, après avoir décrit une ellipse dans leur cours, et rasé les branches des arbres, retombèrent en pluie sur la tête des soldats qui suivaient de loin leur capitaine. Il s'opéra un mouvement sensible en arrière, et le vétéran eut à soutenir à lui seul tout le poids de l'attaque sur la gauche.

Le recul du fauconneau fit une forte contusion à Benjamin, qui demeura un bon moment étendu par terre dans un état de stupeur. Son brave adversaire profita de la circonstance pour franchir l'ouvrage avancé et se loger dans le bastion, c'est-à-dire sur le terre-plein qui précédait la caverne. Alors il se mit à crier en brandissant son sabre :

« Victoire! Venez, mes enfants; la place est à nous! »

Tout cela était conforme aux habitudes de la guerre, et d'un exemple qu'un vaillant officier devait jusqu'à un certain point donner à ses soldats; mais ce fut précisément ce cri triomphant qui changea la face des affaires.

Bas de Cuir, qui, à la droite, couvait d'un œil vigilant les mouvements du bûcheron et du juge Hiram, se retourna au cri de victoire, et vit avec effroi son camarade par terre, et le vétéran debout sur le rempart. Le canon de la longue carabine fut à l'instant dirigé sur l'aubergiste, dont la vie, pendant quelques secondes, ne tint qu'à un fil. Mais le but était à la fois trop facile et trop voisin pour notre chasseur : au lieu de lâcher la détente, il appuya la crosse de son fusil un peu audessous du dos du capitaine, et par une secousse vigoureuse l'expulsa des retranchements plus vite qu'il n'y était entré. La pente était si rapide et le terrain si glissant, que l'infortuné ne put réussir à y prendre pied, et dégringola jusqu'au bas de la montée, juste aux pieds de sa respectable épouse.

Mistress Hollister venait d'arriver avec une vingtaine de gamins, appuyée d'une main sur le bâton qui lui servait de canne et portant de l'autre un sac vide. Cet exploit d'un nouveau genre fit éclater son indignation.

« Eh! quoi, sergent! est-ce que vous vous sauvez? » s'écria-t-elle. « Faut-il être arrivée à mon âge pour voir mon mari montrer le derrière à l'ennemi? et quel ennemi encore! Moi qui, tout le long de la route, parlais aux gamins du siège d'Yorktown, comme quoi vous aviez été blessé et vous vous conduiriez de même aujourd'hui, et voilà que je vous trouve battant en retraite au premier coup de canon! Ma fi, je peux bien jeter mon sac; s'il y a du butin, ce ne sera pas à votre femme d'y prendre part. La place, à ce qu'on dit, regorge d'or et d'argent. Dieu me pardonne de songer à de semblables vanités; mais ce qui tombe dans la bataille, l'Écriture nous l'enseigne, est de droit la propriété du vainqueur.

— Battre en retraite! » balbutia le vétéran stupéfait. « Moi! Où est mon cheval?

— Êtes-vous fou? Que diable me chantez-vous avec votre cheval, sergent? Vous n'êtes qu'un méchant capitaine de la milice. Ah! si le vrai capitaine était ici, celui de mon enseigne, ce n'est pas ce chemin-là qu'il vous aurait montré! »

Pendant que le digne couple disputaillait, la bataille, au-dessus de leurs têtes, s'échauffait de plus en plus. Quand Bas de Cuir vit son ennemi culbuter par-dessus le bord, comme aurait dit Benjamin, il reporta son attention sur l'aile droite des assiégeants. Si le bûcheron, avec sa vigueur herculéenne, eût saisi ce moment-là pour escalader le bastion et envoyer ses deux défenseurs à la poursuite du vétéran, rien n'était plus facile;

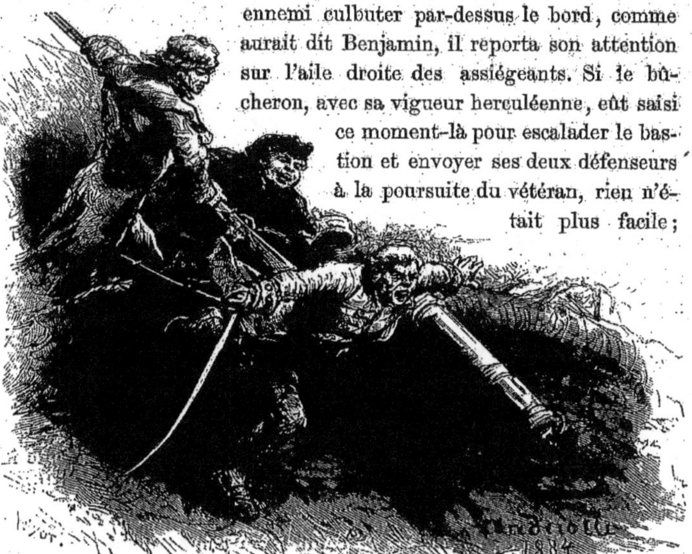

mais il y avait dans son cœur si peu de place pour un sentiment d'hostilité, qu'en voyant la dégringolade d'Hollister, il applaudit à pleins poumons.

« Hourrah! » criait-il. « Bravo, capitaine! Quelle charge superbe! Hardi, là! »

Il varia tellement les encouragements ironiques, il s'en donna si fort de beugler et de rire, qu'il tomba assis par terre, se trémoussant à cœur joie des poings et des talons.

Cette hilarité immodérée porta malheur au prudent Hiram. S'étant avisé d'en connaître la cause, il ne put assouvir sa curiosité sans laisser une partie de lui-même à découvert, et tout en protégeant le front de bataille, il fit la faute, commise avant lui par de grands généraux, d'exposer ses derrières aux attaques de l'ennemi. M. Fait-Peu appartenait physiquement à une classe de ses compatriotes à qui la nature a refusé dans leur formation l'emploi des lignes courbes : tout, dans sa personne, était droit ou anguleux. Mais son tailleur, qui était une femme, travaillait d'après des principes analogues à ceux d'un fournisseur militaire : le même patron servait à toutes ses pratiques. Aussi, lorsque notre homme se pencha en avant pour mieux voir, un pan d'étoffe se retroussa derrière le tronc d'arbre, et prompt comme l'éclair, Bas de Cuir y pointa sa carabine. Le coup parti, l'écorce du bouleau vola en éclats, et le drap déchiré flotta en deux morceaux.

Jamais batterie ne fut démasquée avec plus de promptitude que n'en mit Hiram à se rendre à cette sommation ! Il fit deux ou trois pas en avant, et plaçant une main sur la partie offensée, il étendit l'autre d'un air menaçant vers le chasseur.

« Le tonnerre te confonde ! » s'écria-t-il. « Ça ne se passera pas en conversation cette fois ; et je te poursuivrai, s'il le faut, jusqu'à la cour des erreurs ! »

Cette imprécation cavalière, sortie de la bouche d'un homme aussi ordonné que le juge-charpentier, la manière intrépide avec laquelle il venait de se mettre à découvert, et avant tout peut-être la certitude que la carabine de Bas de Cuir était déchargée, toutes ses causes relevèrent le courage de l'armée assiégeante : elle poussa un grand cri et fit une décharge générale, laquelle, ainsi que la mitraille du fauconneau, alla se perdre dans les branches des arbres.

Animées par le bruit de l'explosion, les troupes se précipitèrent à l'assaut, et Billy Kirby, persuadé que la plaisanterie, toute bonne qu'elle était, avait assez duré, escaladait le bastion quand le juge Temple parut de l'autre côté.

« La paix ! la paix ! » cria-t-il. « Pourquoi ces tentatives de meurtre et de carnage ? La loi ne suffit-elle pas à se protéger elle-même ? et sommes-nous en état de rébellion et de guerre ?

— J'ai fait, » répondit Richard qui assistait d'un peu loin à la scène, « j'ai fait un appel légal à la force publique (*posse comitatus*).

— Dites plutôt à la force du diable! J'ordonne qu'on cesse les hostilités.

— Arrêtez! Pas d'effusion de sang! » s'écria une voix qui semblait partir du haut de la montagne. « Arrêtez, au nom du ciel, ne tirez plus!.. Nous nous rendons! Vous allez entrer dans la caverne. »

Ce coup de théâtre produisit l'effet désiré. Nathaniel, qui avait rechargé son arme, s'assit tranquillement, le front dans sa main, et l'infanterie légère de Templeton, suspendant sa course, attendit en silence ce qui allait advenir.

Alors on vit Edwards descendre la montagne, suivi du major Hartmann, qui marchait à grandes enjambées. Arrivés sur la terrasse, ils entrèrent ensemble dans la caverne, laissant tous les spectateurs confondus d'étonnement.

CHAPITRE XL.

J'en suis tout saisi. Vous étiez le docteur,
et je n'en savais rien !

SHAKESPEARE.

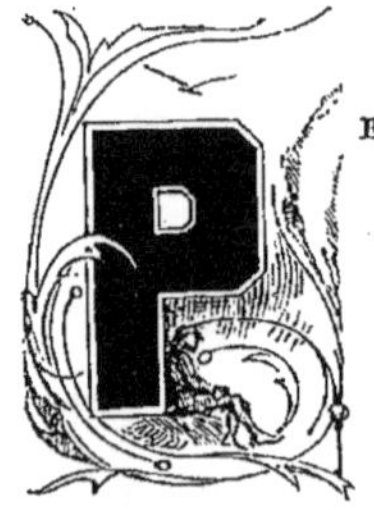

PENDANT les cinq ou six minutes qui s'écoulèrent avant la réapparition d'Edwards et du major, le juge Temple et le shérif, suivis de la plupart des volontaires, montèrent sur la terrasse, où ces derniers commencèrent à exprimer leurs conjectures sur le résultat de l'expédition et à raconter leurs prouesses individuelles dans la bataille. Mais la vue des deux pacificateurs, qu'on vit alors sortir de la caverne et monter le ravin, ferma toutes les bouches.

Sur un fauteuil de bois harnaché de peaux de daims écrues, ils portaient un homme, qu'ils placèrent avec soin et respect au milieu de l'assemblée. Il avait la tête couverte de longs cheveux aussi blancs que la neige. Ses vêtements, d'une propreté scrupuleuse, étaient semblables à ceux des classes riches, mais usés jusqu'à la corde et rapiécés ; il avait aux pieds des mocassins travaillés avec tout l'art dont était capable le goût indien. Son air était grave, son maintien plein de dignité ; toutefois ses yeux sans expression, qui se promenaient lentement sur l'assis-

tance, n'annonçaient que trop clairement qu'il était à cette période de la vie où le grand âge replonge l'esprit dans la faiblesse de l'enfance.

Bas de Cuir, debout derrière le fauteuil et appuyé sur sa carabine, montrait, au milieu des gens venus pour l'arrêter, une tranquillité qui indiquait que des intérêts plus graves que les siens allaient se décider. Le major Hartmann avait pris place à la droite du vieillard, la tête nue, et le regard brillant d'une sensibilité qui ne lui était pas habituelle. De l'autre côté, se tenait Olivier, une main sur le dossier du fauteuil, dans une attitude de familiarité affectueuse.

Tous les yeux étaient avidement fixés sur ce groupe, mais chacun gardait le silence. Enfin le vieillard essaya, par un reste de politesse, de se soulever à demi de son siège, salua en souriant à la ronde, et dit d'une voix cassée et tremblotante :

« Veuillez vous asseoir, Messieurs ; le conseil va s'ouvrir à l'instant... Tous les partisans d'un roi bon et vertueux doivent contribuer à maintenir la loyauté dans les colonies. Asseyez-vous, Messieurs, je vous en prie. Les troupes feront halte cette nuit.

— Voilà une étrange scène, » fit observer M. Temple. « C'est le délire de la folie !

— Non, Monsieur, » répliqua Edwards avec fermeté, « c'est la défaillance de la nature. Il reste à savoir qui doit répondre de cet état déplorable.

— Ces messieurs dîneront-ils avec nous, mon fils? » dit le vieillard en s'adressant au jeune homme, dont il avait reconnu la voix. « Commandez un repas digne des officiers de Sa Majesté ; vous savez que nous avons toujours à nos ordres ce qu'il y a de mieux en gibier.

— Mais cet homme, » demanda le juge d'une voix inquiète et agitée, « qui est-il?

— Cet homme ! » répondit Olivier qui, calme d'abord, s'échauffa ensuite par degrés. « Cet homme, Monsieur, qui en est réduit à se cacher dans des cavernes, allait autrefois de pair à compagnon avec ceux qui gouvernaient le pays. Cet homme, aujourd'hui faible et décrépit, fut autrefois un guerrier si brave, si intrépide, que les Indiens, qui se connaissent en courage, lui avaient donné le surnom de Mangeur de Feu. Cet homme, qui n'a plus même une chaumière pour abriter sa tête, posséda autrefois de grandes richesses; il était, juge Temple, le légitime propriétaire de toute la terre que nous foulons aux pieds.

— Alors, » s'écria Marmaduke en proie à la plus vive émotion, « c'est le major Effingham, qui avait disparu?

— C'est lui-même.

— Et vous? » continua le juge pouvant à peine articuler ces paroles. « Et vous?

— Je suis son petit-fils. »

A ce court interrogatoire succéda un profond silence. Tous les yeux étaient fixés sur les deux interlocuteurs, et le vieil Allemand parut attendre l'issue avec une certaine impatience.

Enfin M. Temple, la tête haute et les yeux humides de larmes, fit quelques pas au-devant du jeune homme et lui serra affectueusement la main.

« Olivier, » dit-il, « je comprends maintenant, et je te pardonne ta brusquerie, tes préventions... Oui, je te pardonne tout, excepté d'avoir laissé ce vieillard en un tel lieu, quand non seulement mon habitation, mais ma fortune, étaient à ses ordres et aux tiens.

— L'acier n'est pas plus sûr et fidèle ! » s'écria le major Hartmann. « Ne vous l'ai-je pas dit, mon garçon? Marmaduke Temple serait un ami que vous trouveriez toujours en cas de besoin?

— Il est vrai, Monsieur Temple, l'opinion que j'avais de vous a été ébranlée par ce que m'a dit le major. Quand je vis qu'il était impossible de reconduire mon aïeul au lieu d'où Bas de Cuir l'avait amené, sans l'exposer à être découvert, j'allai sur les bords du Mohawk demander conseil à celui qui avait été son compagnon d'armes, et dont je connaissais l'esprit de justice et d'intégrité. Le major est votre ami, juge Temple ; mais, s'il faut en croire ce qu'il m'a rapporté, mon père et moi, je le crains, nous vous avons jugé trop sévèrement.

— Vous parlez de votre père ; est-il donc vrai qu'il ait péri dans un naufrage?

— Hélas ! c'est l'exacte vérité. Après s'être consumé plusieurs années en démarches inutiles, il m'avait laissé dans la Nouvelle-Écosse, pour aller réclamer auprès du gouvernement anglais l'indemnité des pertes que lui avait fait essuyer son dévouement à la cause royale. Il

Sur un fauteuil était placé le vieux major Effingham.

venait d'être nommé au gouvernement de l'une des Antilles et, en s'embarquant, son intention était d'aller chercher mon aïeul et moi, lorsque dans la traversée il fit naufrage.

— Et toi, jeune homme? On m'avait assuré que tu avais péri avec lui. »

Un flot de sang monta aux joues d'Olivier, en voyant les volontaires rangés en cercle autour d'eux et écouter l'échange de ces explications avec une curiosité indiscrète. M. Temple s'en aperçut et donna des ordres en conséquence.

« Capitaine Hollister, » dit-il d'abord au vétéran qui avait repris son rang de bataille, « emmenez vos soldats et qu'ils rentrent chez eux. Le zèle du shérif l'a emporté trop loin... Docteur Todd, je vous serai obligé de donner vos soins à Hiram pour la blessure qu'il a reçue dans cette fâcheuse affaire... Richard, veillez, je vous prie, à ce qu'on envoie ici ma voiture... Quant à vous, Benjamin, allez reprendre vos fonctions à la maison. »

Aucun de ces ordres n'était précisément pour plaire aux assistants ; mais sachant qu'ils avaient été quelque peu au delà de ce que demandait la loi, chacun s'empressa d'obéir.

Il ne resta plus en présence que les personnes intéressées à l'explication qui allait avoir lieu.

« En attendant que ma voiture arrive, » dit alors Marmaduke au jeune homme, « ne ferions-nous pas bien de ramener votre aïeul dans la caverne?

— Pardonnez-moi, Monsieur, » répondit celui-ci, « le grand air lui fait du bien, et nous avions soin de l'y exposer toutes les fois qu'on le pouvait sans danger. Mais vous me voyez fort embarrassé : dois-je souffrir que le major Effingham habite au sein de votre famille?

— Sois-en juge toi-même. Ton père était l'ami de ma jeunesse ; il confia sa fortune à mes soins et il avait en moi une telle confiance, qu'il ne voulut pas, quand nous nous séparâmes, accepter aucune reconnaissance écrite du dépôt remis entre mes mains. Tu dois en avoir entendu parler.

— Oh! certes.

— Nous avions dans la dernière guerre embrassé une cause politique différente. Si la victoire restait aux colonies insurgées, le dépôt ne courait aucun risque avec moi, car nul n'avait connaissance de nos arrangements. Si, au contraire, l'Angleterre reprenait le dessus, rien n'était plus facile que de réintégrer dans ses biens un sujet aussi loyal que le colonel Effingham. Cela ne vous paraît-il pas clair?

— Jusque-là il n'y a rien à dire.

— Attendez, mon enfant, » fit observer Hartmann. « Il n'y a pas un seul cheveu de coquin sur la tête du juge.

— Tout le monde connaît l'issue de la lutte, » continua Marmaduke. « Ton aïeul fut laissé dans le Connecticut, où il recevait régulièrement de ton père les moyens d'existence nécessaires. J'étais bien au courant de la situation, quoique je n'eusse jamais eu de relations avec lui, même dans nos jours de prospérité. Ton père se retira avec l'armée royale et consacra tout son temps à réclamer les indemnités que lui devait l'Angleterre. A tout événement ses pertes étaient grandes, car ses propriétés furent vendues, et j'en devins le légitime acquéreur. N'était-il pas naturel de désirer qu'il ne fût mis aucun obstacle à ses justes réclamations?

— Il n'y en avait aucun, sinon la difficulté de faire droit à des demandes si nombreuses.

— Mais il y en aurait eu un insurmontable si j'avais déclaré publiquement que ses biens, dont le temps et mon industrie avaient centuplé la valeur, n'étaient en mes mains qu'un dépôt dont je lui devais compte. Tu sais qu'après la guerre je lui ai fait passer des sommes considérables?

— Oui, vous l'avez fait jusqu'à ce que...

— Jusqu'à ce qu'il m'eût renvoyé mes lettres sans les ouvrir. Tu ressembles beaucoup à ton père, Olivier : il avait le sang vif et le caractère emporté. »

Le juge s'arrêta pour faire un retour sur lui-même.

« Pour moi, » reprit-il, « c'est peut-être par l'autre extrême que je pèche; je cherche trop à lire dans l'avenir et je pousse trop loin mes prévisions. Ah! certes, il m'a fallu faire un douloureux sacrifice lorsque j'ai souffert que mon meilleur ami eût si longtemps de moi une opinion défavorable, uniquement pour ne point mettre obstacle à l'indemnité qui lui était due! S'il avait ouvert mes dernières lettres, tu aurais appris la vérité. Il paraît, d'après ce que m'a écrit mon correspondant, qu'il a lu celles que je lui ai adressées en Angleterre. Lorsqu'il est mort, Olivier, il savait tout ce que j'ai fait. Il est mort mon ami, et je te croyais mort avec lui.

— Nous étions trop pauvres pour payer le passage de deux personnes. Aussi fut-il obligé de me laisser en Amérique, et quand je fus informé de la triste nouvelle, je me trouvais presque sans ressources.

— Et que fis-tu alors, mon enfant?

— J'allai trouver mon aïeul, car je savais que, privé de la demi-solde de mon père, il ne lui restait plus rien. Arrivé au lieu de sa résidence, j'appris qu'il avait disparu; toutefois, pressé de questions, le mercenaire qui l'avait abandonné dans sa détresse me fit l'aveu qu'il était parti avec un de ses anciens serviteurs. Je ne doutai pas que ce ne fût Nathaniel, car souvent mon père...

— Natty était-il donc au service de ton aïeul?

— Ne le saviez-vous pas?

— Comment l'aurais-je su? Le major Effingham m'était tout à fait inconnu, et jamais je n'avais entendu prononcer le nom de Bumppo. Tout ce que je savais de lui, c'est qu'il vivait de sa chasse au milieu des bois, et la chose est trop commune en ce pays pour exciter l'étonnement.

— Élevé dans la famille de mon aïeul, il l'avait suivi dans toutes ses campagnes. Comme il avait pris goût à ce pays, il y était resté comme une sorte de substitut; il représentait le maître sur les terres que le vieux Mohican, dont mon aïeul avait sauvé la vie, avait déterminé les Delawares à lui concéder, dans le temps où ils le reçurent comme chef honoraire de leur tribu.

— Est-ce à cela que se réduit ton origine indienne?

— Je n'en ai pas d'autre. Le major Effingham fut adopté pour fils par Chingachgook, qui était alors le héros de sa nation; et mon père, dans son enfance, reçut d'elle le surnom d'Aigle, tiré, je pense, du galbe de sa figure. Voilà pourquoi ils m'appellent le Jeune Aigle. Je ne dois pas autre chose aux Indiens, bien qu'il me soit arrivé plus d'une fois de souhaiter de leur appartenir par le sang et par l'éducation.

— Continue, » dit le juge à Olivier, qui s'était arrêté.

« Je n'ai que peu de choses à ajouter, Monsieur. Je me rendis sur le bord du lac Otsego, où j'avais souvent ouï dire qu'habitait Nathaniel. Il y était en effet, prodiguant en secret ses soins à son ancien maître; car il ne pouvait consentir à donner publiquement en spectacle, dans l'état de misère et de défaillance où il se trouvait, un homme qui avait été l'objet des respects de tout un peuple.

— Que fîtes-vous alors?

— Ce que je fis? J'employai l'argent qui me restait à acheter une carabine, et me mis à chasser aux côtés de Bas de Cuir. Vous savez le reste, juge Temple.

— Et où était le vieux Fritz Hartmann? » demanda l'Allemand d'un ton de reproche. « Son nom n'est-il jamais sorti de la bouche de votre père?

— Je puis m'être trompé, Messieurs, » répondit le jeune homme; « mais j'avais de la fierté, et une répugnance invincible à me résoudre aux aveux que ce jour m'a arrachés. Si mon aïeul avait vécu jusqu'à l'automne, je comptais le conduire à New-York, où nous avons des parents éloignés, qui ont sans doute oublié le royaliste du temps jadis. Il décline rapidement, » ajouta-t-il d'un ton douloureux, « et le moment n'est pas éloigné où il reposera à côté du vieux Mohican. »

Le temps était beau, l'air pur; ils continuèrent à causer sur la terrasse, chaque phrase de la conversation éclaircissant quelques doutes et diminuant l'antipathie du jeune Effingham pour Marmaduke. On entendit enfin les roues de la voiture qui s'approchait. Olivier ne s'opposa plus au transport de son grand-père, qui témoigna une joie d'enfant en se voyant assis dans un carrosse.

Arrivé à la maison Temple, on le porta dans le salon. Là, les yeux du vieillard se promenèrent lentement sur tous les meubles; sa pensée errait d'un objet à un autre sans s'arrêter sur aucun; mais un rayon d'intelligence brillait parfois dans ses traits lorsqu'il adressait quelques mots insignifiants de politesse à ceux qui l'approchaient. La fatigue du trajet et le changement subit survenu dans sa situation le jetèrent dans une sorte d'épuisement : il fallut le mettre au lit. Il y resta plusieurs heures, jouissant avec délices de ce nouveau bien-être, et manifestant dans sa personne cette vérité mortifiante pour l'orgueil humain, que les tendances animales survivent à la dégradation de ce que la nature humaine a de plus noble.

Olivier ne quitta son aïeul qu'après l'avoir vu confortablement couché et Nathaniel assis à son chevet. Il se rendit alors à la bibliothèque, où l'attendait le juge en compagnie du major Hartmann.

« Lis ce papier, Olivier, » dit le premier en reprenant avec lui le tu-

toiement familier aux quakers, « et tu verras que, bien loin de vouloir faire tort à ta famille de mon vivant, j'ai pris des mesures pour que justice lui fût rendue, même après ma mort. »

Le jeune homme s'aperçut tout d'abord qu'il tenait entre les mains le testament de son hôte, et que la date en correspondait à l'époque où Marmaduke avait reçu les dernières nouvelles d'Angleterre, qui l'avaient si profondément accablé. A mesure qu'il lisait, ses yeux se mouillaient de larmes, et un tremblement nerveux agitait son corps.

Le testament commençait par le protocole ordinaire, à la rédaction duquel M. van der School avait mis tout son savoir-faire ; ce formulaire dûment épuisé, on sentait que la plume de Marmaduke avait remplacé celle du procureur. Dans un style clair, précis, ferme, et parfois éloquent, il relatait ses obligations au colonel Effingham, la nature de leur liaison et les circonstances où ils s'étaient séparés. Il mentionnait alors les motifs de son long silence, spécifiant toutefois les sommes considérables adressées à son ami, qui les lui avait renvoyées sans ouvrir ses lettres; puis il parlait des recherches qu'il avait faites pour découvrir la retraite de l'aïeul qui avait tout à coup disparu, et il exprimait ses craintes que l'héritier direct de la fortune dont il était dépositaire n'eût péri dans le même naufrage que son père.

En un mot, après avoir exposé dans leur vrai jour les faits dont nos lecteurs doivent à présent tenir le fil, il établissait le compte exact des titres et valeurs que lui avait confiées le colonel Effingham. Suivait le transfert de tous ses biens à certains dépositaires responsables, à la charge de les remettre par moitiés égales, d'une part à sa fille, d'autre part à Olivier Effingham, ci-devant major au service de l'Angleterre; à son défaut, à Édouard Effingham, son fils, et à défaut de ce dernier, à son petit-fils Édouard-Olivier Effingham, de manière à ce que cette moitié appartînt en propre et à toujours au dernier survivant des trois et à ses descendants. Cette substitution resterait en vigueur jusqu'en 1810; à laquelle époque, si après un délai suffisant, il ne se présentait personne pour recueillir cette dernière moitié, alors une certaine somme, comprenant le principal et les intérêts de ce qui était dû au colonel Effingham, devait être versée entre les mains des héritiers collatéraux de la famille Effingham, et la totalité de la succession transportée à sa propre fille ou à ses héritiers.

Les larmes tombèrent des yeux du jeune homme en lisant ce témoignage irrécusable de la bonne foi de M. Temple, et ses regards surpris étaient encore fixés sur le testament, quand une voix qui fit vibrer toutes les fibres de son cœur se fit entendre auprès de lui, disant :

« Doutez-vous encore de nous, Olivier?

— Douter de *vous!* » s'écria-t-il en saisissant la main d'Élisabeth. « Non, non, ma foi en vous n'a jamais été ébranlée un seul instant.

— Et en mon père?

— Que Dieu me pardonne et le bénisse!

— Merci, mon fils, » dit le juge en le serrant cordialement dans ses bras. « Nous avons eu tort tous les deux, toi par excès de vivacité, moi par trop de prudence. La moitié de ma fortune t'appartiendra aussitôt que l'acte de transfert pourra être dressé, et, si je devine juste, l'autre moitié ne tardera pas à suivre. »

Il prit alors la main de sa fille, la mit dans celle du jeune homme, et fit signe au major de sortir avec lui.

« Ah! ah! ma jolie demoiselle, » dit le vieil Allemand, « si j'étais encore ce que j'ai été quand je servais sur les bords du lac avec son grand-père, ce garnement-là ne m'enlèverait pas sans ferrailler une si belle conquête.

— Allons, allons, mon vieux Fritz, » dit le juge, « vous oubliez que soixante-dix ans n'en valent pas dix-sept, et que Richard vous attend avec un bon lait de poule au rhum.

— Richard! au diable! Son grog est une médecine de cheval. Je vais lui montrer la recette. »

Marmaduke l'entraîna, et adressa aux jeunes gens un signe d'adieu amical en fermant la porte après lui.

Le tête-à-tête se prolongea pendant un temps raisonnable, et ne fut interrompu, à la tombée du jour, que par l'arrivée de M. Le Quoi, venant réclamer l'entretien particulier que miss Temple lui avait promis la veille. Admis aussitôt, il formula dans les règles une demande en mariage, et offrit avec sa main ses amis, grands et petits, son père, sa mère et sa sucrerie de la Martinique. Élisabeth, qui avait sans doute pris avec Olivier des arrangements antérieurs, rejeta toutes ces offres en termes polis, il est vrai, mais d'un ton plus décidé qu'elles n'avaient été faites.

Le Français alla rejoindre dans la salle l'Allemand et le shérif, qui le firent asseoir auprès d'eux. A l'aide du punch, du vin et du grog, ils apprirent du complaisant M. Le Quoi le sujet de sa visite. Il fut évident qu'en formulant sa demande l'émigré avait purement cédé à un devoir de bienséance vis-à-vis d'une dame isolée du monde, et que son cœur n'entrait pas pour grand'chose dans l'affaire.

Après un certain nombre de libations, Richard et le major entreprirent de persuader au Gaulois — ainsi que l'appelait le shérif, — de tenter une démarche semblable auprès de Remarquable Petits-Os; mais, malgré son excitation et les fumées du vin, deux heures de logique vigoureuse furent prodiguées en pure perte sur ce sujet; il rejeta leur conseil avec une obstination vraiment étonnante chez un homme si poli.

Benjamin reconduisit M. Le Quoi jusqu'à la porte, et lui dit en le quittant :

« Monsieur, si, comme vous le conseillait M. Jones, vous aviez couru une bordée sur mistress Jolis-Os, je crois qu'elle vous aurait jeté le grappin; auquel cas, voyez-vous, vous auriez eu de la peine à regagner honnêtement le large. Notre miss Betzy ressemble à ces mignonnes barques qui filent au moindre souffle de vent, tandis que dame Remarquable tient de la nature des galiotes : une fois prises à la remorque, on ne sait plus comment s'en dépêtrer. »

CHAPITRE XLI.

Oui, partez ! Mais quitter ceux qui pleurent pour ceux qui triomphent, nous ne le ferons pas. Que le rire, la joie et les chants accompagnent votre flotte pavoisée ; le ménestrel restera fidèle à l'humble esquif.

W. SCOTT, *le Lord des Iles*.

NOTRE histoire nous a conduit jusqu'à fin de l'été.

Après avoir parcouru presque en entier le cercle de l'année, nous allons terminer notre tâche dans le délicieux mois d'octobre. Cependant plusieurs faits importants s'étaient passés dans cet intervalle ; il est nécessaire d'en rapporter quelques-uns.

Les deux principaux furent le mariage d'Olivier et d'Élisabeth et la mort du major Effingham. Tous deux eurent lieu au commencement de septembre, et le premier précéda l'autre de quelques jours seulement. Le vieillard s'éteignit comme une lampe qui, faute d'huile, jette sa dernière lueur, et une fin si douce, bien que la famille y fût sensible, ne pouvait laisser après elle de bien vives douleurs.

L'un des premiers soins de Marmaduke fut de concilier ses devoirs de magistrat avec les sentiments qu'il éprouvait pour les coupables. Le lendemain de l'attaque de la caverne, Nathaniel et Benjamin allèrent sans difficulté se replacer sous les verrous et y restèrent dans une captivité confortable jusqu'au retour d'un exprès envoyé à Albany, et qui en rapporta la grâce du vieux chasseur. Quant à Hiram, on obtint de lui, moyennant finance, le désistement des plaintes qu'il avait à former tant contre Nathaniel que contre le majordome ; et les deux camarades rentrèrent dans la société sans la moindre tache sur leur réputation.

Le susdit Hiram ne tarda point à s'apercevoir que son architecture et ses connaissances légales ne convenaient plus à une colonie dont la richesse et l'intelligence marchaient à pas de géant. Après avoir récolté jusqu'au dernier liard de ce qui lui était dû, il plia bagage, et alla s'établir plus loin vers l'ouest, semant partout sur son passage sa science légale et artistique, dont on retrouve encore des vestiges.

Le pauvre Jotham, à qui sa sottise coûta la vie, avoua, avant de mourir, que ses motifs pour croire à l'existence d'une mine lui venaient d'une sorcière qui, au moyen d'un miroir magique, avait le don de découvrir les trésors enfouis sous terre. Cette confession, tout en délivrant Richard d'un reste de soupçon contre les actes des trois chasseurs, lui donna une leçon salutaire et mortifiante, qui fut favorable au repos de son cousin.

M. Le Quoi trouva l'île de la Martinique et sa sucrerie en la possession des Anglais ; mais M. Temple eut la satisfaction d'apprendre qu'il était retourné dans son bureau à Paris, d'où il ne manquait pas d'envoyer régulièrement le bulletin annuel de sa reconnaissance envers ses amis d'Amérique.

Après cette courte explication, nous allons reprendre la suite de notre récit.

Que le lecteur américain se figure une de nos plus belles matinées d'octobre, où le soleil ressemble à une boule de feu argentée, où l'on trouve dans l'air qu'on respire une élasticité vivifiante, où la température, ni trop chaude ni trop froide, imprime au sang un cours plus rapide, sans amener la lassitude qui suit les effluves printanières.

Ce fut par une matinée semblable qu'Olivier entra dans le salon où Élisabeth donnait ses ordres pour la journée, et lui proposa de l'accompagner dans une promenade sur les bords du lac. La mélancolie répandue sur les traits de son mari attira l'attention de la jeune femme qui, laissant là ses occupations, jeta un châle léger sur ses épaules, couvrit ses cheveux d'un chapeau de paille, et le suivit sans lui adresser une question. Ils étaient arrivés en vue de l'Otsego qu'ils n'avaient pas encore échangé une parole.

Des troupes d'oies sauvages couvraient la surface du lac : ces oiseaux de passage, partis des régions du septentrion pour aller chercher un climat plus chaud, avaient suspendu leur vol et se jouaient au milieu des eaux limpides. Les jeunes époux en suivaient le bord, en se dirigeant vers la base de la montagne.

« Vous devinez sans doute le motif qui nous amène de ce côté, » dit enfin Olivier. « Vous connaissez mes plans ; qu'en pensez-vous ?

— Il faut d'abord que je les voie, » répondit sa femme. « J'ai aussi les miens, et il est temps de vous en faire part.

— Quelque projet sans doute en faveur de notre vieil ami Nathaniel ?

— Je ne dis pas non ; mais nous avons d'autres amis à obliger. Oubliez-vous Louise et son père ?

— Vous savez bien le contraire, puisque j'ai donné au digne ministre une des meilleures fermes du comté. Quant à Louise, mon plus cher vœu est de la voir toujours rester à vos côtés.

— Votre plus cher vœu, c'est possible, » dit-elle en serrant légèrement les lèvres. « Et si la pauvre Louise avait d'autres vues, comme de suivre mon exemple et de se marier?

— J'en doute, » dit Effingham après un moment de réflexion. « Il n'y a personne ici qui soit digne d'elle.

— Ici peut-être ; mais il y a d'autres localités au monde que Templeton, et d'autres églises que le nouveau Saint-Paul.

— Songeriez-vous donc à éloigner de nous M. Grant, un homme d'un cœur simple, mais excellent? Un autre n'aura jamais la moitié de sa vénération pour mon orthodoxie.

— Il le faut absolument.

— Et la ferme?

— Il pourra la louer. Comment d'ailleurs un ecclésiastique s'occuperait-il d'agriculture?

— Où voulez-vous l'envoyer?

— Écoutez, Olivier. Mon père vous a dit que je le gouvernais et que je vous gouvernerais. Eh bien, je vais entrer en fonctions.

— Tout ce qu'il vous plaira, chère Élisabeth ; mais que ce ne soit pas aux dépens de votre amie; car il est naturel de supposer qu'elle nous regrettera.

— Notre devoir est de lutter contre nos penchants, et c'est ce que fera Louise, nous avons tout lieu de le croire.

— Enfin qu'avez-vous comploté?

— Un peu de patience! Mon père a promis à M. Grant une place de ministre dans une ville des bords de l'Hudson ; il y vivra plus commodément qu'ici, où il est obligé de faire, à travers monts et forêts, des courses continuelles ; il y passera le soir de sa vie dans l'aisance et le repos, et la société qui s'y trouve procurera à sa fille les moyens d'obtenir un établissement convenable.

— Vraiment, vous m'étonnez! Je ne vous savais pas si profonde en politique.

— Je m'y entends mieux en effet que vous ne le pensez, » dit-elle avec un malin sourire. « Telle est ma volonté, et, pour cette fois du moins, vous devez vous y soumettre. »

Effingham rit de bon cœur ; et, comme ils approchaient du but de leur promenade, leur conversation prit un autre tour.

A l'endroit où ils avaient arrêté leur marche s'était élevée pendant longtemps la hutte de Bas de Cuir. On avait déblayé le sol de tous les décombres, on l'avait nivelé et semé d'un beau gazon, auquel des pluies abondantes avaient donné la fraîcheur du printemps ; on l'avait enfin entouré d'un mur de clôture construit en pierre et percé d'une petite porte. A leur arrivée, ils virent le fusil de Nathaniel appuyé contre la muraille et ses deux chiens couchés près de là en sentinelles toujours vigilantes.

A genoux par terre devant une dalle tumulaire placée au bas d'un monument en marbre blanc, le vieux chasseur était occupé à arracher les longues herbes qui commençaient déjà à en couvrir l'inscription. Les jeunes époux avancèrent sans bruit et assez près pour l'entendre dire tout haut en se relevant :

« Bien ! bien ! j'ose dire que tout cela est dans l'ordre. Il y a là quelque chose qui ressemble à de l'écriture, mais que je ne puis déchiffrer ; la pipe, le tomahawk et les mocassins ne sont réellement pas mal pour un homme qui, je gage, n'a jamais vu rien de pareil.. Misère ! les voilà qui reposent côte à côte ; ils sont heureux !.. Qui me mettra en terre, moi, quand mon heure sera venue ?

— A cette heure malheureuse, Natty, » dit Olivier ému, « vous ne manquerez pas d'amis pour vous rendre les derniers devoirs. »

Le vieillard se retourna sans manifester de surprise, — habitude qu'il tenait des Indiens, — et passa sa main sur son front comme pour en écarter les idées tristes.

« Vous êtes donc venus voir les tombeaux, mes enfants ? » dit-il. « Bien ! bien ! c'est une vue salutaire pour les jeunes comme pour les vieux.

— J'espère que vous en êtes satisfait ? » demanda Olivier. « Nul n'a plus de droit que vous d'être consulté là-dessus.

— Hum ! faute d'habitude, je ne me connais guère à ces belles choses-là. A propos, a-t-on pris garde de tourner la tête du major Effingham vers le couchant et celle du Mohican vers l'orient ?

— On a agi en cela conformément à votre désir, Natty.

— Cela vaut mieux, parce qu'ils ne croyaient pas aller du même côté. Qu'importe au fond? Il y a un être là-haut qui, au moment voulu, rassemblera tous les justes, blanchira la peau des rouges et les placera de niveau avec les princes.

— Nous n'en pouvons douter, » dit Élisabeth. « Un jour viendra, je l'espère, qui nous réunira tous ensemble, et nous jouirons tous du même bonheur.

— Vous le croyez, n'est-ce pas, mon enfant? C'est une pensée qui fait du bien... Mais avant que je parte, faites-moi connaître ce que vous dites là à ces gens qui arrivent en foule dans le pays, comme des volées de pigeons au printemps, du vieux Delaware et du blanc le plus brave qui ait jamais foulé le sol de ces montagnes. »

Le jeune Effingham se tourna vers le monument, et lut à haute voix ce qui suit :

A LA MÉMOIRE

D'OLIVIER EFFINGHAM,

Ex-major au 60e régiment d'infanterie de Sa Majesté Britannique;

Soldat d'une valeur éprouvée,
Sujet d'une loyauté chevaleresque,
Homme de probité et d'honneur.
A ces qualités il joignit les vertus d'un chrétien.
Il passa le matin de ses jours
Dans les honneurs, la richesse et la puissance;
Mais le soir en fut obscurci
Par la pauvreté, la souffrance et l'isolement,
Qui ne furent allégés que par les soins affectueux
D'un ancien, fidèle et honnête ami et serviteur
NATHANIEL BUMPPO, *dit* BAS DE CUIR.

Ses descendants ont élevé ce monument
Aux vertus du maître
Et au dévouement du serviteur.

Le chasseur tressaillit en entendant son nom, et un sourire de contentement éclaira son visage ridé.

« Avez-vous dit cela, garçon? » s'écria-t-il. « A-t-on taillé dans la pierre le nom du vieillard à côté de celui de son maître? Que Dieu vous en récompense, mes enfants! C'est une bonne pensée, et la bonté va droit au cœur à mesure que la vie s'abrège. Et, » ajouta-t-il sur le ton d'un candide empressement, « montrez-moi l'endroit où est mon nom. Que je le voie figurer en si belle place! »

Effingham lui mit le doigt sur l'endroit où était inscrit son nom, et Nathaniel sui-

vit jusqu'au bout le tracé des lettres, avec un intérêt manifeste. « Oui, je le répète, » dit-il, « c'est une bonne pensée, et un fameux cadeau pour un pauvre diable qui ne laissera personne de son sang dans un pays qu'il a habité tant d'années. Et qu'avez-vous dit de la Peau Rouge?

— Vous allez l'entendre :

A LA MÉMOIRE

D'UN CHEF INDIEN,

De la tribu des Delawares,
Connu sous les noms
De JOHN, de MOHICAN, de CHINGAGOOK...

— *Gach,* mon garçon, *Gachgook,* » interrompit Bas de Cuir. « Chingachgook ; ce qui signifie *Grand Serpent.* Il faut écrire exactement le nom d'un Indien, car il a toujours un sens.

— Je le ferai corriger, » dit Effingham, qui reprit la lecture de l'inscription :

Il fut le dernier de sa nation,
Qui continua à habiter ce pays,
Et l'on peut dire de lui,
Qu'il eût les défauts d'un Indien
Et les vertus d'un homme.

— Vous n'avez jamais dit plus vrai, Monsieur Olivier. Ah! si vous l'aviez connu comme moi! si vous l'aviez vu en son jeune temps dans cette bataille où le vieux gentilhomme qui dort à ses côtés lui sauva la vie, au moment où ces brigands d'Iroquois l'avaient déjà attaché au poteau, vous auriez dit tout cela de lui et même plus encore. Je coupai ses liens de mes propres mains, et lui donnai mon tomahawk et mon couteau, vu que la carabine a toujours été mon arme favorite. C'est alors qu'il se conduisit en homme. Le soir il avait onze scalps à sa ceinture. Que cela ne vous répugne pas, Madame Effingham ; il n'y avait là que des chevelures de Mingos... A présent, s'il m'arrive de regarder ces montagnes où je comptais parfois jusqu'à vingt feux des Delawares, j'en suis tout triste à penser qu'il ne reste pas un Peau Rouge, à moins que ce ne soit quelque ivrogne vagabond des Onéidas, ou ces Indiens apprivoisés des bords de la mer, qui n'appartiennent, selon moi, à aucune classe des créatures de Dieu, puisqu'ils ne sont ni blancs ni sauvages, ni chair ni poisson.... Maintenant, le moment est venu et il faut que je parte.

— Comment partir? » dit le jeune homme. « Et pour quel voyage? »

Bas de Cuir, qui avait contracté à son insu beaucoup de qualités indiennes, quoiqu'il se regardât toujours comme un être civilisé, même en se comparant aux Delawares, détourna la tête pour cacher son émotion ; en même temps, il se baissa pour ramasser derrière la tombe un havresac, et le chargea sur ses épaules.

« Où allez-vous? » s'écria Élisabeth. « Encore quelque expédition lointaine! Y songez-vous, Natty? A votre âge, c'est de l'imprudence.

— Ce que vous dit Betzy est juste, Bas de Cuir, » ajouta Olivier. « Quel besoin avez-vous de vous exposer à de rudes fatigues? Laissez là votre havresac, et si l'envie vous tient de chasser, que ce soit dans les environs.

— Qu'appelez-vous fatigues? C'est un plaisir, garçon, et le plus grand qui me reste en ce monde.

— Olivier, nous ne devons pas le laisser partir. Rappelez-vous la fin subite du Mohican.

— Je savais que la séparation serait pénible, mes enfants; je le savais bien! » dit Nathaniel. « Voilà pourquoi j'étais venu faire mes adieux aux tombeaux afin de partir ensuite sans vous revoir, vous laissant le souvenir que le major me donna quand nous nous séparâmes pour la première fois dans la forêt. Je savais que vous ne m'en voudriez point, car n'importe où ira le corps du vieux Natty, son cœur sera toujours avec vous.

— Il y a là dedans quelque chose qui me confond, » s'écria le jeune homme. « Où avez-vous dessein d'aller, mon ami? »

Le chasseur s'approcha de lui d'un air grave et plein de confiance, comme si ce qu'il allait dire devait surmonter toute objection.

« Eh bien, garçon, » répondit-il, « j'ai résolu d'aller du côté des grands lacs. A ce qu'on rapporte, la chasse y est abondante, on y a de la place tant qu'on veut, et il ne s'y trouve pas un homme blanc, sauf peut-être quelque chasseur de mon genre. Je suis las de vivre au milieu des défrichements, et d'avoir dans les oreilles le bruit de la cognée et du marteau depuis le lever du soleil jusqu'à son coucher. Dieu m'est témoin que je vous aime sincèrement, tous les deux, — je n'en dirais rien si ce n'était vrai, — et pourtant la vie des bois me manque, je le sens.

— Les bois! » répéta Élisabeth tremblante d'émotion. « Comment appelez-vous les immenses forêts qui nous entourent?

— Ah! mon enfant, ce n'est pas grand'chose pour un homme accoutumé à la vie du désert! J'ai eu bien peu de contentement depuis que votre père est arrivé avec ses colons; mais je ne voulais pas m'éloigner tant que vivait encore celui qui repose sous cette pierre. Maintenant il est parti, Chingachgook est parti aussi, et vous êtes jeunes et heureux. Oui, la grande maison est en joie depuis des semaines. Ma foi, il est temps que je songe à moi, et que je tâche de passer à ma guise le peu d'années qui me restent... Des bois? non, non, je ne donne pas le nom de bois à des lieux où je me perds chaque jour au milieu des défrichements.

— Si vous n'avez pas vos commodités, parlez, et ce qui sera possible, nous le ferons.

— Vos intentions sont excellentes, mon enfant, ainsi que celles de Madame, je le sais, mais nous ne voyons pas par les mêmes yeux. C'est comme les deux qui sont enterrés là : ils croyaient de leur vivant que chacun irait trouver son ciel, l'un à droite, l'autre à gauche, et cependant ils finiront par se rencontrer. Il en sera ainsi de nous, mes enfants. Oui, finissez comme vous avez commencé, et nous nous retrouverons un jour dans le pays des justes.

— Quel coup imprévu! » dit Élisabeth. « Moi qui croyais que votre intention était de vivre et de mourir auprès de nous!

— Les paroles n'y feront rien, » dit Olivier à sa femme. « Des liens d'un jour ne peuvent changer des habitudes qui sont devenues une seconde nature... Mon cher Natty, je vous connais trop pour vous tourmenter davantage, accordez-moi une faveur. On vous bâtira une hutte, loin ou près d'ici, comme il vous plaira; mais, sachant où vous êtes, nous irons vous voir de temps en temps, et nous assurer que rien ne vous manque.

— Ne craignez rien pour Bas de Cuir, mes enfants ; Dieu veillera sur lui, pourvoira à ses besoins, et lui donnera une fin heureuse. Vos intentions sont bonnes, j'en suis persuadé, mais nos voies ne s'accordent pas. La vue de l'homme vous fait plaisir ; moi, j'aime la solitude. Je mange à ma faim, je bois à ma soif ; et vous, vos repas sont réglés à la minute. Que dis-je ! vous engraissez jusqu'à vos chiens par excès de bonté, tandis qu'ils doivent être maigres pour bien courir. Dieu a donné une destination à la moindre de ses créatures, et il m'a fait, moi, pour le désert. Si vous m'aimez, laissez-moi reprendre la vie après laquelle je soupire. »

La résolution du chasseur était prise ; ils n'ajoutèrent pas un mot de plus pour l'en faire revenir. Élisabeth baissa la tête et pleura. Olivier, dont un flot de larmes gonflait aussi les paupières, tira son portefeuille de sa poche, et offrit au vieillard tous les billets de banque qui s'y trouvaient.

« Prenez cela, » lui dit-il. « Mettez-le en sûreté ; vous pourrez en avoir besoin. »

Bas de Cuir jeta sur les billets un regard de curiosité.

« Alors, » dit-il, « c'est ça la nouvelle monnaie qui vient d'Albany, et qu'on fabrique avec du papier ? Elle ne servira guère à qui ne sait pas lire... Non, non, mon enfant, reprenez vos chiffons, ils ne peuvent m'être utiles. J'ai eu soin d'acheter toute la poudre du Français avant qu'il fermât boutique, et l'on dit qu'on trouve du plomb dans le pays où je vais. Cela ne serait même pas bon à bourrer ma carabine, vu que je n'emploie que du cuir... Madame Effingham, permettez à un vieillard de vous baiser la main et d'appeler toutes les bénédictions du ciel sur vous et les vôtres.

— Je vous en supplie encore une fois, Bas de Cuir, ne nous quittez pas ! » s'écria Élisabeth. « Ne me donnez pas la douleur de pleurer l'homme qui m'a deux fois arrachée à la mort et qui a servi si fidèlement ceux que j'aime ! Au nom du ciel, restez ! Au milieu des rêves affreux qui me visitent encore, il me semble que je vous reverrai périssant de besoin et de vieillesse, en proie à tous les maux que peuvent infliger la maladie et l'isolement. Restez, restez avec nous, dans notre intérêt, sinon dans le vôtre !

— De telles pensées et de tels rêves, Madame, » répondit le chasseur d'un ton de voix solennel, « ne troubleront pas longtemps un cœur innocent ; la bonté de Dieu y mettra un terme. Et si la panthère se représente encore dans vos songes, rendez grâce non à moi, mais à celui qui a guidé mes pas pour votre salut. Placez votre confiance en Dieu et en votre honorable époux, et le souvenir d'un vieillard tel que moi ne pourra être longtemps mêlé d'amertume. Je prie le Seigneur de veiller sur vous, le Seigneur qui est présent dans les défrichements aussi bien que dans le désert ; je le prie de vous bénir vous et tous ceux qui vous appartiennent, jusqu'au grand jour où Peaux Blanches et Peaux Rouges seront rassemblés devant son tribunal, et où règnera la justice et non la force. »

Élisabeth leva la tête et lui présenta sa joue pâlie et mouillée de pleurs : il ôta son bonnet et l'effleura respectueusement de ses lèvres. Olivier lui serra la main dans une étreinte convulsive, sans pouvoir articuler une parole.

Bas de Cuir assujettit sa ceinture ainsi que les courroies qui maintenaient le sac sur son dos, et se prépara à partir avec une lenteur de mouvements qui marquait assez la peine que lui coûtait cette séparation. Une ou deux fois, il essaya de parler, mais la voix lui manqua. Enfin il mit sa longue carabine sur son épaule, et d'une voix claire que répéta l'écho de la forêt, d'une véritable voix de chasseur, il cria :

« Allons, en marche, mes mignons ! Vous aurez le temps de vous fatiguer avant de voir la fin du voyage. »

A cet appel, les deux chiens se levèrent en bondissant, et après avoir flairé autour des tombeaux et du couple muet des jeunes époux comme s'ils eussent compris qu'ils partaient sans retour, ils suivirent, tête basse, leur maître qui s'éloignait à grands pas.

Pendant un moment, Olivier Effingham resta immobile, le front dans ses mains, courbé sur la tombe de son aïeul. Quand l'orgueil de l'homme eut maîtrisé en lui la faiblesse de la nature, il voulut renouveler ses instances, mais il se retrouva seul avec sa femme.

« Il est parti ! » s'écria-t-il.

Ils aperçurent le vieux chasseur qui, arrivé sur la lisière du bois, s'était arrêté un instant pour les voir encore. Leurs regards s'étant rencontrés, il passa la main sur ses yeux, l'agita en l'air en signe d'adieu suprême, et s'enfonça dans la forêt.

A dater de ce moment, ils ne revirent plus Bas de Cuir, dont la marche rapide rendit inutiles les recherches que le juge Temple ordonna et dirigea en personne. Il s'était avancé vers le soleil couchant, avant-garde de cette troupe de pionniers qui ont ouvert la route à nos compatriotes dans leur marche à travers le continent d'Amérique.

NOTES.

LES PIONNIERS.

Préface de l'auteur dans la dernière édition.

Comme cet ouvrage annonce une histoire descriptive, ceux qui prendront la peine de la lire ne seront peut-être pas fâchés de savoir ce qui dans cette histoire est littéralement vrai, et ce qu'on y a ajouté pour faire un tableau d'ensemble. L'auteur n'ignore pas que s'il se fût borné à cette dernière partie de son travail, il aurait adopté le moyen le plus efficace et le plus sûr pour la transmission de connaissances de cette nature, et aurait fait un livre bien préférable à celui-ci. Mais en commençant à décrire des sites, il peut même dire des personnages, si familiers à sa jeunesse, il éprouvait la tentation bien naturelle de peindre ce qu'il avait connu, plutôt que ce qu'il aurait pu imaginer. Cette fidélité rigoureuse, condition indispensable dans les travaux historiques et les voyages, détruit tout le charme de la fiction; car cette dernière, pour réussir, au lieu de donner une attention trop fastidieuse à la réalité, doit s'attacher à exposer clairement les principes et à disposer convenablement les personnages.

Il n'y a pas dans la province de New-York deux comtés d'Otsego, et la Susquehanna ne compte qu'une source véritable; on ne peut donc se méprendre sur le théâtre des événements de cette histoire. Les annales de ce pays, en tant qu'elles se lient à la vie civilisée, ne sont pas longues.

L'Otsego, comme presque tout l'intérieur de la province de New-York, faisait partie du comté d'Albany, antérieurement à la guerre de l'indépendance. Par suite d'une nouvelle division de territoire, il fut alors incorporé à Montgomery; et enfin ayant acquis une population suffisante, il constitua un comté à part, peu de temps après la paix de 1783. Il est situé au milieu des collines basses qui sont un prolongement des Alleghanys, et qui s'étendent dans les comtés intérieurs de New-York, et un peu à l'est d'un méridien qui traverserait le centre de cet État. Comme les rivières de New-York coulent au sud dans l'Atlantique, ou au nord dans le lac Ontario et le Saint-Laurent, le lac Otsego, où la Susquehanna prend sa source, est nécessairement situé dans la partie la plus élevée du territoire. L'aspect du pays, le climat tel que les blancs le trouvèrent, et les mœurs des colons sont décrits avec une exactitude que l'auteur a puisée dans la force de ses souvenirs.

Le mot *Otsego* est, dit-on, composé d'*ot*, lieu de réunion, et de *sego* ou *sago*, qui est le terme ordinaire de salutation qu'emploient les Indiens de ce pays. Une tradition raconte que les tribus voisines avaient coutume de se réunir sur les rives du lac pour conclure leurs traités et confirmer leurs alliances, et c'est de cette circonstance, dit-on, que le lac a pris son nom. Mais comme le chargé d'affaires indien de New-York avait une habitation faite de troncs d'arbres au pied du lac, il n'est pas impossible que ce nom ait été tiré des réunions qui se tenaient au feu de son conseil; la guerre fit partir le chargé d'affaires ainsi que tous les autres officiers de la couronne, et son habitation fut bientôt abandonnée. L'auteur se rappelle l'avoir vue quelques années plus tard, réduite à l'humble condition de tabagie.

En 1779, une expédition fut envoyée contre les Indiens hostiles qui habitaient à une centaine de milles à l'ouest d'Otsego, sur les bords de la Cayuga. Le pays tout entier n'était alors qu'un désert, et il fallut transporter les bagages des troupes sur les rivières, route plus longue, mais praticable.

Une brigade remonta le Mohawk jusqu'au point le plus rapproché des sources de la Susquehanna, d'où elle se dirigea à travers la forêt jusqu'à la partie supérieure de l'Otsego. Les bateaux et les bagages furent transportés à travers cette plaine de forêts; de là les troupes, s'étant rembarquées, se rendirent à l'autre extrémité du lac, où elles mirent pied à terre et campèrent. La Susquehanna qui, à sa source, est étroite et rapide, était remplie de bois flotté; les troupes adoptèrent un expédient tout nouveau pour faciliter leur passage. L'Otsego a environ neuf milles de longueur, sur une largeur qui varie d'un demi-mille à un mille et demi. L'eau, qui est très profonde, est limpide et fournie par d'innombrables sources. A sa partie inférieure, ses rives ont une hauteur d'un peu moins de trente pieds; partout ailleurs, il est bordé de rocs escarpés et de montagnes, d'anfractuosités et de promontoires. L'écoulement de ses eaux forme la Susquehanna, qui traverse une gorge de montagnes dans un lit qui peut avoir une largeur de deux cents pieds. On boucha cette gorge et on laissa les eaux du lac s'accumuler; bientôt la Susquehanna ne fut plus qu'un ruisseau. Quand tout fut prêt, les troupes s'embarquèrent, la digue fut abattue, l'Otsego vomit ses torrents, et les bateaux furent entraînés par un courant irrésistible.

Le général James Clinton, frère de Georges Clinton, alors gouverneur de New-York, commandait la brigade employée à ce service. Pendant le séjour des troupes sur la partie inférieure de l'Otsego, un soldat fut fusillé pour désertion.

La tombe de ce malheureux est le premier lieu de sépulture humaine que l'auteur ait vu, de même que la tabagie est la première ruine qui ait frappé ses regards. La pièce de canon dont il est parlé dans cet ouvrage fut enterrée et abandonnée par les troupes en cette occasion, et on la retrouva plus tard en creusant les caves de la résidence du père de l'auteur.

Quelque temps après la fin de la guerre, Washington, accompagné de plusieurs hommes distingués, visita le théâtre des événements de cette histoire, afin d'examiner, dit-on, s'il y avait moyen d'établir une communication par eau avec d'autres points du pays. Il n'y passa que quelques heures.

En 1785, le père de l'auteur qui possédait dans ce désert une étendue considérable de terrains y arriva avec des ingénieurs. L'état où il trouva le pays a été décrit par le juge Temple. Au commencement de l'année suivante, l'établissement fut fondé; et depuis lors le pays a continué à prospérer. C'est un trait singulier de la vie américaine que celui-ci : dans les premières années de ce siècle, le propriétaire de cette plantation ayant besoin de colons pour en établir une nouvelle dans un comté éloigné, l'accroissement de la première colonie le mit à même de les lui fournir.

Quoique la colonisation de cette partie de l'Otsego ait un peu précédé la naissance de l'auteur, elle n'était pas suffisamment avancée pour qu'il fût désirable qu'un événement d'une importance si majeure pour lui eût lieu dans ce désert. Peut-être sa mère n'avait-elle pas grand tort de se défier de l'habileté du docteur Todd, qui sans doute n'en était alors qu'à son apprentissage. Quoi qu'il en soit, c'est dans cette vallée que s'est écoulée l'enfance de l'auteur; c'est de là que lui sont venues ses premières impressions. Depuis, il l'a habitée par intervalles, et il peut répondre de la fidélité du tableau qu'il en a fait.

L'Otsego est devenu l'un des comtés les plus peuplés de l'État de New-York. Il fournit des émigrants comme toutes les autres vieilles terres, et possède une population industrieuse et entreprenante. Ses manufactures prospèrent; et une chose digne de remarque, c'est que l'une des machines les plus ingénieuses connues dans les arts de l'Europe est due au génie inventif de ce pays lointain.

Afin d'éviter toute méprise, il est bon d'avertir que les événements de cette histoire sont de pure invention. Il n'y a de littéralement vrai que ce qui se rapporte aux objets naturels et artificiels ainsi qu'aux coutumes des habitants. Ainsi l'académie, la maison de justice, la prison, l'auberge sont réelles. Depuis longtemps ces constructions ont fait place à d'autres édifices d'un caractère plus prétentieux. On s'est donné aussi quelques libertés dans la description de la résidence du juge : l'édifice véritable n'avait ni « premier » ni « dernier » corps de logis ; il était de brique et non de pierre, et son toit ne présentait aucune des beautés particulières à l'ordre « composite ». Il avait été construit à une époque trop ancienne pour cette ambitieuse école d'architecture. Mais, une fois la porte franchie, l'auteur a donné ample carrière à ses souvenirs. Là tout est littéralement vrai, jusqu'à l'amputation du bras de Wolfe, et à l'urne qui contenait les cendres de la reine Didon.

L'auteur a dit ailleurs que le personnage de Bas de Cuir est une création rendue probable par les créations secondaires qu'elle a nécessitées. S'il avait puisé davantage dans son imagination, les amis des fictions auraient adressé moins de reproches à cet ouvrage. Cependant le tableau n'eût point été vrai sans l'introduction des autres personnages. Le grand propriétaire résidant sur son domaine, et lui donnant son nom au lieu de le recevoir de lui, comme en Europe, se rencontre dans toute l'étendue de l'État de New-York. Le médecin, avec sa théorie acquise plutôt que modifiée par ses expériences sur la constitution humaine; le pieux, désintéressé, laborieux, et mal rétribué missionnaire; l'homme de loi à demi éduqué, processif, envieux et mal famé, avec son pendant, de la même profession que lui, mais d'origine et de réputation meilleure; le trafiquant d'améliorations, sans ressources, mécontent, vendant et revendant sans cesse; le charpentier paisible, et tant d'autres, sont des personnages familiers à tous ceux qui ont vécu dans un pays nouvellement colonisé.

Par des raisons que tout le monde comprendra après avoir lu cette introduction, l'auteur a eu plus de plaisir à écrire *les Pionniers* que n'en éprouveront probablement les lecteurs. Il connaît tous les défauts de cet ouvrage, et il a tâché d'en faire disparaître plusieurs dans cette édition; mais comme il a, d'intention du moins, contribué amplement pour sa part à amuser le public, il compte assez sur son bon naturel pour lui pardonner d'avoir essayé de s'amuser lui-même.

FENIMORE COOPER.

Paris, mars 1832.

A, page 2. — *L'État de New-York.*

Admis en 1788 au nombre des États qui composaient alors l'Union américaine (il y en avait treize), il acquit rapidement une importance considérable, due surtout à l'heureuse situation de sa capitale. Malgré la médiocre étendue de son territoire, estimée à 14,500 kilomètres carrés, il est le plus peuplé de la confédération; à l'époque où l'auteur a placé le roman des *Pionniers* (1793), il n'avait guère plus de 340,000 habitants, et le recensement de 1880 en relevait 5,082,871.

Sa surface présente la configuration la plus variée. Deux chaînes de montagnes, les *Highlands* et les *Catskills*, qu'on peut considérer comme une prolongation des Alleghanys, en composent le principal relief et donnent tout à fait à sa partie orientale le caractère d'une région alpestre. A l'ouest, au contraire, le sol est presque uniformément plat. La plus forte de ses rivières est l'Hudson, qui forme un véritable bras de mer en se jetant dans l'Atlantique, après avoir été accru du Mohawk. Citons parmi les autres l'Oswego, la rivière Noire, la Susquehannah et la Delaware, qui sont obstrués dans leurs cours par de nombreuses chutes. Le climat de cet État est très variable, et dans la partie montagneuse l'hiver est long et rigoureux.

B, page 3. — *Le traîneau.*

En Angleterre, on nomme un traîneau *sledge*, d'où les Américains ont fait *sleigh;* mais en dénaturant le mot, ils lui ont donné une autre acception : le *sleigh* est ferré, tandis que le *sledge* n'a que sa garniture de bois. Il y a des traîneaux à un cheval et à deux chevaux; mais depuis le défrichement des forêts, l'usage en a bien diminué.

C, page 9 — *Bas de Cuir.*

Ce personnage, dont le véritable nom était Nathaniel Bumppo, est le véritable héros d'une série de romans, dans lesquels F. Cooper a déroulé son histoire. Le type est celui d'un de ces coureurs des bois, mi-sauvages mi-civilisés, chasseurs et soldats déterminés, et qui préféraient à la vie sédentaire des villes les aventures et la liberté du désert. Le nombre n'en était pas rare au dernier siècle. En mettant en scène un de ces enfants perdus, d'abord dans *le Dernier des Mohicans, les Pionniers* et *la Prairie* sous les noms d'Œil de Faucon, de Bas de Cuir et du Trappeur, l'auteur a su en faire la création la plus attachante de son œuvre : sagacité, adresse, courage, sang-froid imperturbable, il l'a doué de toutes les qualités de l'Indien, sans altérer rien des tendances morales qu'il devait à son origine européenne.

D, page 25. — *Si tu veux consentir à rester avec nous.*

Le tutoiement, dont le juge Temple fait usage par moments, ne doit pas être mis sur le compte du mépris ou de la familiarité; c'est chez lui un reste des habitudes des *quakers*, dans la religion desquels il a été élevé.

E, page 27. — *Templeton.*

Sous le nom de Templeton, l'auteur, qui résidait dans le voisinage, a décrit une localité, qu'il a vue naître, pour ainsi dire, et prospérer : c'est *Cooperstown*, colonie fondée dans les dernières années du dix-huitième siècle, à l'extrémité méridionale du lac d'Otsego, à l'endroit où la Susquehannah prend sa source. En 1820, c'était encore un simple village peuplé de 5 à 600 habitants, chef-lieu d'un comté du nom d'Otsego, et qui faisait en bois de charpente et en grains un commerce florissant. Il y avait alors une centaine de maisons, deux églises, une maison de justice et une prison. En 1880 on y comptait 2,190 habitants.

F, page 35. — *Jargonner l'anglais à la française.*

L'auteur, qui avait l'esprit mordant, s'est plu à prêter à son réfugié français M. Lequoi des façons ridicules qui frisent la caricature ; mais surtout il lui fait baragouiner l'anglais de telle sorte qu'il est impossible d'en donner même une légère idée dans une traduction. Au reste, il a appliqué le même procédé de comique un peu vulgaire à d'autres personnages du roman : le major Fritz parle l'anglais à l'allemande ; mistress Hollister, à l'irlandaise ; Agamemnon, comme un nègre ; et Benjamin, le majordome, en véritable matelot. Le langage de celui-ci, très imagé, est le seul auquel nous nous soyons efforcé de conserver sa couleur.

G, page 40. — *La visite de saint Nicolas.*

Les visites périodiques de saint Nicolas (*Santaclaus*) se sont conservées parmi les habitants de New-York jusqu'à ce que les puritains émigrés y eussent fait prévaloir leurs opinions et leurs usages. Comme le bonhomme Noël, le saint venait régulièrement dans chaque maison la veille du 25 décembre.

H, page 43. — *Les noirs esclaves.*

L'affranchissement des esclaves dans l'État de New-York a été graduel. Lorsque l'opinion publique se prononça fortement en leur faveur, la coutume s'établit d'acheter les services d'un esclave pour six ou huit ans, à condition de l'affranchir à la fin de ce terme. La loi ordonna également que tous ceux qui naîtraient après un jour donné seraient libres, les hommes à vingt-huit ans, et les femmes à vingt-cinq. Dès lors, le maître fut obligé de faire apprendre à lire et à écrire à ses serviteurs avant qu'ils eussent atteint l'âge de dix-huit ans ; enfin le peu d'esclaves qui restait encore fut affranchi sans condition en 1826, c'est-à-dire postérieurement à la publication de cette histoire. Les personnes plus ou moins en rapport avec les quakers, à qui leurs principes religieux interdisaient la possession des esclaves, adoptaient ordinairement le premier expédient.

I, page 44. — *Yankee.*

Aux États-Unis, le terme *Yankee* a eu dans l'origine une signification locale et ne s'appliquait qu'aux Européens établis dans le nord-est. On croit

qu'il est dérivé de la manière dont les Indiens de cette région prononçaient le mot *English* (Anglais). New-York ayant été d'abord et assez longtemps une colonie hollandaise, cette expression n'y était pas connue, et en tirant vers le sud, la diversité des dialectes indigènes dut produire des différences de prononciation. Le juge Temple et son cousin Richard, Pensylvaniens de naissance, n'étaient pas des Yankees dans l'acception étroite du mot. Aujourd'hui Yankee est synonyme de citoyen de l'Union américaine, en tant toutefois qu'il est d'origine anglo-saxonne.

J, page 57. — *Il faut être roi ou avoir été pendu.*

A Londres et dans les provinces, quand le pendu venait d'expirer, on voyait accourir autour de l'échafaud une foule de gens qui imploraient du bourreau la faveur d'être frottés avec une des mains du supplicié. On attribuait à cette main encore plus de vertu qu'à celle du souverain qui, en Angleterre comme en France, jouissait du privilège de guérir des écrouelles.

K, page 73. — *Les Six Nations.*

Voir *le Dernier des Mohicans*, note C.

L, page 73. — *William Penn ou Miquon.*

Nous avons consacré une note particulière à ce célèbre *quaker* dans *le Dernier des Mohicans* et au surnom qu'il avait reçu des sauvages (note O).

M, page 96. — *Des castors d'argent.*

C'est le nom donné en Angleterre à un ustensile qui ressemble à peu près à nos porte-liqueurs. Il est garni d'un certain nombre de burettes à bouchons de cristal, lesquelles contiennent du sel, du poivre, du sucre en poudre, de l'huile, du vinaigre, différentes sauces, en un mot tout ce qui sert à l'assaisonnement.

N, page 97. — *Le* flip.

On fait usage du *flip* dans tous les pays d'origine anglaise ; c'est un mélange de bière, d'eau-de-vie et de sucre. En Normandie, on substitue le cidre à la bière.

O, page 105. — *Un bol de* gin-toddy.

Les Américains ont un goût particulier pour les breuvages mélangés, et parmi ceux-ci le *gin-toddy* est un des plus répandus. C'est une variété de notre punch au rhum. Aux ingrédients ordinaires (eau, sucre et citron) on ajoute une forte dose de genièvre (*gin*), de la cannelle, et souvent une rôtie de pain, et l'on sert bouillant.

P, page 130. — *Les Mingos.*

Les Indiens qui composaient la confédération des Six Nations se donnaient entre eux le nom générique de *Mingos;* mais les Français, dont ils devinrent de bonne heure les alliés, les appelaient communément *Iroquois.* Le terme de Mingo, sous lequel on désignait un chef ou roi indigène chez les Criks, Choctas et autres tribus de l'Amérique du Nord, prit une acception méprisante dans la bouche des Indiens alliés de l'Angleterre, comme les Hurons, les Delawares, etc.

Q, page 155. — *Un* flip *bien chaud.*

A table, cette boisson était servie froide ; mais après le repas, et quand elle faisait l'office de réconfortant, on la buvait en général très chaude.

R, page 174. — *Le shérif.*

Tel est le titre que porte en Angleterre le premier fonctionnaire d'un comté. Le cercle d'action et la responsabilité des shérifs ne sont pas moindres que la considération dont ils jouissent. Ils dirigent la police, convoquent la force publique, perçoivent les taxes royales, les amendes et le produit de la confiscation, font exécuter les jugements civils et condamnations à mort. Ils siègent en outre comme juges en matière civile. Les jurés sont placés sous leur autorité ; ils les proposent, et lorsqu'ils ont terminé l'instruction d'un procès, ils les appellent à rendre leur décision. Chaque shérif a le droit de nommer des sous-shérifs (*under-sheriffs*) et des baillis (*bailiffs*) pour chacune des subdivisions du comté, tout en demeurant responsable de leurs actes. Aucun traitement n'est attaché à ces fonctions, qui entraînent au contraire pour le titulaire des dépenses considérables ; elles n'en sont pas moins obligatoires, et on ne saurait les exercer plus de deux fois dans l'espace de quatre ans. C'est le grand-chancelier qui, d'accord avec les ministres, dresse la liste des candidats aux places de shérif et qui les propose au souverain.

Cette institution, introduite par les Anglais dans leurs colonies d'Amérique, y a été conservée presque intégralement.

S, page 185. — *On était convenu d'un schelling.*

Avant la révolution d'où sortit l'indépendance des États-Unis, chaque province avait son système monétaire, bien qu'il leur fût permis seulement de frapper des pièces de billon. Dans l'État de New-York, le dollar dit espagnol se divisait en 8 schellings, dont chacun valait un peu plus de 6 pence sterling (60 centimes). Il est inutile d'ajouter que l'Union a établi un système uniforme d'après lequel tout le numéraire est frappé. Le dollar, qui est d'argent, vaut 5 fr. 34 c. et se divise en 100 *cents*.

T, page 221. — *Le roi Philippe et la belle Pocahonta.*

L'Indien, à qui l'histoire a conservé le nom de *roi Philippe*, était le chef de la tribu des Massachusetts. Il s'appelait Metacomat, et reçut des Anglais, qui avaient fait alliance avec son père, le nom chrétien de Philippe, sans pour cela changer de religion. Il est représenté par les contemporains comme un chef entreprenant, plein d'intelligence et de courage. Sous les dehors de l'amitié, il prépara le soulèvement de toutes les nations indiennes de la Nouvelle-Angleterre. Mais les plans qu'ils avaient ourdis dans le secret ayant été divulgués par un transfuge, il fut forcé de se déclarer avant de les avoir menés à bonne fin (1675). Les Narragansetts avaient promis des secours : un détachement de troupes anglaises marcha à leur rencontre, les battit et les obligea même à se tourner contre Philippe. Celui-ci s'était retranché entre le mont Hope et les marais de Taunton, en Virginie; il repoussa les attaques de l'ennemi, et gagna ensuite, à cause du manque de vivres, un autre campement situé près de Brookfield.

Il n'avait autour de lui qu'une quarantaine de guerriers ; mais, grâce à l'activité de ses émissaires, d'autres réunions hostiles se formaient sur d'autres points, dans les vallées, au bord des torrents et au milieu des forêts. Toutes les tribus indigènes étaient soulevées depuis les rives du Merrimac jusqu'à celles du Connecticut; elles avaient entre elles des intelligences, et Philippe était l'âme de cette puissante ligue, qui menaçait à la fois les différentes colonies. Il y eut durant cette campagne de nombreuses escarmouches, dans lesquelles les Indiens remportèrent plus d'une fois l'avantage. A l'exemple de leurs ennemis, les colonies concertèrent leurs mouvements : on fit partir de Boston des troupes auxquelles se joignirent en route celles de New-Plymouth et du Connecticut. Cette expédition, conduite au milieu de l'hiver, eut un plein succès : les Indiens, au nombre de 5,000, furent débusqués de leurs retranchements; il en périt un grand nombre dans le combat. Cependant la guerre se poursuivit, sans plan d'ensemble toutefois, et par incursions isolées. La même audace n'animait plus les sauvages; leur chef, dont la tête était mise à prix, cachait avec soin son asile. Son oncle, sa sœur, sa femme, son fils furent faits prisonniers. Malgré ses malheurs, il ne se relâchait pas de la haine qu'il avait vouée aux Anglais, et il alla jusqu'à égorger de sa main un Indien qui lui conseillait de se résoudre à la paix. On le surprit enfin dans un marais, et comme il tentait de s'échapper, il fut tué d'un coup de fusil (1677). Son corps fut écartelé, et sa tête portée en triomphe à New-Plymouth. Ainsi finit ce qu'on a appelé *la guerre du roi Philippe.*

La belle Pocahonta était fille de Powhattan, chef indien de Virginie. Elle avait douze ans lorsque le capitaine John Smith, gouverneur de Jamestown, tomba entre les mains de son père dans une escarmouche; elle lui sauva la vie et obtint même qu'il fût rendu à la liberté (1607). Dans la suite, elle l'instruisit secrètement de toutes les embûches dressées contre les colons, et ce fut par ce moyen qu'il soutint cet établissement, menacé d'une ruine prochaine. Après le départ de Smith, Pocahonta, séduite par les cadeaux que lui fit son successeur, consentit à quitter les bois, à être baptisée sous le nom de Rébecca, et à épouser un Anglais nommé John Rolfe (1613). Cette alliance assura pour de longues années la paix de la colonie. Trois ans plus tard, elle suivit son mari en Angleterre, et fut présentée à la reine Élisabeth, qui la combla de caresses et de présents. Mais là, elle rencontra le capitaine Smith, qu'on avait fait passer pour mort, et la douleur qu'elle éprouva d'avoir été, pour ainsi dire, infidèle à celui qui avait eu son premier amour, la conduisit, quelques mois après, au tombeau (1617).

U, page 220. — *L'érable à sucre.*

Les érables forment un genre très nombreux en espèces et en variétés, qui sont propres aux régions tempérées de l'hémisphère septentrional. Ils se recommandent par l'élégance de leur port, qui les fait souvent admettre dans les parcs et les jardins d'agrément; par les qualités de leur bois, fort recherché dans l'industrie; par le sucre que produit en abondance la sève de plusieurs espèces.

L'Amérique du Nord est la patrie d'origine de différents érables saccharifères, entre autres : l'érable rouge, l'érable cotonneux, l'érable de montagne, l'érable de Pensylvanie, l'érable négundo, et surtout l'érable à sucre proprement dit (*acer saccharinus*). Nous n'insisterons pas sur la manière d'en extraire le sucre, l'auteur étant entré à cet égard dans des détails suffisants. Sa saveur est aussi agréable que celle du sucre de canne, et il a autant d'efficacité. L'espace de temps pendant lequel exsude la sève est limité à environ six semaines; sur la fin, elle est moins abondante, et on la met à part comme mélasse. Au sortir de l'arbre, cette sève est claire et limpide, fraîche et d'un goût fort agréable, enfin parfaitement saine.

V, page 221. — *La chanson de l'érable.*

Au lieu de donner en vers de cette chanson populaire une traduction qui ne pouvait être que très affaiblie, nous avons préféré en rapporter le sens littéral.

X, page 233. — *Un de ces sites pittoresques particuliers à l'Otsego.*

En 1785, le père de l'auteur, William Cooper, quitta le New-Jersey pour établir sa résidence dans une région à peu près déserte, sur les bords du lac Otsego; il s'y était rendu acquéreur d'une vaste étendue de terre, et y fonda une colonie à laquelle on donna son nom, *Cooperstown*. Ce fut là, près de la frontière, en pleine solitude, au milieu d'une population composée d'aventuriers, de trappeurs, de chasseurs et d'Indiens, que s'écoula l'enfance de Fenimore Cooper, né en 1789, et même la plus grande partie de sa vie jusqu'à sa mort, arrivée le 14 septembre 1851 dans sa demeure favorite. Comme nous l'avons déjà dit, il a décrit cette ville naissante sous le nom de *Templeton*.

Y, page 234. — *La chute d'un des géants de la forêt.*

Cet accident se produit fréquemment dans les forêts vierges, et celui qui s'y aventure ne saurait prendre trop de précautions. Un acte d'imprudence coûta la vie à une sœur aînée de l'auteur dans une promenade parmi les mêmes montagnes dont il est fait ici mention.

Z, page 245. — *Le passage des pigeons.*

L'espèce dont il est question est celle du *pigeon voyageur*. Il a le plumage d'un gris bleuâtre, avec la gorge brun jaune, la poitrine rouge vineux, les pennes des ailes et de la queue brunes, l'abdomen d'un blanc pur. Il vit particulièrement sur les chênes et se nourrit de glands, qu'il détache d'une façon curieuse : il monte et descend continuellement et très vite, et donne chaque fois un coup d'aile à la proie qu'il a choisie.

« De tous les pigeons de l'Amérique septentrionale, » rapporte Vieillot, « celui-ci est le plus nombreux ; il traverse au printemps et à l'automne, les contrées qui sont entre le 20° et le 60° de latitude Nord. On en voit alors une si grande quantité, que leur vol obscurcit le soleil pendant assez de temps pour qu'on puisse charger trois fois un fusil et tirer sur la même troupe ; quelquefois même, des bandes couvrent 3 kilomètres d'étendue en longueur et 50 mètres en largeur. Ils voyagent matin et soir, se reposent vers le milieu du jour dans les forêts, celles surtout où abondent les chênes, et préfèrent s'arrêter sur les branches mortes ou dépouillées de verdure ; ils s'y portent en si grand nombre et se perchent si près les uns des autres qu'ils couvrent les arbres en entier. Tantôt ces pigeons parcourent les contrées voisines de la mer, tantôt ils prennent leur direction dans l'intérieur des terres ; c'est alors qu'on les voit sur les bords des lacs, et traverser sans interruption celui d'Ontario dans l'étendue de 12 à 16 kilomètres. Ils se fatiguent tellement, quand ils voyagent au-dessus de cette mer intérieure, qu'on peut, à leur arrivée sur le rivage, en tuer plusieurs centaines à coups de bâton. On ne les y voit qu'une fois en huit ans, et le passage est régulier durant quinze ou vingt jours. Des bandes ne sont composées que de jeunes ; d'autres, de femelles et de quelques mâles ; dans d'autres, ce sont presque tous des mâles. »

AA, page 438. — *Yankee Doodle.*

On a beaucoup discuté sur l'origine de cet air devenu national aux États-Unis sans arriver à une conclusion satisfaisante.

TABLE DES GRAVURES.

N. B. Les planches hors texte sont désignées en caractères italiques.
Les lettres initiales ont été dessinées et ornées par M. Andriolli.

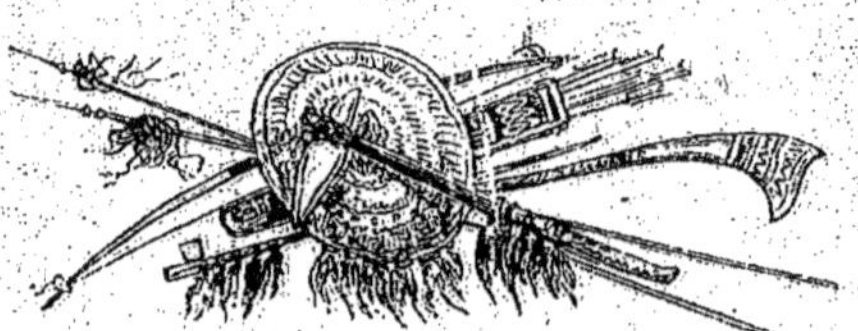

TYPOGRAPHIE FIRMIN-DIDOT. — MESNIL (EURE).

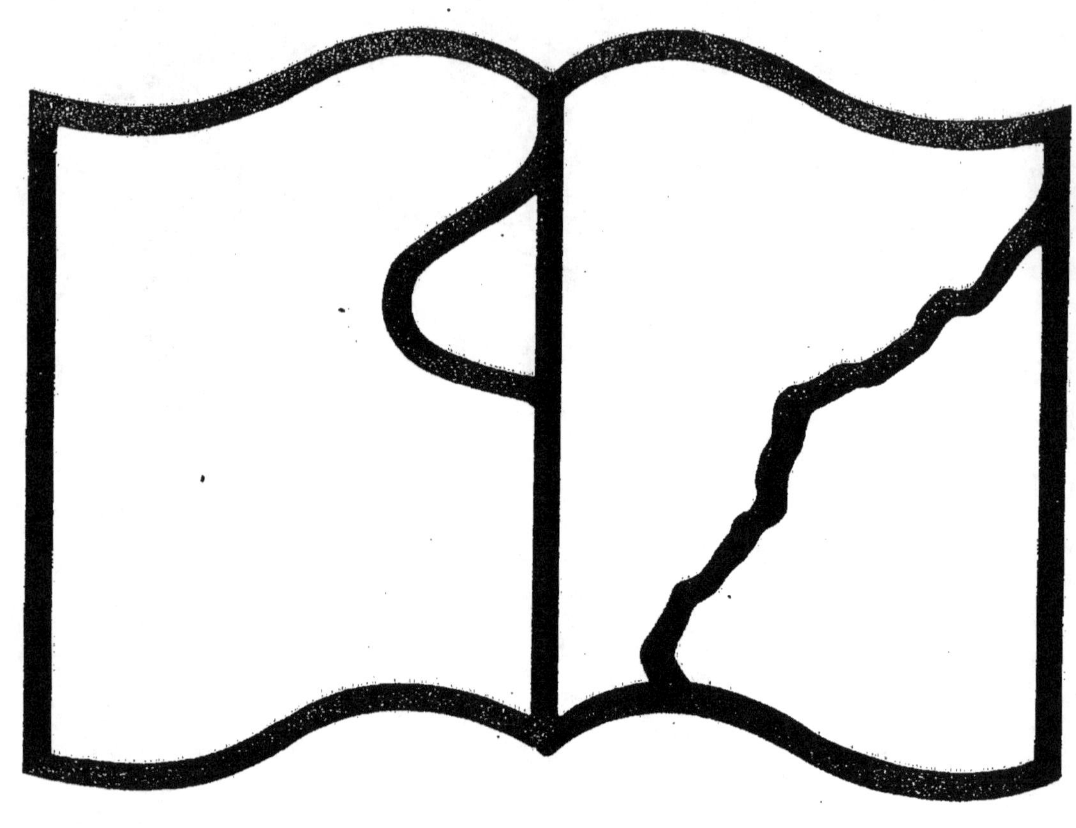

Texte détérioré — reliure défectueuse

NF Z 43-120-11

Documents manquants (pages, cahiers...)

NF Z 43-120-13

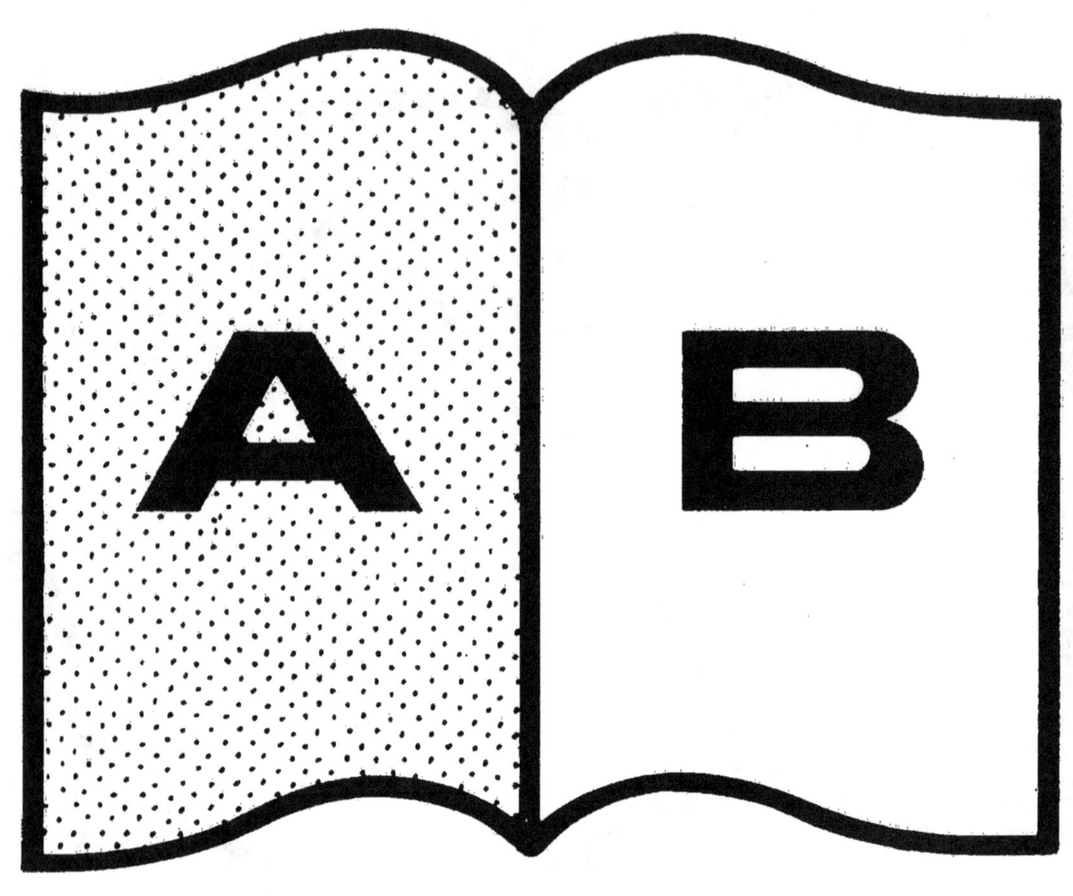
A
B

www.ingramcontent.com/pod-product-compliance
Lightning Source LLC
LaVergne TN
LVHW010526100826
845148LV00001B/102

9782012174917